中公クラシックス J16

JN268368

空　海

三教指帰 ほか

福永光司 訳

中央公論新社

目次

空海の生涯・思想と『三教指帰』

松長有慶

一　空海の生涯

空海。空と海、この無限大の存在を一つにして己が名とした人物。その生涯と思想の振幅は限りなく大きく、広い。日本仏教の揺籃(ようらん)期ともいうべき平安初頭に出現し、爾後(じご)の日本文化の展開に、少なからず影響を与えた。

空海は日本仏教の一宗派としての真言宗の開祖というにとどまらない。宗教者としてのみならず、思想家としても、文学者としても、あるいは書家としても、いくたの業績を残し、日本文化の各種の分野に、多彩な足跡を印している。

日本の民衆の間では、空海という正式の僧名よりも、弘法大師あるいは単に〝お大師さん〟という親しみを込めた名で呼ばれることが多い。日本各地において、お大師さんが架(か)けた橋、お大師さんが掘りあてた泉という伝説が数多く残されている。また大師はいまなお生きつづけて、お遍路さんと共に歩み、あるいは病む人の癒しに従事しておられるという信仰が人々の間にもち続けられてきた。

日本仏教の中で、大師という諡号（しごう）を贈られた高僧は三十数人に及ぶ。だが単に大師といえば、弘法大師を指す。また各宗の開祖の中で、いまなお生きて人々の救済にあたるという信仰をもつ祖師は、空海に限られる。庶民の間で、お大師さんの人気は高い。

一方、空海はインドより中国に伝えられた正系の密教を相承し、大乗仏教の伝統を踏まえて組織化し、日本の社会にそれを定着させた、日本仏教の中では指折りの思想家でもある。

また空海の詩文集『遍照発揮性霊集（へんじょうはっきせいれいしゅう）』（以下『性霊集』と略称）十巻、『三教指帰（さんごうしいき）』三巻に収められた格調の高い詩文の多くは中国古典の故事を踏まえ、平安初期の漢文学形成期の代表作に挙げられている。それとともに、漢詩文を創作する際に模範となる用例を集めた、空海の編著になる『文鏡秘府論（ぶんきょうひふろん）』と、その略論にあたる『文筆眼心抄（ぶんぴつがんじんしょう）』は、近世にいたるまで漢文学を学習する者にとっての唯一の手引き書であり、必読書でもあった。

さらに空海は能書の誉れ高く、嵯峨（さが）天皇、橘逸勢（たちばなのはやなり）と並ぶ平安初期の三筆の一人に数えられる。前二者に比して、空海筆になる書は断片を含めて比較的多く残され、後世の書家たちに与えた影響は少なくない。

以上のように空海の多彩な世俗活動は、仏道一筋に精進するひたむきな求道者としての各宗の祖師とは違って、文化人としての側面をもつ宗教者としても評価されている。

空海はこのように多方面にさまざまな才能を示した偉人として、また民衆の永遠の救済者として、数多くの伝説をもつため、その活動は奇蹟譚に満ちている。しかも空海の著作の大部分は、自らが請来し、理論化した真言密教についての教学の書である。その中から空海の経歴や内面的な精神遍歴を窺い知ることは容易でない。それに代って、かれが朝廷に提出した上奏文や、自作の詩文を集めた『性霊集』、また友人ないし関係者に宛てた書翰を集録した『高野雑筆集』など、歴史資料として確実な文献に残された断片的な文章、さらに『三教指帰』に記されている自らの生いたちを推測させる若干の記述などをつなぎ合わせながら、生涯を構成する方法が残されている。その方式に従って、空海の生涯の事蹟をたどってみよう。

空海の生涯を大観すれば、俗、非俗、俗、非俗の四種の周期を交互にもつことに気付く。まず讃岐国（香川県）の名家に生まれ、官吏の養成を目ざす大学に入って、漢文学や中国古典の学習に励んだ少年期は俗。ついで十八歳で大学に入ったが、まもなく退き、仏道を志し、山林にわけ入って自己の啓発に努めた青年期は非俗。三十一歳で入唐し、インド密教の正系を継いで翌々年に帰国し、真言密教の日本における定着と流布に全力投球を続けた壮年期は俗。さらに五十歳を過ぎる頃より、次第に山林隠遁への憧憬を深め、六十二歳にして、高野山でその生涯を閉じる晩年は非俗と、四時期に大別されるであろう。

空海は宝亀五（七七四）年、讃岐国の国司である佐伯氏に生を享けた。幼くして母方の叔父であり、伊豫親王の侍講でもあった阿刀大足に就いて、漢籍の学習に励んだ。のち上京して十八歳にして大学に入り、味酒浄成、岡田博士などの碩学の指導を受け、漢学と儒学を学ぶ。

平安初期、日本仏教界に出現した巨峰としてつねに空海と対比される最澄は、若年より近江の国分寺に入り、仏道一筋に歩み、早くから桓武天皇から厚い期待をかけられた。一方空海がのちに漢詩文を創作する際の軌範となる『文鏡秘府論』や、一種の漢字典にあたる『篆隷万象名義』などを編著作する才能をもちえたのも、空海が比丘の通常の経歴をふまず、若年時に漢籍の学習に精励した成果のあらわれと考えられる。

空海は大学在学中に、一人の沙門に会い、虚空蔵求聞持の法を授けられ、それが機縁となって出家を志す。おそらくこの間に大学を中退し、私度の優婆塞（未出家の仏道修行者）となって、近畿地方あるいは故郷の四国の山々や辺地で、斗藪（乞食行）の日々を重ねたものと思われる。空海の青年時代の消息は、二十四歳の時、『三教指帰』を著作した以外に、確実な記録は残されていない。

若き日の空海の宗教的な苦悩は、『性霊集』巻七に収められている「両部曼荼羅造の願文」に、わずかに映し出されている。その中には、真理を求めつづけて、すでに断片的に伝えられていた密教に偶然にも出会い、その本格的な習得を目ざして、中国への留学を志した精神遍歴の跡を窺うことができる。

延暦二十三（八〇四）年、空海は遣唐使の船に乗ることを許されて、中国の都、長安に入る。前年に出家し、留学生の資格を得ていたようである。東西文明の接点である唐の都において、日本では未知のインド文化にも触れ、密教の受法に必要なサンスクリットも学習している。入京した翌年、インド密教の正系を継承した第七祖の恵果と出会う。恵果ははるばる海を渡って尋ね来ったこの異国の求道者が、自己のもつ密教を伝授するにふさわしい器であることをただちに見抜く。空海は同年六月から八月にかけて、胎蔵法と金剛界法の両部と伝法阿闍梨位の灌頂を、恵果から順次に授かり、真言密教の正式の相承者となった。

その年の暮、空海は師の恵果の逝去に会い、師の遺命もあって、二十年の留学を急遽変更して、翌大同元（八〇六）年八月に帰国した。同年十月、中国に滞在中の報告と、新しく請来した典籍、仏像、法具などの目録を記した『請来目録』を朝廷に提出している。

大同四（八〇九）年四月、平城天皇にかわって嵯峨天皇が即位した。新しく正系の密教を受けて帰った空海が、密教宣布の大活躍を開始するのは、この頃のことである。究極の真理を求めて呻吟していた求道者が、新来の密教の伝法者に生まれ変って帰国し、一躍、時代の脚光を浴びることになった。

空海より一足先に帰国し、比叡山を拠点として、天台宗を開創していた最澄は、新しく伝来された密教を、改めて空海より学ぶことを望んだ。そこで空海は弘仁三（八一二）年十一月と十二月に、京都の高雄山寺において、灌頂壇を開き、最澄とその弟子たちに密教の伝授を行なっている。しばらくの間、平安仏教の両巨頭の間に親密な交友関係が続くが、やがて密教に対する見解に齟齬が生じ、両者は袂を分かつことになった。

弘仁の半ばより天長にかけては、空海の大車輪の活躍期といってよい。嵯峨天皇と文芸を通しての親密な交流が始まる。さらに奈良の諸大寺の僧侶との親交、真言密教を核とした弟子集団の形成などを背景として、新来の密教を、日本の社会の各層に定着させるために、空海の奮迅の活躍が続く。

都におけるエネルギッシュな活動の反面、空海はインド密教以来の伝統である瑜伽（ヨーガ）を通じての大宇宙との交流のために修禅の道場の建立をはかった。その願いがかなえられ、若年の頃、山岳修行の途次に足を踏み入れたこともある高野山を開創する勅許を得たのは、弘仁七（八一六）年のことである。

しかし時代の要請は空海の山林隠棲をたやすくは認めなかった。高野山を結界したのち、まもなく嵯峨天皇より中務省への入住の命が下り、空海は京都に帰る。その後、空海は都における動、高野山における静、この両面の生活を交互に繰り返すことになった。

弘仁の末より天長にかけて（八二〇年代）、空海の多彩な社会活動がさらに展開していく。生まれ故郷である讃岐の万濃池の修築、東寺の給預、わが国で最初の庶民を対象とした教育機関である綜芸種智院の創立、神泉苑での祈雨等々、席の暖まる暇もない日が続く。このようにきわめて多忙な生活を重ねながら、真言密教の真価を世に訴える数多くの教学の書を、あいついで世に送り出していった。

対社会活動に忙殺される日常生活の中にあって、空海の山林隠棲への願望は日増しに強まっていく。『性霊集』に収められている詩文や書翰の中に、空海の内面生活の充実に対するひたむきな憧憬の念が、如実に映し出されている。天長九（八三二）年に、空海は密教宣布の本拠地である東寺を弟子の実慧にゆずり、承和元（八三四）年には、高野山に入り、非俗に没頭して、専ら坐禅三昧に耽った。

翌二年三月、弟子たちを集めて、真言教団と弟子たちの将来に指示を与え、その月の二十一日、高野山において六十二年の生涯を閉じた。それから八十六年後、醍醐天皇の延喜二十一（九二一）年十月、東寺の長者であった観賢の上奏によって、弘法大師という諡号が下賜された。この頃より、大師はいまなお高野山に生きて留まり、衆生救済にあたっておられるという大師入定留身の信仰がおこり、やがて全国に流布するにいたった。

俗―非俗―俗とたどり、民衆の救済に活躍した空海であった。このあと再び非俗へと帰るのであるが、かれのはなばなしい業績を追慕する人々は、空海が最終的には非俗の世界に留まることを欲せず、もう一度俗の世界に立ち戻ることを願った結果、このようにわが国では希有な祖師の入定信仰を生み出したとも考えられる。

二　空海の思想

空海の思想は多彩であり、その活動範囲も幅広いため、その全体像を把握することは容易ではない。そのために、つぎに四つの観測点を設定し、それを足場として、空海の思想の特質を探ることにする。

(1)伝統の継承

空海の思想と儀礼には、インド文化の香りが濃厚に漂う。日本仏教の各宗祖は、系譜としてはインドの大乗仏教の祖師を通して釈尊と繋(つな)がる。とはいえ、それぞれの教学の上では、中国において開宗された祖師を起点とする。南都六宗、天台宗、さらに鎌倉時代に創立された浄土系、禅系の各宗派はいずれも教学ないし信仰の源は、中国仏教にある。

それに対して、空海の思想はインド密教に基盤をもち、宗教儀礼においても、インド文化の色彩が少なからず反映されている。それは空海が中国に留学し、そこで学んだ密教がもつ性格でもあった。

密教はインドにおいて、大乗仏教の最後期に興った。密教の特色の一つは、インドの古代宗教をはじめ、民衆に支持層をもつヒンドゥー教の宗教儀礼や、かれらの信仰する神々を大幅に摂取している点にある。こういった密教の外形を表面だけ観察すれば、密教は仏教と外教との混合形態としてややもすれば誤解されやすい。しかし少なくとも『大日経』『金剛頂経』といった七世紀のインド密教の最盛期に成立した密教経典は、大乗仏教の基本的な思想を核として、外教の儀礼や習俗を民衆教化の手段として、その中に取り入れていることは、経典の内容が自ら物語っている。

空海の密教思想の基盤は、『大日経』と『金剛頂経』にある。この両経は両部の大経の名を冠せられ、空海が樹立した教学体系の基盤となった経典として、真言宗において尊崇されてきた。また空海が師の恵果より伝授されたのも、『大日経』による胎蔵法と、『金剛頂経』による金剛界法、この両部の密教儀礼であった。

(2)密教の理論化

中国においてインド正系の密教を継承して、新しく翻訳された密教経典とともに持ち帰った空海は、日本にそれを定着させる使命を荷っていた。そのために、高雄山における灌頂壇の開設などの社会的なアピールとともに、それまで日本に伝えられていた仏教に対して、新来の密教の特色を、理論的に説き明かす必要があった。

空海は帰国早々に朝廷に提出した『請来目録』の中で、従来の仏教の教えである顕教に対して、密蔵（密教）の特質を、成仏の遅速に集約して述べている。帰国ののち数年を経て、空海は『弁顕密二教論』二巻を著作し、その中で顕教に対する密教の特色を、法身説法、果分可説、即身成仏、教益殊勝の四点にまとめて世に問うた。中国仏教において行なわれていた教判論を、日本密教にも取り入れ、密教の優位性を理論化して、新たに打ち出したのである。

一般に仏教は歴史上の人物である釈尊の教えとする。それに対して密教では宇宙の真理すなわち法そのものを仏の身体とみて、法身と称し、法身が直接説法すると説く。普通、非人格の真理が説法するという説明は理解しがたい。しかし密教では瑜伽（宗教的瞑想）を通して、法身の説法を受け取ることができると主張したのである。

仏教の術語で、因分とは迷いの世界、果分とは悟りの世界を指す。顕教では、悟りの奥深い内容については、言葉で説明することは不可能と考えている（果分不可説）。それに対して密教では、悟りの世界といえども、象徴的に表現することは可能であり、また瑜伽の観法を通じて、その内容を会得することができるので、果分も可説と見做すのである。

顕教では、生身の人間が悟りを得るには、幾度も生まれ変り、数えきれない年数をかけて修行しても、きわめて困難だと考えている。それに対して密教では、父母より授かった生身のままで、成仏することが可能であると説く。自己の眼を見開くことによって、即時に、この肉体のままに成仏しうることを、即身成仏という。

この即身成仏の問題だけを取り上げて、さらにくわしく理論的に説明したのが、『即身成仏義』である。空海はその中で、インドや中国の密教にも見られない六大説をもって、即身成仏の理論を構築している。

地水火風空の五大によって、世界が構成されているという思想は、古くから西洋にも、インドにもあった。ところが空海は、地水火風空の五大を世界の物質的な側面、識大を精神的な側面とみて、仏の世界も、世俗の世界も同じくこの物心両面を備えていると説いた。したがって凡夫も仏も同じく六大からなり、質的に相違がないから、凡夫といえども真理に開眼すれば、即時に成仏しうると説く。

また空海の思想では、動植物のみならず、森羅万象、生命をもたぬと思われている石ころや土砂、風や水、星や月など一切の存在物が六大よりなり、仏の世界の象徴的な表現であり、いずれも生命をもつと主張したところに特色がある。当時の仏教界では、このような世界観は容易に理解されなかった。しかしながらこの世界に存在するあらゆる生物、無生物が相互に密接に関連しあい、いずれも生命をもつという考えは斬新(ざんしん)である。現代社会においても、改めて評価されるべき思想といえるだろう。

(3)密教の綜合性

空海は帰国後、新しく請来した密教が、日本において広く認識され、正当な評価が得られるよう力を注いだ。思想的に顕教に対する密教の特色を鮮明にし、社会的に弟子集団も形成されていく中で、次第に真言密教とその教団は朝廷及び南都諸宗の間で認知されていった。

弘仁の半ばより天長にかけては、空海の最もはなやかな活動期にあたる。嵯峨天皇との親交をはじめ、南都諸大寺との友好関係は、『性霊集』に残された上奏文や書翰によって知ることができる。空海の教学に関する書物の著作年代が確定しているものは少ないが、おそらくその大多数がこの時期に世に出されたものと考えられる。思想的にも円熟期といってよいであろう。

帰国後の数年間は、顕密の対弁思想が表面化しているが、この最もエネルギッシュな活躍期には、密教の思想や儀礼の特色のより具体的な表明を意図した著作が少なくない。その中には、インド以来の密教の特色である綜合(そうごう)的な性格が濃厚に反映されている。

大乗仏教の仏、菩薩(ぼさつ)をはじめ、インドの人たちが古くから信仰してきた神々を排除することなく、大胆に摂取し、大日如来を中核として、諸仏、諸菩薩、明王(みょうおう)、諸天に組織化した曼荼羅の構成。さらにはインド古来から伝わる宗教的ないし民俗的な儀礼を大幅に取り込み、仏教の教理によって思想的な裏付けを与えた多彩な密教儀礼。このように既存のものをあえて排除することなく、それがもつなんらかの特質を肯定的に評価して、意義づける方向性は、円熟期の空海の著作と行動のいたるところに発揮されている。

天長年間に著わされたことが確実視される『秘密曼荼羅十住心論』（以下『十住心論』と略称）十巻は、本能のままに生きる最低のランクの人々から、道徳に目ざめ、宗教を求め、仏教に入っては小乗、大乗と向上し、最終的に真言密教にいたる人間の精神的な進化の過程が、十種の階梯に分けて説かれる。『十住心論』の独創的な点はそれだけではない。ただ人間の心のありかたの高低を段階づけるだけではなく、最終の第十住心、つまり密教の立場から見れば、密教以前の九段階の心のありかたことごとくが、密教の中に包摂されると主張するところに、この教判論の特色が認められる。

顕教経典も密教眼から見れば、密教経典にほかならぬと喝破する十数種の『経典開題』類、さらに『般若心経』は、『般若経』の要約ではなく、大般若菩薩の悟りの内容の披瀝であり、天台宗や南都六宗ことごとくの教理を含めた密教の心髄を明らかにした経典であると説く『般若心経秘鍵』など、密教の綜合性を強く打ち出した著述が、空海の後半生では目立つ。密教思想の根幹が、これらの著作の中で絢爛たる華を咲かせたということができるであろう。

(4)対社会活動

インド密教は人里離れた山林原野において大宇宙と一体化する瑜伽の観法を、思想面でも、儀礼の面でも、その中核となす。また一方、『大日経』の中に、「方便を究竟とす」と真言行者のあり方が示されているように、対社会活動を究極の目標として修行することが要請される。この点では大乗仏教の利他の精神の継承といってよい。

中央集権体制を強固に固めていった隋、唐の時代に、インドから中国に移植された密教は、国王との関係を度外視して、教化活動を進めることは許されない。唐代に密教宣布に活躍した祖師の中でも、不空は玄宗をはじめとする三代の皇帝に積極的に働きかけ、密教に対する社会の評価を高めるのに果した役割りは大きい。

密教を異国に運び、定着させるという伝道目的において、不空と空海は似通った使命を荷っていた。空海は不空の歩んだ路線を、十二分に意識して行動したにちがいない。空海もまた朝廷と密接な関係を保つことを意図しつつ、密教の積極的な流布をはかった。それは一般には、鎮護国家の思想に基づいた行動であると評されている。

しかし空海は天皇のみを視野に置いて行動したわけではない。空海の著作になる『仁王経開題』には、国家とは、国王と国土と民衆の三者を含む存在であると述べられている。また空海の著書や書翰類を検討すると、その護国思想の基底には、インド仏教の伝統的な国王観である正法治国（ほうちこく）の思想が根付いていることに気付く。仏教の正しい法に則した治政を国王に勧め、民衆の安泰を保証する済世利人（さいせいりにん）の理念が、空海の対社会活動の原点であった。

万濃池の修築、度重なる祈雨法の執行、綜芸種智院の開設をはじめとする空海の対社会活動は、このような仏教の基本的な思想を踏まえた大乗仏教の利他の精神の具現化であったということができるであろう。

三 『三教指帰』

(1)構成

『三教指帰』三巻は、その序文には、延暦十六（七九七）年十二月一日の日付が記されている。この時、空海は若冠二十四歳。文章は中国の六朝（りくちょう）期より始まった四六駢儷体（しろくべんれいたい）の華麗な漢文よりなり、中国古典にあらわれる故事、来歴や、仏典の教説ないし説話を縦横に踏まえた格調高い名文である。

『三教指帰』の名は、儒、道、仏の三教の帰着点（指帰）を示し、それら三教の優劣を論ずるところからきている。中国では唐代に儒道仏の三教を比較する論議は盛んに行なわれ、唐初の王（おう）淳（じゅん）の『三教論』（法琳（ほうりん）の『弁正論』巻六に引用）、衛元嵩（えいげんすう）の「三教を斉（ひと）しくする論」（『旧唐書（くとうじょ）』経籍志巻下）などの名が知られている。空海の『三教指帰』は、これらに範を求めたものである。ただし論文ではなく、対話形式で、登場人物に三教の要旨を語らせる戯曲の構成をとった比較思想論となっている。

対話形式により、いくつかの思想を展開させ、あるいはそれらを比較する方式も、中国にいくつかの範例がある。四人の登場人物が、帝王の功徳を論議する王褒(おうほう)の「四子講徳論」(『文選』所収)、あるいは儒道仏三教の真理性と政治的な効用性を四人に論議させ、三教の同異の指帰を如来の説法に求めた、法琳の「三教治道篇」(『弁正論』第一・二巻)などが、空海になんらかのヒントを与えたと考えられている。

大学を退き、官吏への道を放棄して、山林を放浪し、仏道の修行に専心した空海が自らの出家の動機を、戯曲の形を借りて表明したのが『三教指帰』である。その中で自らの生い立ちを述べ、官学に付随する儒学や隠遁者の思想を代弁する道教に厭(あ)き足らず、仏教を選びとった理由を述べる。それは空海の官界での出世を期待していた両親や親族に告白した精神的な独立宣言書とする見解もある。

空海がその様式を借用した中国の三教論は、いずれも客観的な三教の比較論に終始している。それらに比して、『三教指帰』はその中に自己の経歴を投影し、おのれの「憤懣(ふんまん)の逸気を寫(そそ)ぐ」(自序の言葉)という主体的な性格を強くもつ自伝的な著作である(福永光司責任編集『最澄 空海』中公バックス版〈日本の名著〉3)。

『三教指帰』に登場するのは、館の主人役の兎角公、その母方の甥に当るならず者の蛭牙公子、それに兎角公の客として、この蛭牙を、儒教、道教、仏教それぞれの立場から教導する亀毛先生、虚亡隠士、仮名乞児の五名である。

これらのうち兎の角、蛭の牙、亀の毛はいずれも架空で実体のない存在であるが、この譬えは『金光明最勝王経』の如来寿量品に見出され、そこからこれら架空の人名を借用してきたと考えられる。

兎角公の館は故郷の佐伯氏の邸宅を、亀毛先生は阿刀大足を思いおこさせ、仮名乞児の言動の中に、空海自身の姿を彷彿させるものがある。蛭牙公子と虚亡隠士については、モデルを直接推定する資料が残されていない。

(2) 梗概

『三教指帰』三巻のうち、上巻は序と亀毛先生の意見、中巻は虚亡隠士の見解、下巻は仮名乞児の教説と全体の総括にあたる十韻の詩からなる。

序は空海自らの経歴を述べる。若年より学問に励み、大学に入ったが、次第に俗世の立身出世をうとましく感じ、山林修行に打ち込むようになる。ところが親戚や知己が、空海の出家をとどめ、強く反対する。それに対して空海は、三幕のドラマ仕立てで、自らが仏教を選びとった精神的な遍歴の経緯を記す。そこには憤懣の逸気を寫ぐために筆をとったと本書撰述の動機が語られている。

上巻の主題は、儒教の教えの披瀝である。兎角公の邸に、謹厳な風貌をした儒者の亀毛先生が尋ねて来て、両者が酒食を共にして歓談する。兎角公は外戚の甥に蛭牙公子というならず者がいて、亀毛先生にかれを教誡してくれるように依頼する。先生は固辞するが、懇請にほだされ、結局、その役をひきうける。

本舞台では、亀毛先生は蛭牙公子に対し、心を入れかえて、親に仕えて孝の道に励み、さらに君に真心を致して忠を尽すべきことを説き聞かせ、この教えに従えば、すばらしい立身出世が待っていることを、古来からのさまざまな事例を挙げて、彼の気をひこうとする。亀毛先生の能弁と熱意に打たれて、蛭牙は改心し、兎角公もその教えを日常生活の糧（かて）にしたいと感嘆して終る。

中巻は道教の立場を叙述する。先程から傍らで愚人のふりをして、三人の話を聞いていた隠者がいた。髪の毛はぼうぼうで、衣はずたずたの襤褸（ぼろ）をまとった虚亡隠士の名をもつこの人物は、にたりと笑って、儒教についての亀毛先生の話を竜頭蛇尾だと評し、道教の心髄を語り始める。世俗の栄誉や富貴には目もくれず、自らひっそりと無為の境地に身を置き、淡白で無欲に生きて、声なき「道」の根源的な真理と一体となり、天地とともに悠久の寿命を保ち、日月とともに永遠の生を楽しむ。それが道教の要諦（ようてい）だという。

はかない浮草のような富貴と名声にあこがれて、苦しみながら世俗の栄誉を目ざす儒者の教えと、隠士の説く道教の徒の生き方と、どちらが勝れているか、と問いつめられて、三人は道教の教えに従うことを約束する。

下巻は乞食のなりをした沙門の仮名乞児が登場する。その風態はひどいが、その志は高く、若き日の空海を彷彿させる。論は、親を捨て、主君に仕えようとしない沙門に対する不孝、不忠の非難に対する問答から始まる。沙門は一見して不孝、不忠とされるが、衆生を救い、国家のために己の善行の功徳を差し向けることが、大孝、大忠に当ると反論する。この問答の基本形は、すでに中国においてしばしば取り上げられた仏教側の反論で、空海もその範に倣って答えている。

諸方を放浪していた仮名乞児が、たまたま兎角公の邸にさしかかった時、亀毛先生と虚亡隠士の論議の場にいきあわせる。そこで仮名乞児は、世俗の名利をたたえる亀毛先生の儒教と、脱俗を理想とする虚亡隠士の道教をいずれも批判し、仏教思想に基づく衆生救済の教えの優位を説く。

さらに無常の賦、生死海の賦などを述べる。その中で六道輪廻の苦より解脱するため、五戒、十善、六波羅蜜、八正道、七覚支、四念処、四弘誓願など、仏教の基本的な教説が示される。仮名乞児の所説に四人は感激して、仏教に帰依することを表明する。そこで乞児は儒道仏の三教の要旨を、十韻の詩にまとめ、それらの頂点に立つ仏教のすばらしさを唱いあげてこの戯曲は幕を閉じる。

仮名乞児の説く仏教の教えは、仏教の基本的な教説をほとんど網羅しているといってよい。無常観の強調などはのちの空海の生死観と密接に繋がる。一方、当然のことながら、まだ密教に関しては触れられてはいない。下巻に水瓶より水を移し、呪を唱え、気絶した者に注ぎかけて蘇生させた挿話が記されている。とはいえこれは奈良時代にすでに存在した呪法の一種とみるべきで、のちに空海の説く密教とは関係しない。

(3)『聾瞽指帰』

『三教指帰』三巻には別本が存在する。『聾瞽指帰』一巻がそれである。『三教指帰』には写本や刊本が多数現存するが、『聾瞽指帰』は、空海の自筆本として国宝に指定されている写本が唯一の現存本で、高野山の御影堂の宝庫に秘蔵されてきた。その筆勢に若さと堅さが感じられ、後年の空海の書のような円熟した技巧は認められないものの、一般に空海筆と認められている。ただ真筆説に対する疑義もないわけではない(『書道芸術 空海』第十二巻、中央公論社、一九七〇年、一七九頁。『定本弘法大師全集』第七巻、解説)。

両指帰を比較すると、巻数には相違があるが、内容の上では、序文と最後の十韻の詩が異なるだけで、それ以外の本文は用語にごくわずかな違いがあるとはいえ、ほぼ同一である。著作日時も、延暦十六年十二月一日と両者は等しい。

古くから『聾瞽指帰』は草稿本で、『三教指帰』はその再治本すなわち校訂本と見做されてきた。しかし最近の研究では、後書は前書の単なる校訂本ではなく、理由があって手を加えて改訂されたが、撰述の日付はそのまま残されたとみる意見が有力となっている。

それではなぜ手が加えられたのか。改訂されたのはいつなのかという問題が残る。これらの点を解明する手掛りは、両書の相違が著しい序文と、最後の十韻の詩にある。

『聾瞽指帰』の序文は、中国唐代の文学者たちの詩文の巧拙を論じ、詩文に対する自己の見解を披瀝する一種の文学論ともいえる。それに対し『三教指帰』の序文は、まず心の悶えを晴らすため、詩文を作って、自らの志を明かすと断った上で、若年より青年期にいたる生い立ちを述べる自伝的な回想が主題となっている。

両書の序文を比較すると、『聾瞽指帰』の序文には、詩文に対する若者のほとばしる熱気は感じとれる。しかし序文と亀毛先生以下の本文との連結感は希薄である。それに対し『三教指帰』の序文は、若き日の自らの心の煩悶から、仏教を最終的に選びとった精神遍歴を窺わせる本文の叙述へと、さしたる抵抗感もなく繫がっていく。

結論にあたる十韻の詩を比べると、三教に対する両書の評価の相違が明らかになる。『聾瞽指帰』では、儒と道の両教の価値について否定的な見解に終始する。一方、『三教指帰』では、序文および十韻の詩の中で、儒、道の教えにそれぞれの価値を認めながら、最終的には仏教の優位性を主張する。前書が批判的であるに対して、後書はきわめて融和的かつ協調的に、儒、道の両教が取り扱われている。三教の対比という点から、両書の著作の間に少なからぬ思想上の変化を認めざるをえない。

両書の著作された日付についても、『聾瞽指帰』が「于時平朝御宇聖帝瑞号延暦十六年窮月始日」と肩肘張ったものものしい言い廻しであるのに対して、『三教指帰』では、「于時延暦十六年臘月之一日也」と、淡々たる記載に変っている。

『聾瞽指帰』が著述されたのち、いくばくかの年月の経過があり、内容を一部書き改める必要を感じたため、訂正を加えて、『三教指帰』が完成した。ただ著作の日付だけは、平易な表現に改めただけで、同年月日を残したものと考えられる。

以上のような相違点の検討から、現存の『三教指帰』のような形に手が入れられたのは、『聾瞽指帰』を著作した延暦十六年以降とみる説が一般に承認されることになった。さらに最近になって、『聾瞽指帰』を改題し、序と結論の内容を変えた『三教指帰』が完成したのは、空海の帰朝後とみる説が提出された（加地伸行「空海と中国思想と――『指帰』両序をめぐって――」、『中国思想からみた日本思想史研究』、吉川弘文館、一九八五年）。説得性のある内容であるため、その要点のみ以下にまとめて紹介しよう。

中国において、六朝から唐初にかけて、儒道仏の三教を対弁して、それらの優劣を競う論が盛んであった。それに対し、玄宗の頃には、むしろ三教調和の風が優勢となる。とはいえ八〇〇年以前には、日本においてまだ前代の三教論難期の三教観のみしか知られていない。八〇四年に渡唐した空海は、中国におけるこのような三教論の潮流の変化を当然感じたはずである。

第二に、『三教指帰』序の内容が二十代の著作にしては回顧的に過ぎるという点。

第三に、中国文学史上の変化である。中唐の時代、空海の渡唐時は、すでに前代の四六騈儷文に対する反省期にあった。空海はこの流れを受けて、『文鏡秘府論』では、技巧を凝らさぬことをもって文章の第一とする。このように考えると、『聾瞽指帰』の序文が藻麗（そうれい）な四六文であるに対し、『三教指帰』の序文は、平明簡潔な文で、後者が『文鏡秘府論』の境地に近いことが分かる。『聾瞽指帰』序文中に記されている言語観、文学観は常識的な知識としてしか捉えられていないが、『三教指帰』序文には、実作の経験という重みがにじみ出ている。

以上のように中国における三教論の比較思想論的な取り扱いかた、また文学観の変化、これらがともに初唐から中唐にかけて節目を迎えている。九世紀初頭に中国に渡り、これらの変化を敏感に感じとった空海が、帰国後に、『聾瞽指帰』から『三教指帰』への改題と、序文と十韻の詩の全面的な改訂を行なったと想定されるのである。

帰朝後、改題、改作が行なわれたという考えは承認されてよい。では、それがいつ頃なされたかという問題は残る。くわしい論証はさしひかえるべきであるが、それは空海の帰国後、数年の間の顕密対弁思想の宣揚と、真言宗教団の樹立に奔走した時期とは考えにくい。当然のことながら空海に対する社会的な評価が確立し、思想的にも包摂の理念を鮮明化した弘仁の半ば以降、天長にかけての可能性が高い。『文鏡秘府論』の略論である『文筆眼心抄』を著作した弘仁十一(八二〇)年から、『十住心論』を撰上した天長七(八三〇)年に及ぶ八二〇年代のいずれかの時期がふさわしいのではなかろうか。

(4)『文鏡秘府論』

『文鏡秘府論』は、漢詩文を創作する際に手本となる法則を、空海が編纂し、解説した書で、六巻からなる。その中では、中国に伝えられていた文学理論、音韻論、創作技術についての解説書の中から、空海が選び出した引用文を用いて、それらの法則を明らかにしている。

中国では六世紀に、劉勰の『文心雕竜』、鍾嶸の『詩品』などすぐれた文学理論の書が、世に出されているが、『文鏡秘府論』は、それらに比肩しうる書として評価は高い。また日本では、文章の創作についての唯一の理論書として、後代の文人に尊重された。

中国においても、現在これほど質の高い文学理論と創作作法に関する解説書は残されていない。そのため『文鏡秘府論』の価値が改めて見直され、羅根沢、郭紹虞、王利器、周維徳など、中国の古典文学を専門とする学者たちによって、その研究が進められている。

文学に関して、これほど学術的な水準の高い造詣をもちえたことについて、『文鏡秘府論』の序に、

　わたくしは幼年のころ、母方の舅（おじ）のもとでかなり文章の勉強をし、成人してからは唐の都の長安に留学して、あらまし文章論の一端を聴くことができた。（福永光司訳、本書三三一頁参照）

と述べられている。

『文鏡秘府論』は引用文が主体で、空海の文学的な見解は、天巻の総序と、東西両巻の小序の三篇に記されているにすぎない。しかしながら総序の最後を、

　巻数を「六合（りくごう）」すなわち天・地・東・西・南・北にあわせて六巻とし、この書の不滅性を天に懸かる日月の輝きになぞらえた。名づけて『文鏡秘府論』という。

　出家と在家の文学愛好者たち、山野に詩文をもって集（つど）う人士たちが、千里の遠きにわざわざ指導者を求め歩かなくとも、文章の秘訣（ひけつ）をおのずから会得し、天下に広く参考書を探しまわらなくとも、立派な文章が期待されることをこいねがう次第である。（本書三三一〜三三二頁）

と締めくくっているところからみても、空海が本書を編纂（へんさん）した意図と、それに対する並々ならぬ自信の程を窺い知ることができるであろう。

『文鏡秘府論』六巻の要諦を選んで、それをほぼ三分の一の分量にまとめた縮約版が、『文筆眼心抄』である。その序文において、空海は、文の眼、筆の心であるという意味で、この名を付け

たと述べている。もとは「抄」がなく、『文筆眼心』の名であった可能性もある。序の最後に、本書の著作が「弘仁十一（八二〇）年中夏（五月）」であったことが記されている。

この日付からみて、『文鏡秘府論』の著作はそれ以前であったことが分かる。その撰述を、大同四（八〇九）年とみる説がある（「平安朝漢文学関係略年表」、川口久雄著『平安朝の漢文学』、吉川弘文館、一九八一年）。論拠が示されていないので不明であるが、この年は空海が入京した年と想定され、この頃に著作された可能性は低い。空海の動静よりみて、その著作は『文筆眼心抄』の完成した年月にかなり接近した時期と考えてよいであろう。

(5)本書の現代語訳および注について

本書は、〈中公クラシックス〉の一冊として、福永光司訳注の『三教指帰』『文鏡秘府論序』（中公バックス版〈日本の名著〉3『最澄 空海』所収、中央公論社、一九八三年）を収録したもので、本解説はこれに付すべく今回執筆したものである。旧版の解説のはじめに、訳者は補注作成の意図を、空海の『三教指帰』を漢文の学としての視点から考察し、その成立の事情を検討しようとしたと記している。

訳者は『三教指帰』の現代語訳、補注執筆にあたって、江戸前期の運敞（うんしょう）の『三教指帰註刪補（さんぽ）』に主として依っているが、なおそれに満足せず、中国の古典にその典拠を探索し、それに沿った現代語訳を付すように心掛けたという。
『三教指帰』の訳・注と並べて、『文鏡秘府論序』の訳・注を併せ載せたのは、漢文の学の本場である中国（大唐帝国）に留学する以前の空海の漢文と、留学より帰朝した後のそれとの相違を比較検討する便宜のためとする。収載にあたって、序文のみにとどめたのは、紙幅の関係と、本文中に空海自身の述作の部分が少ないためであると、訳者は断っている。

（高野山大学名誉教授）

凡　例

一　本書は『三教指帰』全巻と『文鏡秘府論』序を収録し、各巻ごとに現代語訳・原漢文・注釈の順で配列した。

一　『三教指帰』原漢文は、高野山大学図書館蔵、建長五年（一二五三）刊本（上・中・下巻）を底本に用い、高野山金剛峯寺蔵『聾瞽指帰』空海真筆本（国宝。一九七三年、便利堂複製本）、および高野山大学図書館蔵（高野山光明院旧蔵）古鈔本『三教指帰』上・下巻（中巻欠）、天理大学図書館蔵、仁平四年（一一五四）鈔本『三教指帰』上・中・下巻などによって校訂した。

一　『文鏡秘府論』序の原漢文は、一九三〇年、東方文化学院影印古鈔本（「鈔本」と略称）を底本とし、「弘法大師全集」本（「全集本」と略称）、「真言宗全書」本（「箋本」と略称）、一九七五年、北京人民文学出版社刊校点本などを参照した。

一　原漢文中の漢字のうち、新字体のあるものは原則として新字体に改めたが、「餘」と「余」のように区別の必要な若干の字は底本のままとした。また異体字についてはなるべく底本に従ったが、一部、通行の字体に改めたものがある。

三教指帰

（儒教と道教と仏教の究極にあるもの）

目次

序

文章の成立は偶然ではなく必ずいわれがある。（古人もいうように）天が晴れわたっているとさまざまな天文現象を示し、人が感動すると筆を含んで文章を書く。だから伏羲の八卦や老聃の著作、詩経や楚辞などの文章も、人が心に感動し、その感動を紙に書きしるすことによって成立したものである。凡夫と聖者とでは人間が違い、古と今とでは時代が異なるとはいうものの、人たるもの、心の悶えを晴らそうとすれば、詩文を作っておのれの志を述べずにおれようか。

私は十五歳のとき母方の叔父で禄高は二千石、親王府の文学という職にあった阿刀大足について学問にはげみ努力研鑽した。そして十八歳になると大学に遊学し、雪あかりや蛍の光で読書した古人をめざして、それでも怠ろうとする気持をくじき、また縄を首にかけ錐で股を刺して睡魔を防いだ古人にならって、おのれの不勉強をはげました。

ところがここに一人の僧侶がいて、私に虚空蔵聞持の法（虚空蔵菩薩の説く記憶力増進の秘訣）を教えてくれた。その秘訣を説いている『虚空蔵菩薩能満諸願最勝心陀羅尼求聞持法』という経典には、「もしも人々がこの経典に示されている作法にしたがって、虚空蔵菩薩の真言すなわち『南牟・阿迦捨・掲婆耶・唵阿唎迦・麼唎慕唎・莎嚩訶』という陀羅尼を百万遍となえれば、すぐにあらゆる経典の教えの意味を理解し暗記することができる」と書かれている。

そこで私は、これは仏陀のいつわりなき言葉であると信じて、木を錐もみすれば火花が飛ぶという修行努力の成果に期待し、阿波の国の大滝岳によじのぼり、土佐の国の室戸崎で一心不乱に修行した。その私のまごころに感応して、谷はこだまで答え、虚空蔵菩薩の応化とされる明星は、大空に姿をあらわされた。

かくて私は、朝廷で名を競い市場で利を争う世俗の栄達は刻々にうとましく思うようになり、煙霞にとざされた山林の生活を朝夕にこいねがうようになった。軽やかな衣服をまとい肥えた馬にまたがり、流れる水のように疾駆する高級車の贅沢な生活ぶりを見ると、電のごとく幻のごとき人生のはかなさに対する嘆きがたちまちにこみあげてき、体の不具なもの、ぼろをまとった貧しい人々を見ると、どのような因果でこうなったのかという哀しみの止むことがない。目にふれるものすべてが私に悟りへの道をすすめ、吹く風のつなぎとめようがないように、私の出家の志をおしとどめることは誰にもできない。

ところがここに幾人かの親友知己がいて、私を仁義五常のきずなでつなぎとめようとし、忠孝の道に背くものとして見すてようとするが、私はこう考える。生きとし生けるもののもちまえは同じではなく、空を飛ぶ鳥、水にひそむ魚といったようにそれぞれに性分の違いがある。だから聖人が人をみちびくには、三種の教えを救いの網として用いるのであり、いわゆる「釈」と「李」と「孔」と（仏教と道教と儒教）がそれである。この三種の教えには浅いと深いとの違いはあるが、いずれもみな聖人の説いた教えである。その同じ教えの網のなかに身をおけば、忠孝の道にそむくことなどありえないのだ、と。

さらにまた私には一人の母方の甥がいて、性質はひどくねじけ、狩猟や酒や女に昼も夜もおぼれこみ、賭博ややくざ稼業を日常の仕事にしている。思うに彼の習性は周囲の悪風に染められた結果であろうが、「彼」と「此」との二つの事、すなわち親友知己の反対と甥の放蕩無頼とが、日ごとに私の心を発憤させた。

かくて（私は一篇のドラマを構想し）、亀毛先生に登場ねがって儒教を代表する客人とし、兎角先生をお願いしてその主人役とした。また虚亡隠士に登場ねがって神仙の道に入る道教の教理を述べてもらい、仮名児（仮名乞児）をわずらわして世間を出離する仏教の教理を説明してもらい、ともに論陣をしいてそれぞれにならずもの蛭公（蛭牙公子）をいましめ（るという構想の本書を執筆し）た。ととのえて三巻とし、名づけて三教指帰という。本書は私の心の悶えのやむにやまれぬ気持をぶちまけただけのものであり、他人に目を通してもらおうなどというつもりはさらさらない。時に延暦十六年（七九七）十二月一日である。

文之起、必有由①、天朗則垂象、人感則含筆②、是故鱗卦聃篇③、周詩楚賦④、動乎中⑤、書于紙⑥、雖云⑦凡聖殊貫⑧、古今異時⑨、人之写憤⑩、何不言志⑪、余年志学⑫、就外氏阿二千石文学舅⑬、伏膺鑽仰⑭、二九⑮遊聴槐市⑯、拉雪蛍於猶怠⑰、怒縄錐之不勤⑱、爰有一沙門⑲、呈余虚空蔵聞持法⑳、其経説㉑、若人依法、誦此真言一百万遍、即得一切教法文義諳記㉒、於焉㉓信大聖之誠言㉔、望飛燄於鑽燧㉕、躋攀阿国大滝嶽㉖、勤念土州室戸崎㉗、谷不惜響㉘、明星来影㉙、遂乃㉚朝市栄華、念念厭之㉛、巌藪煙霞、日夕飢之㉜、看軽肥流水㉝、則電幻之歎忽起㉞、見支離懸鶉㉟、則因果之哀不休㊱、触目勧我㊲、誰能係風㊳、爰有一多親識㊴、縛我以五常索㊵、断我以乖忠孝㊶、余思㊷、物情不一㊸、飛沈異性㊹、是故聖者駆人㊺、教網三種、所謂釈李孔也㊻、雖浅深有隔㊼、並皆聖説、若入一羅㊽、何乖忠孝、復有一表甥㊾、性則佷戻㊿、鷹犬酒食(51)、昼夜為楽(52)、博戯遊侠、以為常事(53)、顧其習性、陶染所致也(54)、彼此両事(55)、毎日起予(56)、所以請亀毛以為儒客(57)、要兎角而作主人(58)、邀虚亡士、張入道旨(59)、屈仮名児、示出世趣(60)、倶陳楯戟(61)、並箴蛭公(62)、勧成三巻(63)、名曰三教指帰(64)、唯写憤懣之逸気(65)、誰望他家之披覧(66)、于時、延暦十六年臘月之一日也(67)。

(1)「文の起こるや必ず由有り」は、『礼記』楽記篇に「凡そ音の起こるや人の心に由りて生ずるなり」とある。また、「由有り」は、『春秋左氏伝』襄公二十三年の条などに見える言葉。「臧文仲の知有りて魯の国に容れられざるや、抑そも由有り」、また『文選』の任昉「斉の竟陵文宣王の行状」に「之を致すに由有り」

（2）「天朗なれば則ち象を垂れ、人感ずれば則ち筆を含む」は、『易』繫辞伝上に「天は象を垂れて吉凶を見し、聖人これに象る」とあるのをふまえ、『芸文類聚』巻四の王羲之「蘭亭詩序」の「天朗にして気清む」、『文選』の王褒「四子講徳論」の「詩人感じて而る後に思う」、同じく陸機「文の賦」の「毫（筆）を含んで邈然たり」などの語句を用いて綴られた文章。「文」すなわち詩文の根源が天地大自然にあることをいう。『文鏡秘府論』巻五に「文章の興るや、自然とともに起こり、宮商の律は二儀（天地）とともに生ず」とあるのと同類の思想表現。

（3）「鱗卦と聃篇」は、伏羲が始めて作ったという『易』の八卦と老聃が関令尹喜のために書き残したという上下二篇の書（『老子道徳経』）とをいう。「鱗」は、『文選』の王延寿「魯の霊光殿の賦」に「伏羲は鱗身」とあり、伏羲が天地大自然に本づいて始めて八卦を作ったことは『易』繫辞伝上などに見えている。「聃」は、老聃。『史記』老子伝に「老子は……姓は李氏、名は耳、アザナは伯陽、諡して聃と曰う」とあり、「聃」を老子のアザナとする説もある。なお老子が関令尹喜のために上下二篇の書を著わしたことも『史記』老子伝などに見えている。

（4）「周詩と楚賦」は、『文選』の孫綽「天台山に遊ぶの賦」に「配天に唐典に応じ、峻極を周詩に斉しくす」とあり、『芸文類聚』巻八十二の鮑照「芙蓉賦」に「衣裳に楚賦に感じ、夏思を陳詩に詠ず」とある。「周詩」は、ここでは広く『詩経』をさし、「楚賦」は、いわゆる『楚辞』と同じ。

（5）「中に動く」は、『詩経』の「大序」の言葉。「情、中に動いて言に形わる」

（6）「紙に書す」は、『文選』の石崇「王明君詞」序に「其の新曲を造るや哀怨の声多し。故に之を紙にる。
叙す」とあり、『文鏡秘府論』巻六にも「情、中に動いて言に形われ、然る後に之を紙に書す」とある。

(7)「云うと雖も」も、『文選』に多く用例が見える。たとえば陳琳の「曹洪の為に魏の文帝に与うる書」の「王者の師と云うと雖も」など。

(8)「凡聖は貫を殊にす」は、僧肇『注維摩』仏国品に「凡聖は土を二にす」とあり、「貫を殊にす」は、『劉子新論』通塞篇に「屈と伸とは貫を殊にす」とある。なお「貫を殊にす」は、『荘子』徳充符篇の「貫を一にす」に本づく。

(9)「古今は時を異にす」は、『文心雕竜』練字篇に「古今は跡を殊にし、妍媸(美醜)は分を異にす」とあり、『荘子』天運篇に「古今の異なるを観るに猶お猨狙の周公に異なるがごとし」とある。

(10)「憤りを写く」は、『詩経』の邶風「泉水」の詩に「駕して言に出で遊び、以て我が憂いを写く」の「憂いを写く」をふまえた表現。「写」は除と同義。

(11)「何ぞ志を言わざる」は、『書経』舜典に「詩は志を言う」、『春秋左氏伝』襄公二十七年の条に「詩は以て志を言う」などとあり、『論語』公冶長篇には「盍ぞ各おの爾の志を言わざる」とある。

(12)「余れ年志学にして」の「志学」は、十五歳をいい、『論語』学而篇「吾れ十有五にして学に志す」に本づく。

(13)「外氏の阿二千石、文学の舅」は、母方の叔父である阿刀大足をさす。「外氏」は、『晋書』魏舒伝に「少くして孤、外家の甯氏の養う所と為る。甯氏、宅を起こす。宅を相う者云う、当に貴き甥を出だすべし、と。外祖母、魏氏の甥の小にして慧なるを以て、意に謂えらく、之に応らん、と。舒曰く、当に外氏の為に此の宅相を成さん」とある。「二千石」は、『文選』の揚雄「解嘲」序に「家より起こりて二千石に至る」とあるが、ここは大夫の異称。『続日本後紀』承和二年（八三五）三月の条に「従五位下の阿刀大足」、また『御遺告』に「阿刀大足大夫」などとあり、『唐書』百官志「吏部」の条に「凡そ文(官)の散階は二十九、……従五品下を朝散大夫と曰う」、また『通典』職官十八に漢の官秩差次を記して「比二千石」の条に光禄大夫をあげ、「真二千石は王莽改めて上大夫と為し、比二千石は改めて中大夫と為す」と注しているのを参照。「文学」は、『唐書』職官志の職官一「従第六品上階」の条に「親王文学」の職名があげられており、原注に「武徳令にては親王府文学已上は、並びに正六品下なり」とある。ここは阿刀大足が桓武天皇の皇子の伊豫親王の侍講であったことをさす。「舅」は、母の兄弟。『爾雅』釈親篇に「母の昆弟（兄弟）を舅と為す」とある。

(14)「伏膺鑽仰す」は、『広弘明集』巻十四の李師政「内徳論」通命篇に「釈迦に師事し、善誘に伏膺す。豈に道の勝れるを識りて之を鑽仰せざらんや」とあり、「伏膺」は、『礼記』中庸篇、「鑽仰」は、『論語』子罕篇の言葉。「拳拳服（伏）膺して失わず」、「之を仰げば弥いよ高く、之を鑽れば弥いよ堅し」

(15)「二九」は十八。『文選』の左思「蜀都賦」に「二九の通門を闢く」とあり、李善の注に「成都の十八門を立つ」とある。

(16)「槐市に遊聴す」の「槐市」は、『芸文類聚』巻五十五「談講」の条に引く梁の元帝の「皇太子講学碑」に「玉の裕を睟しくして槐市を経」とあり、大学をいう。「遊聴」は、『唐高僧伝』釈法雲伝に「四時に遊聴し、寒暑に輟めず」とある。ちなみに上に引いた『続日本後紀』では「空海、十八にして槐市に遊学す」に作っている。

(17)「雪蛍を猶お怠るに拉く」の「雪蛍」は、晋の孫康が家貧しく雪あかりで読書し、晋の車胤がまた家貧しく蛍火で読書した故事をふまえ、貧窮に堪えて苦学することをいう。『文選』の任昉「蕭揚州の為に士を薦むる表」に「蛍を集め雪に映ず」とあり、李善の注に引く『孫氏世録』に「孫康は家貧しく常に雪に映じて書を読む」、同じく『晋陽秋』に「車胤、アザナは武子。学びて倦まず、貧しくして常には油を得ず。夏月には則ち練嚢もて数十の蛍火を盛り、夜を以て日に継ぐ」とある。「猶お怠る」は、『文選』の張衡「東京賦」に「昧旦より丕いに顕らかにするも、後世猶お怠る」とあり、『春秋左氏伝』昭公三年の条に載せる「讒鼎の銘」の言葉をそのままふまえる。なお『左氏伝』では「後世猶お怠る」の句につづけて「況んや日に悛めざるをや、其れ能く久しからんや」とある。「拉」は摧と同義。『文選』の曹植「七啓」に「虎を拉き斑（虎の美しい毛皮）を摧く」とあるのなどを参照。

(18)「縄錐の勤めざるを怒ます」の「縄錐」は、後漢の孫敬が読書していて眠くなると縄を頸に繫けて屋根の梁に結びつけ、戦国時代の蘇秦がまた読書していて眠くなると錐で股を刺した故事をふまえる。『芸文類聚』巻五十五「読書」の条に引く『後漢書』に「孫敬、アザナは文質。学を好み、戸を閉して読書す。其の睡に堪えざれば乃ち縄を以て之を屋梁に懸く」とあり、『史記』蘇秦伝の「集解」に引く『戦国策』に「書を読みて睡らんと欲すれば、錐を引いて自ら其の股を刺し、血流れて踵に至る」とあるのを参照。「勤めず」は、『論語』微子篇に「四体、勤めず」とあり、「怒」は、鼓怒の意。ふるいたたせる、はげます。

(19)「爰に一沙門有り」の「爰に有り」も、『文選』に用例が多く見える。たとえば張衡「西京賦」の「爰に藍田の珍玉有り」、嵆康「琴の賦」の「爰に竜鳳の象有り」など。「沙門」は、出家、僧侶。僧肇の『注維摩』方便品に「沙門は出家の都名（総称）なり。秦言（中国語）にては義もて勤行と訓ず」とある。

(20)「余に虚空蔵聞持の法を呈す」の「余に呈す」は、『文選』の劉峻「重ねて劉秣陵沼に答うる書」に「緒言餘論……余に示す者有り」とあり、「呈」は示と同義。「虚空蔵聞持の法」は、虚空蔵菩薩の真言（陀羅尼）を百万遍となえて、諸願を満たし記憶力を増進させる行法。「聞持」は仏の教法を聞いて憶持する（しっかり記憶して身につける）の意。次注を参照。また『金光明最勝王経』最浄地陀羅尼品（大正十六419c）に「陀羅尼を聞持して以て根本と為す」。ちなみに『続日本後紀』承和元年（八三四）九月の条には、空海の先輩、法相宗の護命僧正も若いとき深山に入って虚空蔵法を修めたことを載せている。

(21)「其の経に説く」の「其の経」とは、唐の善無畏の漢訳した『虚空蔵菩薩能満諸願最勝心陀羅尼求聞持法』（大正二十601c〜603a）をいう。

(22)「若し人、法に依って此の真言を誦すること一百万遍ならば、即ち一切の教法の文義、諳記することを得ん」は、前掲の経典に「若し能く常に此の陀羅尼（真言）を誦すれば、無始より来の五無間等、一切の罪障ことごとくみな銷滅せん。……前後通計して満百万遍なれば、其の数乃ち終わり……即ち聞持を獲ん。一たび耳目を経れば、文義倶に解して之を心に記し、永く遺忘すること無し」とあるのを要約した文章。「文義」は、文章の意味内容。『漢書』揚雄伝に「文義は至深にして論ずること聖人に詭わず」とある。ちなみにここにいわゆる虚空蔵菩薩の「真言」とは、同経に「南牟阿迦捨掲婆耶唵阿唎迦麼唎慕唎莎嚩訶」（ナウボウ・アキャシャ・ギャラバヤ・オムアリキャ・マリボリ・ソワカ）として載せられている。

(23)「焉に於て」は、『文選』の張衡「帰田賦」に「焉に於て逍遥し、聊か以て情を娯しみます」、同じく沈約「鍾山」の詩に「焉に於て鑣駕を仰ぎ、歳暮以て期と為す」などとあり、『詩経』の小雅「白駒」

の詩の「焉に於て逍遥す」の用例をふまえる。

(24)「大聖の誠言を信ず」の「大聖」は、『荘子』知北遊篇に「至人は無為、大聖は作さず」とあり、『法華経』序品（大正九4b）に「大聖の出家を見る」、『広弘明集』序に「惟だ仏をば称して大聖と為す」などとある。「誠言」は、『楚辞』九章「抽思」や牟子「理惑論」などに見える言葉。「昔、君、我と誠言す」、「与に誠言し難し」

(25)「飛燄を鑽燧に望む」の「飛燄」は、火花。『文選』の左思「呉都賦」に「飛爓（燄）と浮煙」とあり、「鑽燧」は、『論語』陽貨篇に「燧を鑽りて火を改む」とある。「燧」は、錐でもんで火を取るための木。なお、この一句は修道の成果を精進努力のなかに期待するの意であるが、『成実論』後五定具品（大正三十二354c）に「道を求むるが為の故に常に勤めて精進す。燧を鑽して息まざれば則ち疾やかに火を得るが如し」とあるのと同類の表現。

(26)「阿国の大滝の嶽に躋攀す」の「阿国」は、阿波の国。「躋攀」は、よじのぼること。『芸文類聚』巻三十七「隠逸」の条に載せる孔稚珪「褚先生百玉碑」に「途に攀じ阻しきに躋る」とあり、杜甫の「早起」の詩に「一丘、曲折を蔵し、緩歩、躋攀有り」とある。

(27)「念いを土州の室戸の崎に勤ます」の「念いを勤ます」は、『文選』の司馬相如「蜀の父老を難ず」に「思いを天に参し地に弐するに勤ます」とあり、「念」は思と同義。なお『続日本後紀』承和二年の条に載せる空海の伝記は「勤念」を「観念」に作り、『御遺告』は「心観」に作っている。

(28)「谷、響きを惜しまず」は、『文選』の王巾「頭陀寺碑文」に、「幽谷は私無く、至る有れば斯に響く」

(29)「明星、影を来す」の「明星」は、『詩経』の鄭風「女曰雞鳴」の詩に「明星爛たる有り」とあり、

『法華文句』巻二下（大正三十四24ａ）に「普香（菩薩）は是れ明星天子にして虚空蔵（菩薩）の応作なり」とある。「応作」は応現と同義。上に引いた『御遺告』に大滝嶽や室生門の崎での修行を述べて、「心に観ずるときに、明星、口に入り、虚空蔵の光明照らし来って、菩薩の威を顕わし云々」とあるのを参照。「影を来す」は、『文選』の劉峻「弁命論」に「千里に雲を来す」とあり、『荘子』応帝王篇には「虎豹の文は田を来す」とある。ちなみに上文の「爰に一沙門有り」から、ここの「明星、影を来す」までは、『続日本後紀』承和二年三月の条に載せる空海の伝記にほとんど同文が見えている。おそらく『三教指帰』の文章からそのまま採ったものであろう。

（30）「遂に乃ち」も、『文選』に多く用例が見える。たとえば班固「西都賦」の「遂に乃ち風挙がり雲揺く」、孔安国「尚書序」の「遂に乃ち礼楽を定む」など、また『広弘明集』巻四の彦琮「通極論」にも「遂に乃ち前代の清塵を希い、群英の遠迹を仰ぐ」などとある。

（31）「朝市の栄華、念念に之を厭う」の「朝市」は、『文選』の左思「蜀都賦」に「焉ぞ独り三川のみ世の朝市たらんや」とあり、『史記』張儀伝に「名を争う者は朝に於てし、利を争う者は市に於てす。今、三川は周室天下の朝市なり」とある。また上引の「通極論」に「朝市の虚煩、身心空弊す。智者は同じく棄て、賢人は共に鄙しむ」とあるのを参照。「栄華」も、『文選』に多く見えている言葉。たとえば嵇康「絶交書」の「俗人は皆な栄華を喜ぶ」、班固「賓の戯れに答う」の「朝には栄華を為し、夕には鷦䳪を為す」など。「念念」は、刹那刹那。『維摩経』方便品（大正十四539ｂ）に「是の身は電の如く、念念に住まらず」とあり、『顔氏家訓』帰心篇にも「念念に随い滅す」とある。

（32）「巌藪の煙霞は日夕に之を飢む」の「巌藪」は、『文選』の蔡邕「陳太丘碑文」に「巌藪の知名、声を失い涕を揮う」とあり、「煙霞」は、『芸文類聚』巻三十七「隠逸」の条に引く蕭綸「陶弘景碑」

に「深邃危峭、煙霞を組織す」、同じく孔稚珪「褚先生百玉碑」に「泉石は情に依り、煙霞は抱に入る」などとある。「日夕」は、朝夕。『文選』の劉楨「五官中郎将に贈る」の詩に「清談、日夕を同じくす」とあるのを参照。ただし「日の夕」すなわち夕暮の意に解することもでき、『文選』の江淹「雑体詩」の「朝に佳人と期し、日の夕に青閣を望む」はその例。「之を飢む」は、上文の「之を厭う」に対し、「飢」は、思望の意。『玉篇』に「飢は食を須つなり」とあり、『詩経』周南「汝墳」の詩「未だ君子を見ず、惄うこと調の飢えたるが如し」の鄭玄の注に「惄は思うなり。……朝飢の食を思うが如し」とあるのを参照。ちなみに、陶弘景の『真誥』巻二に道教の「霞を餐う」術について論述しているのを参照すれば「飢」は「煙霞」の縁語と見ることもできよう。

(33)「軽肥流水」は、衣服車馬の立派さをいって豪奢な生活を表現したもの。「軽肥」は、『文選』の范雲「張徐州稷に贈る」の詩に「裘馬は悉く軽肥」とあり、『論語』雍也篇「赤（公西赤）の斉に適くや、肥馬に乗り、軽裘を衣る」に本づく。「流水」は、『文選』の劉峻「広絶交論」に「高門は旦に開き、流水は軫を接す」とあり、呂向の注に「流水は車なり」とある。『後漢書』明徳馬皇后伝に「車は流水の如く、馬は游竜の如し」とあるのをふまえる。

(34)「電幻の歎き忽ち起こる」の「電幻」は、『維摩経』方便品（大正十四539b）に「是の身は幻の如く、顛倒より起こり、……是の身は電の如く、念念に住まらず」とあり、「忽ち起こる」は、『文選』の江淹「恨みの賦」に「揺風、忽ち起こる」とある。

(35)「支離懸鶉」の「支離」は、『荘子』人間世篇に「其の形を支離にする者」とあり、身体に障害のあることをいう。「懸鶉」は、貧窮をいい、『荀子』大略篇「子夏は貧にして衣は懸鶉の若し」をふまえる。

(36)「因果の哀しみ休まず」の「因果」は、『観無量寿経』(大正十二341c)に「深く因果を信ず」とあり、『広弘明集』巻二十二の沈約「形神義」に「因果は相い主どり、毫分も差わず、善悪の来るや、みな定業あり」とある。「休まず」も、『文選』に幾つか用例が見える。たとえば任昉「蕭揚州の為に士を薦むる表」の「訪対すること休まず」など。

(37)「触目我に勧む」の「触目」は、目に見るものすべての意。『芸文類聚』巻三十七「隠逸」の条の任昉「庾杲之の為に劉居士蚪に与うる書」に「閑を愛すること我に在り、触目蕭条たり」。「我に勧む」は、『春秋左氏伝』宣公十二年の条に「我に戦わんことを勧む」

(38)「誰か能く風を係がん」の「風を係ぐ」は、『漢書』郊祀志に載せる谷永の上疏に「風を係ぎ景を捕えんとするが如く、終に得べからず」とあるのをふまえる。「誰か能く」も、『文選』に多く見える語法。たとえば干宝「晋紀総論」に「誰か能く之を救わん」

(39)「爰に一多の親識有り」の「爰に有り」は、上文に既出。注(19)を参照。「一多」は二三、数人の意であろう。『文鏡秘府論』序にも「爰に一多の後生有り」とある。「親識」は、親友知己。『梁書』王茂伝に「嘗て親識に謂って曰く、此れ吾が家の千里の駒なり云々」

(40)「我を縛るに五常の索を以てす」の「五常」は、『漢書』董仲舒伝に「仁、義、礼、智、信の五常の道は、王者の当に修飭すべき所なり」とあり、『荘子』駢拇篇に「天下に常に然るものあり。……約束るに纆索を以てせず、……仁義は……纆索の如く云々」とある。「縛」は束、「索」は縄と同義。

(41)「我を断つるに忠孝に乖くを以てす」の「断」は、上文の「縛」に対し、棄てる、見限るの意。『書経』盤庚篇に「乃ち汝を断棄し、乃の死を救わざらん」とあり、孔安国の伝に「今、汝は不忠なり、汝の父祖、必ず汝の命を断絶し棄てん」とある。また牟子「理惑論」に「問うて曰く、孝経に言う、身体髪膚、之を父母に受く。敢て毀傷せず、と。……今、沙門の頭を剃るは、何ぞ其れ聖人の語に違い、孝子の道に合せざるや」とあるのなどを参照。なお「忠孝」の語も、『文選』に班固「両都賦」序の「上徳を宣べて忠孝を尽くす」など多くの用例が見えている。

(42)「余れ思えらく」も、『文選』の潘岳「西征賦」に「余が思うことの茫茫たる」とあり、同じく左思「三都賦」序に「余既に二京に摹して三都を賦せんと思う」などとある。

(43)「物情一ならず」は、梁の武帝「十喩」五首「霊空」の詩に「物情は異なる所を異にす」とあり、郭象の『荘子注』斉物論篇に「物情は極まり無し」とある。

(44)「飛沈、性を異にす」は、『抱朴子』博喩篇に「躁と静に飛沈の異あり」とあり、「性を異にす」は、『文選』の顔延之「陶徴士の誄」に「豈に其れ深くして遠きを好まんや、蓋し性を殊にすと云うのみ」とある。「殊」は異と同義。

(45)「聖者、人を駆る」は、『孟子』梁恵王篇上に「明君は民の産を制し、……然る後に駆りて善に之かしむ」とあり、『広弘明集』巻二十二に載せる魏収の「三部一切経願文」に「皇家、天を統べ、……衆生を不二に駆る」とある。

(46)「教網に三種あり、いわゆる釈と李と孔となり」の「教網」は、唐の法蔵『梵網経菩薩戒品疏』(大正四十604c)に「故に華厳に云う、大いなる教網を張りて生死の海を亘らしむ」とあり、「釈・李・孔」は、仏教と道教と儒教。『広弘明集』巻十二の釈明概「傅奕の仏法僧を廃するに決対するの事」に「李典に考え、爰いて孔経に及べば、教迹は乃ち分かるるも理致は終に一なり」とあり、『北史』李士謙伝に「客、三教の優劣を問う。士謙曰く、仏は日なり、道は月なり、儒は星なり」とあるのなどを参照。

(47)「浅深隔たり有りと雖も並びに皆な聖説なり」は、『広弘明集』巻三の顔之推「帰心篇」に、「内外の両教は本と一体たり。漸極異なると為し、深浅同じからず」とあり、同じく巻三十、梁の武帝「述三教詩」に、「源を窮むれば二聖無く、善を測れば三英に非ず、……心相、異解を起こし、報応、殊形有り、差別豈に意を作さんや、深浅固より物情なり」とある。「聖説」の語は、『広弘明集』巻二十七の梁の蕭子良「浄住子」十種慚愧門に用例が見える。「而るに反って固く遮り、聖説に違うこと有り。道業をして寸尺功無からしむるを致す」

(48)「一羅に入る」の「羅」は、上文の「教網」の「網」と同義。同じ聖者の教えの網の中に身を置くの意。類似の表現として『呂氏春秋』務大篇に「燕雀、善を争うて一屋の下に処る」とあるのを参照。

(49)「表甥」は、母方のいとこの子。『唐詩紀事』に「(皇甫松は)丞相の奇章公の表甥なり」

(50)「性は則ち佷戻」は、『北史』蘇威伝に「其の性は佷戻にして世の要めに切ならず」

(51)「鷹犬酒色」の「鷹犬」は、狩猟の遊び。『文選』の左思「蜀都賦」に狩猟を描いて「鷹犬は倏眒く、罻羅は絡幕らさる」。「酒色」は、酒と女。『漢書』朱博伝に「酒色遊宴を好まず」

(52)「昼夜楽しみと為す」は、『列子』黄帝篇に「終日夜、此を以て戯楽と為す」

(53)「博戯遊俠、以て常事と為す」の「博戯」は、『史記』貨殖伝に「博戯馳逐、闘雞走狗、色を作して相い矜り、必ず勝を争う者」とあり、「遊俠」は、同じく『史記』に遊俠列伝が立てられているのを参照。「以て常事と為す」は、『文選』の屈原「離騒経」に「余れ独り脩を好んで以て常と為す」とあり、李善の注に「以て常行と為す」とある。

(54)「其の習性を顧みれば、陶染の致す所なり」の「習性」は、『広弘明集』巻三十の開善寺蔵法師「武帝の三教詩に奉和す」に「資縁は良に雑品、習性は循を同じくせず」とあり、『論語』陽貨篇「性相い近く習い相い遠し」に本づく。「陶染」は、『顔氏家訓』序致篇に「頗る凡人の陶染する所と為る」とあり、感化影響の意。「致す所」は、『文選』の曹植「自ら試みんことを求むる表」に「爵重く禄厚きの致す所」とある。

(55)「彼此の両事」の「彼此」は、『老子』第十二章に「彼を去てて此を取る」とあり、「両事」は、『文心雕竜』麗辞篇に「両事相い配して優劣均しからず」

(56)「日毎に予を起こす」の「日毎に」は、杜甫の「曲江」の詩に「日毎に江頭酔を尽くして帰る」とあり、「予を起こす」は、『論語』八佾篇の言葉。「予を起こす者は商なり、始めて与に詩を言うべきのみ」

(57)「亀毛に請うて以て儒客と為す」の「亀毛」は、下文の「兎角」、「蛭公」とともに、中国の隋代に成立した漢訳仏典『合部金光明経』寿量品(大正十六362a)に「設使い亀毛等、以て衣裳と為すべきも、仏身は虚妄に非ざれば、終に舎利有ること無し。仮令い水蛭虫、口中に白歯を生ずるも、如来の解脱の身は終に繋縛の色無し。兎角、梯橙と為り、地より天に昇るを得るも、邪に仏舎利を思えば、功徳、是の処無し」とあり、唐の義浄訳『金光明最勝王経』如来寿量品(大正十六406b)には「仮使し亀毛を用って上妙の服を織り成し、寒時に被着すべくんば、方めて仏舎利を求めん。……仮使し水蛭虫、口中に白歯を生じ、長大して利きこと鋒の如くんば、方めて仏舎利を求めん。仮使し兎角を持し、用って梯蹬と成し、上天の宮に昇るべくんば、方めて仏舎利を求めん」とある。「亀毛」は、有名無実のものに譬える。『智度論』巻十二(大正二十五147b)に「また兎角と亀毛の如く、亦た但だ名のみ有りて実無し」とあり、『成実論』二世無品(大正三十二256a)に「世間の事の中、兎角と亀毛と蛇足と塩香風色等は、是を無と名づく」とあるのなどを参照。「請うて為す」は、『世説新語』方正篇に「江盧奴に請うて長史と為す」とあり、「儒客」の語は、唐の韓翃の「家兄の山南より罷め帰る」の詩に見える。「絳紗、儒客の帳、丹訣、羽人の篇」

(58)「兎角を要えて主人と作す」は、『文選』の揚雄「長楊賦」序に「翰林を藉りて以て主人と為す」とあり、「兎角」は、前注を参照。「要う」は、『世説新語』排調篇に「王文度と范栄期は倶に簡文(帝)の要うる所と為る」とある。

(59)「虚亡士を邀えて道に入るの旨を張る」の「虚亡」は、『漢書』司馬相如伝に載せる「子虚賦」に「虚亡に乗じて神と倶にす」、また同じく「大人賦」に「虚亡に乗じて上り遐る」などとあり、『史記』(司馬相如伝)や『文選』(上林賦)では同じ文章を載せて、いずれも「虚亡」を「虚無」に作っている。また張揖の『漢書』の注も「虚亡」を「虚無」の意に解し、「子虚賦」の登場人物「亡是公」の「亡」を顔師古が「無と読む」と注しているのなどを参照。「虚無」は『史記』太史公自序に載せる司馬談の「六家の要旨を論ず」に「道家は無為、又た為さざる無しと曰う。……其の術は虚無を以て本と為し、因循を用と為す」とあり、『文選』の曹植「白馬王彪に贈る」の詩には「虚無もて列仙を求む」とある。老子の哲学や老子を教祖とし神仙となることを究極の理想とする道教の根本的な概念。「邀う」は、上文の「要」と同義で『世説新語』言語篇に「新亭に相い邀えて卉を藉いて飲宴す」とある。「道に入る」は、『広弘明集』巻十四の李師政「内徳論」に「道に入れば豈に亡命の謀を懐かんや」とあり、「旨を張る」は、同じく『広弘明集』巻八の道安「二教論」依法除疑篇に「老氏の虚無は乃ち有の外にして義を張る」とある「義を張る」を言いかえた言葉。

(60)「仮名児を屈して出世の趣を示す」の「仮名」は、『成実論』四大仮名品(大正三十二261c)に「五陰和合す、故に名づけて人と為す。……故に知る、四大は皆な是れ仮名なるを」とあり、梁の簡文帝「十空」の詩に「若し仮名の浅きを知れば、方に実相の深きを知る」とある。「仮名児」は、ここでは仏教の空の真理を説く者の意。「屈す」は、まげて頼む、おいでを願うの意。『三国呉志』張温伝に「故を以て卿を屈して行かしむ」とあり、『神会語録』に「神会和上および同寺の僧恵澄禅師を屈して語ること数日を経たり」などとある。「出世」は、『広弘明集』巻八の道安「二教論」帰宗顕本篇に「仏教は理を窮め性を尽くすの格言、世を出で真に入るの軌轍なり」とあり、「趣を示す」は、謝霊運「山居賦」に「美を呈し趣を表す」とある。

(61)「楯戟を陳ぬ」は、『春秋穀梁伝』荘公二十五年の条に「五兵を陳ぬ」とあり、范甯の「集解」に「五兵とは矛と戟と鉞と楯と弓矢」とある。

(62)「蛭公を箴す」の「蛭」は、『文選』の賈誼「屈原を弔う文」の「蛭螾」の韋昭の注に「蛭は水虫の人を食うもの」とあり、また『正法念処経』地獄品（大正十七61a）に「畜生の中に生まれて蛭と作り蝎と作る」とあるが、ここの「蛭公」がまた下文で「蛭牙公子」とよばれているのによれば、「蛭公」は注(57)に引いた『金光明最勝王経』の「水蛭虫、口中に白歯を生じ云々」をふまえた言葉と見るべきであろう。「箴」は、いましめるの意。『文選』の劉峻「広絶交論」に「門に勒して以て客に箴す」とある。

(63)「勒して三巻を成す」の「勒成」は、『三国魏志』文帝紀に「自ら勒成する所、百篇に垂なんとす」とあり、「三巻」とは、以下に見るように「亀毛先生論」と「虚亡隠士論」、「仮名乞児論」をいう。

(64)「名づけて三教指帰と曰う」の「三教」は、『北史』李士謙伝に「三教の優劣を問う」（注(46)に既出）とあり、また『広弘明集』巻三十に梁の武帝の「述三教詩」を載せているのを参照。「指帰」は、

『三国蜀志』秦宓伝に「仲尼と厳平は衆書を会聚して以て春秋と(老子)指帰の文を成す」とあり、郭璞の「爾雅序」に「夫れ爾雅は詁訓の指帰を通じ云々」などと見えている。『爾雅』の疏に「(指帰は)指意の帰郷」とあり、論旨の帰着点をいう。

(65)「憤懣の逸気を写す」の「憤懣」は、『史記』太史公自序に「憤懣を舒ぶ」とあり、「逸気」は、『文選』の成公綏「嘯賦」に「逸気は奮湧す」とある。「写す」は、『文選』の王粲「雑詩」に「冀わくは憂思の情を写さん」とあり、ぶちまけるの意。

(66)「誰か他家の披覧を望まん」の「他家」は、杜審言「戯れに趙使君の美人に贈る」の詩に「謾に他家を学んで使君と作る」とあり、「披覧」は、『文選』の陳琳「東阿王に答うる牋」に「幷せて亀賦を示され、披覧するに粲然たり」とある。

(67)「時に于て…なり」は、『文選』の潘岳「秋興の賦」に「時に于て秋なり」とある。「臘月」は、十二月。『漢書』陳勝伝に「臘月、(陳)勝、汝陰に之く」とあり、『唐書』律暦志に「(武后)永昌元年十一月……初めて周正(周の暦)を用い、十二月を以て臘月と為す」とある。

巻上

亀毛先生の論述（儒教の立場）

亀毛（きもう）先生とよばれる儒者がいた。うまれつき俊敏で堂々たる風貌の持ち主。儒教の九種の経典、三種の歴史書は心のなかにすっぽりと包みこみ、上古の帝王の遺書である三種の古典、八種の典籍は胸中にそらんじていた。舌を動かすやいなや枯れ木にも花が咲き、議論を始めるやいなや、しゃれこうべも生きかえり、蘇秦（そしん）や晏嬰（あんえい）も彼の前では舌を巻き、張儀や郭象（かくしょう）も遠くから見て声を飲むという有様。

その亀毛先生がたまたま休暇をとったある日のこと兎角（とかく）公の館（やかた）を訪れた。兎角公はそこで座をととのえ席をしつらえ、料理をすすめ酒杯をあげ、型のごとく献酬の礼をすませると、親しく膝をまじえて語りあった。

ところがここに兎角公の母方の甥に蛭牙公子という青年がいて、その人がらは狼のように心ねじけて、人のみちびきなど受けつけず、性質は虎のように凶暴で、礼の道などお構いなし。賭博を仕事にし、狩猟にかけずりまわり、やくざでごろつき、ひどく思いあがっている。因果の道理を信ぜず、応報の教えを否定し、ふか酒を飲み、たらふく食って、女色にふけり、ベッドに沈んだまま。親が病気になっても平気のへいざ、他人と応対しても尊敬の気持などなく、父兄を馬鹿にし年長者をないがしろにする手におえないならずもの。

折しも兎角公は儒者の亀毛先生にこう告げた。

「聞くところによると、(むかし中国では)歌謡を好んだ王豹は高唐地方の歌風を一変させ、読書を愛した文翁もまた巴蜀の地方の風気を一変させたとか。また橘や柚は淮河の北に移植すると、いつのまにか枳になってしまい、まがりくねった蓬も麻のなかにまぜて植えれば、つっかいをしなくても自然にまっすぐ育つとか。(感化や教化、環境の影響力はかくも偉大です。)どうか亀毛先生、儒学の極意を披瀝されて、このならずものの心に目ざめをあたえ、奥深い秘訣を開示して、このおろかものの考えを教えさとして下さい」

するとと亀毛先生は答えた。

「すぐれた智者は教えを必要とせず、どはずれの愚者は変えようがないとか。むかしの聖人でさえ愚者には心を痛めたのですから、今の世のこのような愚者を教えさとすことなど容易ではありません」

兎角公はいった。

「いったい対象をしっかりととらえ、相手の心の動きに従っていくということは、古賢の強調するところであり、時宜にしたがってタイミングよく文章を作るということは、古来ひとびとの重んじるところです。だから韋昭(いしょう)の博弈を譏(そし)った論文や趙壱(ちょういつ)の邪悪を憎んだ賦(うた)などは、いずれも典籍に載せられ、歴代、世の戒めとされています。

また、なまった刀で骨を切るには砥石(といし)の助けを必要とし、重い車で軽く走れるというのも、油をさせばこそです。心ない鉄や木でさえこのとおりですから、まして心をもつ人間の場合、教えを仰がぬということがありえましょうか。

いま先生が彼の心の霧を吹きはらい、迷いの道にふみこんでいることを教え、その盲(めし)いた心に治療を加え、正しい道に引きもどしてやるとすれば、なんとすばらしいことではありませんか、また愉快なことではありませんか」

さて亀毛先生は、兎角公の言葉を聞いて、心は乱れ思いなやんで、なすすべも知らずに大きな溜息(ためいき)をつき、天を仰いで慨嘆し地を眺めて考えこんでいたが、嘆息することしばらくにして、にっこりと笑い、こう答えた。

「かさねがさねのご勧告、仰せにそむくわけにもいきません。今は微力を尽くしてふつつかな私の体験を申しあげ、拙(つたな)さのかぎりをつくして心をととのえる修養法のあらましを申しあげましょう。ただ私は水のみなぎり落ちるような郭象の雄弁は舌にもちあわせず、淵(ふち)の深くたたえたような鄭玄(じょうげん)の英智も心にとぼしく、筆は曹操(そうぞう)の病いを癒(いや)したという陳琳(ちんりん)におとり、文章は敵将を自殺させたという魯連(ろれん)ほどでもありません。

その境地を説明しようとしても口のなかでもぐもぐし、なにも言わずにおし黙ろうとしても胸のなかでむずむずする。とても抑えきれませんので、ともかくあらましを申しあげてみます。その一端を申しあげますので他の三端に類推して明らかにして頂ければと思います。

ひそかに思いますのに、清気と濁気から成る天地が開闢(かいびゃく)して、万物の霊長である人類が始めて生じ、いずれも天地陰陽の気を受けて、ひとしく人間としての体をそなえます。かくて賢知の人間は優曇華(うどんげ)の花のように稀(まれ)であり、痴愚のやからは鄧林(とうりん)の木だちのように無数でありますが、そのために善を願う者は麟(りん)の角(つの)のように数少なく、悪に溺れるやからは竜の鱗(りゅううろこ)よりも多くひしめいているのです。その行ないは大空にきらめく星のようにさまざまであり、その志向は顔かたちの同じくないようにそれぞれ異なっています。玉と石と在り方を殊にしたこのようなさまざまな人間は、上の上から下の下に至る九等級に大きく分けられ、狂人と哲人とは区別されて、楊脩(ようしゅう)の故事のように、碑文の解読にも遠く三十里の開きが生じます。

人はそれぞれ好意をもつ者のところに行けば、石を水中に投げこむように抵抗なく受け入れられるものですが、誰でも悪意をもつ者のところに行けば、油を水にそそぐように受け入れられないものです。このように人は類をもって集まるものですが、それというのも鮑鏖の悪臭すなわち悪い環境の影響はなかなか脱けきれず、麻畝の素直さすなわち善人の感化は容易に身につかぬからです。

かくて頭髪に巣くう虱は色が黒くなるように人は環境によって本性を変えられていき、晋の国の住民はみな棗を食べて歯が黄色いように、心も汚染されていくのです。外面は虎の皮のように美しくても内面は錦の袋に盛った糞も同然、けだものだという非難は死ぬまで身につきまとい、無学のそしりは永く万代にまで伝わります。なんと恥さらしではなかろうか、まことに哀しいことではなかろうか。

わたくしの考えますのに、楚の国の璞が輝きを放つには、磨きをかけることが絶対に必要であり、蜀の国の錦が美しさを発揮するには、長江の水で洗うことがどうしても必要です。むかし呉の国の戴淵は、心のむけ方を改めて将軍の位に登り、晋の国の周処は、心をいれかえて忠臣孝子の誉れを得ました。してみると、玉は磨きをかけることによってその輝きが前後十二台の車を照らすほどの逸品となり、人は修養努力の功によって堅固な犀の革をも貫く俊才となれるのです。円形のごとく従順に聖賢の教えに従っていけば、庶民の子でも三公の地位まで升ることができ、方形のごとく角ばって臣下の諫言を拒んでいけば、帝王の子孫でも逆に庶民となってしまうのです。
材木は墨縄(すみなわ)によって真っ直ぐになるということは、古人の教えですでに言われており、人は諫言を聴くことによって聖人になれるとは、今でも十分に通用する言葉です。上は天子に至り、下は庶民の子供に及ぶまで、学問をせずに道理が悟れ、教えにそむいて物の道理がわかったためしなどありえないのです。
夏(か)や殷(いん)の王朝の衰亡、周や漢の王朝の興隆は、いずれも過去の失敗の教訓であり、将来を戒める良い手本です。戒めずにおれましょうか、慎まずにおれましょうか。
なんじ蛭牙公子よ。そのかみの伶倫(れいりん)の耳をおのれの耳とし、離朱(りしゅ)の目をおのれの目とし、つつしんでわたしの教えに耳をすまし、道にふみ迷ったおのれの姿にしっかりと目をすえるがよい。
そもそも、なんじの性根(しょうね)たるや、上は両親をあなどって、外出帰宅に挨拶をするという孝心もなく、下は万民をないがしろにして、ひろくあわれみをかけるという慈悲心もない。狩猟に重きをおいて山野をかけずりまわるかと思えば、魚とりをなりわいにして大海原に舟を漕ぎ出し、一日じゅうふざけちらす不謹慎さは衛(えい)の州吁(しゅうく)をうわまわる上に、徹夜の博奕(さいころあそび)は晋の阮籍(げんせき)も顔まけのていたらく、身のためになる善言からは全く遠ざかり、寝食もすべて忘れてうつつをぬかしている。
人の鏡となり氷や霜を思わせる清冽(せいれつ)な行為は全く影をひそめ、すべてを呑みこむ谷間のような貪欲な情念だけが燃えさかっている。けものの肉をむさぼり食らうこと獅子や虎のようであるばかりでなく、魚の肉をむさぼり食らうことも鯨のようであり、その肉をわがいとし子の肉とみる考えなどさらさらなく、それを前世のわが身の肉とみる反省も全くない。酒好きで酔っぱらっただらしなさは、酒に飢えた猩々も顔をあからめるほどであり、食いものを求めてかけずりまわる貪欲さは、血に飢えた蛭も顔まけするほどである。蜩のように、また蟪のように、酔っぱらってはガーガーと喚きたてて、草の葉ずえに滴るほどの酒さえ禁じた仏陀の戒めもないがしろにし、昼となく夜となく食いちらしては、日に麻子一粒しか口にしなかったという仏陀の精進を責むべくもない。

つねづね、ぼさぼさ髪の婢妾たちを見ても登徒子にまさる好色ぶりを発揮するのであるから、まして、みめうるわしい美女に対してはいうまでもなく、王女に胸をこがしたという術婆伽もいいところである。さかりのついた春の季節の馬、夏の季節の犬の盲いた欲情が胸に燃えさかるのであるから、女人への愛欲を老いたる猿、毒蛇で戒めた仏陀の観法など念頭におくよしもないのである。妓楼ではしゃぎ楽しむさまは、梢でふざける猿とそっくりであり、学校に出て欠伸ばかりするさまは、老いたる兎の木蔭に睡る姿もいいところである。

首に縄をかけ股を錐で刺した古人の向学心など心にかけらもなく、盃を手に蟹を追いかけたという畢卓のふるまいだけが胸中にたたみこまれ、数十四の蛍火を袋のなかに集めて苦学した車胤の真似はせずに、百枚の銅銭をいつも杖の先に懸けて酒を飲み歩いた阮脩にあこがれる。たまたま仏寺に入って仏像を目にしても、おのれの罪過を懺悔しようとはせず、かえって邪な気持をおこし、わずか一度の念仏が因となって、ついには仏道を成就するという『法華経』の教え、また四銖銭で仏を供養した果報として、ついには如来として生まれかわるという仏典の老婆の話なども まだ知らない。

またわが家の庭を歩いていて、父親に教えさとされても、おのれの過失を責めようとはせずに、かえってそのみちびきをさかうらみする。親のみちびきに対してさえそうであるから、その他の人々が甥や姪よりも懇切に諄々とさとす気持、兄弟の子よりもねんごろにみちびく気持など全く目もくれないのである。

しょっちゅう他人の欠点をあげつらって、そのことを戒めた崔瑗の十韻の座右銘など考えてみようともせず、いつもべらべらしゃべりちらしては、三たび銅像の口をしばったという古人の沈黙の戒めもなんのその。讒言が骨や金をも鑠すというすさまじさは、よく心得ていながら、言葉が禍福のかなめをなすという『易』の教えにしたがって発言を慎もうともしない。こういったたぐいの愚惑の行ないは、まことに数かぎりなく、『山海経』の著者といわれる禹の筆をもってしてもいちいちは記録しきれず、算術の名手といわれる隷首の計算能力をもってしても数えきれるものではない。こういった、うまいものをたらふく食って百年を浪費する人生、豪華な衣服をぬくぬくと着て四時を無為にすごす一生は、鳥や獣と何ら変りないばかりか、犬や豚も同然なのである。

儒教の古典である『礼記』にも〝父母が病気になれば、冠をつけた成年者は櫛をつかわない。威勢よく歩かない。楽器は鳴らさない。酒を飲んでも酔うまではいかない。笑っても大笑いはしない〟とあるが、これこそ親を思う気持が痛切で、身なりなどかまおうとしないのである。また〝隣が喪中であれば音頭をとりながら臼をつかない。村のなかに仮埋葬する家があれば、路上で歌わない〟とあるが、これもまた他人と憂いを分ち、親疎を区別しないものである。疎遠な者に対してはこのような態度をとり、身近な者に対してはかのような態度をとるので、親戚に病人が出ても、医者を迎え薬の毒見をしようとする真心がなければ、賢者哲人は目をそばだてて冷汗を流し、村里に不幸があっても悲しみ弔問しようとする気持がなければ、はたで見る者、心ある者は、ぞっとして穴にでも入りたくなる。人間は禽獣とは異なった体をもつのであるから、木や石と同じわけにはいかず、体は一様に人間なのだから、鸚鵡や猩々などの禽獣とはわけが違うのである。

もし蛭牙公子が悪に染んだ心を入れかえて、ひたすら孝の徳を実践すれば、父の死に血涙を流し、母を大切にして黄金の瓮を掘りあて、厳冬に筍を引きぬき、氷のなかから鯉を躍り出させるという感応奇蹟は、そのかみの孟宗や丁蘭のやからにもまさって、日に日に善に進む美徳の名声を馳(は)せるであろう。その孝の美徳を君主への忠義に変えていけば、君主を諫(いさ)めて宮殿の欄檻(らんかん)をへし折り、琴で窓をこわし、おのれの肝臓を取り出して君主のそれと入れかえ、暴君に殺されて心臓を切りさかれるといった忠義の節操も、そのかみの比干(ひかん)や弘演(こうえん)のやからをしのいで、直言もはばからぬ誠忠の誉れを後世に伝えるであろう。

経典を講義討論すれば、東海の地に学舎を立てた包咸(ほうかん)や西河(せいが)の地で教授した子夏(しか)らの碩学(せきがく)も舌をしばって引きさがり、史書を広くひもどけば、南楚(なんそ)の文人たち、西蜀(せいしょく)の作家たちも、口をとざして低頭する。書道をたしなめば、鵾(おおとり)が天翔(あまがけ)り虎がうずくまるような雄壮な文字を書いて、鍾繇(しょうよう)や張芝(ちょうし)、王羲之(ぎし)や欧陽詢(おうようじゅん)らも筆を投げ出して恥じ入り、弓を習えば、太陽を射おとし、猿を泣き叫ばせるすばらしい腕前を見せて、羿(げい)や養由基(ようゆうき)、更嬴(こうえい)や蒲且子(ほしょし)らも弦(つる)を切って感嘆する。戦場に臨めば、張良や孫子も『三略』の兵法の無用さを慨嘆し、農耕に従事すれば、陶朱や猗頓(いとん)も穀物の貯えが無にひとしいと悲観する。政治にたずさわれば、『四知』すなわち〝天知り、地知り、我れ知り、子(きみ)知る〟といって賄賂を拒んだ楊震(ようしん)よりも清廉の名声を馳せ、訴訟を裁けば、三たび黜(しりぞ)けられて法の正義を守った柳下恵(りゅうかけい)よりも美名をひろめる。身を清く慎重に保つ点では、孟軻(もうか)の母や孝威(こうい)のたぐいであり、清廉潔白という点では、伯夷(はくい)や許由(きょゆう)の仲間。医術にはげみ技芸に打ちこむとなると、心臓を移植し胃を解剖手術する精妙な医術は、扁鵲(へんじゃく)や華佗(かだ)にもまさって奇蹟を披露し、蝿の羽ほどの薄い堊(かべつち)を斤(まさかり)で削りおとし、木で作った鳶(とび)を大空に飛ばせる精巧な技術は、匠石や公輸般をしのいで神技を発揮する。

もしこのようであれば、巨大な湖のようにひろびろとした人物のスケールの大きさは、かの叔度すなわち後漢の黄憲とひとしく、高くそびえたつ数千尺の松のように堂々としたすばらしい器量は、この庾嵩すなわち晋の庾敳と匹敵し、眺める者は深さを知る由もなく、仰ぎ見る者は高さを計る由もない。

なおまた、良い場所をえらんで住居とし、良い土地をえらんで住宅とし、道を床として据え、徳を褥として設け、仁を敷物として坐り、義を枕として横たわり、礼を蒲団として寝、信を着物として歩くことが大切である。日に日に身の行ないを慎み、季節ごとにおさおさ怠りなく、せっせと努力研鑽し、ひたすらに善をえらんで実践していく。典籍はどんな忙しい時でも手から離さず、筆記具はどんなあわただしい時でも身につけていく。このようであれば、集会の講義の席で五鹿充宗の驕慢の角をへし折った朱雲のように相手を論破することができ、学者の討論会で五十人分の座蒲団を積みあげた戴憑のように論敵をなぎたおすことができるであろう。ひろびろとたたえる言論の泉は大海原のように湧きあがり、美しく盛んな文筆の峰は碧なす樹々のようにのびのびとした輝きを見せ、うるわしい玉の響きは孫綽や馬融の文章をしのいで瑤をつらね、盛んなる金の響きは揚雄や班固の文章にもまさって美しい花をつなぐ。離騒の伝をたてまつった淮南王のように即座に筆を取って書きあげ、鸚鵡の賦を作った禰衡のように一気に書きあげて一字の添削もせず、詩賦の花苑を自由にかけめぐり、文学の曠野に安らかに休息する。

このようであれば、遠くからたずねてくる車は門の外にひしめき、うずたかい玉帛の贈り物は庭園のなかにずらりと並べられる。魏の文侯のような名君の車がそのあばら屋にむかって敬礼するから、寗戚のように牛の角を叩いておのれの不遇を訴える必要はなく、周の文王のような聖天子の車がその草の庵に狩猟にくるから、馮驩のように剣のにぎりを弾いて知己を求める必要もない。僥倖をねがわなくても三公の地位にのぼり、おのれを売りこまなくても高い官爵がえられる。卿大夫の地位を得ること地べたの芥を拾うよりもたやすく一瞬のうちに実現し、苦学力行によって官吏として就職すること踵をかえすがごとくいとも容易に期待できる。

かくて親への孝を忠に変えて君にまごころを尽くし、涙を流す誠実さをこめて同僚友人と交わり、干将の名剣を身におびてさやさやと音をたて、玉の笏を帯にはさんでいかめしく威儀をととのえる。紫宸殿に身をおき、尚書省で勤務し、内は政務に参与して名声が天下に鳴りひびき、外は万民を愛撫して多くの人々に不平の声なからしめる。その名は史書に記録され、栄誉は子孫にまで及び、生きては高い官爵に保障され、死しては立派な諡が贈られる。なんと永遠不滅のすばらしい事業ではなかろうか。これ以上のことは望むべくもないのである。

ところでまた、この世に身をおく生前の生活では、人生をエンジョイする楽しい日々があるが、真の宅に帰る死後の生活には一緒に楽しむ相手もない。大空の牽牛星でさえも独身の生活をかこち、水にすむ鴛鳥（おしどり）も必ず同棲の生活をよろこぶ。さればこそ『詩経』にも良き配偶者を求める『七つの梅』の詩が載せられており、『書経』にも堯（ぎょう）の二人の娘を舜（しゅん）に嫁がせた話が伝えられているのである。してみると、人は柳下恵でもないかぎり配偶者を求めないものはなく、世は孫登（そんとう）の時と違うから、独り寝をするわけにはいかないのである。どうしても巫山（ふざん）に降る雨のようなたおやめをかの名族である姫（き）氏から選び、洛水（らくすい）に舞う雪のような美女をこの名族である姜（きょう）氏から選ばねばならぬ。

かくて婚礼の日には、とどろく迎えの車は、おどろおどろと通りにあふれ、むらがる見送りの騎馬は威勢よく城郭（まち）を制圧する。侍女たちは列をなして、幕（とばり）なす袖のつらなりは大空をおおうばかり、輿（こし）をかく人足（にんそく）や馭者（ぎょしゃ）たちは肩をそびやかして、流れ落ちる汗は地にそそぐばかりである。車に立てた紫の傘は大空に高く飛んで雲の翔（かけ）るがごとく、美しく刺繍（ししゅう）した着物は、さっと大地をかすめて風のように通りすぎていく。

礼を尽くして花嫁を迎え、侍女をかしずかせての送りこみも、すべて掟（おきて）どおり。夫の寝室では、いけにえの牢（にく）を一緒にたべて対等の立場で親しみあい、巹（きん）すなわち瓠（ひさご）を二つに割（さ）いて作った盃を一つに合わせて酒を飲み、一体となって睦（むつ）みあう。珠の簾（すだれ）をかかげて鳳（おおとり）の姿を思わせる花嫁と差し向かい、黄金のベッドを払い清めて竜のような新郎と体をならべ、琴瑟（きんしつ）よりも調和した妙（たえ）なる韻（しらべ）をととのえ、膠（にかわ）や漆（うるし）よりも固い夫婦の契りを結ぶ。老いを共にする仲むつまじさは、東海の比目の魚をもあざわらい、死しては穴を共にする契りの固さは、南海の比翼の鳥も何のその、一生の愁いを吹きとばし、百年の快楽をほしいままにする。

また、ときどき親戚を集め、しばしば友人たちを招いては、さまざまな珍しい料理をならべ、幾たびも醞したうまい酒を酌みかわし、羽で飾った盃を幾たびとなくやりとりし、なみなみとついだ罰盃を次々にまわしていく。来客が楽器のしらべをととのえて〝我れ帰らん〟の詩を口ずさめば、主人は車軸のくさびを投げすてて〝帰路には露がしっとりと〟と唱和する。幾日も家に帰ることを忘れ、幾夜も幾夜も舞い踊り、この世界の歓楽をほしいままにし、浮世の味わいのかぎりを尽くす。なんと楽しいことではないか。

ぜひとも蛭牙公子よ。早くそなたの愚かな惑いを改めて、ひたすらこのわたしの教えを学んでいくことだ。もしそのようにするならば、親に仕える孝の徳も尽くされ、君に仕える忠の徳も全うされ、朋友と交わる美徳も円満に、子孫を栄誉づける余慶も申しぶんない。いわゆる身を立てる根本、名を揚げる秘訣も、このようであることを言うのであろう。孔子さまの言葉に〝耕していても飢えることはあるが、学問をすれば俸禄はそこにおのずから得られる〟とある。いかにもそのとおりだ。この言葉を帯にかきとめ、骨に刻みこむべきである」

さて亀毛先生の言葉を聞いた蛭牙公子は、ひざまずいてこういった。

「はいはい、よく分かりました。つつしんで仰せのとおりに致します。これからは教えにしたがって一心に勉強いたします」

かくて、あるじの兎角公は席を立って鄭重にお辞儀し、こう挨拶した。

「まことに結構でございました。わたくしは以前、雀が海に入って蛤に変わると聞き、そんなことがと疑いを抱きましたが、いま蛭牙公子の鳩のような心が、たちまち入れかわって鷹のようになったのを目にしました。

むかし葛玄は口中の白い飯をたちまち黄色い蜂に変え、左慈は身を変えてたちまち羊に化けたとか申しますが、いま先生の雄弁が狂人を聖者に変えたのにくらべれば、もののかずでもありません。諺に〝漿をもらおうとして酒が手に入り、兎を仕とめようとして麞を手に入れた〟とか申しますが、それこそこのことをいったものです。

むかし伯魚すなわち孔鯉から〝詩を聞き礼を聞いた〟といって喜んだ陳亢の感激も、今日の先生のすぐれたおみちびき、おさとしのそれには到底およばないでありましょう。蛭牙公子にとって良き戒めであるばかりか、このわたくしもまた今のお言葉を生涯の養いの糧に致したいと思います」

有亀毛先生、天姿弁捷①、面容魁悟②、九経三史③、括嚢心蔵④、三墳八索⑤、諳憶意府⑥、三寸纔発、枯樹栄花、一言僅陳、曝骸反宍⑦、蘇秦晏平、対此巻舌⑧、張儀郭象、遥瞻飲声⑨、偶就休暇之日⑩、投兎角公之館①、爰則肆筵設席②、薦饌飛盞③、三献④已訖、促膝談話⑤、於是兎角公之外甥⑥、有蛭牙公子⑦者、其為人也⑧、狼心佷戻⑨、不纏教誘⑩、虎性暴悪⑪、匪羈礼義⑫、博戯為業⑬、鷹犬為事⑭、遊侠無頼⑮、奢慯有餘⑯、不信因果⑰、不諾罪福⑱、酔飲飽飡⑲、嗜色沈寝⑳、親戚有病、曾無愁心㉑、疎人相対、莫敬接志㉒、狎侮父兄、侈凌耆宿㉓、于時㉔、兎角公語亀毛先生曰、蓋聞、王豹好謳、已変高唐㉕、縦之翫書、亦化巴蜀㉖、橘柚徙陽、自然為枳㉗、曲蓬糅麻、不扶自直㉘、庶幾㉙先生、披陳秘鍵㉚、覚示頑心㉛、扣攄隠鈴㉜、教悟惷意㉝、先生曰、吾聞、上智不教、下愚不移㉞、古聖猶痛、今愚何易㉟、兎角公曰、夫体物縁情、先賢所論㊱、乗時摛藻、振古所貴㊲、故韋昭識博之篇㊳、元淑疾邪之賦㊴、並載緗素㊵、経葉鑒誡㊶、又有鈍刀切骨、必由砥助、重輅軽走、抑亦油縁㊷、無智鐵木、猶既如是、有情人類、何不仰止㊸、今先生、蕩滌霧意、指彼迷康㊹、針灸瞳矇、帰此直荘㊺、豈不盛哉、復不快乎㊻、爰亀毛先生、心衾神煩、忙然長息㊼、仰円覆以含慨、俯方載以深思㊽、喟焉良久㊾、靦然咍曰㊿、三勧慇懃、叵拒来命(51)、今当傾竭微管、摽愚流之行迹(52)、尽涸拙蠡、陳摂心之梗槩(53)、但懸河妙弁、舌端短乏(54)、北海湛智、心府匱窶(55)、筆謝除痾、詞非煞将(56)、欲披彼趣、悱悱口裏(57)、黙而欲罷、憤憤胸中(58)、不得抑忍、聊事摧揚(59)、宜示一隅、孰扣三端(60)、窃惟(61)、清濁剖判、冣霊権輿(62)、並稟二儀、同具五躰(63)、於是、賢智如優花(64)、惷癡若鄧幹(65)、是故仰善之類、猶稀麟角(66)、躭悪之流、既欝竜鱗(67)、操行如星(68)、意趣疑面(69)、玉石殊途、遥分九等(70)、狂哲別区、遠隔卅里(71)、各趣所好(72)、如石投水(73)、並赴所悪(74)、似脂沃水(75)、寔由鮑廛嗅気、猶未改変(76)、麻畝直性、亦未萌兆(77)、遂与頭蝨以陶性、将晋歯而染心(78)、表若虎皮之文、内同錦袋之糞[1]、視肉之譏、具招一涯[2]、永伝万葉[3]、豈不辱乎、亦不哀哉[4]、余思、楚璞致光、必須錯礪[5]、蜀錦摛彩、尤資濯江[6]、戴淵変志、登将軍位[7]、周処改心、得忠孝名[8]、然則玉縁琢磨、成照車器[9]、人待切瑳、致穿犀才[10]、従教如円、則庸夫子、可登三公、逆諫似方、則帝皇裔、反為疋傭[11]、木従縄直、已聞昔聴[12]、人容諫聖、豈今彼空[13]、上達天子、下及凡童[14]、未有不学而能覚、乖教以自通[15]、夏殷傾滅、周漢興隆[16]、並是前覆之亀鏡、後誡之美風[17]、可不戒哉、可不慎哉[18]、宜汝蛭牙公子、借耳伶倫、貸目離朱[19]、恭聞吾誨、覧汝迷衢[20]、夫汝之為性[21]、上侮二親、無告面孝[22]、下凌万民、莫隠恤慈[23]、或弋猟為宗、跋渉山坰[24]、或釣罟為業、檝櫂溟海[25]、終日謔浪、已過州吁[26]、達夜博弈、亦踰嗣宗[27]、話言遠離、寝食尽忘[28]、水鏡氷霜之行尽滅[29]、渓壑貪婪之情競熾[30]、咀嚼毛類、既如師虎[31]、喫啗鱗族、亦過鯨鯢[32]、曾無愛子之想[33]、豈有己宍之顧[34]、嗜酒酩酊、渇猩懐恥[35]、趁逐望食、飢蛭非儔[36]、若蜩若螗[37]、不顧草葉之誡[38]、靡明靡晦[39]、誰致麻子之責[40]、恒見蓬頭婢妾、已過登徒子之好色[41]、況於冶容好婦、寧莫術婆伽之焼胸[42]、春馬夏犬之迷、已煽胸臆[43]、老猿毒虵之観、何起心意[44]、向倡楼而喧楽、恰似獼猴之戯杪[45]、臨学堂而欠伸、還若毚兎之睡蔭[46]、懸首刺股之勤、全闕心裏[47]、提觴捕蟹之行、専蘊胸中[48]、数十熠燿、不聚嚢中[49]、一百青凫、常懸杖頭[50]、若儻入寺見仏、不懺罪咎、還作邪心[51]、未知一称之因、遂為菩提[52]、四銖之果、終登聖位[53]、過庭蒙誨[54]、不誅己悪、翻恨提撕[55]、豈思、諄諄之意、切於猶子[56]、懃懃之思、重於比児[57]、好談人短、莫顧十韻之銘[58]、屢事多言、不鑒三緘之誡[59]、明知譖言之鑠骨金[60]、不慎枢機之発栄辱[61]、如此品類、寔繁有徒[62]、禹筆何書[1]、[金+系]竿豈計[2]、如復飽食滋味、徒労百年既同禽獣[3]、燠衣錦繡、空過四運、亦如犬豚[4]、記云、父母有疾、冠者不櫛、行起不翔、琴瑟不御、酒不至変、咲不至矧[5]、此乃思親切骨、不敢容装[6]、又云、隣有喪、舂不相、里有殯、街不歌[7]、是復与人共憂[8]、不別親疎[9]、出於疎遠如是、於昵近如彼[10]、故親族不豫、莫迎医嘗薬之誠[11]、則賢士哲夫、側目流汗[12]、閭巷有憂、無相愁問慰之情[13]、則傍親有識、寒心入地[14]、形殊禽獣、何同木石[15]、体如人類、何似鸚猩[16]、嚮使蛭牙公子[17]、若能移翫悪之心、専行孝徳[18]、則流血出瓮[19]、抽筍躍魚之感[20]、軼孟丁之輩、馳蒸蒸美[21]、移于忠義[22]、則折檻壊疎[23]、出肝割心之操[24]、踰比弘之類、流諤諤誉[25]、講論経典[26]、東海西河[27]、結舌辞謝[28]、渉猟史籍[29]、南楚西蜀[30]、閇口揖譲[31]、好書則鵾翔虎臥之字[32]、鍾張王欧[33]、擲毫懐恥[34]、翫射則落鳥哭猿之術[35]、羿養更蒲[36]、絶弦含歎[37]、就於戦陣、張良孫子、慨三略之莫術[38]、赴於稼穡、陶朱猗頓、愁九穀之無貯[39]、莅政則跨四知而馳誉[40]、断獄則超三黜而飛美[41]、清慎則孟母孝威之流[42]、廉潔則伯夷許由之侶[43]、若乃赴神医道、馳心工巧[44]、換心洗胃之術[45]、越扁華以馳奇[46]、斲蠅飛鳶之妙、凌匠輸而翔異[47]、若如是則汪汪万頃、同彼叔度[48]、森森千仞、比此庾嵩[49]、観者深浅不測[50]、仰者高下不度[51]、猶須択郷為家、簡士為屋[52]、握道為床、挈徳為褥、席仁而坐、枕義而臥[53]、被礼以寝、衣信以行[54]、日慎一日、時競一時[55]、孜孜鑽仰、切切斟酌[56]、縹嚢黄巻、吐握不弃[57]、青簡素鉛、顛沛不離[58]、如是則会宴講義、摧五鹿角[59]、諸生論難、重五十筵[60]、淼淼弁泉、与蒼海以沸涌[61]、彬彬筆峯、共碧樹以縦栄[62]、玲玲玉振、凌孫馬以連瑶[63]、曄曄金響、踰揚班而貫蘂[64]、奏離騒、不過時[65]、賦鸚鵡、不加点[66]、翺翔詩賦之苑、休息藻製之野①、然則翹翹車乗、門外接軫②、戔戔玉帛、囿中連廛③、魏侯之軩、軾於蓬門④、何更扣角⑤、周王之輦、畋於草廬⑥、何仮弾鋏⑦、不僥倖以登台鼎⑧、不自衒以歯槐棘⑨、拾青紫於地芥、瞬目可致⑩、揔印綬於股錐、旋踵可期⑪、爰則移孝竭主⑫、流涕接僚⑬、佩干将以鏘鏘⑭、搢圭笏而済済⑮、進退紫宸、俯仰丹墀⑯、入議万機、誉溢四海⑰、出撫百姓、毀断衆舌⑱、名策簡牘、栄流後裔⑲、高爵所綏、美謚所贈⑳、豈非不朽之盛事哉㉑、何亦更加㉒、若復遊俗之前、有日行楽㉓、返真之後、莫人相娯㉔、天上牽牛、猶歎独住㉕、水中鴛鳥、必歓比宿㉖、所以詩有七梅之歎㉗、書貽二女之嬪㉘、然則人非展季、誰莫伉儷㉙、世異子登、何可隻枕㉚、必須行雨之蛾眉㉛、竝彼姫氏㉜、飄雪之蟬鬢、占此姜族㉝、轟轟訝軩、隠隠溢衢㉞、驫驫送騎、霈艾側墎㉟、従者躡踵、袂幕蔭天㊱、徒御駕肩、汗霂灑地㊲、紫蓋飛空而雲翔㊳、繍服払地而風歩㊴、尽訝迎礼、極媵送義㊵、同牢同尊、合巹合体㊶、褰珠簾而対鳳儀㊷、払金牀而比竜躰㊸、凌琴瑟以調韻㊹、超膠漆而同契㊺、咲偕老於東鰈、悝同穴於南鶼㊻、消一期愁㊼、快百年楽㊽、又時聚九族㊾、数速三友㊿、則陳八珍之嘉肴(51)、酌九醞之旨酒(52)、飛羽觴以無数(53)、挙満白而如環(54)、客調八音、詠言帰之詩(55)、主投二轄、称途露之滋(56)、重日忘帰、畳夜舞蹈(57)、縦寰中之逸楽(58)、尽世上之賞般(59)、寧不楽哉(60)、宜蛭牙公子早改愚執、専習余誨(61)、苟如此(62)、則事親之孝窮矣、事君之忠備矣(63)、接友之美普也、栄後之慶満也(64)、立身之本、揚名之要(65)、蓋如斯歟(66)、孔子曰、耕也餧在其中、学也禄在其中(67)、誠哉斯言(68)、当鏤書紳骨耳(69)、粤蛭牙公子、跪而称曰(70)、唯唯敬承命也(71)、自今以後、専心奉習(72)、於是兎角公下席再拝曰(73)、猗歟善哉(74)、昔聞雀変為蛤、猶懐疑恠(75)、今見蛭牙鳩心、忽化作鷹(76)、葛公白飯、忽為黄蜂①、左慈改形、條作羊類②、豈如先生之勝弁、変狂為聖乎③、所謂乞漿得酒、打兎獲麞④、斯之謂歟⑤、聞詩聞礼之客⑥、何過今日之勝誘勝誨⑦、非只蛭牙之為誡、余亦充終身之口実矣⑧。

三六ページ

（1）「天姿弁捷」の「天姿」は、『文選』の任昉「王文憲集序」に「天姿を矜らず」とあり、同じく潘岳「河陽に贈る」の詩に「徒だ天姿の茂なるを美う」とある。「姿」は資と同義。『釈名』釈姿容篇に「姿は資なり」とあるのを参照。「弁捷」は、『南斉書』王融伝に「文辞は弁捷にして尤も倉卒に善し」、また『梁書』蕭珍伝論に「朗悟にして弁捷、朝典を諳んじ究む」などとあり、「弁」は、聡敏、俊敏の意。『広雅』釈詁篇に「弁は慧なり」とあるのを参照。

（2）「面容魁悟」は、『漢書』張良伝の賛に「其の貌は魁梧」とある。「悟」は梧の誤写。「面容」は、同じく張禹伝に「其の面貌を奇とす」とある「面貌」と同義。かおかたち、風貌。「魁梧」は堂々として立派なこと。

（3）「九経三史」の「九経」は、唐の開元時代に徐堅らの撰した『初学記』巻二十一「経典」の部に「礼に周礼、儀礼、礼記ありて三礼と曰い、春秋に左氏、公羊、穀梁の三伝あり、易、書、詩と通じ数えて亦た之を九経と謂う」とある。「三史」も、同じく『初学記』に「世に『史記』と班固の『漢書』および『東観漢記』を以て三史と為す」とある。

（4）「心蔵に括嚢す」の「心蔵」は、下文の「意府」と同じく、心意の蔵府の意。『隋書』文帝紀に「心府を罄竭す」とあるのを参照。「括嚢」は、『易』の坤卦の六四の爻辞に「嚢を括りて咎め無し」とある。ここは包括するの意。

(5)「三墳八索」は、『春秋左氏伝』昭公十二年の条に「(左史倚相は)是れ能く三墳五典・八索九丘を読む」とあり、杜預の注に「皆な古書の名」とある。

(6)「意府に諳憶す」の「意府」は、前注の「心府」と同義。「諳憶」は、『南史』王倹伝に「朝儀旧典……諳憶して遺漏するもの無し」。また『高僧伝』釈道融伝に「才解は英絶にして内外の経書は心府に闇遊す」とあるのを参照。

(7)「三寸纔かに発すれば、枯樹も栄え花さき、一言僅かに陳ぶれば、曝骸も反って宍づく」の「三寸」は、『文選』の揚雄「解嘲」に「三寸の舌を掉う」とあり、「一言」も、同じく鮑昭の「放歌行」に「一言にして珪爵を分たる」とある。「纔かに」は、……するや否や。『広弘明集』巻四の彦琮「通極論」に「纔かに襁褓を離るれば、双飛を羨みて以て娶らんことを求む」。「枯樹」、「曝骸」は、『文選』の劉琨「勧進表」に「繁華を枯荑に生じ、豊肌を朽骨に育つ」とあり、唐の張文成の『遊仙窟』巻五には「白骨再び宍づき、枯樹重ねて華さく」とある。また『文選』の曹植「七啓」に「窮沢も流れを生じ、枯木も栄を発す」、『左伝』襄公二十二年に「いわゆる死せるを生かして骨に肉づくるなり」とあるのなどを参照。「曝骸」は、梁の簡文帝の「昭明太子集序」に「骨を曝して帰する無し」とある「曝骨」と同義。「宍」は肉と同じ。

(8)「蘇秦、晏平も此に対して舌を巻く」の「蘇秦」は、戦国時代の有名な弁士。『史記』蘇秦伝に詳細な伝記が載せられている。また「晏平」は、春秋時代に斉の宰相であった晏平仲、名は嬰。君主を諌めて「言を危くす」すなわち正論を吐いたことが『史記』の晏嬰伝に見える。「舌を巻く」は、『文選』の揚雄「解嘲」に「談ぜんと欲する者は舌を巻いて声を同じゅうす」

(9)「張儀郭象も遥かに瞻て声を飲む」の「張儀」は、前注の蘇秦とならぶ戦国時代の有名な弁士。『史記』の張儀伝に詳細な伝記が見える。「郭象」は、西晋時代の学者。『晋書』の郭象伝に「象の語るを聴くに、懸河瀉水の注いで竭きざるが如し」とある。「遥かに瞻る」は、隋の孔徳紹の「白馬山護明寺に登る」の詩に「遥かに瞻て地軸を尽くし、長く望めて天隅を極む」とあり、「声を飲む」は、『文選』の江淹「恨みの賦」に「恨みを飲み声を呑まざるは莫し」とある「呑声」と同義。

(10)「偶たま休暇に就くの日」の「休暇」は、『南史』江子一伝に「休暇の日、賓客輻湊す」とあり、「就く」は、謝霊運の「廬陵王に与うる牋」に「事を辞して間に就く」とある「就」と同類の用法。

三七ページ

(1)「館に投ず」は、唐の孟浩然の「蔡陽館」の詩に「歌を聴いては楚に近きかと疑い、館に投じては忽ち帰するが如し」

(2)「筵を肆べ席を設く」は、『詩経』の大雅「行葦」の詩句。

(3)「饌を薦め盞を飛ばす」の「饌を薦む」は、『三国魏志』管寧伝に「親しく饌饋を薦む」とあり、「盞を飛ばす」は、『文選』の左思「呉都賦」の「觴を飛ばして白を挙ぐ」の「飛觴」と同義。「盞」も「觴」も酒杯。

(4)「三献」は、酒を三度酌むこと、『儀礼』有司徹篇に「三献して答拝す」とあり、北斉の裴讓之「公館に宴して南使の徐陵に酬ゆ」の詩に「礼酒は三献に盈ち、賓筵に八珍を盛んにす」とある。

(5)「膝を促けて談話す」の「促膝」は、『抱朴子』疾謬篇に「膝を促くるの狭き、坐して杯觴を交う」とあり、梁の昭明太子の「晋安王に答うる書」には「慰めは促膝に同じ」とある。「談話」の語は、潘岳の「秋興の賦」に「談話すること農夫田父の客に過ぎず」

（6）「外甥」は、『釈名』釈親属篇に「妻の昆弟の子を外甥と曰う」とある。一七ページ注（49）の「表甥」と同義。

（7）序の文章の「蛭公」と同一の人物。一八ページ注（57）および二〇ページ注（62）に引いた『金光明最勝王経』に「水蛭虫、口中に白歯を生じ云々」とあるのをふまえる。「牙」は歯と同義。

（8）「其の人と為りや」は、『論語』学而篇、「其の人と為りや、孝弟にして上を犯すを好む者は鮮し」

（9）「狼心佷戾」の「狼心」は、北周の庾信「兗州刺史広饒公鄭常の碑」に「蜂目已に奔り、狼心遂に革まる」とあり、『左伝』昭公二十八年の「狼子野心」に本づく。「佷戾」は、一七ページ注（50）に既出。

（10）「教誘に纏せられず」の「教誘」は、みちびき。唐の皇甫曾「鑒上人に贈る」の詩に「律儀は教誘を伝え、僧臘は烟霄に老ゆ」とある。「纏」は、蓋われる、縛られるの意。「仮名乞児論」に「纏縛」の語が見え、『芸文類聚』巻七十七に引く北魏の温子昇「定国寺碑」の序に「尚お蓋纏（煩悩）に習う」とあるのなどを参照。

（11）「虎性暴悪」の「虎性」は、上文の「狼心」と対し、『史記』始皇本紀に「秦王の人と為りは……恩少くして虎狼の心」とある。「暴悪」は、『漢書』刑法志に「凡そ刑を制するの本は、将に以て暴悪を禁じ云々」

（12）「礼義に羈がれず」の「礼義」は、礼の道、おきて。『荀子』王制篇に「礼義は治の始めなり」。「羈がれず」は、拘束されないこと。『漢書』司馬遷伝に「少くして羈がれざるの才を負う」

（13）「博戯を業と為す」の「博戯」は、一七ページ注（53）に既出。「業と為す」は、『文選』の班固「賓の戯れに答う」に「著述を以て業と為す」

(14)「鷹犬を事と為す」の「鷹犬」は、一七ページ注(51)に既出。「事と為す」も、『文選』の石崇「思帰引序」に「出ずれば則ち游目弋釣を以て事と為す」

(15)「遊俠無頼」の「遊俠」は、一七ページ注(53)に既出。「無頼」は、『史記』高祖本紀に「無頼にして産業を治むる能わず」とあり、ならずもの。

(16)「奢慢餘り有り」の「奢慢」は、『礼記』坊記篇「君子苟も礼無ければ」の鄭玄の注に「奢にして慢なるは倹にして敬なるに如かず」とあり、「餘り有り」は、『文選』の潘岳「悼亡詩」に「路極まりて悲しみ餘り有り」とある。

(17)「因果を信ぜず」は、『続高僧伝』釈彦琮伝に「因果を信ぜず、教迹に執わる」とあり、『広弘明集』巻四の彦琮「通極論」には「因果有るを信ぜず、遂に仏法無しと言う」とある。

(18)「罪福を諾わず」は、『広弘明集』巻十二の釈明概「傅奕の仏法僧を廃するに決対するの事」の第二決破の論に「奢淫苛虐にして罪福を忌まず」とあり、『弘明集』巻五の慧遠「明報応論」に「心は善悪を以て形声を為し、報は罪福を以て影響を為す」とある。「諾わず」は、『詩経』魯頌「閟宮」の詩に見える言葉。「敢て諾わざるは莫し」

(19)「酔飲飽食」は、『顔氏家訓』勉学篇に「飽食酔酒して忽忽無事」

(20)「色を嗜み寝に沈む」の「色を嗜む」は、『文選』の宋玉「登徒子好色賦」の「好色」に同じ。「寝」は、居室。『釈名』釈宮室篇に「寝は寝息する所なり」とある。「寝に沈む」とは、『列子』楊朱篇「公孫穆、色を好み、……其の色に耽るに方りてや、親昵を屏け、交游を絶ち、後庭に逃れて昼を以て夜に足し、三月に一たび出ず」のたぐい。

(21)「親戚に病有れども曾て愁心無し」の「親戚」は、父母をいう。『大戴礼』曾子疾病篇に「親戚既に没すれば、孝ならんと欲すと雖も誰か孝を為さん」とあるのを参照。「曾て愁心無し」の「曾て無し」も、『文選』に用例が多く見える。たとえば鍾会の「蜀に檄する文」「比来已来、曾て寧き歳無し」など。「愁心」も、『文選』の顔延之「秋胡の詩」に「明発愁心を動かし、閨中長歎を起こす」とある。

(22)「疎人相い対するも敬み接するの志莫し」の「疎人」は、『韓非子』五蠹篇に「穣歳の秋には疎客も必ず食う」とあり、「敬接」は、『文選』の謝恵連「雪の賦」に「妍唱に懐有り、敬み末曲に接す」とある。

(23)「父兄を狎侮し、耆宿を侈淩す」の「父兄」は、『論語』子罕篇に「入りては則ち父兄に事う」とあり、「狎侮」は、『書経』旅獒篇に「君子を狎侮すれば、以て人心を尽くす罔し」。また「耆宿」は、『後漢書』樊儵伝に「耆宿大賢多く廃棄せらる」。「侈淩」は、尊大な態度で相手をしのぐ。『左伝』宣公元年に「是に於て晋侯侈る」、同じく隠公三年に「少は長を陵ぐ」とあり、「淩」は陵と同義。

(24)「時に于て」も、『文選』に多く見える用語。二一ページ注(67)に既出。向秀の「思旧賦」の「時に于て日は虞淵に薄る」など。

(25)「蓋し聞く、王豹は謳を好んで已に高唐を変ず」は、『文選』の陳琳「曹洪の為に魏の文帝に与うる書」の「蓋し聞く、高唐を過ぐる者は、王豹の謳に効う」に本づく。

(26)「縦之は書を翫しんで亦た巴蜀を化す」の「縦之」は、漢の文翁のアザナ。『漢書』循吏伝に「文翁は廬江の舒の人なり。少くして学を好み、春秋に通ず。……景帝の末に蜀郡の守となる。仁愛にして教化を好み、蜀の地の辟陋にして蛮夷の風有るを見て文翁これを誘進せんと欲す」とあり、その教化の具体的な実施を記述したのち、「今に至るまで巴蜀の文雅を好むは、文翁の化なり」と結んでいる。

(27)「橘柚陽に徙れば、自然に枳と為る」は、『周礼』考工記の序に「橘淮を踰えて北すれば枳と為る」

とあり、『晏氏春秋』内篇雑下に「橘は淮南に生ずれば則ち橘と為り、淮北に生ずれば則ち枳と為る」とある。「橘柚」は、『荘子』人間世篇に見える語。『文選』の左思「蜀都賦」の「橘柚の園」の注には「大を柚と曰い、小を橘と曰う」とある。

(28)「曲蓬麻に糅われば、扶けずして自ずから直し」は、『文選』の潘岳「河陽県にて作る」の詩に「曲蓬は何を以てか直きや、身を託して叢麻に依る」とあり、『荀子』勧学篇に「蓬、麻中に生ずれば、扶けずして直し」とあるのに本づく。

(29)「庶幾わくは」も、『文選』に多く用例が見える。たとえば、卜子夏の「毛詩序」に「庶幾わくは将来に補い有らんことを」など。また『孟子』公孫丑篇下にも「王、庶幾わくは之を改めよ」とある。

(30)「秘鍵を披陳す」の「秘鍵」は、『広弘明集』巻二十二の釈明濬「博士柳宣に答うる書」に「霊枢秘鍵」とあり、「披陳」は、天台智顗の「方等懺法」(大正四十六797b)に「発霊披陳して哀泣涙を雨ふらす」、また『唐律疏義』巻二十四(闘訟)に「上表して身事を披陳す」

(31)「頑心に覚示す」の「頑心」は、『広弘明集』巻二十九の懿法師「伐魔詔」に「心は頑にして毒を流す」、同じく巻十三、法琳「弁正論」に「頭陀乞食せしめて以て兇頑の心を制す」とあり、「覚示」は、『魏書』蕭宝夤伝に「王澄は人を遣わして情礼を暁示せしむ」とある。「覚」は暁と同義。

(32)「隠鈴を扣攄す」の「隠鈴」は、上文の「秘鍵」に対する造語。『海内十州記』に「道法は隠秘」とあり、「秘・隠」の熟語が見えているのを参照。「扣攄」は、打ち鳴らす。厳遵『道徳指帰論』善建篇に「響きを畏れて金を扣てば、響き愈いよ我に応ず」とあり、『文選』の司馬相如「封禅文」に「之を窮まり亡きに攄ぶ」とあるのなどを参照。なお『法苑珠林』巻五十三(大正五十三683a)には「鈴を振って令を告げ、一切に宣示す」とある。

(33)「惷意を教悟す」は、『儀礼』士昏礼に「某の子は惷愚にして又た教うる能わず」とあり、「惷意」は、上文の「頑心」に対する造語。

(34)「吾れ聞く、上智は教えず、下愚は移らず」の「吾聞く」は、『文選』の揚雄「解嘲」に「吾れ聞く、上世の士は云々」とある。「上智は教えず、下愚は移らず」は、『顔氏家訓』教子篇に「上智は教えずして成り、下愚は教うと雖も益無し」とあり、『論語』陽貨篇の「唯だ上知と下愚とは移らず」に本づく。

(35)「古聖も猶お痛む、今の愚何ぞ易からん」は、『文選』の曹植「呉季重に与うる書」に「文章の難きは独り今のみにあらず、古の君子も猶お亦た諸を病む」とあり、『論語』雍也篇の「堯舜も其れ猶お諸を病む」に本づく。なお「痛む」を『聾瞽指帰』真筆本は「病む」に作っている。

(36)「物を体し情に縁るは、先賢の論ずる所」は、『文選』の陸機「文の賦」に「詩は情に縁って綺靡たり、賦は物を体して瀏亮たり」とある。「先賢」の語も、『文選』に多く用例が見える。

(37)「時に乗じて藻を摛ぶるは、古振り貴ぶ所」の「時に乗ず」は、『文選』の左思「呉都賦」に「時に乗じて利を射む」とあり、「藻を摛ぶ」も、『文選』に見える言葉。班固「賓の戯れに答う」に「藻を摛ぶること春の華の如し」。「古振り」は、『詩経』の周頌「載芟」の詩に「古振り茲の如し」とあり、「振」は自と同義。「貴ぶ所」は、『文選』の嵆康「琴の賦」に「信に古今の貴ぶ所」とある。

(38)「韋昭が博を譏るの篇」の「韋昭」は、三国時代の呉の学者（二〇四～二七三）。「博を譏るの篇」とは、『文選』に載せる彼の著作「博弈論」をさす。

(39)「元淑が邪を疾むの賦」の「元淑」は、後漢の趙壱のアザナ。「邪を疾むの賦」は、『後漢書』趙壱伝（文苑伝下）に「壱乃ち世を刺り邪を疾むの賦を作りて以て其の怨憤を舒ぶ」として、全文が載せられている。

(40)「並びに細素に載す」の「細素」は、『芸文類聚』巻十六の梁の王筠「昭明太子哀冊文」に「偏く細素を該ね、殫く丘墳を極む」とあり、書籍の意。

(41)「葉を経て鑒誡たり」の「葉を経」は、『広弘明集』巻四の梁の武帝「李老の道法に事うるを捨つるの詔」に「葉を歴て相い承け、此の邪法に染む」とあり、「経」は歴と同義。「鑒誡」は、同じく『広弘明集』巻四の彦琮「通極論」に「目前以て鑒誡と為すべし、豈に伊吾の虚論を構えしならんや」とある。

(42)「鈍刀の骨を切るは必ず砥の助けに由り、重き輅の軽く走るは、抑そも亦た油の縁なり」は、『広弘明集』巻六に載せる唐の魏徴の「策」の文章（大正五十二127ａ）に「砮砥を得れば則ち骨を截りて筋を断ち、車膏を得れば則ち馬利にして輪疾し」とある。「必ず由る」、「抑そも亦た」も、『文選』に多く見える用語。たとえば王倹の「褚淵碑文」に「人の言を用うるは必ず己れに由る」、班固の「両都賦」序に「抑そも亦た雅頌の亜なり」など。

(43)「智無きの鐵木すら猶お既に是の如し、情有るの人類、何ぞ仰止せざらんや」の「無智」は、『春秋穀梁伝』僖公十六年に「石は知無きの物なり」とあり、「智」は知と同じ。「鐵」は鐵（鉄）の古字。「猶お既に是の如し」は、『文選』の沈約「冬節の後、丞相の第に至り、世子に詣る車中にて」の詩に「猶お此の如し」、また『抱朴子』至理篇にも「猶お能く是の如し」などの用例が見える。「情有るの人類、何ぞ仰止せざらん」は、『文選』の盧諶「劉琨に贈る」の詩の序に「苟も情有りと曰えば、孰か能く懐わざらん」とあり、「人類」は、『荘子』知北遊篇に見える言葉。「生物これを哀しみ人類これを悲しむ」。「何ぞ仰止せざらんや」の「仰止」は、『詩経』の小雅「車舝」の詩に「高山は仰止す」

とあり、『文選』の潘岳「西征賦」、王倹「褚淵碑文」などにも用例が見える。

(44)「霧意を蕩滌して彼の迷える康を指す」の「霧」と「迷」は、梁の張正見の詩に「石梁雲外に失い、蓬丘霧裏に迷う」とあり、「蕩滌」は、『漢書』律歴志に「人の邪意を蕩滌す」とある。「迷康」の「康」は、下文の「直荘」の「荘」とともに分岐した道路をいい、『爾雅』釈宮篇に「五達これを康と謂い、六達これを荘と謂う」とある。「迷える康」は、『文選』の陶潜「帰去来の辞」に「途に迷う」とあり、「康を指す」は、同じく謝瞻「庾(登之)徴されて東に還る」の詩に「途を指して出で宿せんことを念う」とある。

(45)「瞳矇を針灸して此の直き荘に帰らしむ」の「瞳矇」は、『後漢書』蔡邕伝に「瞳矇、謀を先生に稽わず」とあり、「針灸」は、同じく華佗伝に「針灸数処に過ぎず」とある。「直き荘」は『論語』衛霊公篇の「直き道」をふまえ、「荘」は、六方に通じる道。前注を見よ。

(46)「豈に盛んならずや、復た快ならずや」は、『文選』の阮籍「鄭沖の為に晋王を勧むる牋」に「箕山に登りて許由に揖す、豈に盛んならずや」とあり、同じく元瑀の「曹公の為に書を作りて孫権に与うる書」に「君は其の栄を享け、孤は其の利を受く、豈に快ならずや」とある。

(47)「心絫い神煩み、忙然として長息す」の「心絫う」は、『文選』の嵇康「養生論」に「心を累わす」とあり、「絫」は累と同じ。「神煩む」は、『楚辞』卜居篇に「心煩み慮乱る」。「忙然」は『列子』楊朱篇に「忙然として以て之に応うる無し」。「長息」は、『文選』の東方朔「客の難に答う」に「喟然として長息す」とある。

(48)「円覆を仰いで以て慨を含み、方載に俯して以て思いを深くす」は、『文選』の陸機「文の賦」の「寂寞に俯して友無く、寥廓を仰いで承る無し」をもじった言い方。「円覆」は、天をいう。陳樵の

「瑇瑁賦」に「上は円覆に規り、下は方輿に準う」とあり、「慨を含む」は、『広弘明集』巻三十五、燕の慕容垂の「朗法師に与うる書」に「昔蜀恭わずして魏武慨を含めり」とある。「方載」は、大地。『旧唐書』礼儀志に「上は円清に法り、下は方載に象る」。また唐の孔穎達の「礼記正義序」にも「上は円象に象り、下は方載に参ず」。「思いを深くす」は、『漢書』成帝紀に「百寮、思いを深くす」

(49)「喟焉たること良久し」の「喟焉」は、喟然と同じ。注(47)を見よ。「良久し」は、『文選』の張衡「東京賦」に「良久しくして言う」

(50)「囅然として咍う」は、『文選』の左思「呉都賦」に「東呉の王孫、囅然として咍う」、また『雑譬喩経』(大正四523b)に「仰いで虚空を視、囅然として笑う」とあり、『荘子』達生篇の「(桓公)囅然として笑う」とあるのをふまえる。「咍」は、笑いあうの意で、『楚辞』の九章「惜誦」に「衆兆の咍う所」とある。

(51)「三たび勧むること慇懃なり、来命を拒み叵し」は、『法華経』方便品(大正九7a)に「慇懃に三たび請う、豈に説かざるを得んや」とあり、「来命」は、『文選』の応璩「満公琰に与うる書」に「来命を承く」とある。「拒み叵し」の「叵」は、不可の意。『文選』の謝霊運「道路に山中を憶う」の詩に「故きを懐うて歓びを新たにし叵し」

(52)「今当に微管を傾け竭くして愚流の行迹を摽げ」の「今当に」は、『文選』の諸葛亮「出師の表」に「今当に遠離すべし」とあり、「微管」は、下文の「拙蠡」と対応して微小な管の意。『文選』の東方朔「客の難に答う」に「管を以て天を窺い、蠡を以て海を測る」とあるのに本づく。「傾け竭くす」は、『三国呉志』華覈伝に「府蔵を傾け竭くす」。「愚流の行迹」は、晋の陸雲の「戴季甫に与うる書」に「豊眷を銜み抱きて以て愚迹を増す」とあり、「行迹」の語は『文選』の范曄「後漢書皇后紀論」

に「行迹を考列して以て皇后本紀と為す」とある。「摽」は標と同じく掲げるの意。『北史』楊引伝に「(楊)引の至れる行を標げ揚ぐ」とあるのを参照。

(53)「拙蠡を尽くし涸らして摂心の梗槩を陳ぶべし」の「蠡」は、貝殻。前注の「蠡を以て海を測る」を参照。「拙」は、上文の「微」と対応させるために加えられた形容の言葉。「尽くし涸らす」は、『文選』の木華「海の賦」に「九州を竭くし涸らす」とあり、「竭」は尽と同義。「摂心」は、『遺教経』(大正十二1111b)に「当に自ら心を摂めて瞋恨せしむる無かれ」とあり、「梗槩を陳ぶ」は、『文選』の劉峻「弁命論」に「其の梗概を陳ぶ」とある。「槩」は概と同じ。

(54)「懸河の妙弁は舌端に短乏にして」の「懸河」は、四三ページ注(9)の『晋書』郭象伝に既出。「妙弁」は、『芸文類聚』巻七十六に載せる陳の徐陵「東陽双林寺傅大士の碑」に「妙弁は相無し」とある。「舌端」は、『韓詩外伝』巻七に「弁士の舌端を避く」とあり、「短乏」は、『抱朴子』勤求篇に「短乏を空罄す」、「短乏の虚名を惜しむ」などとある。

(55)「北海の湛智は心府に匱窶なり」の「北海」は、後漢の大儒鄭玄をさす。『後漢書』鄭玄伝に「北海高密の人、……玄の何休に答うること義拠は通深なり」。「湛智」は深智と同義。梁の陶翊「華陽隠居先生本起録」に「郝夫人、諱は智湛」とあり、『芸文類聚』巻四に引く簡文帝「三月三日曲水詩序」に「智は霊珠に湛く、弁は河の注ぐに均し」とある。「心府」は、『隋書』文帝紀に「心府を罄竭す」とあり、「匱窶」は匱乏と同義。『文選』の干宝「晋紀総論」に「其の匱乏なる者は資を道路に取る」

(56)「筆は痾を除くに謝り、詞は将を煞すに非ず」は、『三国魏志』巻二十一の注に引く『典略』に載せる陳琳の故事および『史記』魯仲連鄒陽列伝に載せる魯仲連の故事とをふまえる。「陳琳、諸書及び檄を作る。草成りて太祖に呈す。(太)祖先に頭風に苦しむ。是の日疾発す。臥して琳の作る所を読み、翕然として起ちて曰く、此れ我が病を愈す云々」、「斉の田単聊城を攻むること歳余、士卒多く死して聊城下らず。魯連乃ち書を為り、……燕の将に遺る。……燕の将、魯連の書を見て泣くこと三日、……喟然として嘆じて曰く、人の我を刃せんよりは寧ろ自ら刃せん、と。乃ち自殺す。聊城乱れ、田単遂に聊城を屠る」。「煞」は殺と同じ。

(57)「彼の趣を披べんと欲すれば口裏に悱悱たり」の「趣を披ぶ」は、『漢書』叙伝「古今を揚搉す」の顔師古の注に「挙げて之を引き、其の趣を陳ぶ」とある「陳趣」と同義。四七ページ注(30)の「披陳」を参照。「口裏に悱悱たり」は、『論語』述而篇「悱せざれば発せず」の鄭玄の注に「孔子、人と言えば、必ず其の人の、心は憤憤とし口は悱悱たるを待ちて乃ち後に啓き発し、之が為に説く」とある。

(58)「黙して罷めんと欲すれば、胸中に憤憤たり」は、『漢書』楊惲伝に「黙して息めんとすれば、孔氏の各おの爾の志を言えの義に違わんことを恐る」とあり、「胸中に憤憤たり」は、前注の「心は憤憤」を見よ。

(59)「抑え忍ぶを得ず、聊く搉揚を事とす」の「抑え忍ぶ」は、『文選』の嵆康「養生論」に「情を抑え欲を忍ぶ」とあり、「聊く事とす」は、同じく『文選』の司馬遷「任少卿に報ずる書」に「且く本末を事とす」とある。「聊」は且と同義。なお「搉揚」は、『文選』の左思「魏都賦」の「搉惟」の注に引く許慎の『淮南子』注に「搉揚は搉略なり」とあり、大略、あらましの意。ちなみに「揚搉」の語は『文選』の左思「蜀都賦」、『漢書』叙伝、『荘子』徐無鬼篇などにも見えている。

(60)「宜しく一隅を示すべし、孰か三端を扣かん」は、『論語』述而篇に「一隅を挙げて之に示すに、三隅を以て反せざれば則ち吾は復びせず」とあり、同じく子罕篇に「我れ其の両端を叩いて竭くす」とある。「扣」は叩と同義。なお建長本は「扣」を「扨」に誤る。

(61)「窃かに惟うに」は、『文選』の繁欽「魏の文帝に与うる牋」に「窃かに惟うに聖体は兼愛好奇」、同じく任昉「勅して七夕の詩を示さるるに奉答するの啓」に「窃かに惟うに帝迹は緒多し」などとある。

(62)「清濁剖判して冣も霊なるもの権輿す」は、『広弘明集』巻四の彦琮「通極論」に、「混元を開闢して清濁を分剖す」、また『文選』の左思「魏都賦」に「泰極剖判して造化権輿す」などとあり、「魏都賦」の唐の呂延済の注には「泰極未だ分れず、混沌たるの時にして造化の始めなり。……一清一濁は是れ天地の元気なり」とある。「冣も霊なるもの」とは、人をいい、『漢書』刑法志に「人は天地の貌に肖て五常の性を懐き、聡明精粋にして有生の最も霊なるものなり」とある。「冣」は最と同じ。「権輿」は、物の始めの意。『詩経』秦風「権輿」の詩の「権輿を承がず」の毛伝に「権輿は始めなり」、また『大戴礼』誥志篇に「時に於て氷泮け、……百草は権輿す」

(63)「並びに二儀に稟けて同じく五躰を具う」の「二儀に稟く」は、『広弘明集』巻四の彦琮「通極論」に「寧に唯に気の二儀に稟くるのみならんや、道は万物に周きのみ」とあり、「二儀」は、『易』繋辞伝の「両儀」と同じ。「五躰を具う」の「五躰」は、両手両足と頭。「躰」は体と同じ。『広弘明集』巻十二の釈明概「傅奕の仏僧を廃するに決対するの事」に「五体を翹勤して用って罔極の恩に報ゆ」

(64)「是に於て賢智は優花の如く」の「賢智」は、『文選』の袁宏「三国名臣序賛」に「千載の一遇、賢智の嘉会」とあり、「優花」は、仏典中に多く見える花の名、udumbara（優曇波羅）。優曇華または優曇鉢華とよばれ、霊瑞、瑞応と訳される。『法華経』化城喩品（大正九24 a）に「無量の智慧者にして優曇鉢華の如し」

(65)「惷癡は鄧幹の若し」の「惷癡」は、『周礼』秋官、司刺「惷愚」の鄭玄の注に「惷愚は生れながらにして癡騃童昏なる者」とあり、「鄧幹」は、鄧林の枝幹の意で、数の多いのに譬える。『列子』湯問篇「鄧林は弥広数千里なり」。「幹」は『文選』の嵆康「琴の賦」に「(椅梧は)旦には幹を九陽に晞かす」

(66)「善を仰ぐの類は、猶お麟角よりも稀に」の「善を仰ぐ」は、『文選』の袁宏「三国名臣序賛」に「善を崇ぶ」とあり、同じく楊脩「臨淄侯に答うる牋」に「徳を仰ぐ」とある。「麟角」は、『抱朴子』極言篇に「為す者は牛毛の如く、獲る者は麟角の如し」

(67)「悪に躭るの流は既に竜鱗よりも欝んなり」の「悪に躭る」は、『広弘明集』巻四の彦琮「通極論」に「欲に耽りて是に惑う」、『詩経』衛風「氓」の詩の「士と耽る無かれ」の鄭箋に「非礼の楽しみに耽る」とあり、「躭」は耽の俗字。「竜鱗」は、『文選』の郭璞「江の賦」に「竜鱗は結絡」とある。「欝」は鬱の俗字。同じく宋玉「高唐賦」に「榛林は鬱盛」

(68)「操行は星の如く」の「操行」は、『文選』の左思「魏都賦」に「操行の独り得たるを栄とす」とあり、「星の如く」は、好む所を異にする意。『書経』洪範に「庶民は惟れ星、星に風を好む有り、星に雨を好む有り」の孔安国伝に「星は民の象なり。故に衆民は惟れ星の若し」とある。

(69)「意趣は面の疑し」は、『左伝』襄公三十一年に「人の心の同じからざるは其の面の如し」をふまえ、「意趣」は、『法華経』方便品(大正九7a)に「宜しきに随って法を説き、意趣解し難し」とある。

(70)「玉と石と途を殊にして遥かに九等を分ち」は、『塩鉄論』刺議篇に「玉と石と相い似るも類を異にす」とあり、「途を殊にす」は、『易』繋辞伝の言葉。「天は帰を同じくして途を殊にす」。「九等を分つ」は、『漢書』古今人表に「茲に因って以て九等の序を列ち、上上、上中、上下、中上、中中、中下、下上、下中、下下、と謂う」

(71)「狂と哲と区を別ちて遠く卅里を隔つ」は、『広弘明集』巻一、帰正篇序に「尅く念えば聖と作り、狂と哲と互に称す」とあり、「区を別つ」は、『文選』の班固「東都賦」に「方を殊にし区を別ち、界絶えて鄰せず」。「遠く卅里を隔つ」は、『世説新語』捷悟篇に見える故事。「魏の武(帝)、嘗て曹娥の碑の下を過ぎ、楊脩従えり。碑の背上に題して〈黄絹幼婦外孫齏臼〉の八字を作すを見る。魏武、脩に謂いて曰く、解するや不やと。答えて曰く、解すと。魏武曰く、卿は未だ言うべからず、我の之を思うを待てと。行くこと三十里にして、魏武乃ち曰く、吾れ既に得たりと。脩をして別に知る所を記さしむ。脩曰く、黄絹は色糸なり。字に於て絶と為す。幼婦は少女なり。字に於て妙と為す。外孫は女子なり。字に於て好と為す。齏臼は辛を受くるなり。字に於て辭(辞)と為す。いわゆる絶妙好辞なりと」

(72)「各おの好む所に趣く」は、『文選』の曹植「楊徳祖に与うる書」に「人は各おの好尚あり」とあり、同じく王逸「魯の霊光殿の賦」に「各おの趣く所あり」とある。

(73)「石をもて水に投ずるが如し」は、『文選』の李康「運命論」に「石を以て水に投ずるが如く、之に逆らうこと莫し」とあり、『広弘明集』巻二十九の梁の武帝「浄業賦」にも「石もて水に投ずるが如く、心に逆らう莫し」とある。

(74)「並びに悪む所に赴く」は、『文選』の班固「幽通賦」に「悪みて避けざる有り」とあり、「悪む所」は、『論語』里仁篇に「貧と賤とは是れ人の悪む所なり」とある。

(75)「脂を水に沃ぐに似たり」は、『増一阿含経』巻四十五(大正二792ａ)に「若し油を以て水に投ずれば則ち其の上に遍満す」

(76)「寔に由る、鮑鏖の臭気、猶お未だ改変せず」の「寔に由る」は、『文選』に幾つか用例が見える。

たとえば嵆康「幽憤詩」に「寔に頑疎に由る」。「鮑廛の嗅気」も、『文選』の張衡「東京賦」に「鮑肆、其の臭を知らず」とあり、「廛」は肆、「嗅」は臭とそれぞれ同じ。「臭気」の語は北魏の菩提流支訳『入楞伽経』巻八（大正十六562ａ）に「死屍を焼くが如く臭気浄ならず」、また『礼記』祭義篇「君蒿」の陸徳明「音義」に「焄は香臭の気」とあり、孔穎達の「正義」に「百物の気は或は香、或は臭」とある。また「改変」の語は、『文選』の昭明太子「序」に「時に随いて変改す」

(77)「麻畝の直性、亦た未だ萌兆せざるに」は、『荀子』勧学篇「蓬、麻中に生ずれば、扶けずして直し」（注(28)に既出）をふまえ、「直性」は、『文選』の嵆康「絶交書」に「直性狭中」とあり、「萌兆」は、同じく孫楚「石仲容の為に孫皓に与うる書」に「吉凶の萌兆」とある。

(78)「頭蝨と与にして以て性を陶し、晋歯と将にして而ち心を染む」は、『文選』の嵆康「養生論」に「蝨は頭に処て黒く、……歯は晋に居て黄なり」とあり、「性を陶す」は、唐の馬戴「間宴」の詩に「性を陶しては聊か爵を飛ばし、山を看ては忽ち棋を罷む」。また「心を染む」は、『広弘明集』巻二十八の沈約「懺悔文」に「染心の累、卒かに磨くべからず」とあり、『文選』の孔稚珪「北山移文」には「乍は跡を廻して以て心染まり、或は先に貞しくして後に黷る」とある。なお「性を蒸し身を染む」、「化に陶し学に染む」の語が、『文選』の嵆康「養生論」、左思「魏都賦」にそれぞれ見えているのを参照。また「与…将…」の助辞を対用した文例は、『広弘明集』巻二十九の釈真観「夢賦」、同じく巻十三の法琳「弁正論」などに見える。「形は俗人と将にして永く隔て、心は世情と与にして懸く反く」（夢賦）、「悩愛は滄海と与に深きを校ぎ、……塵労は巨嶽と将に峻きを争う」（弁正論）。

三八ページ

(1)「表は虎皮の文の若く、内は錦袋の糞に同じ」の「虎皮の文」は、『文選』の棗拠「雑詩」に「羊の質にして虎の文を服す」とあり、『法言』吾子篇に「羊の質にして虎の皮、草を見て説び、豺を見て戦く」とある。「錦袋の糞」は、『楚辞』離騒に「糞壌を蘇りて以て幃に充たす」とあり、「錦袋」の語は『洛陽伽藍記』巻五に「錦香袋五百枚」とある。

(2)「視肉の譏り、具さに一涯に招き」の「視肉」は、『史記』李斯伝に「卑賤の位に処りて計為さざる者は、此れ禽鹿の肉を視、人面にして能く彊行する者のみ」とあり、司馬貞の「索隠」に「禽獣は但だ肉を視て之を食うを知るのみ。『荘子』および『蘇子』に曰く、人にして学ばざる、之を肉を視て之を食うに譬う」とある。「一涯」の語は、『文選』の「古詩十九首」(其一)などに見える。「相い去ること万餘里、各おの天の一涯に在り」。ただし、ここは下文の「万葉」と対用され、一生涯の意。

(3)「戴盆の誚り、永く万葉に伝う」の「盆を戴く」は、『文選』の司馬遷「任少卿に報ずる書」に「盆を戴けば何を以てか天を望まん」とあり、「万葉」は、同じく顔延年「三月三日曲水詩序」に「世を拓き統を貽し、万葉を固くして量を為す者なり」。万代、万世の意。

(4)「豈に辱じざらんや、亦た哀しからずや」は、『文選』の司馬相如「封禅文」に「亦た恧じざらんや」。「恧」は辱と同義。同じく「上林賦」に「豈に哀しからずや」、陳琳の「呉の将校部曲に檄する文」に「亦た哀しからずや」などとある。ただし『文選』はいずれも「不亦哀哉」に作り、「亦不…哉」に作る用例は全く見えない。建長本の「亦不哀哉」は、おそらく「不亦哀哉」の誤写であろう。ちなみに仁平四年(一一五四)書写本および『聾瞽指帰』真筆本は、ともに「不亦哀哉」に作っている。

(5)「余れ思えらく、楚璞の光を致すや必ず礪に錯くを須つ」の「楚璞」は、『韓非子』和氏篇に「楚人の和氏、玉璞を楚の山中に得、奉じて之を厲王に献ず。……王乃ち玉人をして其の璞を理めしめて宝を得たり。遂に名づけて和氏の璧と曰う」とある。「礪に錯くを須つ」は、『書経』説命篇「汝を用いて礪と作す」の孔安国伝に「鉄は礪を須って以て利器を成す」とあり、「錯」は、厝と同じく置くの意。『論語』為政篇「直きを挙げて諸を枉れるに錯く」

(6)「蜀錦の彩を摛ぶるや尤も江に濯うに資る」は、『文選』の左思「蜀都賦」に「貝錦斐成って色を江に濯う」とあり、唐の劉良の注に引く譙周の『益州志』に「成都の錦を織るや、既に成れば江水に濯う。其の文の分明なること初めて成るに勝る」とある。なお「蜀錦」の語は、『芸文類聚』巻八十五に引く魏の文帝の詔に「前後蜀錦を得る毎に殊に相い似ず」とあり、「彩を摛ぶ」は、『抱朴子』詰鮑篇に「景星、光を摛べて以て望舒の燿きを佐く」とある。「資」は取るの意。『易』乾卦彖伝に「万物資りて始む」

(7)「戴淵(渕)は志を変じて将軍の位に登り」は、『世説新語』自新篇に見える故事。「戴淵少き時、遊侠たりて行検を治めず。嘗て江淮の間に在りて商旅を攻掠す。陸機、仮に赴いて洛に還る。輜重甚だ盛んなり。淵、少年をして掠劫せしむ。……機、船の屋上において遥かに之に謂いて曰く、卿の才は此の如きに亦た復た劫を作すかと。淵すなわち泣涕して剣を投じて機に帰す。……仕えて征西将軍に至る」

(8)「周処は心を改めて忠孝の名を得たり」も、『世説新語』自新篇に見える故事。「周処は年少き時、兇彊にして侠気あり、郷里の患うる所と為る。また義興の水中に蛟あり、山中に白額の虎あり。並びに皆な百姓を暴犯す。義興の人、謂いて三横と為す。或るひと処に説いて虎を殺し蛟を斬らしむ。実は三横の唯だ其の一を餘さんことを冀いしなり。処すなわち虎を刺殺し又た水に入って蛟を撃つ。……郷里皆なすでに死すと謂いて更ごも相い慶ぶ。竟に蛟を殺して出でしも、里人の相い慶びしを聞いて、始めて人情の患うる所と為るを知り、自ら改むるの意あり。……遂に改め励み、終に忠臣孝子と為る」

(9)「然らば則ち玉は琢磨に縁って車を照らすの器を成し」の「玉は琢磨に縁る」は、『詩経』衛風「淇奥」の詩「切するが如く、瑳するが如く、琢するが如く、磨するが如し」の毛伝に「骨を治むるを切と曰い、象には瑳と曰い、玉には琢と曰い、石には磨と曰う。其の学びて成るを道う。其の規諫を聴いて以て自ら脩むること玉石の琢磨せらるるが如し」とあり、そこの孔穎達の疏に引く晋の郭璞の説に「骨象は切磋を須ちて器と為る」とある。「車を照らすの器」は、『史記』斉世家に「尚お径寸の珠の車の前後おのおの十二乗を照らす者十枚あり」

(10)「人は切瑳を待ちて犀を穿つの才を致す」の「切瑳を待つ」は、前注を見よ。「犀を穿つ」は、『文選』の曹植「七啓」に「歩光の剣は、陸には犀象を断つ」とある。

(11)「教えに従うこと円の如くんば則ち庸夫の子も三公に登るべし。諫めに逆らうこと方の似くんば則ち帝皇の裔も反って疋傭と為る」は、『芸文類聚』巻二十三に引く呉の姚信「子を誡む」に「苟も善ならば則ち疋夫の子も王公に至るべく、苟も不善ならば則ち王公の子も反って凡庶と為る」とあり、「教えに従うこと円の如し」は、『漢書』梅福伝に「諫めに従うこと円を転ずるが如し」とある。「庸夫」は、『広弘明集』巻十三の法琳「弁正論」に「徐甲を庸夫に挫き、尹喜を関吏に導く」。「三公」は、『初学記』巻十一に「武王殷に克ちて周官を作り、太師、大傅、大保を三公と為す。……漢末には大司馬、大司徒、大司空を以て三公と為す。……東漢以後は皆、大尉、司徒、司空を以て三公と為す」とあり、「諫めに逆らう」は、『説苑』君道篇「能く過ちを天に求め、必ず諫めに逆らわず」。「帝皇」は、『文選』の何晏「景福殿の賦」に「帝皇に至って遂に重熙にして累盛なり」とあり、「疋傭」

は、上文の疋夫傭夫の略。「反って疋傭と為る」は、『荘子』盗跖篇に「堯舜は天下を有して、子孫は錐を置くの地無し」とあるのを参照。

(12)「木は縄に従って直しとは、已に昔聴に聞く」は、『書経』説命篇に「惟れ木は縄に従えば則ち正し」とあり、「昔聴に聞く」は、『魏書』孝文帝紀「太和二年の詔」に「姦宄の声、屢しば朕が聴に聞く」とある。なお「聴」を『聾瞽指帰』真筆本は「聡」に作り、仁平四年写本、建長本は「聡」に作っているが、神護寺本、運敞の刪補本は「聴」に作っている。「聡」は「聡」と「聽（聴）」を混淆した文字であるが、いま一おう「聴」の字に従っておく。

(13)「人は諫を容れて聖なりとは、豈に今彼れ空ごとならんや」は、『書経』説命篇に、前注に引いた「惟れ木は縄に従えば則ち正し」に続けて「后は諫めに従えば則ち聖なり」とあり、「空」は、空言の意。『文選』の謝霊運「晩に西の射堂に出ず」の詩に「安排のことは徒らに空言」とある。また『文選』の応璩「侍郎の曹長思に与うる書」に「風人の作、豈に虚ならんや」とあり、ここの「虚」は空と同義。

(14)「上は天子に達し、下は凡童に及ぶまで」は、『礼記』中庸篇に「天子より以て庶人に至るまで」とあり、「上達」、「下及」の語は、『文選』の庾亮「中書令を譲るの表」、王逸「魯の霊光殿の賦」にそれぞれ見える。「凡童」は、『南史』蔡興宗伝に「年十歳にして父を喪い、哀毀は凡童に異なる有り」

(15)「未だ学ばずして能く覚り、教えに乖いて以て自ら通ずるものは有らず」は、『礼記』学記篇に「人学ばざれば道を知らず」とあり、『法言』学行篇に「学は君子たるを求むる所以、……未だ求めずして之を得る者は有らざるなり」とある。また『文選』の班固「賓の戯れに答う」に「乖迕して通ずべからざるものは君子の法に非ざるなり」とあるのを参照。

(16)「夏殷の傾滅、周漢の興隆」は、『文選』の陳琳「曹洪の為に魏の文帝に与うる書」に「是れ夏殷の喪ぶる所以」とあり(「傾滅」の語の用例は未詳)、同じく諸葛亮「出師の表」に「此れ先漢の興隆する所以」とある。「周漢」の語も、『文選』に用例が多く見える。たとえば沈約「恩倖伝論」に「周漢の道は智を以て愚を役す」

(17)「前覆の亀鏡、後誡の美風」は、『漢書』賈誼伝に「鄙言に曰く、前車の覆るは後車の誡めなり」とあり、「亀鏡」は、『北史』長孫紹遠伝に「揚搉して言えば亀鏡と為すに足る」。「美風」は、『初学記』巻十六に引く宋玉「笛の賦」に「美風は洋々として暢茂す」

(18)「戒めざるべけんや、慎まざるべけんや」は、『顔氏家訓』治家篇に「誡めざるべけんや」、「慎まざるべけんや」、また『魏書』太祖紀「天興三年の詔」に「勗めよや、之を戒めよ、慎まざるべけんや」

(19)「耳を伶倫に借り、目を離朱に貸る」の「伶倫」は、『文選』の張協「七命」に「伶倫は其の声を均しくす」とあり、同じく何晏「景福殿の賦」に「離朱の至精と雖も猶お眩曜して昭晰する能わず」とある。李善の注に『漢書』律歴志、『淮南子』原道訓などの文を挙げているのを参照。「貸」も借と同義。

(20)「恭んで吾が誨えを聞き、汝が迷衢を覧るべし」は、『文選』の王褒「四子講徳論」に「敬んで命を聞く」とあり、「誨えを聞く」は、『書経』説命篇の「誨えを納る」と同義。「迷衢」は、上文の迷康と同義。五〇ページ注(44)を参照。「衢」は、『爾雅』釈宮篇に「四達これを衢と謂い、五達これを康と謂う」とある。

(21)「汝の性たるや」は、唐の李渤「貞白先生伝」に「(その)性たるや円通謙謹」

(22)「上は二親を侮りて告面の孝無く」の「二親を侮る」は、『礼記』祭義篇に「敢て父母を忘れず……

其の身を辱しめず、其の親を羞しめざるは孝と謂うべし」とあり、「二親」の語は、『法苑珠林』巻四十九（大正五十三654c）に「由（子路）は二親に事うるの時、常に藜藿の食を食う」。「告面の孝」は、『礼記』曲礼篇上「人の子たる者は出ずれば必ず告げ、反れば必ず面す」に本づく。

(23)「下は万民を凌いで隠恤の慈莫し」の「万民を凌ぐ」は、『左伝』襄公二十五年に「民に君たる者は豈に以て民を凌がんや」とあり、「隠恤」の語は、『三国魏志』江修伝に「(張)奉、家を挙げて疾病なり。相い視る者無し。修これを隠恤す」と見える。

(24)「或は弋猟を宗と為して山坰を跋渉す」の「弋猟」は、『漢書』賈山伝に「馳騁弋猟の娯しみ」とあり、「宗と為す」は、『文選』の干宝「晋紀総論」に「荘老を以て宗と為す」。「山坰を跋渉す」は、『左伝』襄公二十八年に「山川を跋渉す」。「坰」は野の意で、『文選』に多く用例が見える。たとえば謝恵連「安城に於て霊運に答う」に「相い送りて坰林を越ゆ」

(25)「或は釣罟を業と為して溟海に檝櫂す」の「釣罟」は、『文選』の潘岳「西征賦」に「釣を灑げ網を垂る」とあり、「罟」も網の意。「業と為す」、「溟海」、「檝櫂」も、それぞれ『文選』に見える。班固「賓の戯れに答う」に「著述を以て業と為す」、張協「七命」序に「溟海は渾濩として其の後に涌く」、潘岳「西征賦」に「同に檝櫂を整う」

(26)「終日謔浪することを已に州吁に過ぐ」は、『詩経』邶風「終風」の詩序に「終風は衛の荘姜、已れを傷むなり。州吁の暴に遭い、侮慢せられて正す能わず」とあり、その詩に「終風ふいて且た暴なり。我を顧みては則ち笑う。謔浪笑敖して、中心是れ悼む」とあるのをふまえる。「終日」は、毛伝に「終日風ふくを終風と為す」とあり、「謔浪」は、たわむれふざける。

(27)「達夜博弈すること亦た嗣宗に踰ゆ」は、『晋書』阮籍伝に「阮籍、アザナは嗣宗。……母終りしとき正に人と囲碁す。対者止めんことを求むるも、籍留まりて与に賭を決す」とあり、「達夜」は、上文の「終日」とともに『晋書』阮瞻伝に「終日達夜、忤う色無し」とある。「博弈」は、『論語』陽貨篇に「博弈なるもの有らずや」とあり、『説文解字』に「弈は囲碁なり」とある。

(28)「話言遠く離れて、寝食尽く忘れたり」の「話言遠く離る」は、『左伝』文公十八年に「顓頊氏に不才の子有り。教訓すべからず、話言を知らず」とあり、杜預の注に「話は善なり」とある。「寝食尽く忘る」は、『文選』の韋昭「博弈論」に「今世の人、多く経術を務めず、好んで博弈を翫う。事を廃し業を棄て、寝と食とを忘る」

(29)「水鏡氷霜の行は尽く滅ぶ」の「水鏡」は、『文選』の謝荘「月の賦」に「円霊は水鏡」とあり、『広弘明集』巻四の彦琮「通極論」にも「吾れ未だ相い許して水鏡となさず」とある。「氷霜」も、『文選』に幾つか用例が見える。たとえば劉楨「従弟に贈る」詩に「氷霜正に惨愴、終歳常に端正」

(30)「渓壑貪婪の情は競い熾る」の「渓壑」は、『南斉書』垣崇祖伝に「少くして行業無く、……谿壑厭く靡し」とあり、「貪婪」は、『文選』の張衡「思玄賦」に「鵰鶚貪婪を競う」とある。

(31)「毛類を咀嚼すること既に師虎の如し」の「毛類」は、『文選』の曹植「七啓」に「熊を批ちて掌を砕き、虎を拉いで班を摧き、野に毛類無く、林に羽群無し」とあり、「咀嚼」も、『文選』の司馬相如「上林賦」に「菱藕を咀嚼す」とある。「師虎」は、獅子と虎。『文選』の班固「西都賦」に「師豹」の語が見えているのを参照。

(32)「鱗族を喫啗すること亦た鯨鯢に過ぎたり」の「鱗族」は、『芸文類聚』巻九十六に引く摯虞の「観魚賦」に「鱗族を彪池に観る」とあり、「喫啗」は、『玉篇』に「喫は啖喫なり」とある。「啖」は啗と同じ。「鯨鯢」は、『文選』の曹植「洛神賦」に「鯨鯢踊りて轂を夾む」とあり、「鯢」は雌くじら。

(33)「曽て子を愛するの想い無し」の「曽て無し」も、『文選』に用例が多く見え、「子を愛す」は、『文選』の張悛「呉の令の謝詢の為に、諸孫の為に冢を守るの人を置くを求むるの表」に「鴟鴞、功を恤み、子を愛して室に及ぼす」

(34)「豈に己れの宍の顧有らんや」は、『仏説仏医経』(大正十七737c)に、「人、味を貪り肉を食うの時は、便ち自ら校計して念え、是の肉は皆な我が前世の時の父母兄弟妻子親属なり。亦た是に従って生死を脱するを得ずと。已に是の意を得れば便ち貪を止む」とあり、また『梵網経』(大正二十四1006b)に「六道の衆生は皆な是れ我が父母なり。而して殺し而して食う者は、即ち我が父母を殺し、亦た我が故の身を殺すなり」とあるのなどをふまえる。

(35)「酒を嗜んで酩酊すること渇猩も恥を懐く」の「酒を嗜む」に、『史記』斉太公世家に「酒を嗜み、猟を好む」とあり、「酩酊」は、『広弘明集』巻四の彦琮「通極論」に「身をして酩酊せしむ」とある。「渇猩」は、『淮南子』氾論訓「猩猩は往を知る」の高誘の注に「猩猩は獣の名。……酒を嗜む。人、酒を以て之を搏う。飲んで息まず、酔いて擒えらる」とあり、「恥を懐く」は、『後漢書』桓栄伝論「夫の一言もて賞を納るるが若きは、志士これがために恥を懐く」

(36)「趁逐して食を望むは、飢蛭も儔に非ず」の「趁逐」は、何承天の「纂文」に「関西は物を逐うを以て趁と為す」とあり、「食を望む」は、『易林』巻一に「頸を延べて酒を望むも、我が口に入らず」とある。「飢蛭」は、二〇ページ注(62)を参照。「儔に非ず」は、『国清百録』巻四に引く皇甫毘の、「玉泉寺碑」に「旦と奭も儔に非ず」とある。

(37)「蜩の若く螗の若く」は、『詩経』大雅「蕩」の詩の一句。鄭玄の箋に「酒を飲んで号呼するの声、蜩螗の鳴くが如し」とある。

(38)「草葉の誡め」は、『四分律』巻十六（大正二十二672 a）に「仏、阿難に告ぐ、今より以去、我を以て師と為す者は、乃ち草木頭を以て酒中に内著して口に入るるも得ざるに至れ、と」とある。なお「草葉」の語は、『五分律』巻七（大正二十二53 c）に「諸もろの比丘便ち広く草葉を敷く」と見える。

(39)「明も靡く晦も靡し」も、『詩経』大雅「蕩」の詩の一句。鄭玄の箋に「酔えば則ち号呼して相い倣い、昼日を以て夜と作し、政事を視ず」とある。

(40)「誰か麻子の責を致さん」の「麻子の責」は、『過去現在因果経』巻三（大正三638 a）に「太子、正真の道を求むるが為の故に心を浄くし戒を守り、日に一麻一米を食す」とあり、その戒の実行を責め立てること。なお「麻子」の語は、『大方広仏華厳経』（大正十361 a）に「沈水香は蓮華蔵と名づく。其の香の一丸は麻子の大いさの如し」と見える。

(41)「恒に蓬頭の婢妾を見ること已に登徒子の好色に過ぎたり」は、『文選』の宋玉「登徒子好色賦」に「登徒子……其の妻は蓬頭攣耳……登徒子之を悦び、五子有らしむ。王孰つら之を察せよ、誰をか色を好む者と為すやと」。なお「婢妾」の語は、『文選』の司馬遷「任少卿に報ずる書」に「臧獲と婢妾」とある。

(42)「況んや冶容の好婦に於てをや、寧に術婆伽の胸を焼くこと莫からんや」の「冶容」は、『文選』の陸機「演連珠」に「都人冶容にして西施の影を悦ばず」とあり、もと『易』繫辞伝に見える語。「好婦」は、『捜神記』巻十一に「汝は後に当に好婦を得べし」とあり、「術婆伽」は、『智度論』巻十四（大正二十五166 a～b）に見える漁夫の名。「王女を敬慕し、情結んで病を成し」、「情願遂げず、憂恨懊悩し、婬火内に発して自ら焼いて死す」という。

(43)「春馬夏犬の迷い、已に胸臆に煽なり」は、『洞玄子』(『双楳景闇叢書』所収)に「交接の勢を考覈するに卅法を出でず。……廿九に三春驢、卅に秋狗」とあり、また『大毘婆沙論』巻七十(大正二十七361a)に「馬の如きは春時に欲心増盛す。餘時は爾らず。牛は夏時に於てし、狗は秋時に於てし、熊は冬時に於てす」とある。本文の「夏犬」は「夏牛」もしくは「秋犬」の誤写であろう。「胸臆に煽なり」は、『文選』の呉質「東阿王に答うる書」に「憤りは胸臆に積む」

(44)「老猿毒虵の観、何ぞ心意に起こさん」は、『雑宝蔵経』巻八(大正四486a)に「(仏)難陀に問う、山中に一老瞎獼猴あり。……汝の婦の孫陀利の面目端正なるは此の獼猴に何如と。……難陀答えて言う、彼の天女に比すれば瞎獼猴の如しと」とあり、『大般涅槃経』巻三十一(大正十二553a)に「心を修めざれば心を観る能わず、軽躁動転す。……躁擾して住まざること猶お獼猴の如し」とある。また「毒虵」は、『法苑珠林』巻二十一(大正五十三446a)に「寧ろ身分を以て毒蛇の口中に内るるも女人を犯さざれ」とあり、「虵」は蛇と同じ。「心意」の語は、『文選』の司馬相如「上林賦」に「耳目を娯しませ心意を楽します」

(45)「倡楼に向んで喧楽すること恰も獼猴の杪に戯るるが似し」の「倡楼」は、唐の駱賓王の「棹歌行」の詩に「秋帳灯光翠にして倡楼粉色紅なり」とあり、「喧楽すること恰も獼猴……」は、前注に引いた『大般涅槃経』を見よ。「杪に戯る」は、『文選』の司馬相如「上林賦」「杪顚に偃蹇す」の郭璞の注に「獼猴の木に在りて暴戯するの姿態なり」とある。

(46)「学堂に臨んで欠申すること還た毚兎の蔭に睡るが若し」の「学堂」は、『初学記』巻二十四に引く『国都城記』に「魯の城北に孔子の学堂あり」。「欠伸」は、あくびと背のび。『儀礼』士相見礼「君子欠伸して日の早晏を問う」の鄭玄の注に「志倦めば則ち欠し、体倦めば則ち伸す」、また『顔氏家訓』

勉学篇に「公私の宴集に古賦詩を談ずれば、塞黙低頭して欠伸するのみ」。なお、建長本は「欠申」を「吹呻」に作っているが、『聾瞽指帰』真筆本の「欠申」に作るのに従って改めた。「申」は伸と同じ。「毚兎」は、『文選』の張衡「西京賦」に「毚兎は聯猭す」とあり、狡兎と同義。

(47)「首を懸け股を刺すの勤めは、全く心裏に闕く」の「首を懸け股を刺す」は、一〇ページ注(18)を見よ。「心裏」は、『芸文類聚』巻八十二の沈約「新荷の詩」に「寧に知らんや寸心の裏、紫を蓄え復た紅を含む」とあり、唐の張文成『遊仙窟』巻三にも「忽然として心裏に愛で、覚えず眼中に憐しむ」とある。「闕く」は、『文選』の任昉「卞彬の為に卞忠貞の墓を脩むるを謝するの啓」に「等を加うるの渥みは近く晋典に闕く」

(48)「觴を提げ蟹を捕うるの行ないは、専ら胸中に蘊む」の「觴を提げ蟹を捕う」は、『晋書』畢卓伝「右手に酒杯を持ち、左手に蟹の螯を持ち、酒船中に拍浮すれば便ち一生に足る」をふまえる。「胸中に蘊む」は、『広弘明集』巻二十九の釈道安「魔主報檄」に「六奇三略は先ず胸襟に蘊む」とあり、同じく「魔に檄する文」に「無生は胸中に転じ、権智は事外に応ず」とある。

(49)「数十の熠燿は嚢中に聚めず」の「熠燿」は、『詩経』豳風「東山」の詩に「熠燿は宵行く」。「嚢中に聚む」は、晋の車胤の故事。九ページ注(17)に既出。

(50)「一百の青蚨は常に杖頭に懸けたり」の「青蚨」は、『初学記』巻二十七に引く干宝『捜神記』に「南方に虫あり、其の形は蟬に似て大なり。……子を得て以て帰れば母飛び来って之に就く。其の母を殺して以て其の銭に塗り、其の子を以て其の貫に塗り、銭を用いて市に貨すれば、旋て則ち自ずから還る。故に淮南子の術、之を以て銭を還し、名づけて青蚨と曰う」とある。「常に杖頭に懸く」は、『晋書』阮脩伝の「常に歩行するに百銭を以て杖頭に挂け、酒店に至れば便ち独り酣暢す」をふまえる。「挂」は懸と同義。

(51)「若儻し寺に入って仏を見るも罪咎を懺せず、還って邪心を作す」の「若儻」は、『過去現在因果経』巻二（大正三633a）に「若当し恩愛の情を尽くさざるも終に還た摩訶波闍波提……を見ず」とあり、「儻」は当と通用。「寺に入って仏を見る」は、『世説新語』言語篇に「仏図に入りて臥仏を見る」とあり、「仏図」は寺。「罪咎を懺す」は、梁の陶翊『華陽隠居本起録』に「罪咎を貽す」とあり、「懺」は、過ちを悔いるの意。『摩訶止観』巻七（大正四十六98a）に「懺とは先悪を陳露するに名づく」とあり、『広弘明集』巻二十八に「懺文」、「懺悔文」が多く載せられているのを参照。「邪心」は、『成実論』巻九（大正三十二313a）に「また邪心を煩悩と名づく」とある。

(52)「一称の因、遂に菩提と為る」は、『法華経』方便品（大正九9a）に「若し人、散乱の心もて塔廟中に入るも、一たび仏に南無すと称すれば、皆な已に仏道を成す」とあり、『広弘明集』巻二十八の梁の簡文帝「六根懺文」に「形恭しく心到れば、永く菩提に趣く」とある。「仏道」は菩提の意訳語。『広弘明集』巻十三の法琳「弁正論」に「菩提とは漢の言に大道なり」とある。

(53)「四銖の果は、終に聖位に登る」の「四銖」は、『漢書』文帝紀に「五年……銭を盗鋳するの令を除き、更め四銖銭を造らしむ」とあり、「四銖の果云々」は、『阿闍世王受決経』（大正十四777a～b）に貧窮の老母が行乞して両銭を得、膏を買って仏を供養し、仏が目連に彼女は三十劫の後にこの功徳によって仏となり、須弥灯光如来とよばれるであろうと予言したという故事をさす。「聖位に登る」は、仏となること。『広弘明集』巻十五の殷景仁「文殊像の讃」に「道位に登る」とあり、同じく巻二十七の「浄住子」出家順善門に「聖境に登る」とある。

(54)「庭を過ぎて誨えを蒙る」は、『論語』季氏篇「（孔子の子の）鯉、趨りて庭を過ぐ。（孔子）曰く、詩を学べるか。……詩を学ばざれば、以て言う無し。……礼を学べるか。……礼を学ばざれば以て立つ無し」と誨えた故事をふまえる。なお「誨えを蒙る」は、『漢書』匡衡伝に「化を蒙りて俗を成す」とあるのを参照。

(55)「已れの悪を誅めずして、翻って提撕を恨む」の「悪を誅む」は、『文選』の東方朔「非有先生論」に「悪乱を誅む」とあり、「誅」は責めるの意。「提撕」は、『詩経』大雅「抑」の詩「言は其の耳を提く」の鄭玄の箋に「親から其の耳を提撕す」、『顔氏家訓』序致篇に「門内を整斉し、子孫を提撕す」とある。教え導くの意。

(56)「諄諄の意は猶子よりも切なり」の「諄諄」は、『詩経』大雅「抑」の詩に「爾に誨うること諄諄たり」とあり、「猶子」は、『礼記』檀弓篇上に「兄弟の子は猶お子のごとくす」とある。また『文選』の任昉「斉の明帝の為に謝宣城公を譲るの表」に「猶子の愛を篤くす」とあるのを参照。

(57)「懃懃の思いは比児よりも重し」の「懃懃」は、司馬遷の「任安に報ずる書」に「意気は懃懃懇懇たり」とあり、まごころのこもったさま。「比児」は、梁の周興嗣の『千字文』に「諸姑伯叔、猶子比児」とある。

(58)「好んで人の短を談って十韻の銘を顧みる莫し」の「人の短を談る」は、『文選』の崔瑗「座右銘」に「人の短を道う無かれ」とあり、「十韻の銘」は、二十句より成り、隔句に韻をふむ崔瑗の「座右銘」をさす。

(59)「屢しば多言を事として、三緘の誡めに鑒みず」は、『孔子家語』観周篇に「孔子、周に観んで遂に太祖后稷の廟に入る。廟堂の右階の前に金人あり、其の口を参緘す。而して其の背に銘して曰く、古の言を慎む人なり。之を戒めよや。多言する無かれ。多言すれば敗れ多し云々」とあるのをふまえる。「参緘」は、「三緘」と同じで三たび縛るの意。「鑒みず」は、『文選』の曹冏「六代論」に「秦の失策に鑒みず」

(60)「明らかに譖言の骨金を鑠すを知る」は、『文選』の鄒陽「獄中より上書して自ら明らかにす」に「衆口は金を鑠し、積毀は骨を銷す」とあり、「譖言」は、『詩経』小雅「雨無正」の詩に「譖言は則ち退く」とある。

(61)「枢機の栄辱を発するを慎まず」は、『易』繫辞伝上に「言行は君子の枢機なり。枢機の発するは、栄辱の主なり」とあるのをふまえる。

(62)「此の如きの品類、寔に繁く徒あり」の「品類」は、『芸文類聚』巻四の王羲之「蘭亭詩序」に「俯して品類の盛んなるを察る」とあり、「寔に繁く徒あり」は、『書経』仲虺之誥篇の語。「賢を簡り勢に附く、寔に繁く徒有り」

三九ページ

(1)「禹の筆も何ぞ書せん」は、漢の劉歆の「山海経を上る表」に「禹は九州を分ち、土に任じて貢を作さしめ、益らは物の善悪を類し、山海経を著わす」とあり、『文選』の司馬相如「子虚賦」には「珍怪鳥獣……勝げて記すべからず。禹も名づくる能わず、契も計うる能わず」とある。

(2)「隸が笇も豈に計らんや」は、『文選』の張衡「西京賦」に「伯益も名づくる能わず、隷首も紀す能わず」とあり、『世本』に「隷首は筭数を作す」とある。「隸」は隷、「笇」は筭・算と同じ。「隷首」は黄帝の史官(『世本』の宋衷の注)。

(3)「滋味を飽食して百年を徒労せんこと既に禽獣に同じ」は、『荘子』盗跖篇に「声色滋味……心学ぶを待たずして之を楽しむ」とあり、『孟子』滕文公篇上に「飽食煖衣、逸居して教え無ければ則ち禽獣に近し」とある。「百年を徒労す」は、『文選』の鮑照「行薬して城東の橋に至る」の詩に「先を万里の塗に争い、各おの百年の身を事とす」とあり、『抱朴子』釈滞篇に「直だ徒労を為すのみ」とある。

(4)「燠かく錦繍を衣て、空しく四運を過ごさんこと亦た犬豚の如し」の「燠かく衣る」は、前注に引いた『孟子』の「煖かく衣る」と同じ。『詩経』の唐風「無衣」の詩「安くして且つ燠か」の毛伝に「燠は煖なり」とあるのを参照。「錦繍」は、『文選』の李斯「書を秦の始皇に上る」に「阿縞の衣、錦繍の飾」とあり、「四運」も、同じく潘岳「秋興の賦」に「四運は忽として其れ代序す」とある。四時の運行の意。「犬豚」は、『洛陽伽藍記』巻四に「犬豕の食……牛馬の衣」とあり、「豕」は豚と同じ。

(5)「記に云う、父母疾有れば、冠者は櫛けずらず、行起に翔らず、琴瑟御せず、酒は変ずるに至らず、咲うこと矧に至らず」の「記に云う」は、『文選』の王褒「聖主、賢臣を得たるの頌」に「記に曰く、恭みて春秋の法を惟うに」とある。ただし、ここの「記」は『礼記』をさす。すなわち「父母疾有れば」以下は『礼記』曲礼篇上の文章。なお、『礼記』では「行起」の「起」の字がなく、「酒は変ずるに至らず」を「酒を飲みて貌を変ずるに至らず」に作っている。「咲」は笑と同じ。「矧」は歯の根もと。

(6)「此れ乃ち親を思うこと骨に切にして、敢て容装せざるなり」の「此れ乃ち」は、『文選』に多く用例が見える。たとえば曹植「七啓」に「此れ乃ち游侠の徒のみ」。「親を思う」は、嵇康に「親を思う」の詩があり、「骨に切」は、昭明太子の「十一月の啓」に「骨に切なるの寒を攄ぶ」とある。「容装」は、容飾飾装の意。前注に引いた『礼記』の「行いて翔らず」の鄭玄の注に「憂えて容を為さざるなり」とあり、『文選』の宋玉「登徒子好色賦」に「飾装を待たず」とあるのを参照。

(7)「隣に喪有れば舂くに相せず、里に殯有れば街に歌わず」も、『礼記』曲礼篇上の文章。ただし『礼記』は「街」を「巷」に作っている。

(8)「人と憂いを共にす」は、『文選』の曹冏「六代論」に「人と其の楽しみを共にする者は、人必ず其の憂いを憂う」とあり、同じく陸機「五等論」に「之と憂いを同にす」とある。

(9)「親疎を別つ」は、『礼記』曲礼篇上に「親疎を定め嫌疑を決す」とあり、前注に引いた「六代論」には「親疎を兼ねて両つながら用う」とある。

(10)「疎遠に於て是の如く、昵(暱)近に於て彼の如し」の「疎遠」は、『漢書』韋賢伝に「疎遠卑賤も共に尊祀を承く」。「昵近」は、『北斉書』安徳王伝に「其の昵近九人を殺す」。「是の如く…彼の如し」は、『文選』の班固「両都賦」序に「之を上古に稽うれば則ち彼の如く、之を漢室に考うれば又た此の如し」

(11)「親族は不豫にして医を迎え薬を嘗(甞)むるの誠莫し」の「親族」は、『孔子家語』問礼篇に「親族疎数の交わり」とあり、「不豫」は、病気。『文選』の王倹「褚淵碑文」に「明皇は不豫にして儲后は幼沖」とある。「医を迎う」は、鮑照「松栢篇」に「顚沛して去いて医を迎う」とあり、「薬を嘗む」は、『礼記』曲礼篇下に「親、病有りて薬を飲むときは、子先ず之を嘗む」とある。

(12)「賢士哲夫、目を側めて汗を流す」の「賢士」は、『荀子』王覇篇に「天下の賢士」とあり、「哲夫」は、『詩経』大雅「瞻卬」の詩に「哲夫は城を成す」とある。「目を側む」は、『史記』蘇秦伝に「目を側めて敢て仰視せず」。「汗を流す」は、『文選』の司馬相如「巴蜀を喩す檄」に「汗を流して相い属く」

(13)「閭巷に憂い有るも、相い愁えて問慰するの情無し」の「閭巷」は、『史記』伯夷伝に「閭巷の士」。「問慰」は、『後漢書』宋均伝に「帝、中黄門をして慰問せしむ」

(14)「傍親有識、寒心して地に入る」は、『顔氏家訓』勉学篇に「有識傍観して其に代りて地に入る」とあり、『説苑』善説篇に「有識の士、足下の為に寒心酸鼻せざるは莫し」とある。なお「傍親」は、『聾瞽指帰』真筆本では「傍観」に作り、上に引いた『顔氏家訓』の文と一致する。ちなみに「傍親」の語は、『晋書』河間平王洪伝に「其の本宗を替てて先ず傍親に後たるを得ず」と見え、傍系の親族の意。

(15)「形、禽獣に殊なる、何ぞ木石に同じからん」の「形殊なる」は、『文選』の「魯の霊光殿の賦」に「的爾として形を殊にす」とあり、「禽獣に殊なる」は、『孟子』離婁篇下に「人の禽獣に異なる所以のもの」とある。「何ぞ木石に同じからんや」は、『漢書』公孫弘伝に「人の利害好悪に於ける、豈に禽獣木石の類に比せんや」

(16)「体は人類の如し、何ぞ鸚猩に似ん」の「人類」は、『列子』湯問篇「筋骨皮肉は人類に非ざるなり」など。四九ページ注(43)に既出。「何ぞ鸚猩に似ん」は、『礼記』曲礼篇上「鸚鵡は能く言うも飛鳥を離れず、猩猩は能く言うも禽獣を離れず」をふまえる。なお「鸚猩」の語は、梁の武帝の「孝思賦」に「言語は鸚猩に異なる」と見える。

(17)「嚮使し」は、仮定をあらわす言葉。『漢書』丙吉伝に「嚮使し丞相先に駁吏の言を聞かざれば、何の労勉せらるることかこれ有らん」とある。

(18)「悪に翫うの心を移して、専ら孝徳を行なう」の「悪に翫う」は、『論衡』本性篇に「中人の性は習う所にあり。……悪に習いて悪となる」とあり、「翫」は習と同義。「孝徳」は、『周礼』地官、師氏の職に「三徳を以て国子に教う。……三に曰く孝徳。以て悪逆を知る」。なお「移す」は、『文選』の韋昭「博弈論」に「仮令し世の士、博弈の力を移して、之を詩書に用いなば云々」とあり、前後の表現もここと類似する。

（19）「血を流し瓮を出だす」は、『刪補』に引く『孝子伝』に「高柴は魯人なり。父死してより以来、涕泣して血を流すこと三年」とあり（京都大学図書館蔵鈔本『孝子伝』は「泣血」に作る）、同じく『孝子伝』に「郭巨は家貧しくして老母を養う。……穴を掘ること二尺餘、黄金一釜を得たり。釜の上に云う、天、孝子郭巨に賜う云々」とあるのをふまえる。「瓮」は甕と同じ。かめ。

（20）「笋を抽き魚を躍らしむるの感」は、『芸文類聚』巻二十に引く謝霊運の「孝感賦」に「孟は積雪にして筍を抽き、王は氷を斲いて鮮を鱠にす」とある。「孟」は孟仁。京都大学図書館蔵鈔本『孝子伝』に「孟仁は江夏の人なり。母に事えて至孝。母、笋を食うを好む。……冬月笋無し。仁、……竹を執りて泣く。而して精誠の感ずること有りて、笋これが為に生ず」とある。「王」は王祥。『晋書』王祥伝に「王祥、アザナは休徴。瑯邪の臨沂の人。性、至孝なり。……母嘗て生魚を欲す。時に天寒く水凍れり。祥、衣を解いて将に氷を剖いて之を求めんとす。氷忽ち自ずから解けて双鯉躍り出ず。……郷里驚歎して以て孝感の致す所と為す」とある。「感」は、感応の意。

（21）「孟丁の輩に軼ぎ、蒸蒸の美を馳す」の「孟丁の輩」は、孟仁や丁蘭といった人々。孟仁は前注に既出。丁蘭は、『初学記』巻十七に引く孫盛の『逸民伝』に「丁蘭は河内の人なり。少くして老妣を喪くし、供養するに及ばず。乃ち木を刻んで人と為し、親の形に髣髴せしめ、之に事うること生けるが若くし、朝夕に定省す云々」とある。「軼」は過と同義で、まさるの意。「蒸蒸」は、ひたすら孝をつくすさま。『書経』舜典「克く諧らぐるに孝を以てし、蒸蒸として乂めて姦に格らしめず」に本づ

く。「美を馳す」は、『文選』の曹植「七啓」に「耀きを馳す」とあり、

(22)「忠義に移す」は、『孝経』広揚名章に「君子の親に事うるや孝、故に忠は君に移すべし」とあり、「忠義」の語は、『文選』の曹植「三良詩」などに見える。「忠義は我の安んずる所なり」

(23)「檻を折り疎を壊る」の「檻を折る」は、『漢書』朱雲伝に見える故事。朱雲が成帝の師傅である張禹を尸位素餐と罵り、死罪に処せられんとして宮殿の欄檻に攀じ、そのために欄檻が折れたという忠義の話。「疎を壊る」は、『説苑』君道篇に載せる師経の故事。師経が「我が言をして敢て違うこと無からしめん」といった魏の文侯を諫めて琴で撞き、「疎に中って疎が潰れた」という忠義の話。

(24)「肝を出だし心を割くの操」の「肝を出だす」は、『韓詩外伝』巻七に載せる弘演の故事。狄人に殺された主君の衛の懿公の死を歎き、おのれの「肝を出だして懿公の肝を内れた」という忠義の話。「心を割く」は、『史記』殷本紀などに見える比干の故事。比干が殷の紂王を諫めて、「心を剖かれ」、殺されたという忠義の話。「剖」は割と同義。

(25)「比弘の類を踰えて、諤諤たる誉れを流さん」の「比弘」は、比干と弘演。前注に既出。「諤諤」は、直言して憚らぬさま。『史記』商君伝「千人の諾諾は一士の諤諤に如かず」。「誉れを流す」は、『魏書』李奨伝に「清明にして誉れを流す」

(26)「経典を講論す」は、『漢書』劉向伝に「五経を講論す」とあり、「経典」の語は、同じく孫宝伝に「経典に著わす」などと見える。

(27)「東海西河」は、『初学記』巻二十一「講論」の条に「西河東海」とあり、そこの注に孔子の弟子の子夏が西河に居て教授し、魏の文侯の師となったという『史記』の文、および包咸が魯詩と『論語』を明めて東海に駐まり、精舎を立てて講授したという謝承の『後漢書』の文を引いている。『史記』

は仲尼弟子列伝。

(28)「舌を結んで辞謝す」の「舌を結ぶ」は、『漢書』杜欽伝に「舌を結び口を杜す」とあり、「辞謝」は、辞退すること、『史記』陳丞相世家に「陳平、固く辞謝す」とある。

(29)「史籍を渉猟す」は、『漢書』賈山伝に「書記を渉猟す」とあり、「史籍」の語は、『文選』に多く見える。たとえば劉琨の「勧進表」に「毎に史籍を覧て之を前載に観る」など。

(30)「南楚西蜀」は、『史記』貨殖伝に「衡山、九江、江南、豫章、長沙は是れ南楚なり。……南楚は辞を好む」とあり、『文選』の王褒「聖主、賢臣を得たるの頌」に「今臣は僻りて西蜀に在り」とある。ここで南楚とは屈原らを指し、西蜀とは司馬相如、揚雄らを指す。

(31)「口を閇して揖譲せん」は、上文の「舌を結んで辞謝す」と対応し、「口を閇す」は、舌を結ぶと同義。『史記』張儀伝に「口を閉して復た言う毋かれ」とあり、「閇」は閉の俗字。「揖譲」の語は、『論語』八佾篇などに見える。「揖譲して升り、下りて飲む」

(32)「書を好めば則ち鵾翔虎臥の字」の「書を好む」は、『南史』王僧虔伝に「高祖素より書を善くし、篤く好んで已まず」とある。「鵾翔虎臥の字」は、『晋書』王羲之伝の論賛に羲之の字を評して「鳳翥り竜蟠る」とあり、『法書要録』巻二に載せる袁昂の『古今書評』に「字勢屈強、竜の天門に跳ね虎の鳳閣に臥するが若し」とある。「鵾」は、鶤と同じで大きな鶏。『文選』の謝恵連「雪の賦」に「庭鵾の双舞に対す」とある。「翥」は翔と同義。

(33)「鍾張王欧」は、魏の鍾繇と張芝、晋の王羲之と唐の欧陽詢。いずれも書道の名手。鍾繇の伝記は『三国魏志』巻十三に見え、張芝の伝記は同じく巻一の注に引く『博物志』、同じく巻二十一の注に引く『文章叙録』などに見える。また王羲之の伝記は『晋書』巻八十に、欧陽詢の伝記は『旧唐書』巻百八十九、『新唐書』巻百九十八に見える。
(34)「毫《ふで》を擲《なげう》ち恥を懐く」の「毫を擲つ」は、『文選』の劉楨「公讌《こうえん》の詩」に「翰《ふで》を投《なげう》って長く歎息す」とあり、そこの李善の注に「翰は筆毫なり」とある。「恥を懐く」は、六五ページ注(35)に既出。
(35)「射を翫《なら》えば則ち落烏哭猿《らくうこくえん》の術」の「射を翫う」は、『礼記』月令篇に「武を講じ射を習う」とあり、「翫」は習と同じ。「落烏」は、『北堂書鈔』巻百四十九に引く『淮南子』(本経訓)に「堯の時、十日《じつ》並び出《い》ずること有り。……羿《げい》に命じて射しむ。十日のうち九烏皆な死し、羽翼を堕《お》とす」とあり、「堕」は落と同義。「烏」は、『淮南子』精神訓に「日の中に踆烏《しゅんう》あり」とあり、注に「踆は三足の烏を謂《い》う」とある。「九烏」は九日と同義で「烏」は太陽をいい、「落烏」は太陽を射落とすこと。また「哭猿」は、『淮南子』説山訓に「養由基……弓を調《ととの》え矢を矯《た》めて、未だ発せざるに蝯《さる》は柱を擁して号《な》く」とあり、「号」は哭、「蝯」は猿と同義。「哭猿」は猿を哭き号《さけ》ばしむるの意。
(36)「羿養更蒲」の「羿養」は、前注の羿と養由基。「更蒲」は、更嬴《こうえい》と蒲且子《ほしょし》。いずれも弓の名人。更嬴は、『戦国策』楚策に「王の為に弓を引き、虚しく発して鳥を下《おと》した」話が見え、蒲且子は、『淮南子』覧冥訓に弋《いぐるみ》で射て「鳥を百仞の上に連ねた」話が見えている。
(37)「弦を絶《た》ち歎きを含む」の「弦を絶つ」は、『文選』の顔延之「秋胡詩」に「高張(の音)は絶弦に生ず」とあるが、ここは弓で射ることをやめるの意。「歎きを含む」は、『宋書』竟陵王誕伝に「之を聞く者は歎きを含む」
(38)「戦陣に就けば、張良孫子も三略の術莫きを慨《なげ》く」は、『文選』の韋昭「博弈論」に「之を戦陣に求むれば則ち孫呉の倫《たぐい》に非ざるなり」とあり、「張良」は、下邳《かひ》の圯上《いじょう》の老人から「太公兵法の書」を授けられたという漢の名将。『史記』留侯世家に詳細な伝記が見える。「孫子」は、兵法を以て呉王闔《こう》閭に仕えた軍師。名は武。『孫子』十三篇の著者として有名。「三略」は、『文選』の李康「運命論」に「張良は黄石の符を受け、三略の説を誦す」とあり、李善の注に引く「黄石公記序」に「黄石は神人なり。上略、中略、下略あり」とある。『隋書』経籍志の兵家の条に「黄石公三略三巻」が載せられているのを参照。「術莫きを慨く」は、『文選』の江淹「雑体詩」に「幄中の策無きを慨く」とあり、「策」は術と同義。

(39)「稼穡に赴けば、陶朱猗頓も九穀の貯え無きを愁えん」の「稼穡」は、『詩経』の大雅「桑柔」の詩に「是の稼穡を好む」とあり、「稼」は植えつけ、「穡」は取り入れ。農業をいう。「陶朱猗頓」は、『文選』の賈誼「過秦論」に「仲尼墨翟の賢、陶朱猗頓の富」とあり、「陶朱」は、初め越王句践に上将軍として仕えて呉を亡ぼし、後に姓名を変えて斉に行き、鴟夷子皮と名のり、さらに斉の国の陶の地に住んで陶朱公と称し、巨万の富を蓄えた范蠡のこと、『史記』越世家および貨殖列伝に伝記が見える。「猗頓」は、塩で財を成したといわれ、また牛羊の牧畜で巨万の富を蓄えたともいわれる猗氏(山西省)の頓という名の商人。『史記』貨殖列伝および「集解」に引く『孔叢子』を参照。「九穀」は、『周礼』天官、大宰の職に「三農、九穀を生ず」とあり、鄭司農の注に「九穀とは、黍、稷、秫、稲、麻、大豆、小豆、大麦、小麦なり」とある。「貯え無し」は、『後漢書』趙咨伝に「貧に居りて朝夕儲え無し」とあり、「儲」は貯と同じ。

(40)「政に莅めば則ち四知に跨えて誉れを馳す」の「政に莅む」は、潘岳の「晋の武帝の誄」に「政に莅んで位を端す」とあり、「四知」は、『後漢書』楊震伝に載せる故事、賄賂を贈られて「天知り、地知り、我知り、子知る」と答えた話に本づく。「跨」は、『文選』の張衡「西京賦」に「谷を跨ゆ」とあり、下文の「超」と同義。「誉れを馳す」は、『晋書』范陽王伝「少くして学を好み誉れを馳す」

（41）「獄を断むれば則ち三黜に超えて美を飛ばす」の「獄を断む」は、『漢書』文帝紀「歳ごとに獄を断む」。「三黜」は、『論語』微子篇「柳下恵は士師と為りて三たび黜けらる。……曰く、道を直くして人に事うれば、焉に往くとして三たび黜けられざらん」。「美を飛ばす」は、『文選』の張衡「南都賦」に「九世を会して栄を飛ばす」とあり、「栄」は美と同義。また七五ページ注（21）に「美を馳す」とあるのを参照。

（42）「清慎は則ち孟母孝威の流」の「清慎」は、『北史』牛弘伝に「吏部侍郎の高孝基は清慎にして絶倫」とあり、「孟母」は、孟子の母。『韓詩外伝』巻九に「(孟子の)母曰く、吾れ是の子を懐妊せしより席正しからざれば坐らず、割ること正しからざれば食わず、之を胎教せしなり」とあり、幼き孟子を欺かなかった話を載せる。「孝威」は台佟のアザナ。『後漢書』逸民伝に「武安山に隠れて穴を鑿って居と為し、薬を採って自ら業とし」、刺史の招聘を退けて終に仕えなかった清素で慎重な処世態度を載せる。

（43）「廉潔は則ち伯夷許由の侶」の「廉潔」は、『楚辞』招魂に「清くして以て廉潔」とある。「伯夷」は、『史記』伯夷列伝に伝記が載せられ、『呂氏春秋』誠廉篇に「吾が行ないを潔くせん」といって首陽山で餓死した話が載せられている。「許由」は、堯に天子の位を譲られて潁川で耳を洗ったという廉潔の士。『荘子』譲王篇や皇甫謐『高士伝』にその話が見える。「侶」は、『文選』の江淹「廬山の香炉峰に登る」の詩に「息心の侶」とある。

（44）「乃ち神を医道に赴け、心を工巧に馳するが若きは」の「乃ち…若き」は、『文選』に多数の用例が見える。たとえば傅亮の「宋公の為に張良の廟を修むる教」に「乃ち神を圯上に交え、道商洛に契うが若きは云々」。「医道」の語は、梁の宝唱らの撰述した『経律異相』巻三十三（大正五十三 771 b）

に見える。「汝は今去るべし。医道已に成れり」。「心を工巧に馳す」の「心を馳す」は、『文選』の陸機「平原内史を謝するの表」に「心を輦轂に馳す」とあり、「工巧」は、『韓詩外伝』巻三に「工巧は材を為し易し」

(45)「心を換え胃を洗うの術」の「心を換う」は、『列子』湯問篇に「扁鵲、公扈に謂いて曰く、汝は志彊くして気弱し。……斉嬰は志弱くして気強し。……若し汝らの心を換うれば則ち善に均しからん」とあり、二人に毒酒を飲ませて迷死せしむること三日、心臓交換の手術に成功した話を載せるのをふまえる。「胃を洗う」は、『後漢書』華佗伝に「針薬の及ぶ能わざる所のもの……もし腸胃に在れば則ち断截湔洗し、疾穢を除去す」とある。

(46)「扁華を越えて以て奇を馳す」の「扁華」は、前注の扁鵲と華佗。「奇を馳す」は、『文選』の左思「呉都賦」に「孫子の奇を馳す」

(47)「蝿を斵り鳶を飛ばすの妙は、匠輪を凌いで異を翔す」の「蝿を斵る」は、『荘子』徐無鬼篇「郢人堊もて其の鼻端を漫して蝿の翼のごとし。匠石をして之を斵らしむ。……堊を尽くして鼻傷つかず」。「鳶を飛ばす」は、『淮南子』斉俗訓に「魯班墨子は木を以て鳶を為りて之を飛ばす」とあり、『文選』の班固「賓の戯れに答う」の「般輸は巧を斧斤に権にす」の注に引く項岱の説に「般輸は公輸若の族にして名は班」とある。公輸班は『墨子』公輸篇に見える公輸般と同じ。「匠輪」は、上文の匠石と輪般。「凌いで翔す」は、『文選』の潘岳「賈謐の為に作りて陸機に贈る」の詩に「江を凌いで翔す」とある。「異を翔す」は、上文の「奇を馳す」と同義。前注を見よ。

(48)「汪汪たる万頃は彼の叔度に同じ」は、『世説新語』徳行篇に「叔度は汪汪として万頃の陂の如し」とあり、「叔度」は、後漢の黄憲のアザナ。「汪汪」は、広々としたさま。

(49)「森森たる千仞は此の庾嵩に比す」は、『世説新語』賞誉篇下に「庾子嵩は和嶠を目すらく、森森として千丈の松の如しと」とあり、「嵩」は「子嵩」の省略で晋の庾敳のアザナ。「森森」は、高くそびえるさま。「森森たる千仞」は、和嶠の人物を批評する言葉で、これを庾敳のこととしているのは空海の引き違え。

(50)「観る者、深浅を測らず」の「観る者」は、『文選』の司馬相如「蜀の父老を難ず」に「観る者、未だ旨を覩ず」とあり、「深浅を測らず」は、『老子』第十五章に「深きこと測るべからず」、『文選』の呉質「元城に在りて魏の太子に与うる牋」に「未だ深浅を知らず」とある。

(51)「仰ぐ者、高下を度らず」は、『文選』の潘岳「西征賦」に「三光を貫いて九泉を洞き、曾て未だ以て其の高下を喩るに足らず」

(52)「郷を択んで家と為し、士を簡んで屋と為す」は、『荀子』勧学篇「君子、居れば必ず郷を択び、遊ぶには必ず士に就く」。「士を簡ぶ」は、『史記』伯夷列伝「地を択んで之を蹈む」の「択地」と同義。

(53)「道を握って床と為し、徳を挈えて褥と為し、仁を席にして坐り、義を枕として臥す」は、陸賈の『新語』道基篇「君子は道を握って治め、徳を挈えて行き、仁を席にして坐り、義を杖として彊む」に本づく。

(54)「礼を被て以て寝ね、信を衣て以て行く」は、『文選』の張衡「思玄賦」に「礼義の繍裳を被る」とあり、『論語』為政篇に「人にして信無くんば……其れ何を以てか之を行かしめんや」とある。

(55)「日に一日を慎み、時に一時を競う」は、『後漢書』光武帝紀「建武二年の詔」に「戦戦慄慄、日に一日を慎む」、『文選』の潘岳「楊荊州の誄」に「弱冠にして道を味わい、惟の時を競うこと無からんや」

（56）「孜孜として鑚仰し、切切として斟酌す」は、晋の孫楚の「顔回賛」に「鑚仰すること孜孜、予を視ること猶お考のごとし」とあり、『論語』子路篇「朋友は切切」の馬融の注に「切切は相い切責するの貌」。「斟酌」は、『国語』周語上「而る後に王斟酌す」の韋昭の注に「斟は（その善なるものを）取るなり、酌は行なうなり」とある。

（57）「縹嚢黄巻は吐握にも弃てず」の「縹嚢」は、『文選』の昭明太子「序」に「詞人才子は則ち名縹嚢に溢る」とあり、書籍を入れる青白色の袋。「黄巻」は、『唐書』狄仁傑伝に「黄巻の中、方に聖賢と対す」とあり、書籍をいう。「吐握」は、哺を吐き髪を握る慌しい時間。『文選』の王褒「聖主、賢臣を得たるの頌」に「周公は吐握の労を躬ずからす」とあり、李善の注に引く『韓詩外伝』に「周公これを誡めて曰く、……吾れ一たび沐して三たび髪を握り、一たび飯いて三たび哺を吐くも、猶お天下の士を失わんことを恐る」とある。

（58）「青簡素鉛は顚沛にも離さず」の「青簡」は、『文選』の劉峻「重ねて劉秣陵沼に答うる書」に「青簡は尚お新たなり」とあり、青い竹の札。紙が発明される以前の書物。「素鉛」は、同じく『文選』の任昉「范始興が為に作りて太宰が碑を立てんことを求むる表」に「人ごとに油素を蓄え、家ごとに鉛筆を懐にす」とあり、「油素」は絹、「鉛筆」は鉛粉を用いて書く毛筆。「顚沛」は、『論語』里仁篇に「君子は食を終うるの間も仁に違うこと無し。……顚沛にも必ず是に於てす」とあり、つまずき倒れる危急の場合。

（59）「会宴の講義には五鹿の角を摧く」は、『漢書』朱雲伝に朱雲が元帝の召集した易学の討論会で寵臣の五鹿充宗を論破したと見える故事。その文中に「五鹿の嶽嶽たる、朱雲その角を折く」とある。なお「会宴」は、『文選』の「古詩十九首」（其四）に「今日は良き宴会」とあり、「講義」の語は、

『世説新語』仮譎篇に見える。「愍度道人……講義すること積年」

(60)「諸生の論難には五十の筵を重ぬ」は、『後漢書』儒林伝に載せる戴憑が元旦の朝賀の会で五十余人の学者たちを論破した故事。「帝、群臣の能く経を説く者をして、更ごも相い難詰せしむ。義の通ぜざる有れば輒ち其の席を奪いて以て通ずる者に益す。戴憑は遂に坐を重ぬること五十余席」。なお「諸生」の語は、『史記』曹相国世家に「尽く長老諸生を召す」とあり、儒者たちをいう。

(61)「淼淼たる弁泉は、蒼海と与にして以て沸涌す」の「淼淼」は、『芸文類聚』巻七十六の沈約「法王寺碑」に「淼淼たる洪波」とあり、水の果てしなくひろがるさま。「弁泉」は、『文選』の陸機「文の賦」に「言泉は唇歯に流る」とある「言泉」と同類の表現。「蒼海」は、『後漢書』東夷伝に「元朔元年、濊君南閭等……遼東に詣りて内属し、武帝、其の地を以て蒼海郡と為す」とあり、文選の揚雄「甘泉賦」には「東は滄海を爥らす」とある。「滄」は蒼と通用。「沸涌」も、『文選』に見える言葉。左思「蜀都賦」に「騰波は沸涌す」

(62)「彬彬たる筆峯は碧樹と共にして以て栄を縦ままにす」の「彬彬」は、うるわしいさま。『論語』雍也篇に「文質彬彬」。「筆峯」は、鮑照の「擬古詩」に「五車もて筆鋒を摧く」。「峯」は鋒と通用。「碧樹」は、『文選』の左思「西都賦」に「珊瑚碧樹は阿を周って生ず」とあり、「栄を縦ままにす」は、『文選』の嵆康「秀才の軍に入るに贈る」の詩に「栄を奮い暉を揚ぐ」とある。

(63)「玲玲たる玉振は、孫馬を凌いで以て瑶を連ぬ」は、『文心雕竜』声律篇に「玲玲として玉を振るが如く、……纍纍として珠を貫くが如し」とあり、「玲玲」は、玉の鳴る音。「玉振」は、『孟子』万章篇下に見える語。「集大成とは金のごとく声して玉のごとく振るなり」。「孫馬」は、晋の孫綽と漢の司馬相如。『晋書』孫綽伝に「嘗て天台山賦を作る。辞致甚だ工なり。初め成りて以て友人の范栄期に示して云う、卿試みに地に擲て、当に金石の声を作すべし、と」。また司馬相如の伝記は『漢書』に見える。「瑶を連ぬ」は、『晋書』潘岳伝に「潘岳は夏侯湛と友とし善し。京都これを連璧と謂う」とあり、「瑶」も「璧」も玉。

(64)「曄曄たる金響は揚班を踰えて蘂を貫く」の「曄曄」は、『文選』の班固「西都賦」に「蘭茝は色を発して曄曄猗猗たり」とあり、うるわしいさま。「金響」は、上文の「玉振」と対をなし、『孟子』に本づく。前注を見よ。「揚班」は、揚雄と班固。いずれもその文学作品が『文選』に多く収められている。揚雄の伝記は『漢書』に、班固の伝記は『後漢書』に見える。「蘂を貫く」は、『文選』の屈原「離騒経」の語。「薜茘の落蘂を貫く」。「蘂」は蘂と同じ。はなぶさ。

(65)「離騒を奏して時を過ごさず」は、『漢書』劉安伝に「淮南王の安は人と為り書を好み琴を鼓す。……初め安入朝せしに、上(武帝)離騒の伝を作らしむ。旦に詔を受けて日の食時に上る」とあり、「時を過ごす」は、『文選』の「古詩十九首」(其八)に見える語。「時を過ごして采らざれば、将に秋草に随いて萎えんとす」

(66)「鸚鵡を賦して点を加えず」は、後漢の禰衡の故事。『文選』の禰衡「鸚鵡の賦」の序に「鸚鵡を献ずる者有り。(黄祖の太子の射曰く、)願わくは先生これが賦を為れ、と。……衡因りて賦を為り、筆は綴るを停めず、文は点を加えず」。「点を加える」とは、文章を添削することをいう。

四〇ページ

(1)「詩賦の苑に翺翔し、藻製の野に休息す」は、『文選』の揚雄「劇秦美新」に「文雅の囿に遥集し、礼楽の場に翺翔す」。「詩賦の苑」は、同じく曹丕の「典論論文」に「詩賦は麗しきを欲す」。「藻製の野」も、同じく顔延之「三月三日曲水詩序」に「藻しき野に靚しく壮(装)う」とあり、「藻製」は美しい詩文。柳宗元の「独孤中叔の親に侍せんとして河東に往くを送る序」に「温凊奉引の隙には、必ず美製あらん」とある「美製」と同義。「休息」は、『詩経』の周南「漢広」の詩に「南に喬木有り、休息すべからず」

(2)「翹翹たる車乗、門外に軫を接え」は、『左伝』荘公二十一年に引く逸詩に「翹翹たる車乗、我を招くに弓を以てす」とあり、「翹翹」は、遠いさま。「門外に軫を接え」は、『漢書』陳平伝に「門外に長者の車轍多し」、また『文選』の劉峻「広絶交論」に「高門旦に開き、流水は軫を接う」とある。「軫」は、車の床木。「軫を接う」は、車が多くならぶこと。

(3)「戔戔たる玉帛、囿中に廛を連ぬ」は、『文選』の張衡「東京賦」に「丘園の耿潔なるを聘き、束帛の戔戔たるを旅ぬ」とあり、注に「束帛とは古、士を招くに必ず束帛を以てし、璧を上に加く」とある。「璧」は玉、「囿」は園と同義。「束帛」は束ねた帛、「戔戔」は積みあげたさま。なお「束帛戔戔」は、『易経』賁卦の六五の爻辞。「廛を連ぬ」は、多いことをいう。『文選』の左思「呉都賦」に「品物を混じて廛を同じくす」とあり、ここの「廛」は玉帛を置く壇。『周礼』の地官、序官の杜子春の注に「壇を読んで廛と為す」とあるのを参照。

(4)「魏侯の輅、蓬門に軾す」は、『淮南子』脩務訓に「段干木、禄を辞して家に処る。魏の文侯、其の閭を過ぎて之に軾す」とあり、「蓬門」は、隠者の住居。謝荘の「懐園の引」に「宿草は蓬門を塵す」とある。「軾」は、車の横木によりかかって行なう車上の礼。

(5)「何ぞ更に角を扣かん」は、『淮南子』繆称訓に「甯戚は牛の角を撃ちて歌い、桓公は挙げて以て大田と為す」とあり、「扣」は撃と同義。あらためて就職運動をするまでもないの意。

(6)「周王の輦、草廬に畋す」は、『史記』斉世家に載せる太公望呂尚の故事。「呂尚は東海上の人なり。

……釣魚を以て周の西伯に奸む。……西伯猟して果して太公に渭の陽に遇う。……載せて与に倶に帰り、立てて師と為す」。「畋」は猟と同義。「草廬」は、『文選』の諸葛亮「出師の表」に「三たび臣を草廬の中に顧みる」

(7)「何ぞ鋏を弾くを仮らん」は、『史記』孟嘗君伝に載せる馮驩の故事をふまえる。「馮驩、孟嘗君の客を好むを聞き、屩を躡いて之に見ゆ。孟嘗君、これを伝舎に置くこと十日なり。(驩)其の剣を弾いて歌いて曰く、長鋏よ帰らんかな、食に魚なし、と。……孟嘗君、遂に馮驩を進む云々」。「鋏」は、剣のつか。「仮」は借と同義。

(8)「僥倖せずして以て台鼎に登る」の「僥倖」は、『文選』の李密「情事を陳ぶるの表」に「僥倖して余年を卒うるを保たん」とあり、注に『礼記』中庸篇「小人は険を行ないて以て徼倖す」を引く。「徼」は僥と同じ。「台鼎に登る」は、『後漢書』陳球伝に「位は台鼎に登る」とあり、「台鼎」は三公の位をいう。

(9)「自ら衒がずして以て槐棘に歯ぶ」の「自ら衒ぐ」は、『文選』の曹植「自ら試みるを求むる表」に「自ら衒ぎ自ら媒するものは、士女の醜行なり」とあり、おのれを売りこむこと。「槐棘」は、『三国魏志』高柔伝に「古は刑政に疑い有れば輒ち槐棘の下に議す」とあり、三槐九棘の略で三公九卿をいう。『周礼』秋官、朝士の職に「邦の外朝を建つるの法を掌る。九棘を左にして孤卿大夫位す。……九棘を右にして公侯伯子男位す。……三槐に面して三公位す」とあるのに本づき、「槐」は、えんじゅの木。「棘」は、いばら。「歯ぶ」は、『文選』の陸機「弁亡論」に「未だ上代に歯ばず」とあり、注に「歯は列なり」とある。

(10)「青紫を地芥に拾うこと瞬目にして致すべし」は、『漢書』儒林伝の夏侯勝伝に「常に諸生に謂いて曰く、士は経術に明らかならざるを病う。経術いやしくも明らかならば、其の青紫を取ること俛して地芥を拾うが如きのみ」とあり、顔師古の注に「青紫は卿大夫の服なり」とある、「瞬目」は、まばたきする僅かな時間。『文選』の謝恵連「七月七日夜、牛女を詠む」の詩に「瞬目して曾穹を矖る」とある。

(11)「印綬を股錐に擿べんこと踵を旋らして期すべし」は、『東観漢記』に「印綬は漢の制にして、公侯は紫綬、九卿は青綬」とあり、「綬」は印を佩びるための紐。「股錐」は、錐で股を刺す勉学の努力。一〇ページ注(18)に既出。「踵を旋らす」は、『漢書』霍光伝に「今日の議は踵を旋らすを得ず」とあり、ここは容易にの意。

(12)「孝を移して主に竭くす」の「孝を移す」は、七六ページ注(22)を参照。『孝経』広揚名章「君子の親に事うるや孝、故に忠は君に移すべし」。「主に竭くす」は、『文選』の潘岳「西征賦」に「股肱(の力)を昏主に竭くす」とあり、「竭」は尽くす。

(13)「涕を流して僚に接す」の「涕を流す」は、『文選』の屈原「離騒経」に「忽ち反顧して涕を流す」とあり、「僚に接す」は、同じく陸機「弁亡論」に「士に接して盛徳の容を尽くす」とある。

(14)「干将を佩びて以て鏘鏘たり」は、『文選』の左思「呉都賦」に「被練のあゆみは鏘鏘として……干将を佩ぶ」とあり、「干将」は、剣の名。「鏘鏘」は、注に「行歩の貌」とある。

(15)「圭笏を搢みて済済たり」は、『文選』の張協「七命」に「搢紳は済済たり」とあり、「搢紳」は圭笏を紳に搢む人の意。在朝の文官をいう。「圭笏を搢む」の語は、『穆天子伝』巻一に「曶を搢む」とあり、郭璞の注に「曶の長さは三尺、上を杼いで椎頭にす。一に珽と名つげ、亦た之を大圭と謂う」とあり、「曶」は笏と同じ。「搢」は紳すなわち大帯に挟むの意。「済済」は、『詩経』大雅「文王」の詩に「済済たる多士」とあり、毛伝に「威儀多きなり」とある。

(16)「紫宸に進退し、丹墀に俯仰す」は、陳の徐陵の「王僧智に与うる書」に「紫閣に周行し、丹墀に升降す」とあり、「紫閣」、「紫宸」はいずれも天子の宮殿をいう。『広弘明集』巻二十二の玄奘「勅して齎経に序せしむるを謝するの啓」に「白馬に載せて、来りて紫宸に献ず」、また『唐六典』に「大明宮の北を紫宸門と曰い、その内は紫宸殿」などとあるのを参照。なお「進退」、「俯仰」の語も、それぞれ『文選』に用例が多く見える。たとえば張衡「南都賦」の「進退屈伸、時と抑揚す」。班固「東都賦」の「乾坤に俯仰す」など。

(17)「入りて万機を議れば、誉れは四海に溢れ」は、『文選』の張衡「東京賦」に「万機を訪い朝政を詢る」とあり、同じく沈約「斉の安陸王の碑」に「誉れは天下に満ち、徳は生民に冠たり」とある。「万機」は、多くの機密、帝王の政事。『書経』皐陶謨篇に見える語。「一日二日にも万機あり」

(18)「出でて百姓を撫すれば、毀りは衆舌に断つ」は、『呂氏春秋』制楽篇に「成湯の時……務めて百姓を鎮撫す」とあり、『文選』の陸機「平原内史を謝するの表」に「塵は天波に洗われ、謗りは衆口に絶つ」とある。「毀」は謗、「衆舌」は衆口、「断」は絶と同義。

(19)「名は簡牘に策され、栄れは後裔に流る」の「名は策さる」、「簡牘」は、いずれも『文選』に見える言葉。李陵「蘇武に答うる書」に「名を清時に策す」、昭明太子「序」に「之を簡牘に伝う」。「簡牘」は書物。「栄れは後裔に流る」は、『晋書』劉頌伝に「光は後裔に流る」とあり、『書経』微子之命篇に「徳は後裔に垂る」とある。「後裔」は末裔、子孫。

(20)「高爵の綏んずる所、美謚の贈る所なり」の「高爵」は、『荀子』議兵篇に「高爵豊禄の加うる所」とあり、「綏んずる所」は、『文選』の王粲「公讌の詩」に「君子は福の綏んずる所」とある（『詩経』

の周南「樛木」の詩句に本づく)。「綏」は安と同義、「美謚」は、『文選』の班固「賓の戯れに答う」に「亡して美謚あり」とあり、「贈る」は、同じく潘岳「馬汧督の誄」に「策して之に贈る」とある。

(21)「豈に不朽の盛事に非ず哉」は、『文選』の曹植「呉季重に与うる書」に「豈に大丈夫の楽しみに非ずや」とあり、「不朽の盛事」も、『文選』の曹丕「典論論文」に「文章は経国の大業、不朽の盛事」とある。

(22)「何ぞ亦た更に加えん」は、『文選』の袁宏「三国名臣序賛」に「何を以てか茲に加えん」

(23)「遊俗の前には行楽に日有り」の「遊俗」は、俗に遊ぶの意。『荘子』大宗師篇に「丘は方の内に遊ぶ者なり」とあり、「方の内」は俗をいう。この文につづいて「彼また悪ぞ能く憒憒然として世俗の礼を為して以て衆人の耳目に観さんや」とあるのを参照。「行楽に日有り」は、『後漢書』崔駰伝に「高談すること日有り」とあり、「行楽」の語は、『文選』の潘岳「笙の賦」などに見える。「人生まれて行楽する能わざれば、死して何ぞ虚謚を以て為さん」

(24)「返真の後には、相い娯しむに人莫し」の「返真」は、真に返るの意。『荘子』大宗師篇に「而は已に其の真に反る」とあり、「反真」は返真と同じ。「相い娯しむ」は、『文選』の「古詩十九首」(其三)に「斗酒もて相い娯楽す」とあり、「人莫し」は、同じく孔稚珪「北山移文」に「以て赴き弔うに人無きを悲しむ」とある。「莫」は無と同義。

(25)「天上の牽牛も猶お独り住むを歎く」は、『文選』の曹植「洛神賦」に「匏瓜の匹無きを歎き、牽牛の独り処むを詠ず」とあり、「天上」の語は、『後漢書』仲長統伝に「愁いを天上に寄す」

(26)「水中の鴛鳥も必ず比に宿ることを歓ぶ」の「水中の鴛鳥」は、崔豹の『古今注』鳥獣第四に「鴛鴦は水鳥にして鳧の類なり。雌雄いまだ嘗て相い離れず。人その一を得れば則ち其の一は思いて死に至る。故に匹鳥と曰う」とあり、「比に宿る」は、『芸文類聚』巻九十二に引く梁の元帝の「鴛鴦賦」に「鴛鴦は相い逐い、倶に棲み倶に宿る」

(27)「詩に七梅の歎き有り」は、『詩経』召南「摽有梅」の詩に「摽ちたる梅有り、其の実は七つ、我を求むるの庶士、其の吉に迨べ」とあるのをさす。鄭玄の箋に「梅の実なお七つの未だ落ちざるを餘す。……女の(歳)二十なる、春盛にして嫁せず、夏に至れば衰うるを(歎くを)謂う」

(28)「書に二女の嬪を貽う」は、『書経』堯典に「帝曰く、……時に女わせて厥の二女に刑るを観んと。二女を媯のかわの汭に釐め降し、虞(舜)に嬪せしむ」とあるのをさす。「二女」とは、娥皇と女英をいい、「嬪」は、婦とすること。「貽」は、後世に残し伝えるの意。

(29)「人は展季に非ざれば、誰か伉儷莫からん」は、『文選』の張衡「西京賦」に「展季と桑門と、誰か能く営わざらん」とあり、『国語』魯語上「臧文中……展禽に問う」の韋昭の注に「展禽は魯の大夫の展無駭の後、柳下恵なり」とある(李善の注には韋昭の注として「柳下は展禽の邑、季はアザナなり」を引いている)。「展季に非ざれば」とは、柳下恵が女性に対して節操堅固であったことをいい、『荀子』大略篇に「柳下恵は後門者と衣を同じくして疑わず」、『詩経』小雅「巷伯」の詩の毛伝に「(柳下恵は)門に逮ばざるの女を嫗めて国人その乱を称せざりき」、また『列子』楊朱篇に「展季は情亡きに非ず、貞を矜るの郵、以て宗を寡しくするに至る」などとある。「伉儷」は、配偶者。『文選』の禰衡「鸚鵡の賦」に「伉儷の生きながら離るるを哀しむ」

(30)「世は子登に異なる、何ぞ隻枕すべき」の「子登」は、『文選』の嵆康「幽憤詩」に「昔は柳恵に慙じ、今は孫登に愧ず」とある孫登。「柳恵」は、上句の「展季」すなわち柳下恵。孫登の「隻枕」は、『晋書』隠逸伝に「家属なく、郡の北山に於て土窟を為って之に居る云々」とある。「隻枕」は独り寝、独身をいう。『文選』の潘岳「悼亡詩」に「彼の翰林の鳥の如く、双栖は一朝にして隻」とあり、李白の「月下に独り酌む」の詩に「兀然として孤枕に就く」とある「孤枕」と同義。

(31)「必ず須く」は、『文選』の李康「運命論」などに多く用例が見える。「徳を立つるには必ず須く貴なるべきか」

(32)「行雨の蛾眉は彼の姫氏を筮う」の「行雨」は、『文選』の宋玉「高唐賦」の序に「妾は巫山の陽、高丘の岨に在り。旦には朝雲と為り、暮には行雨と為る」とあり、「蛾眉」は、『詩経』衛風「碩人」の詩に「螓のごとき首、蛾のごとき眉」とある。美女の形容。「姫氏」は、下句の「姜族」とともに良家の美女をいい、『文選』の任昉「王文憲集序」に「室に姫と姜と無く、門に長者多し」、『左伝』成公九年に引く逸詩に「姫と姜と有りと雖も、憔悴しきを棄つる無かれ」などとある。「筮う」は、『左伝』僖公四年に「晋の献公、驪姫を以て夫人と為さんと欲し、之を卜して吉ならず、之を筮して吉」とある。「筮」は蓍を用いる占い。

(33)「飄雪の蟬鬢は此の姜族を占う」の「飄雪」は、『文選』の曹植「洛神賦」に「河洛の神を名づけて宓妃と曰う。その形は……飄颻として流風の雪を廻らすが若し」とあり、「蟬鬢」は、崔豹の『古今注』雑虫の条には「魏の文帝の宮人の絶だ愛する所の者に莫瑶樹あり。……乃ち蟬鬢を制す。之を望めば縹緲として蟬のごとし。故に蟬鬢と曰う」とある。上句の「蛾眉」と同じく美女の形容。「姜族」は、良家の美女。前注を見よ。「占う」は、『左伝』荘公二十二年に「懿氏、敬仲に妻さんと卜す。其の妻これを占いて曰く吉なり云々」とあり、『礼記』曲礼篇上に「妻を取るに同姓を取らず。故に妾を買わんとして其の姓を知らざれば則ち卜す」とある。

(34)「轟轟たる訝えの輅は、隠隠として衢に溢れ」は、『文選』の王融「三月三日曲水詩序」に「九つの斿は軌を斉しくし、……轟轟隠隠」とあり、「轟轟隠隠」は多くの車のとどろく音。「訝えの輅」は、下句の「送騎」とともに迎送の車騎をいう。「訝」は『儀礼』聘礼「賓を館に訝う」の鄭玄の注に「迎なり」とある。「衢に溢る」は、『文選』の班固「西都賦」に「街衢は洞達し、閭閻は且に千ならんとし、……車は旋るを得ず、城を闐め郭に溢る」とあり、梁の簡文帝「昭明太子集序」に「車馬は衢に盈つ」とある。「衢」は、四方に通じる道。六二ページ注(20)に既出。

(35)「驫驫たる送りの騎は、霈艾として墎を側く」の「驫驫」は、魏の張揖の撰した『広雅』釈訓篇に「(馬の)走る貌なり」とあり、「霈艾」は、『文選』の張衡「東京賦」に「玄虯の奕奕たるを六にし、斉しく騰驤して霈艾たり」とあり、注に「姿容を作すの貌なり」とある。「墎を側く」は、上文の「衢に溢る」に対する造語。城郭を傾側するの意で、『文選』の孫楚「征西の官属、陟陽の候に送りしとき作れる詩」に「城を傾けて遠く追送す」とある「傾城」と同義。「墎」は郭の俗字。

(36)「従者は踵を躡んで袂幕は天を蔭う」の「従者」は、『儀礼』士昏礼「媵は席を奥に布く」の鄭玄の注に「媵は送るなり。女の従者を謂う」とあり、「踵を躡む」は、『文選』の潘岳「籍田賦」に「踵を躡み肩を側だつ」とある。切れ目なく列を作ることをいう。「袂幕」は、『戦国策』斉策に「臨淄の塗は人の肩相い摩し、袂を挙げて幕を成す」とある。「天を蔭う」は、下句の「地に灑ぐ」とともに『文選』の班固「西都賦」に「野に灑ぎ天を蔽う」とあり、「蔽」は蔭と同義。

(37)「徒御は肩を駕てて汗霂は地に灑ぐ」の「徒御」は、『詩経』小雅「車攻」の詩に「徒御は驚かず」とあり、「徒」は輦をかつぐ者、「御」は馬を馭する者。「御」は馭と同じ。「肩を駕つ」は、『文選』の鮑昭「蕪城賦」に「車は轊を挂け人は肩を駕つ」とあり、張銑の注に「駕は倚なり」とある。前注に引いた「籍田賦」の「肩を側だつ」と同義。「汗霂」も、同じく『文選』の左思「呉都賦」に「流るる汗は霡霂のごとし」とある。「地に灑ぐ」は、前注に引いた「西都賦」の「野に灑ぐ」と同義。

(38) 「紫蓋は空に飛んで雲のごとく翔く」は、『文選』の顔延之「元皇后哀策文」の注に引く晋の傅玄「乗輿馬賦」に「紫蓋は飄として以て連翩す」とあり、「紫蓋」は、車の上に立てた紫の蓋。「空に飛ぶ」は、唐の儲光義の「山中流泉の詩」に「地に映じて天色を為し、空に飛んで雨声を作す」とあり、「雲のごとく翔く」は、『文選』の陸機「弁亡論」に「大邦の衆は、雲のごとく翔け霆のごとく発す」とある。

(39) 「繡服は地を払って風のごとく歩く」の「繡服」は、『芸文類聚』巻四十六に引く梁の王僧孺「臨川王の為に太尉を譲る表」に「繡服は緹麾（赤い旗）のごとく」とあり、「地を払う」は、『文選』の沈約「三月三日率爾として篇を成す」の詩に「高き楊は地を払って垂る」。「風のごとく歩く」は、『文選』の劉峻「弁命論」「電のごとく照らし風のごとく行く」の「風行」と同義。

(40) 「訝迎の礼を尽くし、媵送の義を極む」の「訝迎」は、注(34)の「訝は迎なり」を見よ。「礼を尽くす」は、『礼記』祭義篇「其の礼を尽くして過失せず」。「媵送」は、注(36)の「媵は送るなり」を見よ。「義を極む」は、『文心雕竜』宗経篇に「義は既に性情に極まる」とあるのを参照。

(41) 「牢を同じくし尊を同じくし、卺を合せ体を合す」は、『礼記』昏義に「壻、婦に揖して以て入り、牢を共にして食い、卺を合せて酳す。体を合せ尊卑を同じくして以て之に親しむ所以なり」とあるのに本づく。「牢」は、牲の豚の肉。「同じくす」は、新郎と新婦が一緒に食べるの意。「尊を同じくす」は、夫婦が対等の立場で親しむこと。「卺」は瓢を二つに割って作った盃。「合す」とは、新郎新婦がそれぞれその盃を手にもって一つに合せ、酳すなわち食後の酒を飲むことをいう。「体を合す」とは、夫婦が一体となるの意。

(42)「珠簾を褰げて鳳儀に対う」の「珠簾」は、『西京雑記』巻二に「昭陽殿は珠を織りて簾と為す」とあり、「簾を褰ぐ」は、唐の王琚「美女篇」に「簾を褰げ幔を捲き、春節を迎う」。「鳳儀」は、『芸文類聚』巻五十五に引く梁の簡文帝「臨安公主集の序」に「鳳儀は間かに潤う」とあり、鳳のように端正な姿。

(43)「金牀を払って竜躰に比ぶ」の「金牀」は、黄金のベッド。『洞冥記』巻二に「金の牀、象の席」とあり、「竜躰」の語は、『晋書』劉毅伝に「竜体は既に蒼、雑うるに素文を以てす」とある。「躰」は體（体）の俗字。ここは婿の体をさす。

(44)「琴瑟を淩いで以て韻を調う」の「琴瑟」は、『詩経』小雅「常棣」の詩に「妻子の好合は琴瑟を鼓くが如し」とあり、「淩ぐ」は、下句の「超ゆ」と同義。「韻を調う」は、『淮南子』汎論訓に「耳に清濁の分を知らざる者は、音を調えしむべからず」

(45)「膠漆を超えて契りを同じくす」の「膠漆」は、『文選』の「古詩十九首」（其十八）に「膠を以て漆の中に投ずる、誰か能く此を別離せん」とあり、上句の「琴瑟」と同じく夫婦の仲むつまじいこと。「契りを同じくす」は、『晋書』宣帝紀に「忠誠は符に契い、千載契を同じくす」

(46)「偕老を東鰈に咲い、同穴を南鶼に悝る」の「偕老」は、『詩経』邶風「撃鼓」の詩に「子の手を執りて、子と偕に老いん」とあり、「東鰈」は、『爾雅』釈地に「東方に比目の魚あり、比わざれば行かず、其の名は之を鰈と謂う」とあるのに本づく。「咲」は笑の俗字。「同穴」も、『詩経』王風「大車」の詩に「穀くれば則ち室を異にし、死すれば則ち穴を同じゅうす」とあり、「南鶼」は、『爾雅』釈地の文に本づく。「南方に比翼の鳥あり、比わざれば飛ばず。其の名は之を鶼と謂う」。「悝」は、『文選』の張衡「東京賦」に「穆公を宮室に悝る」とあり、嘲と同義。

(47)「一期の愁いを消す」の「一期」は、『広弘明集』巻二十九の真観法師「夢の賦」に「人生は仮借にして、一期は擲つが如し」とあり、人間の一生をいう。「愁いを消す」は、同じく巻四の彦琮「通極論」に「酒の物たる……愁いを銷し性に適す」とあり、『文選』の陶淵明「帰去来の辞」には「琴書を楽しんで以て憂いを消す」とある。「銷」は消、「愁」は憂と同義。

(48)「百年の楽しみを快くす」は、『文選』の「古詩十九首」(其十五)に「生年は百に満たず、……楽しみを為すこと当に時に及ぶべし」とあり、「楽しみを快くす」は、『易林』巻一に「富饒豊年にして楽しみを快くすること已む無し」とある。

(49)「時に九族を聚む」の「九族」は、『書経』堯典に「以て九族を親しましむ」とあり、陸徳明の引く馬融・鄭玄の説に「九族とは、上は高祖より下は玄孫に至るまで凡そ九族」とある。「族を聚む」は、『荘子』逍遥遊篇「族を聚めて謀る」

(50)「数しば三友を速く」の「三友」は、『論語』季氏篇に「益ある者三友……直きを友とし諒あるを友とし多聞を友とす」とあり、「友を速く」は、『文選』の張衡「南都賦」に「禴祠蒸嘗、以て遠朋を速く」とある。「朋」は友と同じ。

(51)「八珍(弥)の嘉肴を陳ぬ」の「八珍」は、『周礼』天官、食医の職に「八珍の斉」とあり、注によれば、淳熬、淳母、炮豚、炮牂、擣珍、漬、熬、肝膋の八種の珍味をいう。「嘉肴」は、『詩経』大雅「行葦」の詩に「或は燔き或は炙り、嘉殽の脾臄あり」とあり、「殽」は肴と同じ。「陳ぬ」も、同じく小雅「伐木」の詩に「饋を陳ぬること八簋」とある。

(52)「九醞の旨酒を酌む」の「九醞」は、『文選』の張衡「南都賦」に「酒は則ち九醞甘醴」とあり、よく醸した芳醇な酒。「旨酒」は、『詩経』小雅「鹿鳴」の詩に「我に旨酒有り」とあり、「酒を酌む」

は、『文選』の謝恵連「雪の賦」に「桂酒を酌みて清曲を揚ぐ」とある。

(53)「羽觴を飛ばして以て数無し」は、『文選』の張衡「西京賦」に「羽觴は行りて算無し」とあり、「算」は数と同義。「数無し」とは、数えきれぬほど頻繁にの意。「觴を飛ばす」は、『文選』の左思「呉都賦」に「觴を飛ばし白を挙ぐ」とある。「觴」は、羽で飾った盃。「白を挙ぐ」は、次注を参照。

(54)「満白を挙げて環の如し」は、『漢書』叙伝に「満を引いて白を挙げ、談笑して大いに噱う」とあり、服虔の注に「満杯を挙げて余白の瀝る者あれば之を罰するなり」とある。「満白を挙ぐ」とは、満杯の酒を飲みほし、空白になった杯を持ちあげて人々に示すの意か。「環の如し」は、『荘子』寓言篇に「始めと卒りと環の若し」。くり返しくり返し行なうことをいう。

(55)「客は八音を調えて言れ帰りなんの詩を詠う」は、『文選』の張衡「南都賦」に「客は酔えり、言れ帰らんと賦す」とあり、「八音」は、『書経』舜典の語。鐘・磬・絃楽器・管楽器・笙・塤・鼓・柷敔の八種の楽器の音声をいう。「言れ帰らん」は、『詩経』魯頌「有駜」の詩句。「詩を詠う」は、『文選』の班固「東都賦」に「殷周の詩を詠ず」、また同じく張衡「思玄賦」に「詩を詠じて清歌す」

(56)「主は二轄を投じて途露の滋きを称う」の「二轄」は、『文選』の張衡「東京賦」に「重輪二轄」とあり、「轄を投ず」は、『漢書』陳遵伝に「宴飲して客の去らんことを恐れ、乃ち車轄を脱いて井の中に投ず」とある。「轄」は、車軸の末端にさし入れて轂が脱け出るのを防ぐくさび。「途露の滋き」は、『詩経』召南「行露」の詩に「厭浥たる行の露、豈に夙夜せざらんや。行に露の多しと謂う」とあり、鄭玄の箋に「道中の露、大いに多きが故に行かざるのみと謂う」とある。「途」は道、「滋」は多とそれぞれ同義。ちなみに「厭浥」は露の繁きさま。「夙夜す」とは、早朝もしくは夜の遅い時間に努力して出かけてゆくの意。

(57)「日を重ねて帰るを忘れ、夜を畳ねて舞蹈す」の「日を重ぬ」、「夜を畳ぬ」は、同類の表現が『南史』何憲伝に「日を連ね夜を累ねて、遺す所を見る莫し」とある。「帰るを忘る」は、『文選』の嵆康「秀才の軍に入るに贈る」の詩に「駕して言に出で遊び、日の夕、帰るを忘る」とあり、「舞蹈」は、陳の徐陵の「江總事と同に宮城の南楼に登る」の詩に「鏗鏘のしらべは舞蹈に叶う」とある。

(58)「寰中の逸楽を縦ままにす」の「寰中」は、『芸文類聚』巻三十七に引く梁の沈約「七賢論」に「寰中の妙趣」とあり、「逸楽」は、『文選』の曹丕「典論論文」に「富貴なれば則ち逸楽に流る」とある。なお「縦ままにす」も、同じく潘岳の「西征賦」に「声楽を縦ままにして以て神を娯しましむ」とある。

(59)「世上の賞般を尽くす」の「世上」は、陶淵明の「擬古詩」に「世上の語を聞くに厭く」。「賞般」は、賞逸般楽の略。『北史』序伝に「琴書を以て自ら娯しみ、優游賞逸す」とあり、『荀子』仲尼篇に「閨門の内、般楽奢汰」とある。『爾雅』釈詁篇「般は楽なり」

(60)「寧に楽しからずや」は、『文選』の丘遅「陳伯之に与うる書」に「寧に哀しからずや」とあり、また『論語』学而篇に「亦た楽しからずや」とある。

(61)「早く愚執を改め、専ら余が誨えを習え」の「愚執」は、北周の武帝の詔（大正五十二 376c）に「浄名は俗に処るを以て高達、身子は出家を以て愚執」。「誨えを習う」は、『広弘明集』巻二十八の僧朗「慕容垂に答うる書」に「教えを山林に習う」とあり、また蔡邕「袁満来の墓碑」に「易学を明習し、誨えに従うこと流るるが如し」

(62)「苟に此の如くなれば」は、『文選』の王延寿「魯の霊光殿の賦」に「苟に貴ぶべきこと斯の如くなれば」

(63)「親に事うるの孝窮まり、君に事うるの忠備わる」は、『孝経』開宗明義章に「夫れ孝は親に事うるに始まり、君に事うるに中ごろし、身を立つるに終る」とあるのに本づく。

(64)「友に接わるの美普く、後を栄にするの慶満つ」の「友に接わる」は、『文選』の陸機「弁亡論」に「士に接わるに盛徳の容を尽くす」とあり、「後を栄にするの慶」は、『孝経』開宗明義章「名を後世に揚げて以て父母を顕わす」、『易』坤卦の文言伝「積善の家には必ず余慶有り」などをふまえる。

(65)「身を立つるの本、名を揚ぐるの要」は、『孝経』開宗明義章「身を立て道を行ない、名を後世に揚げて以て父母を顕わすは、孝の終りなり」に本づく。

(66)「蓋し斯の如き歟」は、『論語』子罕篇「逝く者は斯の如き夫、昼夜を舎かず」

(67)「孔子曰く、耕すや餒その中に在り。学ぶや禄その中に在り」は、『論語』衛霊公篇の言葉。

(68)「誠なる哉斯の言」は、『論語』子路篇「誠なる哉是の言や」

(69)「当に紳骨に鏤書すべき耳」は、『論語』衛霊公篇「子張、諸を紳に書す」、『文選』の曹植「躬を責むるの詩を上るの表」に「肌に刻み骨に鏤る」の「紳」と「骨」、「書」と「鏤」を一句にしたもの。

(70)「粤に蛭牙公子、跪いて称して曰く」の「粤」は、『文選』に多く用例の見える発語の辞。たとえば顔延之「元皇后哀策文」「粤に九月二十六日」など。「跪いて称して曰く」は、『文選』の謝荘「月の賦」に「仲宣（王粲）跪いて称して曰く」

(71)「唯唯、敬んで命を承く」の「唯唯」は、『文選』の班固「西都賦」に「賓曰く、唯唯」。「敬んで命を承く」も、同じく顔延之「屈原を祭る文」に「恭んで命を承く」とあり、「恭」は敬と同義。

(72)「今より以後、心を専らにして奉習せん」の「今より以後」は、『左伝』僖公二十八年に「今日より以往」とあり、『魏書』釈老志に「今帝より以後」とある。「心を専らにす」は、『文選』の潘岳「雉を射るの賦」に「耿介の心を専らにするを厲ます」。「奉習」は、同じく呉質の「魏の太子に与うる賤」に「科教を奉遵す」

(73)「席を下りて再拝して曰く」は、『文選』の揚雄「長楊賦」に「席を降りて再拝稽首して曰く」とあり、「降」は下と同義。

(74)「猗歟、善い哉」は、『文選』の漢の武帝「賢良詔」に「猗歟、偉なる歟」とあり、「善い哉」は、『論語』顔淵篇「公曰く、善い哉」

(75)「昔は雀変じて蛤と為るを聞いて、猶お疑恠を懐く」の「雀変じて蛤と為る」は、『礼記』月令篇に「季秋の月、爵大水に入って蛤と為る」とあり、「雀」は爵と通用。「疑恠」は、嵆康の「宅に吉凶無く生を摂するを難ず」に「疑怪の論は偏是の議を生ず」とあり、「恠」は怪と同じ。「疑いを懐く」は、『文選』の曹植「王仲宣の誄」に「子は猶お疑いを懐く」

(76)「今は蛭牙の鳩心、忽ちに化して鷹と作るを見る」は、『礼記』王制篇に「鳩、化して鷹と為る」とあり、「鳩心」の語は、白居易の「物に遇いて感興り、因りて子弟に示す」の詩に「鳩心は鈍にして悪無し」とある。なお、上句の「昔聞く」とともに「昔聞く…今見る」の構文は、『文選』の謝霊運「京口の北固に従游して詔に応ず」の詩に「昔聞く汾水の游び、今見る塵外の鑣」

四一ページ

(1)「葛公が白飯、忽ち黄蜂と為る」の「葛公」は、三国時代の呉の葛玄。伝記は『神仙伝』巻七や陶弘景「太極左仙公葛公の碑」などに見える。「白飯忽ち黄蜂と為る」は、『芸文類聚』巻七十八に引く『神仙伝』に「(玄)乃ち口を嗽ぐに飯尽く大蜂数百と成り、皆な客の身に集まる云々」とあり、現行本『神仙伝』巻七には「玄方に客と対して食す。食し畢りて口を漱ぐ。口中の飯、尽く大蜂数百頭と成り、飛行して声を作す」とある。

（2）「左慈、形を改め、倏ちに羊の類と作る」の「左慈」は、『後漢書』方術伝、『神仙伝』巻五などに伝記が見える。「形を改め、倏ちに羊の類と作る」は、『神仙伝』に「曹操……左慈を収う。慈走って群羊の中に入り、慈の所在を失う。追う者、化して羊と為るを疑い、乃ち人をして羊を数えしむ云々」とある。

（3）「豈に如かんや、先生の勝弁、狂を変じて聖と為すに」の「豈に如かんや」は、『文選』に多く見える語法。たとえば張衡の「東京賦」に「豈に如かんや、中に宅りて大を図るに」。「勝弁」は、『広弘明集』巻二十一の法雲法師「昭明太子に上る啓」に、「自然の勝弁にして妙談は俗を出ゆ」とある。「狂を変じて聖と為す」は、梁の何遜の「七召」に「醜を変じて以て妍と成す」とあり、隋の煬帝「智顗の遺旨に答うる書」に「凡を革めて聖に登る」とある。

（4）「漿を乞うて酒を得、兎を打ちて麞を獲」は、張文成の『遊仙窟』巻三に「漿を乞うて酒を得るは旧来の神口、兎を打ちて麞を得るは、意の望む所に非ず」とあり、漢の焦延寿の『易林』巻三「兎を求めて獐を得」に本づく。「麞」は獐と同じ。

（5）「斯の謂い歟」は、『文選』の劉峻「弁命論」「其れ斯の謂いなり」

（6）「詩を聞き礼を聞くの客」は、『論語』季氏篇「陳亢、伯魚（孔鯉）に問う、……退いて喜んで曰く、一を問うて三を得たり。詩を聞き礼を聞き、又た君子の其の子を遠ざくるを聞く」とある陳亢をさす。

（7）「何ぞ今日の勝誘勝誨に過ぎん」の「何ぞ過ぎん」は、『文選』の応璩「広川の長の岑文瑜に与うる書」に「何を以てか此に過ぎん」。「勝誘勝誨」は、すぐれた教導。「勝」は、『芸文類聚』巻七十六に引く梁の元帝「善覚寺碑」に「勝業」、同じく梁の武帝「鍾山大愛敬寺に遊ぶ詩」に「勝縁」などの用語例が見えているのを参照。また「誨誘」の語は、『北史』崔宏伝に「後進を誨誘して終日止まず」

とある。

（8）「只に蛭牙の誡め為るのみに非ず、余も亦た終身の口実に充つ」の「只に…のみに非ず、…亦た」は、同類の表現が『文選』などに見える。たとえば宋玉「楚王の問に答う」に「独に鳥に鳳有りて魚に鯤有るのみに非ず、士も亦た之有り」。「只」は独と同義。「終身の口実に充つ」は、『論語』子罕篇に「子路、終身これを誦す」とあり、『易』の頤卦の卦辞「頤を観て自ら口実を求む」の孔穎達の「正義」に「其の自ら養うところを観て、その口中の実を求むるなり」とあり、「口実」は、口を実たす栄養。

巻　中

虚亡隠士の論述（道教の立場）

虚亡隠士は先ほどから、かたわらに坐っていたが、愚者をよそおい智慧をひそめ、おのれの光をやわらげて狂人のような様子をしていた。蓬のように乱れた頭髪は、登徒子の妻よりもひどく、ぼろぼろの衣服は董威の仲間よりもひどい。その彼はどっかとあぐらをかき、にっこりとほほえみ、唇を開き頬をゆるめて、ゆったりと語りだした。

「ああ、おかしなものだ、そなたの病人に対する薬の与えかたは。はじめは高価な裘を眺め、竜か虎にでも出あったような威勢のよさであったが、今は竜ならぬ小さな蛇、虎とは似てもつかぬ鼩鼱を見るお粗末さだ。どうしておのれ自身の重病を癒しもせず、たかが他人の足の腫れやまいぐらいをむやみとあばきたてるのだ。きみのような治療の仕方なら、治療せぬほうがましというものだ」

さて亀毛先生はその言葉を聞いてびっくり仰天、あたりを見まわし、恥ずかしそうに前に進み出てこういった。

「虚亡先生、ほかにすばらしい教えがございましたら、どうかおみちびき下さい。わたくしは兎角公のいいつけで止むを得ず、軽率にもついしゃべってしまいました。どうか先生、お願いします。万物の目ざめをうながす春雷のおみちびきを、どうか惜しみなくお与え下さい」

すると虚亡隠士は答えた。

「いったい空に輝く太陽は、明るく照り輝いているが、目のつぶれた連中には、その輝きも見えず、地をゆるがす雷鳴は、すさまじい響きをたてているが、耳のつぶれた連中には、その響きも信じられない。ただの光や響きでさえそうであるから、ましてや道教の最高に深遠な教説など凡人の耳に届こうはずはなく、元始天尊の秘密の道術もかろがろしく口にするわけにはいかぬのである。血をすすり盟(ちかい)をとどめても、めったに聞くことはできず、骨に刻みこみ心のあかしを立てても容易には伝授されないのである。

そのわけは、短い綆(つるべなわ)で井戸の水を汲(く)み、つるべが水に届かないのを井戸水が涸(か)れていると疑ってかかったり、小指で海の深さを測り、指が海の底まで届いたと思い違いをするからである。

もし教えを伝えるにふさわしい人物でなければ口を閉ざして語らず、真にその器量をそなえた人物でなければ、櫃に収めて地の底に隠し、かくて時機を見てはじめて櫃を開き、人物を見定めた上で伝授するのである」

虚亡隠士がこう説明すると、亀毛先生たちは口ぐちにこう語った。

「むかし神仙にあこがれた漢の武帝は、ねんごろに西王母に教えを請い、仙術を体得した費長房もまた壺公に教えを受けている。今われわれはあなたにめぐりあえて、千里の遠くにまで師を訪ねた邴原のような労苦も知らずに、彭祖の得た無窮の長寿を永くわがものにしようとしている。なんとすばらしいことではなかろうか、なんと幸運ではなかろうか」

三人はこういいながら一緒に前に進み出、ていねいにお辞儀をして、隠士にたのんだ。

「どうか教えを賜わりますよう重ねてお願いします」

重ねての願いに隠士は答えた。

「祭壇を築いて誓いを立てるならば、とりあえず少しばかりをお教えしましょう」

かくて命ぜられた言葉のとおりに祭壇に昇って誓いを立て、いけにえを埋める穴の前で誓いの言葉をかわし、誓約の儀式がすっかり終わると、さらにいっそうの教えを請うた。

すると虚亡隠士はいった。

「よろしい。そなたたち謹んで聞くがよい。今こそそなたたちに不死の妙術を授け、長生の秘訣を教えてあげよう。そなたたちに蜉蝣のようなはかない命が鶴や亀と長寿をきそいあい、脚のわるい驢馬（ろば）のようにのろい足が天翔（あまがけ）る竜と速さをひとしくし、日月星辰（せいしん）と終始をともにし、淮南（わいなん）の八人の仙人と親しくまじわり、朝（あした）には渤海（ぼっかい）にある三つの島の白銀（しろがね）の楼台（うてな）に遊んで、ひねもすゆったりと過ごし、暮には五岳の名山の黄金（こがね）の城門をくぐって、夜どおし気ままに遊べるようにしてやるのだ」

亀毛先生たちが「はいはい、承りたいものです」と答えると、虚亡隠士はさらに言葉をついだ。

「いったい大いなる轆轤（ろくろ）や巨大な火床に譬えられる天地造化のはたらきが、万物を作り出し形づくっていくには、あれとこれとを差別することなく、愛憎に執（とら）われることもない。かの赤松子（せきしょうし）や王喬（おうきょう）だけに長寿をあたえ、この項槖（こうたく）や顔回に短命をあたえたわけではない。ただうまくおれの性命を全うするのと全うしなかったという違いがあるにすぎない。性命の養いかた、長生の方法には、たくさんのやり方があって詳しく述べることはできないが、いちおうその大筋をとらえて一部分を説明しよう。

また昔、秦（しん）の始皇帝や漢の武帝は、心では仙人となることを願ったが、することは俗人とかわらず、鐘や太鼓の妙（たえ）なる音楽のしらべに耳のすぐれたはたらきはつぶされてしまい、錦（にしき）や繡（ぬいとり）をした衣服の美しい輝きに目のすぐれたはたらきは、ひとたまりもなくそこなわれ、花のかんばせ、朱（あけ）の唇の美女たちを片時も離すことができず、新鮮な魚や肉のご馳走を僅（わず）かな食事にも欠かさなかった。横たわる屍（しかばね）は積みあげられて髑髏（どくろ）台となり、流れる血しおは川となる残忍さ。こういったたぐいのことは述べつくせないほどである。ひとしずくほどの水を流しこんで底には水洩れの大きな穴がぽっかり。心に願うことと身の行ないとはうらはらで全く骨折り損のくたびれ儲け。底の四角な容器に円い蓋をかぶせてぴったり合わせようとし、寒中の氷にせっせと錐もみをして火花を散らさせようとするとはこのことで、まるで愚の骨頂。にもかかわらず無智な世俗の連中はいう、この上なく尊貴な皇帝にさえ不可能であるから、ましてわれわれ凡俗にできるはずがあろうか、と。

かくて仙術をでたらめだと考え、それを狂人よばわりする。まどえることも甚だしいものである。

欒大や秦の始皇帝、漢の武帝といった連中は、それこそ道教の世界における糟や糠みたいなものであり、仙術を愛する人間のなかの瓦や小石みたいなものである。まことに深く憎むべきやからである。

そもそも、このようなわけで、仙術を伝授するには必ず人を選ぶのであり、身分の高下とは無関係である。そなたたちも一心に教えを学んで、後世のそしりを招かないようにすることだ。

本当に仙術を学びうる人間は、こんな手あいとはわけが違う。手や足の触れるところ、小さな虫けらをも傷つけず、体にそなわったものは精液唾液も外に洩らさない。身は汚れから遠ざかり、心は貪欲を抱かず、目は遠く視ることをやめ、耳は久しく聞くことをせず、口は軽率な言葉を吐かず、舌は滋味をたしなまない。孝の道を実践して信義の徳を守り、仁者であるとともに慈愛の心をもつ。巨大な富も塵芥（ちりあくた）のようにふんづけ、帝王の地位にあっても靴をぬぎ捨てるように未練をもたない。たおやめを見ても鬼魅（おばけ）だと思い、高位高官を前にしても腐った鼠だと見なす。ひっそりと無為の境地に身をおき、心やすらかに無事の生活を楽しみ、かくしてのち仙術を学べば、掌（たなごころ）を指すように、容易にわがものとすることができるのである。

およそ世俗の人々の熱愛するものは、求道者にとっては大いなる禁忌（タブー）なのだ。もしそれらから離れることができれば、仙人となることも、むつかしいことではない。五穀は臓腑を腐らせる毒物、五種の辛味は目を損なう猛毒、酒は腸（はらわた）を切る剣（つるぎ）、豚や魚などの肉類は寿命をちぢめる戟（ほこ）、みめうるわしき美女は生命を切る斧（おの）、音楽舞踊は年紀（よわい）を断（た）つ鉞（まさかり）である。過度の笑い、過度の喜び、極端な怒り、極端な悲しみなど、こういった感情のたかぶりはそれぞれに生命を損なうことの多いものである。

わが身ひとつのなかにさえ、このような仇敵が多いのであるから、もしこの仇敵を絶滅しなければ、不老長生ということも話にはならない。そして、この仇敵から離脱することは世俗の生活のなかではたいへん困難であるが、これさえ絶ち切れば仙術を修得することも甚だ容易である。必ずまずこの要（かなめ）のところを抑えた上で食餌（しょくじ）療法をおこなわなければならないのだ。

さて白朮（はくじゅつ）や黄精（こうせい）、松脂（まつやに）や穀実（こくじつ）すなわち楮（こうぞ）の実などは、それを服用することによって体内の病気をなおし、蓬の矢や葦の戟、神符や呪禁のたぐいは、それらを用いて外からの危難を防ぐことができる。故きを吐き新しきを納れる呼吸調整の仙術は、生気の時と元気の時とに合わせておこない、その緩急遅速は季節のそれぞれに随って調整する。天の門を叩いて醴のごとき泉を飲み、地の府を掘って玉髄や石髄を服用し、草芝や肉芝によって朝の飢えを癒し、伏苓や威僖によって夜の疲れを充たすと、日中に影を無くし、夜なかに文字を書くことができる。地の底まで見透し、水の上を歩くことができ、鬼神を召使とし、竜馬駿馬を乗馬とし、刀を呑みこみ火を呑みこみ、風を起こし雲を起こす。こういった神仙術もきっとできるようになり、いかなる願いもみなかなえられる。

また白金や黄金の存在は、天地造化の精髄であり、神丹や練丹は仙薬のなかの霊妙なしろものである。これらの薬物を服用するには一定の処方があり、調合製造にはきまった方法がある。だれかの家で成功すれば、一族そろって大空を飛翔し、ごく少量を服用しただけで真っ昼間に昇天する。このほか護符を呑みこみ、霊気を餌う仙術や地脈を縮め体を変化させる秘術など、推し広めていけば、とても数えきれない。

もしそれらの道術にかない、それを修得することができれば、たちまち老いた肉体を若がえらせ、白髪を黒ぐろとさせ、長生きをし寿命を延ばし、死者の名簿から幾たびも姓名が削られ、とこしなえに生きながらえることができる。上は青空を踏んで天翔り、下は太陽を足もとに眺めて思いのまま遊びあるく。心の馬に鞭うって宇宙をくまなく駆けめぐり、意の車に油さして天空をあまねく遊びまわり、赤烏の城に彷徨し、紫微の宮殿に身を安らげ、織女を織機の上に眺め、姮娥を月のなかにたずね、黄帝を訪れて友だちとなり、王喬をさがして仲間となる。哲学者荘周の描く大鵬の牀を突きとめ、淮南王劉安に従って昇天したという犬どもの在りかを眺め、多くの馬が空にならぶ天廐の星座をも見きわめ、牽牛の星が舟泊りしたという伝説の場所をも見とどけた。

心に任せてのびのびと寝そべり、気のむくままに昇りつ降りつする。淡泊で無欲、ひっそりとして声なき〝道〟の根源的な真理と一体となり、天地とともに悠久の寿命を保ち、日月とともに生の愉楽も永遠である。なんというのびやかさ、なんという広大無辺さであろう。仙界における東王父や西王母の存在も怪しむにはたりないのだ。そして以上がわたしの教わり学んだ道教の秘術であるといえよう。

ところで、世俗の生活をふり返ってみると、貪欲に縛りつけられて、心を苦しめこがし、愛欲の鬼に呪縛されて、精神を焼きつくしている。朝夕の食事のためにあくせくし、夏冬の衣服のために追いまわされ、浮雲のように定めない富をこいねがい、泡のように空しい財物を蓄えこみ、身のほど知らぬ幸せを追い求め、稲妻のようにはかないこの身をいとおしんでいる。わずかな楽しみが朝おとずれると、天上の神仙の楽しみをあざわらい、わずかな悲しみが夕に迫ると、泥にまみれ火の中に落ちたようにもがき苦しむ。喜びの歌がまだ終わらぬうちに悲しい調べがたちまちに奏でられ、今日の宰相大臣も明日は賤(いや)しい召使い、始めは鼠におそいかかる猫のような勢いであるが、終りは鷹(たか)におそわれた雀のような哀れさ。草に宿る露のようにはかない命を恃(たの)んで朝日のおとずれを忘れ、梢に残る木の葉のように定めない身にしがみついて風や霜のおとずれを忘れる。ああ痛ましいことよ。葦に巣づくる鷦鷯(よしきり)と何の変りがあろう。あげつらうにも価しない愚かさである。

そもそも、わが師の教えとそなたの口にする議論、そなたたち儒者の楽しみとすることとわが道教の徒の好むことと、いったいどちらがまさり、どちらがすぐれているであろうか」

かくて亀毛先生と蛭牙公子と兎角公らは、みな跪(ひざまず)いてこういった。

「わたくしたちは幸運にも結構な会合にめぐりあい、タイミングよく立派なお教えをうけたまわることができました。今こそよく分かりました。鮑(しびしお)を売る店のひどい悪臭と方壺(ほうこ)の仙山にかたどった香炉(こうろ)のたぐいなき芳香と、また、醜男(ぶおとこ)の犨靡(しゅうび)と美男子の子都(しと)とが、金と石ほどもかけへだたり、香草と臭草のように較(くら)べものにならないということが。これからというもの、一心不乱に精神を練り鍛え、永く道教の教えをじっくりと学んでいきたいと思います」

虚亡隠士先在座側、① 詳愚渝智、② 和光示狂、③ 蓬乱之髪、踰登徒妻、④ 濫縷之袍、超董威輩、⑤ 慠然箕踞①、莞尒微笑②、陳脣緩頬③、睢盱告曰④、吁吁異哉⑤、卿之投薬⑥、前視千金之裘、猶対竜膚⑦、今観寸歩之虵、若瞻鼴鼩⑧、如何不療己身之膏肓⑨、輒尒発露他人之腫脚⑩、如卿療病、不如不治⑪、粤亀毛公愕然顧眄⑫、有靦進曰⑬、先生若有異聞、請為啓沃之⑭、僕不忍兔命、帥尒輒談之⑮、伏乞先生、莫秘春雷⑯、隠士曰、夫爀爀弘陽、輝光煸朗、然盲瞽之流、不見其曜⑰、磤磤霹靂、震響猛厲、然聾耳之族、不信彼響⑱、矧太上秘録、言邈凡耳⑲、天尊隠術、如何妄説⑳、歃血遺盟、太難得聞㉑、鏤骨示信、何曾易伝㉒、所以者何㉓、短綆汲水、懐疑井涸㉔、小指測潮、猶謂底極㉕、苟非其人、閇談喉内㉖、実非其器、秘櫃泉底㉗、然後見機始開、択人乃伝㉘、於是、亀毛公等、並相語曰、昔漢帝冀仙、悃請王母㉙、長房得術、亦学壺公㉚、吾等邂逅、曾無邛原千里之尋㉛、長有彭祖万祀之寿㉜、豈不美哉、亦非幸哉㉝、三人並進、再拝稽顙㉞、請隠士曰、重望垂誨㉟、隠曰、築壇約誓㊱、且示一二耳㊲、爰則承命如言㊳、昇壇結誓㊴、臨坎請盟㊵、契事已畢、増仰指誨㊶、隠曰、然矣、汝等恭聴㊷、今当㊸授子以不死之神術㊹、説汝以長生之奇密㊺、令汝得蜉蝣短齢㊻、与亀鶴相競㊼、跛驢駑足、与応竜斉駿㊽、並三曜以終始㊾、共八仙而相対㊿、朝遊三嶼之銀台(51)、終日優遊(52)、暮経五岳之金闕(53)、達夜逍遥(54)、亀毛等対曰、唯唯、欲聞(55)、隠曰、夫大鈞陶甄、無彼此異、洪鑪鎔鋳、離憎愛執(56)、非独厚彼松喬、薄此項顔(57)、但善保彼性、与不能持耳(58)、養性之方(59)、久存之術(60)、厥途極多、不能具述(61)、聊撮大綱、示其少分(62)、又昔秦始皇漢武帝、内心願仙、外事同俗(63)、鐘鼓鏗鏘、已奪耳聡(64)、錦繍粲爛、忽損目明(65)、紅瞼朱脣、不能暫離(66)、鮮鱗生毛、不退片食(67)、臥屍作観、流血為川(68)、如是事類、難以陳説(69)、流以涓滴、泄以尾閭[1]、心行相違、徒深費労[2]、是猶覆方底於円蓋、願其能合[3]、極功力於寒氷、求其飛焔[4]、何其愚哉[5]、然猥俗謂[6]、帝皇至貴、猶亦不得[7]、而況凡人乎[8]、以此為虚誕[9]、以此号妖狂[10]、何其迷哉[11]、欒太両帝之徒[12]、此乃道中之糟糠、好仙之瓦礫[13]、深可悪之甚[14]、夫如是故[15]、伝必択人、非以尊卑[16]、宜汝等、専心受学[17]、無致後毀耳[18]、能学之人、蓋異此歟[19]、手足所及、豸蟓不傷[20]、身肉之物、精唾不写[21]、身離臯塵、心絶貪慾[22]、目止遠視、耳無久聴[23]、口息麁語、舌断滋味[24]、克孝克信、且仁且慈[25]、蹶千金以如薹芥[26]、臨万乗而如脱躧[27]、視繊腰如鬼魅[28]、見爵禄如腐鼠[29]、怕乎無為[30]、澹然減事[31]、然後始学、不異指掌[32]、但俗人尤所翫好、則道侶甚所禁忌耳[33]、若能離此、得仙非難[34]、五穀者腐腑之毒[35]、五辛者損目之鴆[36]、醴醪者断腸之劒[37]、豚魚者縮寿之戟[38]、蟬鬢蛾眉、伐命之斧[39]、歌舞踊躍、奪紀之鉞[40]、大咲大喜、極忿極哀、如此之類、各多所損[41]、一身之中、既多如此敵[42]、若不絶此讎、長生久存、未有所聞[43]、離此、於俗尤難、絶此、得仙尤易[44]、必須先察其要、乃可服餌耳[45]、白朮[46]黄精[47]、松脂[48]穀実[49]之類、以除内痾[50]、蓬矢葦戟[51]、神符呪禁之族[52]、以防外難[53]、呼吸候時[54]、緩急随節[55]、扣天門以飲醴泉[56]、堀地府以服玉石[57]、草芝宍芝、以慰朝飢[58]、伏苓威僖、以充夕憊[59]、則日中淪影[60]、夜半能書[61]、地下徹瞻[62]、水上能歩[63]、鬼神為隷[64]、竜騄為騎[65]、呑刀呑火、起風起雲[66]、如此神術、何為不成[67]、何願不満[68]、又有白金黄金、乾坤至精[69]、神丹練丹、薬中霊物[70]、服餌有方[71]、合造有術[72]、一家得成、合門凌空[73]、一銖纔服、白日昇漢[74]、其餘呑符餌気之術[75]、縮地変躰之奇[76]、推而広之、不可勝計[77]、若叶彼道、若得其術[78]、即改形改髪[79]、延命延寿[80]、死籍数削[81]、生葉久長[82]、上則跨蒼蒼而翺翔[83]、下則躡倒景而儴佯①、鞭心馬而馳八極②、油意車以戯九空③、放曠赤烏之城④、優遊紫微之殿⑤、視織女於機上⑥、要姮娥於月中⑦、訪帝軒而為伴⑧、覓王喬而為徒⑨、察荘鵬之牀⑩、見淮犬之迹⑪、窮列馬之庛⑫、尽牽牛之泊⑬、任心偃臥⑭、逐思昇降⑮、淡怕無慾、寂寞無声⑯、与天地以長存、将日月而久楽⑰、何其優哉⑱、如何其曠矣⑲、東父西母、何足恠乎⑳、是蓋吾所聞学霊宝之密術歟㉑、顧惟世俗㉒、纏縛貪慾㉓、煎迫心意㉔、羈縻愛鬼㉕、燋灼精神㉖、営朝夕食、労夏冬衣㉗、願浮雲富㉘、聚如泡財㉙、邀不分福㉚、養若電身㉛、微楽朝臻㉜、笑天上楽㉝、小憂夕迫㉞、如没塗炭㉟、娯曲未終、悲引忽逼㊱、今為卿相、明為臣僕㊲、始如鼠上之猫、終為鷹下之雀㊳、恃草上露、忘朝日至㊴、憑枝端葉、忘風霜至㊵、咨可痛哉㊶、何異鷦鳩㊷、曷足言哉㊸、其吾師之教与汝所説之言㊹、汝等之所楽与吾類之所好㊺、誰其優劣、孰其勝負㊻、於是亀毛公蛭牙公子兎角公等、並啓而称曰㊼、我等幸遇好会㊽、適承讜言㊾、方知鮑麞至臰㊿、方壺極香(51)、犨糜之醜、子都之好(52)、金石有隔、薫蕕無比(53)、従今以後(54)、専心練神(55)、永味斯文也(56)。

一一一ページ

（1）「先に座側に在り」の「座側」は、座席のかたわら。『孔子家語(けご)』三恕篇に「常に座側に置く」とあり、『文選』の潘岳(はんがく)「寡婦の賦」に「孤孩(みなしご)を坐側に提ぐ」とある。

（2）「愚を詳(いつわ)り智を揜(ひそ)む」の「愚を詳る」は、『抱朴子』漢過篇に「高俊は括嚢(かつのう)して愚を佯(いつわ)る」とあり、愚者をよそおう、馬鹿の真似をするの意。「詳」は佯と同じ。「智を揜(ひそ)む」は、孟郊の「秋懐」の詩に

「才を露わして一たび讒せられ、智を潜むること早已に深し」の「潜智」と同義。
(3)「光を和らげ狂を示す」の「光を和らぐ」は、『老子』第四章「其の光を和らげ其の塵に同じくす」。「狂を示す」は、『史記』宋世家「狂を佯して奴と為る」とあり、ここの「示す」は佯と同じく、うわべをよそおうの意。
(4)「蓬乱の髪は、登徒が妻を踰ゆ」は、「登徒子……其の妻は蓬頭云々」と六六ページ注(41)に既出。
(5)「濫縷の袍は、董威が輩を超えたり」は、『芸文類聚』巻七十八に引く『神仙伝』に「董威輦は何許の人なるを知らず。晋武の末、洛陽の白社の中に在りて寝息す。身上の藍縷、衣は形を蔽わず。恒に一石子を呑み、日を経て食わず」とあり、また『抱朴子』雑応篇にも「洛陽に道士の董威輦あり、常に白社の中に止まり、了に食わず」とある。「濫縷」は「藍縷」とも書き、襤褸と同じ。やぶれた衣服、つづれ、ぼろ。『左伝』宣公十二年に「篳路と藍褸」とあり、陶淵明「飲酒」の詩に「茅簷の下に繿縷」とある。「袍」は、綿入れ、ぬのこ。『礼記』玉藻篇に「緼を袍と為す」とあり、『論語』子罕篇に「敝れたる緼袍を衣る」とあるのを参照。

一一二ページ

(1)「慠然として箕踞す」は、『広弘明集』巻四の彦琮「通極論」に「慠然として尊処す」とあり、「慠然」は、尊大なさま。「箕踞」は、『史記』張耳陳余列伝に「高祖箕踞して罵り、詈ること甚だ慢なり」とあり、足を投げ出して坐ること。
(2)「莞爾(尓)として微笑す」は、『論語』陽貨篇に「夫子、莞爾として笑う」とあり、「莞爾」は、微笑するさま。「微笑」の語は、『文選』に幾つか用例が見える。たとえば張衡の「思玄賦」に「朱脣を離いて微笑す」

(3)「脣を陳き頬を緩くす」の「脣を陳く」は、前注の「脣を離く」と同義。「頬を緩くす」は、顔色をやわらげること。『史記』魏豹伝「頬を緩くし往いて魏豹に説く」

(4)「睢盱として告ぐ」の「睢盱」は、『文選』の王延寿「魯の霊光殿の賦」に「鴻荒は樸略、厥の状は睢盱」とあり、注に「質朴の形」とある。ここはゆったりとしたさま。

(5)「吁吁、異なる哉」は、前注に引いた『文選』の「魯の霊光殿の賦」に「吁、畏るべきかな、其の人を駭かすや」とあり、同じく潘岳「西征の賦」に「異なる哉、秦の始皇の君たるや」とある。

(6)「卿の薬を投ずること」の「卿」は、『文選』の曹植「楊徳祖に与うる書」に「卿は何の疑難する所ぞ」とあり、きみ、そなたの意。「薬を投ず」は、姚秦の竺仏念訳『菩薩瓔珞経』巻一（大正十六2c）に「病の深浅を了して、後乃ち薬を投ず」とある。

(7)「前には千金の裘を視て、猶お竜虎（虒）に対うがごとし」の「千金の裘」は、『文選』の王褒「四子講徳論」に「千金の裘は一狐の腋に非ず」とあり、『史記』劉敬叔孫通列伝の論賛に見える語。高価な皮衣。「竜虎に対う」は、『広弘明集』巻四の彦琮「通極論」に「虎を料るが如く、復た竜を見るに似たり」とあり、『史記』老子伝には「(孔子曰く、)吾れ今日老子を見るに猶お竜のごときか」とある。竜や虎のように偉大なものの前に立つの意。

(8)「今は寸歩の虵を観て、鼱鼩を瞻るが若し」の「寸歩」は、『神仙伝』薊子訓伝に「吾れ千里に倦まず、豈に寸歩を惜しまんや」、また唐の盧照鄰の「釈疾文」の序に「千里を寸歩とし、山河を咫尺とす」とあり、短小の意。「寸歩の虵」とは、小さな蛇をいう。「虵」は蛇と同じ。「鼱鼩」は、いたち。『文選』の東方朔「客の難に答う」に「譬えば由お鼱鼩の狗を襲い、孤豚の虎を咋わんとするがごとし、至れば則ち靡からんのみ、何の功か有らん」とあり、「瞻るが若し」とは、鼱鼩を見るようにその発言が見すぼらしく思われるの意。「瞻」は見と同義。

(9)「如何ぞ己れの身の膏肓を療さずして」の「如何ぞ」は、『文選』の王粲「蔡子篤に贈る詩」に「如何ぞ思うこと勿きや」とあり、「己れの身」は『顔氏家訓』兄弟篇に「己れの身の(親より)分たれし気を惜しむ」とある。「膏肓」は、重い病をいい、『左伝』成公十年に見える語。「疾為むべからざるなり。肓の上、膏の下に在り。之を攻むれども不可なり云々」。「療す」は癒と同義。『後漢書』李通伝「職に居て疾を療す」

(10)「輒爾として他人の腫れし脚を発露するや」の「輒爾」は、にわかに、ほしいままにの意。『大宝積経』巻五十六(大正十一326c)に「汝若し輒爾として我が髪を剃らば当に汝の腕を截るべし」。「腫脚」は、『易林』巻十三に「脛を腫らし腹を病ましむ」、また唐の義浄訳『根本説一切有部毘奈耶』巻二十五(大正二十三763c)に「腫脚・禿臂」とあり、『説文解字』に「脚は脛なり」とある。「発露」は、あらわす、あばき立てる。『文選』の陳琳「袁紹の為に豫州に檄す」に「会たま其の行人発露して(公孫)瓚も亦た梟夷せらる」

(11)「卿の病を療するが如きは、治せざるに如かず」は、唐の蘇敬の『新修本草』巻一に「諺に云う、俗に良医無く、枉死する者半ば。拙医の病を療するは、療せざるに如かず、と」

(12)「粤に亀毛公、愕然として顧眄し」の「粤に」は、九九ページ注(70)に既出。「愕然」は、驚くさま。『史記』留侯世家に「愕然として之を殴たんと欲す」。「顧眄」は、周囲を見まわすこと。『文選』の王延寿「魯の霊光殿の賦」に「俯仰顧眄し東西に周章す」

(13)「靦たること有りて進みて曰く」の「靦たること有り」は、『文選』の左思「魏都賦」に「靦たる瞢容有り」とあり、『詩経』の小雅「何人斯」の詩句「靦たる面目有り」に本づく。「瞢」、「靦」はともに恥じるさま。「進みて曰く」も、『文選』に多く用例が見える。たとえば司馬相如「封禅文」に「是に於て大司馬進みて曰く」

(14)「先生若し異聞有らば、請う為に之を啓沃せよ」の「異聞有り」は、『論語』季氏篇の言葉。「子も亦た異聞有りや」。「啓沃」は、『書経』説命篇の語。「乃が心を啓きて朕が心に沃げ」

(15)「僕、兎(角公)の命に忍びずして帥爾に輒ち之を談ず」の「僕」は、『文選』に多く用例の見える一人称の代名詞。たとえば潘岳「秋興の賦」「僕は野人なり」など。「命に忍びず」も、『文選』の干宝「晋紀総論」に「百姓の命に忍びず」とあるが、ここは兎角公の仰せに背くに忍びずの意。「帥爾」も、『文選』の揚雄「甘泉賦」に「帥爾として陰に閉ざし、霅然として陽に開く」とある。ただし、ここは『論語』先進篇「率爾として対う」の「率爾」と同義。あわただしく、軽率にの意。

(16)「春雷を秘する莫れ」の「春雷」は、『文選』の左思「魏都賦」に「春霆は響きを発して驚蟄飛競す」とあり、『呂氏春秋』開春論の「開春始めて雷あれば則ち蟄虫は動く」に本づく。

(17)「爀爀たる弘陽は輝光煽朗なれども、然れども盲瞽の流は其の曜きを見ず」の「爀爀たる弘陽」は、『荘子』田子方篇に「至陽は赫赫」とあり、「爀」は赫と同じ。「弘」は大の意。「輝光」は、『文選』の阮籍「詠懐詩」に「灼灼として輝光有り」。「煽朗」は、盛んな輝き。晋の阮脩「上巳の会」の詩に「英華扇耀」とあり、「煽」は扇と同じ。「盲瞽の流は其の曜きを見ず」は、『抱朴子』論仙篇に「明の棄つる所は則ち三光も之をして見しむる能わず、……瞽者は之を物無しと謂う」とあり、「其の曜き」も同じく広譬篇に「日月は其の輝きを私せず」とある。「曜」は耀と同じ。

(18)「磤磤たる霹靂は震響猛厲なれども、然れども聾耳の族は彼の響きを信ぜず」の「磤磤たる霹靂」は、『詩経』召南「殷其雷」の詩句に「殷たる其の雷」とあり、『芸文類聚』巻二に引く『公羊伝』

注に「雷の疾くして甚だしきものを震と為し、震と霆と皆な霹靂と謂う」とある。「磤」は殷と同じで、雷鳴のすさまじいさま。「震響」は、『文選』の沈約「斉の故の安陸昭王の碑文」に「震響は雷を成す」とあり、「猛厲」の語は、後漢の李尤「函谷関の賦」に「群類の従う所を統べ、固守の猛厲を厳にす」とある。「聾耳の族は彼の響きを信ぜず」は、『抱朴子』広譬篇に「震雷は輷輵として音を聾聵の耳に致す能わず」とあり、「信ぜず」も、同じく論仙篇に「聾瞽、形器に在りては則ち豊隆と玄象とを信ぜず」とある。

(19)「矧んや太上の秘録は、言、凡耳に邈かなるをや」の「矧んや」は、況と同じで、『文選』に多く用例が見え、たとえば禰衡「鸚鵡の賦」に「矧んや禽鳥の微物は云々」。「太上の秘録」は、法琳『弁正論』巻二に天尊の十種の号を挙げて「五に太上と号す」とあり、唐の陳子昂「洛城観酺」の詩に「蒼極に神功被い、青雲に秘籙開く」とある。「籙」は、道教の文書をいい、録と通用。「言、凡耳に邈かなり」の「凡耳」は、『文選』の陸機「演連珠」に「絶節高唱は凡耳の悲しむ所に非ず」とあり、「邈か」は、阮籍の「伏義に答うる書」に「世に邈かにして高く超ゆ」とある。

(20)「天尊の隠術、如何ぞ妄りに説かん」に、『隋書』経籍志「道経」の条に「天尊の体は常存不滅、天地初めて開くに至る毎に、或は玉京の上に在り、或は窮桑の野に在り、授くるに秘道を以てす。……世人は之に予る莫し」とある。「隠術」は、隠秘な道術。上文の「秘録」に対する造語。四七ページ注(32)の「隠鈴」を参照。「如何ぞ妄りに説かん」は、『文選』の班彪「北征賦」に「如何ぞ夫子の妄りに説くや」とある。

(21)「血を歃りて盟を遺すも、太だ聞くを得難し」に、『抱朴子』金丹篇に「血を唼りて盟を為す。神仙の骨無ければ、亦た此の道を見るを得べからざるなり」とあり、「遺盟」は、阮籍の「東平賦」に

「純一の遺し誓いを誦す」とある。「歠」は啜と同義。「太だ聞くを得難し」は、『金光明最勝王経』序品（大正十六404ａ）に「金光明の妙法は……甚深にして聞くを得難し」

(22)「骨に鏤みて信を示すも、何ぞ曾て伝え易からん」の「骨に鏤む」は、『顔氏家訓』序致篇に「肌に銘し骨に鏤む」とあり、「信を示す」は、『左伝』僖公二十七年に「原を伐ちて以て之に信を示す」とある。「何ぞ曾て」は、『文選』に多く見える語法。たとえば曹丕の「呉質に与うる書」「何ぞ曾て須臾にして相い失えるや」など。

(23)「所以は何ぞ（所以者何）」は、漢訳仏典に多く見える成語。たとえば『維摩経』弟子品（大正十四539ｃ）に「所以は何ぞ、憶念す、我れ昔云々」

(24)「短き綆もて水を汲み、疑いを井の涸れたるに懐く」は、『抱朴子』塞難篇に「一尋の綆を以て百仞の深きに汲み、用うる所の短きを覚らずして井に水無しと云う」とあり、『荘子』至楽篇「綆短き者は以て深きに汲むべからず」に本づく。「疑いを懐く」は、『文選』の曹植「王仲宣の誄」に「子は猶お疑いを懐く」

(25)「小さき指もて潮を測り、猶お底極まると謂う」も、『抱朴子』論仙篇に「いわゆる指を以て海を測り、指極まって水尽きたりと云う者なり」とあり、『漢書』東方朔伝（『文選』東方朔「客の難に答う」）に「管を以て天を闚い、蠡を以て海を測る」とある。

(26)「苟も其の人に非ざれば、談を喉の内に閇ず」は、『抱朴子』金丹篇に「苟も其の人に非ざれば、玉を積むこと山の如しと雖も此の道を以て之に告ぐること勿れ」とあり、「苟も其の人に非ざれば」は、『易』繫辞伝下の語。「閇」は閉の俗字。

(27)「実に其の器に非ざれば、櫃を泉底に秘す」の「其の器に非ず」は、『易林』巻十に「乗ること其の器に非ず、足を折り、餗を覆す」。「櫝を泉底に秘す」は、『抱朴子』金丹篇に「太清観天経に九篇有り。其の上の三篇は教授すべからず。其の中の三篇は世伝うるに足る無し。当に之を三泉の下に沈むべし。下の三篇は正に是れ丹経なり」とあり、同じく序の文に「(内篇は)以て名山石室に蔵するに足らずと雖も且く之を金匱に緘して以て識者に示さんと欲す」とある。「匱」は櫝と同じで、文書を容れる箱。「泉底」は、水の底もしくは地の底。

(28)「機を見て始めて開き、人を択んで乃ち伝う」の「機を見る」は、『易』繋辞伝下に「君子は幾を見て作つ」とあり、「幾」は機と同じ。「人を択んで乃ち伝う」は、『抱朴子』弁問篇に「夫れ道家は、仙術を宝秘す。弟子の中すら、尤も簡択ぶことを尚び、至精彌いよ久しきひとにして然る後に之に告ぐるに要訣を以てす」とあり、「択人」の語は、『文選』の何晏「景福殿の賦」に「眩わざること焉にか在る、人を択ぶに在り」とある。

(29)「昔は漢帝、仙を冀い、悃に王母に請う」は、漢の班固の著とされる『漢武内伝』の記述をふまえる。「漢の武帝、長生の術を好みて道を求む。西王母、使を遣わし帝の為に報じて曰く、七月七日、我れ当に暫く来るべしと。……王母至る。……帝乃ち地に下り、叩頭して自ら陳べて云う、……願わくは長生の術を賜わらんことをと云々」。「悃請」は懇請と同じ。唐の裴鉶の「道生の旨」に「敢て匍匐して懇請す」

(30)「長房が術を得たる、亦た壺公に学ぶ」は、『後漢書』費長房伝に「(壺中の)翁曰く、我は神仙の人なり。……子寧に能く相い随うか、と。長房遂に道を求めんと欲す。……是に於て遂に随従して深山に入る。……翁曰く、子は幾んど道を得たり。……為に一符を作りて曰く、此を以て地上の鬼神に主となれ云々」とある。また葛洪の『神仙伝』巻五の壺公伝にもほぼ同文が見えている。

(31)「吾等の邂逅する、曾て邴原千里の尋ね無く」の「吾等」は、『法句譬喩経』巻四（大正四604c）に「吾等の得る所は、正に是れ涅槃なり」。「邂逅」は、『詩経』鄭風「野有蔓草」に「邂逅して相い遇い、我が願いに適う」とあり、期せずして会うこと。「曾て無し」は、六五ページ注（33）に既出。「邴原千里の尋ね」は、『三国魏志』邴原伝に引く「別伝」に「遠く遊学せんと欲して安丘の孫崧に詣る。崧辞して曰く、君が郷里の鄭君は……誠に学者の師模なり。君乃ち之を舎て、屣を千里に躡まんとするか。……原曰く、……人各おの志有り、規る所同じからず云々」

(32)「長く彭祖が万祀の寿有り」は、『芸文類聚』巻七十八に引く『神仙伝』に「彭祖は諱は鏗、帝顓頊の玄孫、殷の末世に至り、年已に七百余歳にして衰えず。……其の後七十余年、門人、流沙の西に於て之を見る」とある。「万祀」は、万年。『文選』の張衡「南都賦」に「万祀に弥りて衰うる無し」とある。

(33)「豈に美ならずや、亦た幸に非ずや」は、『文選』の鍾会「蜀に檄する文」に「永安の計に就く、豈に美ならずや」とあり、同じく曹植「自ら試みんことを求むる表」に「厚き幸と謂うべし」とある。なお「亦非幸哉」は、おそらく「非亦幸哉」の誤写であろう。仁平四年写本は「非亦幸哉」に作っている。ちなみに『聾瞽指帰』真筆本には、この四字がない。

(34)「三人並び進んで再拝稽顙す」の「並び進む」は、『文選』の嵆康「琴の賦」に「双美並び進む」とあり、「再拝稽顙」も同じく揚雄「長楊賦」に「再拝稽首して曰く」とある。「稽顙」は稽首と同義。『文選』の李陵「蘇武に答うる書」に「身を屈して稽顙す」とあり、顙を地につけておこなう最敬礼。

(35)「重ねて望むらくは誨えを垂れよ」は、『究竟大悲経』巻三（大正八十五1373c）に「願わくは為に重ねて説け」とあり、「誨えを垂る」は、『広弘明集』巻二十二の柳宣「翻経の大徳に与うる書」に「誨えを垂るること斐斐たり」

(36)「壇を築いて誓いを約す」は、『抱朴子』金丹篇に「余が師の鄭君は予が従祖の仙公（葛玄）の弟子なり。……余は親しく之に事え、……馬迹山中に於て壇を立てて盟いて之を受く」とある。

(37)「且く一二を示さん耳」の「且く示す」は、『文選』の謝霊運「華子崗に入る」の詩に「且く独往の意を申す」とある。「一二」は、僅か、少し。『荀子』非相篇「億万を知らんと欲すれば則ち一二を審らかにす」

(38)「爰に則ち命を承けて言の如くす」の「命を承く」は、『文選』の呉質「東阿王に答うる書」に「質は小人にして以て命を承くる無し」。「言の如くす」も、同じく宋玉の「高唐賦」に「旦朝、之を視るに言の如し」

(39)「壇に昇って誓いを結ぶ」は、『抱朴子』明本篇に「壇に登り血を歃って乃ち口訣を伝う」とあり、「結誓」の語は、陶淵明「閒情の賦」に「自ら往いて誓いを結ばんと欲す」

(40)「坎に臨んで盟を請う」は、『礼記』曲礼篇下「牲に臨むを盟と曰う」の鄭玄の注に「坎に牲を用い、臨みて其の盟書を読む」とあり、同じく『周礼』秋官、司盟の注に「牲を殺して血を取り、其の牲を坎にし、書を上に加きて之を埋む」とある。「盟を請う」は、『左伝』僖公七年に見える語。「鄭伯、盟を斉に請わしむ」

(41)「契事已に畢って、増ます指誨を仰ぐ」の「契」は誓と同義。『子華子』孔子贈篇に「将に誓事を前に受けんとす」とある。「已に畢る」は、『文選』の宋玉「高唐賦」に「言辞已に畢る」。「指誨」は、韓愈「独孤少監の墓誌銘」に「勧飭指誨して以て後生を進む」

(42)「隠（士）曰く、然り、汝等恭みて聴け」は、『世説新語』識鑒篇に「庾（亮）大笑して曰く、然り」

とあり、「汝等」は、『文選』の賈誼「屈原を弔う文」に「汝等、時時銅雀台に登り云々」とある。「恭みて聴く」は、『文選』の潘勗「魏公を九錫に冊する文」「敬んで後命を聴け」の「敬みて聴く」と同義。

(43)「今当に…べし」は、五一ページ注(52)に既出。

(44)「子に授くるに不死の神術を以てす」の「子に授く」は、『文選』の班固「東都賦」に「今将に子に授くるに五篇の詩を以てせんとす」。「不死の神術」は、『唐書』李泌伝に「常に嵩華終南の間に遊びて神仙不死の術を慕う」とあり、『抱朴子』論仙篇に「不死の道、曷為れぞ之無からん」とある。「神術」の語は、『後漢書』方術伝「王喬は河東の人、……神術有り」

(45)「汝に説くに長生の奇密を以てす」は、『抱朴子』微旨篇に「之に説くに世道の外を以てす」とあり、同じく釈滞篇に「人に告ぐるに長生の訣を以てす」とある。「奇密」は、『晋書』張華伝「天下の奇秘、世の希に有る所」の「奇秘」と同義。

(46)「汝をして得しめん」は、『詩経』魯頌「閟宮」の詩の「昌えて大」の孔穎達の疏に「汝をして福を得しむ」

(47)「蜉蝣の短齢、亀鶴と相い競う」は、『文選』の郭璞「遊仙詩」に「蜉蝣の輩、寧に亀鶴の年を知らんや」とあり、「蜉蝣」は、虫の名、かげろう。『淮南子』説林訓に「鶴の寿は千歳、……蚍蝣は朝に生まれて暮に死す」とあり、『抱朴子』対俗篇に「諸虫は亀鶴を学ぶ能わず。是を以て短折するのみ」とある。「短齢」は、短い年齢。同じく対俗篇には「短促の年命」とある。

(48)「跛驢の駑足、応竜と駿を斉しくす」は、『抱朴子』序に「勁翮を鷦鷯の群に戢め、逸跡を跛驢の伍に蔵す」とあり、「跛驢」は、脚のわるい驢馬。「駑足」は、『芸文類聚』巻四十八に引く沈約「五兵尚書を譲る表」に「駑足蹇歩」とある。駑馬の歩み。「応竜」は、翼のある竜。『文選』の班固「西都賦」に「応竜の虹梁を抗ぐ」。「駿を斉しくす」も、同じく曹植「七啓」に「駿騄斉しく驤す」とあり、「駿」は足の速い馬。ここは速さの意。

(49)「三曜と並にして以て終始す」は、『芸文類聚』巻一に引く晋の楊乂の「雲の賦」に「三曜と与にして光を斉しくす」とあり、同じく巻二十七に引く魏の崔琰「述初賦」に「三光と与にして終始す」とある。「三曜」は三光と同じく、日月星辰の光。

(50)「八仙と共にして相い対す」の「八仙」は、『芸文類聚』巻七十八に引く陳の沈炯の「林屋館の記」に「淮南八仙の図」とあり、同じ巻に引く『神仙伝』に「漢の淮南王劉安、神仙黄白の事を言う。……是に於て八公乃ち王に詣り、丹経及び三十六水方を授く」とあり、「八公」とは左呉・李尚・蘇飛・田由・毛披・雷被・晋昌・伍被の八人をいう。「相い対す」は、『文選』の王延寿「魯の霊光殿の賦」に「儼雅しく跪きて相い対す」

(51)「朝には三嶼の銀台に遊ぶ」の「朝には遊ぶ」は、下句の「暮には云々」とともに『文選』の謝霊運「魏の太子の鄴中集に擬する詩」に「朝には游びて鳳閣に登り、日暮れては華沼に集う」とある。「三嶼の銀台」は、『史記』封禅書に「人をして海に入りて蓬萊・方丈・瀛州を求めしむ。此の三神山は其の伝に渤海中に在り云々……諸仙人および不死の薬みな在り。……金銀もて宮闕と為す」とあり、「嶼」は島、海中の山。「銀台」の語は、『文選』の張衡「思玄賦」に「王母を銀台に眄、玉芝を羞めて以て飢えを療す」

(52)「終日優遊」は、『詩経』斉風「猗嗟」の詩に「終日侯を射る」、同じく大雅「巻阿」の詩に「優游して爾に休わん」とある。「遊」は游と同じ。

(53)「暮には五岳の金闕を経」の「五岳」は、『文選』の木華「海の賦」に「五岳は鼓舞して相い磓つ」とあり、注に「太山、華山、衡山、常山、嵩山」とある。「金闕」は、『芸文類聚』巻七十八に引く梁の簡文帝「招真館の碑」に「上りて玉清に遊び、……高く金闕を排す」

(54)「達夜逍遥」の「達夜」は、夜もすがら。六三ページ注(27)に既出。「逍遥」は、『荘子』逍遥遊篇「逍遥乎として其の下に寝臥す」

(55)「唯唯、聞かんと欲す」の「唯唯」は、九九ページ注(71)に既出。「聞かんと欲す」は、『文選』の枚乗「七発」に「太子は豈に之を聞かんと欲するか」

(56)「大鈞は陶甄して彼此の異無く、洪鑪は鎔鋳して憎愛の執を離る」の「大鈞」は、大きな轆轤、造物主にたとえる。『文選』の賈誼「鵩鳥の賦」に「大鈞は物を播す」、同じく盧諶「劉琨に贈る」の詩に「大鈞載き運りて良辰遂りて往く」。「陶甄」も、『文選』の張華「女史箴」に「既に陶し既に甄す」。「甄」は陶器師が瓦器を造ること。「陶甄」は造化のいとなみに譬える。「彼此の異無し」は、『抱朴子』塞難篇に「天道は無為にして物の自然に任ず。親無く疎無く、彼無く此無し。……譬えば猶お金石の炉冶に消され、瓦器の陶竈に甄らるるがごとし」、また同じく論仙篇に「皇天の命を賦つ、彼此有る無し」。「洪鑪」は、『抱朴子』勗学篇に「九陽の洪炉を鼓して大鈞を皇極に運かす」とあり、『荘子』大宗師篇「天地を以て大鑪と為し、造化を以て大冶と為す」に本づく。「洪」は大と同義。「鎔鋳」は、同じく大宗師篇に「大冶、金を鋳る」とあり、『塩鉄論』通有篇に「欧冶は鎔鋳を以てす」とある。「憎愛の執を離る」は、『広弘明集』巻二十二の朱世卿「性法自然論」に「天道は愛憎に無心」とあり、「執を離る」は、無心と同義。「執」は執着。『広弘明集』巻二十七の王融「浄住子法門頌」に「淡然として執無く化と遊ぶ」

(57)「独り彼の松喬に厚くして此の項顔に薄くするのみに非ず」は、『抱朴子』塞難篇に「何為れぞ喬松凡人をして不死の寿を受け、而も周孔大聖をして久視の祚無からしむるや」とあり、「松喬」の語は、『文選』の班固「西都賦」に「庶わくは松喬の群類、時に斯の庭に遊び従わんことを」とある。赤松子と王子喬の二人の仙人をいう。李善の注に引く『列仙伝』にそれぞれ伝記が見えているのを参照。「項顔」は、『顔氏家訓』帰心篇に「項橐と顔回の短折」とあり、「項橐」は『史記』甘茂伝に「項橐は生れて七歳、孔子の師と為る」、「顔回」は『論語』雍也篇に「顔回という者有り、学を好み、不幸にして短命にして死す」

(58)「但だ善く彼の性を保つと持つ能わざるとのみ」は、『淮南子』覧冥訓に「性を全うし真を保ちて其の身を虧わず」とあり、「保」は全と同義。また『抱朴子』極言篇に「身を治め性を養うは、務めて其の細を謹む。小益を以て不平と為して修めざるべからず。……能く之を微に愛して之を著に成す」とあり、「持つ能わず」は、『荘子』庚桑楚篇に「(霊台は)其の持つ所を知らざれば、持つべからざるものなり」とある。「持」も「保」と同義。

(59)「養性の方」は、『抱朴子』極言篇に「養生の方は、唾して遠くに及ばず、行いて疾く歩かず、耳は聴を極めず、目は久しく視ず云々」

(60)「久存の術」は、『老子』第五十九章に「長生久視の道」とあり、「視」は存活の意。

(61)「厥の途極めて多く、具さに述ぶる能わず」は、『広弘明集』巻十五の沈約「仏記」序に「斯の道は衆し」とあり、孔穎達の『周易正義』序に「此には未だ具さに論ぜず」とある。

(62)「聊か大綱を撮って其の少分を示さん」は、『文選』の陳琳「曹洪の為に魏の文帝に与うる書」に「粗大綱を挙ぐ」とあり、同じく孔安国「尚書序」に「其の宏綱を挙げ、其の機要を撮る」とある。

「少分」の語は、『金光明最勝王経』蓮華喩讃品（大正十六423ａ）に「中に於て少分も尚お知り難し」

(63)「又た昔、秦の始皇、漢の武帝、内心には仙を願うも外事は俗に同じ」は、『史記』封禅書に「秦の始皇二十八年、……徐市を遣わし、男女数千人を発して海に入りて仙人を求めしむ」、「黄帝既に天に上る。……天子（漢の武帝）曰く、嗟乎、吾れ誠に黄帝の如きを得ば、吾れ妻子を去つるを視ること躧を脱ぐが如きのみ」などとある。「内心」は、『説苑』修文篇に「服、象を成さずして内心変ぜず」。「外事」は、『史記』伍子胥伝に「伍胥、公子光に内志有りて説くに外事を以てすべからざるを知る」。「俗に同じ」は、『荘子』譲王篇に「此れ有道者の俗に異なる所以のものなり」とあるのを参照。また『抱朴子』論仙篇に「秦皇と漢武、之を求めて獲ず。……彼の二主は、徒らに仙を好むの名有りて道を修むるの実無し」、『芸文類聚』巻七十八に引く晋の庾闡の「列仙論」に「秦皇漢武は体に霊骨無く、奇化を懐うと雖も尸没に終わる」、『漢武内伝』に「劉徹（武帝）は……形漫にして神穢れ、肉多く精少し。瞳子夷らかならず三尸擾乱す。殆ど仙才に非ず」とあるのなどを参照。

(64)「鐘鼓は鏗鏘として已に耳の聡を奪う」は、『抱朴子』論仙篇に「人君は千石の鐘を撞き、雷霆の鼓を伐ち、……精を喪い耳を塞ぐ」とあり、同じく塞難篇に「(道家は)鏗鏘を其の耳に抑う」、暢玄篇に「五声八音、清商流徴は聡を損なうものなり」などとある。「鏗鏘」は、金玉の鳴る音。

(65)「錦繡は粲爛として忽ち目の明を損なう」は、『抱朴子』暢玄篇に「鮮華豔采、彧麗炳爛は明を傷なうものなり」とあり、同じ喩蔽篇に「五色聚まりて錦繡麗し」、塞難篇に「(道家は)粲爛を其の目に割く」などとある。「粲爛」は、美しく輝くさま。

(66)「紅瞼朱脣は、暫くも離るる能わず」の「紅瞼」は、紅の瞼。「瞼」は『聾瞽指帰』真筆本も「瞼」に作るが、六朝の詩は多く「臉」に作る。「臉」は頬。たとえば『芸文類聚』巻三十二に引く江総

「閨怨」の詩に「紅臉脉脉一生啼き、黄鳥飛飛時有りてか度る」。「朱脣」は、『文選』の宋玉「神女の賦」に「朱脣は約として其れ丹の若し」。「暫く離る」は、『文選』の江淹「別れの賦」に「暫く離るるの状を摹す」

(67)「鮮鱗生毛は片食にも退けず」は、『抱朴子』論仙篇に「人君は肥えたるを烹、脂えたるを宰し、群生を屠割し、八珍百和……旨嘉に饜飫く」とあり、「鮮鱗」は、新鮮な魚。孟郊「峡哀」の詩に「峡乱れて清磬鳴り、産石鮮鱗と為る」とあり、『文選』の応璩「満公琰に与うる書」には「鮮魚をして潜淵より出ださしむ」とある。「生毛」は、生きた獣。同じく左思「蜀都賦」に「毛群陸離」とあり、注に「毛群は獣なり」とある。なお「生獣」の語は『周礼』天官、獣人の職に見える。「片食」は、わずかな食物。『北史』盧叔彪伝に「魏収嘗て来りて之に語る。良久しくて食至る。但だ粟食葵菜あるのみ。木椀もて之を盛る、片脯のみ」とあるのを参照。

(68)「臥せる屍は観を作し、流れる血は川を為す」は、『抱朴子』論仙篇に「伏せる尸は千里、流れる血は滂沱たり」、「生きたるを坑にし、伏せたるを煞すこと動に数十万、京観して尸を封ず」などとあり、「京観」は『左伝』宣公十二年に見える語。武功を示すために敵の屍を高く積みあげてその上に土を盛った塚。ここは獣や魚の死骸をうず高く積みあげるの意。「流れる血は川を為す」は、王隠の『晋書』荀晞伝に「日に千人を斬り、流れる血は川を成す」、また『増一阿含経』巻二十六(大正二6929)に「流れる血は河を成す」

(69)「是の如きの事類、以て陳説すること難し」の「事類」は、『風俗通』正失篇に「事類を推す」とあり、「陳説」は、『文選』の嵆康「絶交書」に「平生を陳説す」

一一三ページ

(1)「流すに涓滴を以てし、泄らすに尾閭を以てす」は、『文選』の嵆康「養生論」に「之を益すに畎澮を以てし、之を泄らすに尾閭を以てす」とある。「涓滴」は、ひとしずくの水。唐の駱賓王の「兗州に上る啓」に「繊鱗を涓滴に濯う」。「尾閭」は、『荘子』秋水篇に見える語。海水の洩れる大きな穴。

(2)「心行相違して徒らに費労を深くす」の「心行」は、心と行ない。『文選』の鄒陽「獄中より書を上りて自ら明らかにす」に「行ないは志と合す」、同じく謝朓「新亭の渚に范零陵と別るるの詩」に「心と事と倶に已む」とあり、上文の「内心は仙を願い外事は俗に同じ」の「心」と「事」を承ける。「費労」は、『文選』の司馬相如「上林の賦」に「神を労し形を苦しめ、……府庫の財を費す」

(3)「是れ猶お方底に円蓋を覆いて、其の能く合わんことを願い」の「是れ猶お」は、『文選』の嵆康「養生論」に「是れ猶お一漑の益を識らずして嘉穀を旱苗に望むがごときものなり」。「方底に円蓋云々」は、『顔氏家訓』兄弟篇「猶お方底にして円蓋なるがごとく、必ず合わじ」

(4)「功力を寒氷に極めて其の飛焔を求むるがごとし」は、寒氷を鑽って飛焔を求めるように全く徒労であるの意。一二ページ注(25)の「飛焔を鑽燧に望む」を参照。なお同類の表現として『広弘明集』巻二十二の真観法師「因縁無性論」には「火を鑽って氷を得」、また『抱朴子』刺驕篇には「是れ猶お氷を炙って燥くを求むるがごとし」とある。「功力」の語は、『易林』巻六に「風に順いて火を吹けば……功力を為し易し」。「寒氷」の語は、『文選』の向秀「思旧賦」に「寒氷は凄然たり」

(5)「何ぞ其れ愚なる哉」は、同類の表現が『文選』に多く見える。たとえば孔稚珪「北山移文」に「何ぞ其れ謬れる哉」

(6)「然れども猥俗謂う」の「猥俗」は、『顔氏家訓』風操篇「中外丈人の婦は、猥俗呼びて丈母と為す」

（7）「帝皇の至貴にして猶お亦た得ず」は、『抱朴子』論仙篇「秦皇と漢武、之を求めて獲ず」。一二八ページ注（63）を参照。「帝皇」の語は、六〇ページ注（11）に既出。また『文選』の左思「蜀都賦」に「崤函に帝皇の徳有り」。「至貴」の語は、『荘子』天運篇に「至貴は国爵を弁つ」。「猶お亦た」は、『文選』の曹植「呉季重に与うる書」に「古の君子も猶お亦た諸を病む」などとある。

（8）「而るを況んや凡人をや」は、『文選』の潘岳「西征賦」に「而るを況んや隣里をや」とあり、「凡人」の語は、同じく王褒「四子講徳論」に「凡人は之を視て忽せにす」

（9）「此を以て虚誕と為す」は、『抱朴子』黄白篇「世人多く此の事を疑いて虚誕と為す」、同じく至理篇「仙道を以て虚誕と為す」

（10）「此を以て妖狂と号す」は、『抱朴子』明本篇「真正を謂いて妖訛と為し、神仙を以て誕妄と為す」。「妖狂」の語は、『佩文韻府』に引く『列仙伝』（『太平広記』巻七十は『続仙伝』とする）に見える。「戚氏道、名は逍遥。静室に独居し、食を絶ちて想う。隣里悉く以て妖狂と為す」

（11）「何ぞ其れ迷えるや」は、『顔氏家訓』帰心篇に「何ぞ其れ迷えるや」

（12）「欒太両帝の徒」は、『抱朴子』論仙篇に「秦皇と漢武、之を求めて獲ず。……少君と欒大は之を為して験無し。……彼の二君両臣は自ら求むれども得ず云々」とあり、『史記』封禅書の記述をふまえる。

（13）「此れ乃ち道中の糟糠、仙を好むものの瓦礫」は、『抱朴子』論仙篇に「彼の二主は、徒らに仙を好むの名有りて道を修むるの実無し」とあり、「道中の糟糠」は、『法華経』方便品（大正九７ｃ）に「衆中の糟糠」とある。「糟糠」は、かすとぬか、下等なもの。なお『抱朴子』対俗篇にも同類の表現として「人中の老彭」、「木中の松柏」などが見えているのを参照。「瓦礫」は、瓦や小石。牟子「理惑論」に「瓦礫は多くして賤し」とある。

(14)「深く悪むべきの甚だしきなり」は、『抱朴子』疾謬篇に「道を尋ねて褻謔す、憎むべし悪むべし」

(15)「夫れ是の如きが故に」は、『文選』の李康「運命論」に「夫れ是の如くんば、物の為にするもの甚だ衆くして己れの為にするもの甚だ寡し」

(16)「伝うるに必ず人を択び、尊卑を以てするに非ず」は、『抱朴子』勤求篇「伝うること其の人に非ざれば、戒むること天罰に在り」、また論仙篇「夫れ長生を求め至道を修むるの訣は、志に在りて富貴に在らず。苟も其の人に非ざれば則ち高位厚貨は乃ち重累を為す所以のみ」

(17)「心を専らにして学を受く」は、『抱朴子』論仙篇「心を専らにして長生の道を学ぶ」、また祛惑篇「遠近これに従いて学を受くる者、数千人を著録す」

(18)「後の毀りを致すこと無かるべきのみ」は、『漢書』趙充国伝に「後の咎め」、謝霊運「闕に詣りて自ら理するの表」に「謗りを致す」などの語が見える。「毀」は謗と同義。「致」は招くの意。

(19)「能く学ぶの人は、蓋し此に異なる歟」の「能く学ぶ」は、『論語』述而篇に「弟子、能く学ばず」とあり、「此に異なる」は、『文選』の曹植「自ら試みんことを求むる表」に「古の爵禄を受くる者は此に異なる有り」

(20)「手足の及ぶ所、豸蝝も傷つけず」は、『抱朴子』微旨篇に「長生を求めんと欲する者は……己れを恕して人に及ぼし、仁は昆虫に逮び、……手は生を傷つけず、口は禍を勧めず」。「豸蝝」は、『文選』の張衡「西京賦」に「胎を擭り卵を拾い、蚳蝝尽く取る」また「嬋蜎を増すに此の豸を以てす」とあり、「豸」は足のない虫。「蝝」は蝗の幼虫ともいい、蟻の子ともいう。

(21)「身肉の物、精唾も写さず」の「身肉」は、呉の康僧会訳『六度集経』巻一（大正三1b）に「自ら身肉を割く」とあり、「精唾を写さず」は、『抱朴子』釈滞篇「神仙を求めんと欲すれば、唯だ其の至要を得べきのみ。至要は精を宝ち気を行なうに在り」、また極言篇「養生の方は、唾して遠きに及ぼさず」、『真誥』協昌期篇第二「生を学ぶの法は泣涙し、及た多く唾泄すべからず、此れ皆な液を損ない津を漏らし、喉脳をして大いに竭きしむることを為す」、「若し数しば交接を行ないて漏泄施写すれば、則ち神気穢れ亡び、精霊は枯竭す」。「写」は瀉と同じく、そそぐ、吐くの意。

(22)「身は臭塵を離れ、心は貪慾を絶つ」の「臭塵」は、『漢武内伝』に「人間は実に臭濁たり」、『西方陀羅尼蔵中金剛族阿密哩多軍吒利法』（大正二十一53c）に「臭泥糞屎」などとあり、「貪慾」は、『文選』の張衡「東京賦」に「饕餮の貪慾を滌う」とある。なお「身」と「心」との対文は、『荘子』譲王篇に「身は江海の上に在り、心は魏闕の下に居る」

(23)「目は遠く視るを止め、耳は久しく聴くこと無し」は、『抱朴子』勤求篇「耳は聴を極めず、目は久しく視ず、……目を極めて遠く望るを欲せず」

(24)「口に麁語を息め、舌に滋味を断つ」は、『法苑珠林』巻七十三（大正五十三839a）に「十種の不善業道……六には麁語」とあり、『抱朴子』明本篇に「菹毀の言は、口に吐かず」、また同じく弁問篇に「美ならざるの菹を嗜んで以て大牢の滋味に易えず」、『文選』の嵆康「養生論」に「滋味は其の府蔵を煎る」

(25)「克く孝にして克く信、且は仁にして且は慈」は、『抱朴子』対俗篇「仙を求めんと欲する者は、要ず当に忠と孝、和と順、仁と信とを以て本と為すべし」、また遐覧篇「若し仁義慈心を行なう能わずして精ならず正しからざれば、即ち禍至りて家を滅ぼす」、『文選』の張衡「南都賦」に「永世に克く孝」、同じく何晏「景福殿の賦」に「克く明、克く哲」、劉琨「勧進表」に「且は悲しみ且は惋ゆ」意。

(26)「千金を蹶けて以て蔕芥の如くす」は、『文選』の班固「賓の戯れに答う」に「魯連は一矢を飛ばして千金を蹶く」とあり、同じく張衡「西京賦」に「蔕芥に睚眦して、屍は路隅に僵る」とある。「蹶」は、踏んづける。「蔕芥」は、塵あくた。黄金千金の巨富を塵あくたのように無価値と見なすの意。

(27)「万乗に臨んで躧を脱ぐが如し」は、『文選』の孔稚珪「北山移文」に「千金を芥として眄みず、万乗を屣として其れ脱ぐが如くす」とあり、「躧を脱ぐ」は、一二八ページ注(63)の『史記』封禅書に既出。「万乗」は、帝王の位。「屣」は躧と同じ。わらぐつを脱ぎ捨てるように執着することがないの意。

(28)「繊腰を視ること鬼魅の如し」の「繊腰」は、『文選』の張衡「思玄賦」に「訬婧の繊腰を舒ぶ」、『芸文類聚』巻三十二に引く梁の劉緩「閨怨の詩」に「繊腰転た力無し」などとあり、美女をいう。「鬼魅」は、妖怪変化。『文選』の揚雄「甘泉賦」に「鬼魅も自ら逮ぶ能わず、長途に半ばして下り顚つ」

(29)「爵禄を見ること腐鼠の如し」は、『抱朴子』論仙篇「有道者は、爵位を視ること湯鑊の如く、印綬を見ること縗絰の如し」。「爵禄」の語は、『文選』の曹植「自ら試みんことを求むる表」に「古の爵禄を受くる者」とあり、「腐鼠」の語は、『荘子』秋水篇に見える。「鴟、腐鼠を得たり。鵷雛これを過ぐ。仰いで之を視て曰く、嚇と」

(30)「怕乎として無為」は、『文選』の司馬相如「子虚賦」に「怕乎として無為、憺乎として自ら持す」。「怕乎」は、ひっそりと静かなさま。なお、建長本は「乎」を「呼」に誤る。

(31)「澹然として事を減ず」は、『文選』の蔡邕「陳太丘碑文」に「天を楽しみ命を知り、澹然として自ら逸んず」、同じく嵆康「琴の賦」に「恬虚にして古を楽しみ、事を棄てて身を遺る」。なお「事を棄つ」は『荘子』達生篇、「澹然」は同じく刻意篇、天下篇などに見え、「減事」の語は、『晋書』荀勗伝に見える。「官を省き事を減ず」

(32)「然る後に始めて学べば、掌を指すに異ならず」の「然る後に始めて」は、『抱朴子』黄白篇に「然る後に方めて」とある。「掌を指す」は、『論語』八佾篇に「其の掌を指す」とあり、何晏の「集解」に「掌中の物を指示するが如し。其の了し易きを言うなり」とある。

(33)「俗人の尤も翫好する所は則ち道侶の甚だ禁忌する所のみ」は、『抱朴子』論仙篇に「常人の愛する所は乃ち上士の憎む所、庸俗の貴ぶ所は乃ち至人の賤しむ所なり」とあり、同じく対俗篇に「仙道は成るに遅く、禁忌する所多し」とある。「翫好」の語は、『文選』の張衡「西京賦」に「唯に翫好のみに匪ず」。「道侶」の語は、杜甫の「蜀の僧閭邱師兄に贈る」の詩に「始めて道侶と敦し」

(34)「若し能く此を離るれば、仙を得ること難きに非ず」は、『抱朴子』極言篇「若し能く之を微に愛して之を著に成せば則ち道を知るに幾し」、また対俗篇「吾れ今、仙の得べきを知る」

(35)「五穀は腑を腐らすの毒」の「五穀」は、『文選』の嵆康「養生論」に「世人は察せず、唯だ五穀を是れ見る」とあり、麻・黍・稷・麦・豆をいう。「腑を腐らすの毒」は、同じく枚乗「七発」に「甘脆肥膿は命づけて腸を腐らすの薬と曰う」とあり、「薬」は毒薬の意。

(36)「五辛は目を損なうの鴆」も、『文選』の嵆康「養生論」に「薫辛は目を害なう」とあり、『抱朴子』金丹篇に「斎戒すること百日、五辛生魚を食わず」とある。また『梵網経』菩薩心地戒品（大正二十四1005b）に「仏子は五辛を食うを得ず。大蒜、革葱、薤葱、蘭葱、興渠、是の五種は食うを得ず」とあるのを参照。「鴆」は、羽に猛毒をもつ鳥の名。『左伝』閔公元年に「宴安は酖毒にして懐うべからず」とあり、「酖」は鴆の羽をひたした毒酒。

(37)「醴醪は腸を断つの劒」も、『文選』の嵆康「養生論」に「醴醪は其の腸胃を煮る」とあり、『抱朴子』論仙篇には「醇醪は其の和気を汨す」とある。「断腸」の語は、『文選』の曹丕「燕歌行」に「遊思断腸」

(38)「豚魚は寿を縮むるの戟」も、『文選』の嵆康「養生論」に「豚魚は養われず」とあり、李善の注に「神農曰く、豬肉は人を虚にす。久しく食うべからず」とある。「寿を縮む」は、劉向の『列仙伝』邛疏の賛に「八珍は寿を促む」とあり、「縮」は促と同義。

(39)「蟬鬢蛾眉は命を伐るの斧」は、『抱朴子』暢玄篇に「冶容媚姿、鉛華素質は、命を伐るものなり」、また『文選』の枚乗「七発」に「皓歯蛾眉は命けて性を伐るの斧と曰う」とあり、『呂氏春秋』本性篇「靡曼晈歯、鄭衛の音、務めて以て自ら楽しむは、之に命けて性を伐るの斧と曰う」に本づく。「蟬鬢」、「蛾眉」の語は、九二ページ注(33)、(32)に既出。

(40)「歌舞踊躍は紀を奪うの鉞」は、『抱朴子』道意篇に「徒らに肥腯を烹宰し、醪醴を沃酹し、金を撞き革を伐ち、謳歌踴躍し、拝伏稽顙し、虚坐を守請し、福願を求乞して其の必ず得んことを冀い、死に至るまで悟らず、亦た哀しからずや」とあり、また対俗篇に「悪事を行なえば、大なる者は司命紀を奪い、小過は算を奪う」(微旨篇に「紀とは三百日なり、算とは三日なり」)とある。祭祀祈禱における歌舞踊躍は、仙道を汚し、寿命を縮める罪過であることをいう。

(41)「大いに咲い、大いに喜び、忿りを極め、哀しみを極む、此の如きの類は、各おの損する所多し」は、『荘子』在宥篇に「人大いに喜ばんか、陽を毗り、大いに怒らんか、陰を毗る」とあり、同じく庚桑楚篇に「悪欲喜怒哀楽の六者は徳を累すものなり」とある。また『呂氏春秋』尽数篇に「大喜、大怒、大憂、大恐、大哀の五者、神に接すれば則ち害を生ず」とあるのを参照。「咲」は笑の俗字。「損する所多し」は、『抱朴子』釈滞篇「情に任じ意を肆ままにすれば、又た年命を損す」

(42)「一身の中、既に此の如きの敵多し」は、『抱朴子』地真篇に「一人の身は、一国の象なり」、「悪を御け身を守ること常に人君の国を治め、戎将の敵を待つが如くす」。なお「一身」の語も、『抱朴子』金丹篇に見える。「但に一身のみに非ず」

(43)「若し此の讎を絶たざれば、長生久存、未だ聞く所有らず」も、『抱朴子』対俗篇「若し徳行修まらずして但だ方術を務むるも皆な長生するを得ず」、また「其の深きを得る者は則ち能く長生久視す」。「久視」は久存と同義。一二七ページ注(60)の「久存の術」を参照。

(44)「此を離るること俗に於て尤も難く、此を絶てば仙を得ること尤も易し」は、『抱朴子』塞難篇に「交遊を棄て、妻子を委て、栄名を謝て、利禄を損て、粲爛を其の目に割き、鏗鏘を其の耳に抑うるは……此れ道家の難きなり。……衆煩既に損て、和気自ずから益し、為すこと無く慮ること無く、怵れず惕れざるは、道家の易きなり」。「仙を得」は、対俗篇「神仙の道は……良に未だ易からず……吾れ今、仙の得べきを知る」

(45)「必ず須く先ず其の要を察して、乃ち服餌すべきのみ」は、『抱朴子』釈滞篇「神仙を求めんと欲すれば、唯だ当に其の至要を得べし」、また黄白篇「自ら之を餌服して神仙を致さんと欲す」。「服餌」は、薬を飲むこと。「必ず須く」は、『文選』に多く用例が見える。九二ページ注(31)を見よ。

(46)『抱朴子』仙薬篇に「朮は一に山薊と名づけ、一に山精と名づく。故に神薬経に曰く、必ず長生せんと欲せば、当に山精を服すべし」、また「朮を餌えば人をして肥健ならしめて以て重きを負うて険を渉るべからしむ」。なお「白朮」については、『本草経』に「白朮は味苦く甘し。温かくして毒無し。風寒、湿痺、死肌、痙疽、汗を止め熱を除き食を消すを主どる。……久しく服すれば、身を軽くし年を延ばし、飢えず」とある。

(47)『抱朴子』仙薬篇に「黄精は一に菟竹と名づけ、一に救窮と名づけ、一に垂珠と名づく。……黄精を服すること僅かに十年なれば、乃ち大いに寿を益すことを得べし」とあり、『本草経』には「黄精は味甘く平らかにして毒無く、中を補い気を益し、風湿を除き五蔵を安んずるを主どる。久しく服すれば、身を軽くし年を延ばし、饑えず」とある。

(48)『抱朴子』仙薬篇に「上党に趙瞿なる者あり。癩を病むこと年を歴。……仙人、一嚢の薬を以て之に賜わり、其の服法を教う。瞿これを服すること百日ばかり、瘡都て愈ゆ。……仙人これに告げて曰く、此は是れ松脂のみ、と。……遂に長く松脂を服し、身体うたた軽く、気力百倍し、危うきに登り険しきを越ゆるも終日極れず。年は百七十歳にして歯堕けず、髪白からず」、また『本草経』には「松脂は味苦く甘く、温かくして毒無し。癰疽・悪瘡・頭瘍・白禿・疥瘙・風気、五蔵を安んじ熱を除く云々を主どる」とある。

(49)『本草経』に「(楮実は)一に穀実と名づく」、「楮実は味甘く寒くして毒無し。陰萎、水腫を主どり、気を益し肌膚を充たし目を明らかにす。久しく服すれば、飢えず老いず身を軽くす。少室山に生ず」とあり、『抱朴子』仙薬篇にもその名が挙げられている。

(50)「以て内の痾を除く」の「内の痾」は、下文の「外の難」に対する語。『抱朴子』至理篇に「百痾萌さず」、『文選』の謝霊運「池上の楼に登る」の詩に「痾に臥して空林に対す」などとあり、「痾」は病もしくは疾と同義。『文選』の嵆康「絶交書」に「外難有らずんば当に内病有るべし」をふまえ、

「痾を除く」は、『左伝』哀公十一年に「医をして疾を除かしむ」とある。

(51)「蓬矢葦戟」の「蓬矢」は、『礼記』内則篇に「国君の世子生まるれば、……射人は桑の弧、蓬の矢六を以て天地四方を射る」とあり、孔穎達の疏に「蓬は是れ乱を禦ぐの草」とある。「葦戟」は、『抱朴子』登渉篇に「山中に大蛇の冠幘を著けたる者を見るは、名づけて升卿と曰う。之を呼べば即ち吉なり。山中に吏を見、若し但だ声を聞くのみにして形を見ざるに人を呼びて止まざるときは……葦を以て矛と為し、以て之を刺せば即ち吉なり」とあり、「矛」は戟と同じ。

(52)「神符呪禁の族」は、『抱朴子』極言篇「神符を帯び、禁戒を行ない、真一を守れば則ち正に内疾をして起こらず、風湿をして犯さざらしむるのみ」、また至理篇「呉越に禁呪の法有り。甚だ明験有り云々」。このほか『抱朴子』のなかには多く符、符水、符剣の法、禁忌、禁戒、禁祝の法を説く。「族」は、上文の「類」と同義。

(53)「以て外の難を防ぐ」の「外の難」は、注(50)の嵆康「絶交書」に既出。「難を防ぐ」は、『後漢書』荀彧伝「難を外に禦ぐと雖も乃ち心は王室に在らざる無し」。「禦」は防と同義。

(54)「呼吸、時を候つ」は、『荘子』刻意篇「吹呴呼吸して、故きを吐き新しきを納れ、熊のごとく経にたち、鳥のごとく申ばす」、また『抱朴子』釈滞篇「胎息を得る者は、能く鼻口を以て嘘吸せず、胞胎の中に在るが如くすれば則ち道成る。……夫れ気を行なうには、当に生気の時を以てすべく、死気の時を以てする勿かるべし。……死気の時に気を行なえば益無し」。「候」は、『文選』の木華「海の賦」に「勁風を候ちて百尺(の帆)を掲ぐ」

(55)「緩急、節に随う」は、『黄帝内経素問』四気調神大論篇に「春三月、此を発陳と謂う。天地倶に生じ、万物以て栄ゆ。……被髪して形を緩くし、以て志をして生ぜしむ。此れ春気の応、養生の道なり。

之に逆らえば則ち肝を傷る。……夏三月、此を蕃秀と謂う。天地の気交わり、万物華さき実る。……志をして怒る莫からしめ、華英をして秀を成さしめ、気をして泄らすを得しめ、愛する所は外に在るが若くす。此れ夏気の応、養生の道なり。之に逆らえば則ち心を傷る。……秋三月、此を容平と謂う。天気以て急に、地気以て明らかなり。……神気を収斂し、秋気をして平らかならしめ、其の志を外にすること無く、肺気をして清からしむ。此れ秋気の応、養収の道なり。之に逆らえば則ち肺を傷る。……冬三月、此を閉蔵と謂う。水氷り地坼け、陽を擾す無し。……寒を去りて温に就き、皮膚を泄らし気をして亟しば奪わしむる無かれ。此れ冬気の応、養蔵の道なり。之に逆らえば則ち腎を傷る」とある。

(56)「天門を扣いて以て醴泉を飲む」は、『老子』第十章「天門開闔」の河上公の注に「天門とは北極の紫宮を謂う。開闔とは終始の五際を謂う。身を治むるに天門とは鼻孔を謂い、開とは喘息を謂い、闔とは呼吸を謂う」とあり、「門を扣く」は、『史記』袁盎伝に「一旦、急有りて門を叩けば、親を以て解と為さず」とある。「叩」は扣と同じ。「醴泉」は、醴のように美味な泉。『文選』の嵆康「養生論」に「蒸すに霊芝を以てし、潤すに醴泉を以てす」とあり、『抱朴子』微旨篇に「太元の山は……金玉嵯峨として醴泉その隅に出で、年を還すの士、其の清流に挹む」とある。

(57)「地府を堀って以て玉石を服す」の「地府」は、『抱朴子』弁問篇にいわゆる「地中の宝蔵」。「府」は蔵の意。なお「地府」の語は『広弘明集』巻十三の法琳「弁正論」に「休徴は地府に開き、……禎瑞は天宮を駭かす」。「玉石を服す」は、『抱朴子』仙薬篇に「玉も亦た仙薬。但だ得難きのみ。玉経に曰く、……玉を服する者は寿玉の如きなりと」、また「仙薬の上なる者は丹砂。次は則ち黄金。……次は則ち五玉。……次は則ち石桂。次は則ち石英。次は則ち石脳。次は則ち石硫黄。次は則ち石粭」

(58)「草芝・宍芝、以て朝の飢えを慰す」の「草芝・宍芝」は、『抱朴子』仙薬篇に「五芝とは、石芝あり、木芝あり、草芝あり、肉芝あり、菌芝あり。……草芝に独揺芝あり、風無くして自ずから動く。其の茎は大いさ手指の如く、赤きこと丹素の如し。葉は莧に似たり。其の根に大魁の斗の如き有り。細きもの雞子の如き有り。……其の大魁を得て末にして之を服し、尽くせば則ち千歳を得。其の細きもの一枚を服すれば百歳。……肉芝とは万歳の蟾蜍を謂う。頭上に角有り、頷下に丹書八字あり、体重し。五月五日の中する時を以て之を取り、陰乾しすること百日、其の左足を以て地に画けば即ち流水と為り、其の左手を身に帯ぶれば則ち五兵を辟く云々」とある。「朝の飢えを慰す」は、『詩経』周南「汝墳」の詩の「調飢」の毛伝に「未だ君子を見ざる時は、朝飢の食を思うが如し」とあり、また『文選』の張衡「思玄賦」に「玉芝を羞めて以て饑えを療す」とある。「宍」は肉と同じ。「慰」は療と同義。

(59)「伏苓・威僖は以て夕の憊れを充たす」の「伏苓・威僖」も、『抱朴子』仙薬篇に「かの木芝に及びては、松柏の脂淪んで地に入ること千歳にして化して伏苓と為る。万歳にして其の上に小木を生ず。状は蓮花に似たり。名づけて木威僖芝と曰う。夜視るに光有り。之を持てば甚だ滑らかなり。之を焼くに燃えず。之を帯ぶれば兵を辟く。雑うるに他の雞十二頭を以てして共に之を籠にし、之を去ること十二歩にして十二箭を射れば、他の雞は皆な傷つくも、威喜芝を帯びたる者は、終に傷つかざるなり云々」とある。「夕の憊れ」は、上文の「朝の飢え」に対する造語。「憊」は疲と同義で『文選』の枚乗「七発」に「太子曰く憊れたり」とあり、「憊れを充たす」は、『抱朴子』釈滞篇に「躬ずから耕すに非ざれば飢えを充たさず」とある。なお建長本は「充」を「宛」に作る。

(60)「日中に影を淪くす」も、『抱朴子』金丹篇「小丹の法は、丹一斤の擣き篩いしと淳苦酒三升、漆二升と、凡そ三物合して相い得しめ、微火上に煎りて丸たるべからしむ。……之を服すること百日にして肌骨強堅、千日にして司命は死籍を削去し、……日中に影無く、乃ち別に光有るなり」。「淪」は沈む。ここは無くすの意。

(61)「夜半に能く書す」も、『抱朴子』黄白篇に「杼血朱草を以て一丸を煮、以て目眥を拭えば、即ち鬼および地中の物を見、能く夜に書す」

(62)「地下に徹瞻す」も、『抱朴子』遐覧篇に「玉女隠微一巻あり、……坐ながらにして八極および地下の物を見る」、また黄白篇に「此の道士に従いて徹視の方を学ぶ。之を行なうこと未だ百日ならざるに、夜臥して即ち便ち天文および四鄰を見るに了了たり」。「瞻」は視と同義。「徹瞻」は、透視の意。

(63)「水上に能く歩く」も、『抱朴子』金丹篇「第二の丹を名づけて神丹と曰う。……此の丹を以て足下に塗れば、水上を歩行す」、また仙薬篇「桂は葱涕を以て合わせ蒸して水と作すべく、竹瀝を以て合わせて之を餌うべし。……七年にして能く水上を歩行し、長生して死せざるなり」

(64)「鬼神を𨽻と為す」も、『抱朴子』仙薬篇に「五雲を服するの法……五年闕かざれば、鬼神を役使し、火に入りて焼けず、水に入りて濡れず」、また勤求篇「鬼神を役使して坐すれば在り、立てば亡く、千里を瞻視して人の盛衰を知る」。「𨽻」は隷（隸）の俗字。「𨽻と為す」は、『文選』の袁宏「三国名臣序賛」に「身は漢の隷と為る」とあり、役使されるの意。

(65)「竜駼を騎と為す」は、劉向の『列仙伝』騎竜鳴伝に「一旦、竜に騎りて渾亭の下に来る」とあり、『抱朴子』金丹篇に「神丹を服すれば……雲に乗り竜に駕す」。「駼」は駿馬。『史記』趙世家に「造父、驥の乗匹と桃林の盗驪、驊騮、緑耳とを取りて之を繆王に献ず。繆王、造父をして御者たらしめ、西のかた巡守して西王母を見、之を楽しんで帰るを忘る」とあり、『列子』周穆王篇、『穆天子伝』巻四にも同類の文章が見える。「緑」は騄と同じ。

(66)「刀を呑み火を呑み、風を起し雲を起す」は、『抱朴子』対俗篇「刀を呑み火を吐き、坐すれば在り、立てば亡く、雲を興し霧を起し、虫蛇を召致す。……幻化の事九百有余、按じて之を行なえば、皆な効あらざるは無し」

(67)「此の如きの神術、何為れぞ成らざらん」の「神術」は、一二四ページ注(44)に既出。「何為れぞ成らざらん」は、『抱朴子』至理篇「久視の効、何為れぞ然らざらん」

(68)「何の願か満たざらん」の「願を満たす」は、『広弘明集』巻二十八の梁の簡文帝「四月八日、度人出家願文」に「菩提の願を満たさしめよ」、また隋の晋王楊広の「菩薩戒を受くる疏」(大正四十六 803c)に「皆、願海を満たす」

(69)「白金・黄金は乾坤の至精」は、『抱朴子』黄白篇に「神仙経に黄白の方二十五巻、千有余首あり。黄とは金なり。白とは銀なり」、また「天地に金有り、我れ能く之を作る」、「丹精は金を生ず」などとあり、『爾雅』釈器篇に「黄金これを盪と謂い、白金これを銀と謂う」とある。「乾坤」は、天地。『易』説卦伝に「乾を天と為し坤を地と為す」。「至精」も、同じく繋辞伝上に「天下の至精」とある。

(70)「神丹・練丹は薬中の霊物なり」は、『抱朴子』金丹篇「神丹を服すれば、人をして寿窮まり已むこと無からしむ」、また「第六の丹を錬丹と名づく。之を服すれば十日にして仙たり」。「薬中の霊物」は、同じく金丹篇に「九丹は誠に仙薬の上法たり」、黄白篇に「化作の金は乃ち是れ諸薬の精なり」などとある。「霊物」の語は、『後漢書』光武帝紀に「天下清寧にして霊物仍に降る」

(71)「服餌するに方有り」は、『抱朴子』仙薬篇「餌服の法は、或は以て之を蒸煮し、或は酒を以て餌い、或は先ず硝石を以て化して水と為し、乃ち之を凝らす云々」。「方」は法と同義。

(72)「合造するに術有り」は、『抱朴子』金丹篇「丹を合するには当に名山の中、人無きの地に於てすべし。……先ず斎すること百日、五香に沐浴し精潔を加うるを致す云々」、また地真篇「合作するの日に及びては、当に復た斎潔清浄、人事を断絶すべし云々」。「術」は、上文の「方」と同義。『抱朴子』金丹篇にも「余れ少くして方術を好む」とある。

(73)「一家成るを得れば、門を合して空を凌ぐ」は、『抱朴子』金丹篇「丹を合して……成れば則ち以て家を挙げて皆な仙たるべし。但に一身のみに非ず」。「門を合す」は、一族全部。『捜神記』巻九に「人、鄧喜の謀反を白し、門を合して誅せらる」。「空を凌ぐ」は、『芸文類聚』巻七十六に引く梁の庾肩吾「同泰寺の浮図を詠むの詩」に「鳳の翅は空を凌がんと欲す」

(74)「一銖纔かに服すれば、白日に漢に昇る」は、『抱朴子』金丹篇「之を服すること一刀圭ならば即ち白日に天に昇る」。「一銖」は、『本草経』に「十黍を以て一銖と為す」とあり、「一刀圭」と同じく僅かな量。「漢」は、天の河。『詩経』小雅「大東」の詩「維れ天に漢あり」の毛伝に「漢は天の河なり」

(75)「其の餘の符を呑み気を餌うの術」の「其の餘」は、『文選』に多く用例が見え、たとえば班固の「漢書公孫弘伝の賛」に「其の餘は勝げて紀すべからず」。「符を呑み気を餌うの術」は、『抱朴子』雑応篇「気を呑み符を服し神水を飲むの輩は、但だ飢えずと為すのみ」

(76)「地を縮め躰を変ずるの奇」は、『抱朴子』弁問篇に「長房は地脈を縮め、仲甫は形を晨鳧に仮る」とあり、また雑応篇に「(左君は)自ら六甲を用いて其の真形を変化す」などとある。なお「地を縮む」は、「地脈を縮む」の略で王維の「焦道士に贈る」の詩に「地を縮めて珠闕に朝し、天を行いて玉童を使とす」、岑参の「戎瀘の間の群盗に阻まる」の詩に「何か当に長房に遇い、地を縮めて京関に到るべき」などとあり、「奇」は、『文選』の謝恵連「雪の賦」に「飛聚凝曜の奇」とある。「躰」は體（体）の俗字。

(77)「推して之を広くすれば、勝げて計うべからず」は、『文選』の昭明太子「序」に「推して之を広くすれば、勝げて載すべからず」

(78)「若は彼の道に叶い、若は其の術を得れば」の「道に叶う」は、唐の李蟾の「小鮮を烹るの賦」に「将に其の事を善くせんとすれば、亦た道に叶う」とあり、「其の術を得」は、『抱朴子』極言篇に「其の術を得ざる者は、古人これを氷盃に湯を盛る云々に方う」とある。「若は…若は…」は、『文選』に多く見える語法。たとえば傅毅の「舞の賦」に「若は来り若は往く」

(79)「形を改め髪を改む」は、『漢武内伝』に西王母の言葉として「八年にして髪を易め、九年にして形を易む」

(80)「命を延べ寿を延ぶ」は、『抱朴子』金丹篇に「命の延ばすべく仙の得べきを信ず」、また釈滞篇に「年を増し寿を延ばす」

(81)「死籍数しば削らる」は、『抱朴子』金丹篇「之を服すること百日にして肌骨堅強、千日にして司命は死籍を削去す」。「死籍」は、死者のリスト。

(82)「生葉は久しく長し」の「生葉」は、『文選』の「古詩十九首」（其十五）に「生年は百に満たず」とあり、「葉」は年代の意。「久しく長し」は、同じく張衡の「南都賦」に「漢の徳は久しく長し」

(83)「上は則ち蒼蒼に跨って翺翔し」の「上は則ち」は、下文の「下は則ち」とともに『文選』の何晏「景福殿の賦」に「上は則ち稽古の弘道を崇び、下は則ち長世の善経を闡く」。「蒼蒼」は、『荘子』逍遥遊篇に「天の蒼蒼たるは其れ正色か」とあり、天空をいう。「跨る」は、『文選』の班固「賓の戯れに答う」に「風雲に跨り騰る」とあり、「翺翔」は、同じく宋玉の「楚王の問に答う」に「杳冥の上に翺翔す」

一一四ページ

(1)「下は則ち倒景を躡んで儴佯す」の「下は則ち」は、前注を見よ。「倒景を躡む」は、『文選』の張衡「思玄賦」に「倒景を貫いて高く厲る」とあり、『抱朴子』対俗篇に「虚に登って景を躡む」とある。「躡」は踏むの意。「倒景」は脚下に眺める太陽。「儴佯」は、同じく『文選』の張衡「西京賦」に「五柞の館に儴佯す」。「儴佯」は儴佯と同じ、逍遥と同義。

(2)「心馬に鞭うって八極に馳す」の「心馬」は、『雑譬喩経』(大正四532b)に「心馬乱れざれば則ち意に随うて往くを得」とあり、「馬に鞭うつ」は、『文選』の欧陽健「臨終詩」に「馬に策うちて近関に遊ぶ」。「鞭」は策と同義。「八極」は、『淮南子』地形訓に「八紘の外、乃ち八極あり」とあり、世界の八方の隅。

(3)「意車に油さして以て九空に戯ぶ」の「意車」は、『広弘明集』巻二十九の「平魔赦文」に「意駅に乗りて遍く十方に告ぐ」。「車に油さす」は、『詩経』小雅「何人斯」の詩に「爾の車に脂さすに遑あらんや」。「脂」は油と同じ。「九空」は、晋の庾闡「衡山」の詩に「翔る虬は九霄を凌ぐ」とある「九霄」と同じ。『呂氏春秋』有始篇に天を方角によって九つに区分し、中央を鈞天、東を蒼天、東北を変天、北を玄天、西北を幽天、西を昊天、西南を朱天、南を炎天、東南を陽天とよんでいるのを参照。「戯ぶ」は、『文選』の郭璞「遊仙詩」に「飄飄として九垓に戯ぶ」

(4)「赤烏の城に放曠す」の「赤烏」は、『穆天子伝』巻二に「壬申に天子西征し、甲戌に赤烏に至る。

……宝玉の在る所、嘉穀ここに生ず云々」とあり、「放曠」は、『文選』の潘岳「秋興の賦」に「山川の阿に逍遥し、人間の世に放曠す」。『荘子』逍遥遊篇の「彷徨」と同義で囚われなく自由に遊ぶの意。

(5)「紫微の殿に優遊す」の「紫微の殿」は、曹植の「弁道論」に「宮殿闕庭は輝きを紫微に等しくす」とあり、緯書の『春秋合誠図』に「紫微は天帝の室にして太一の精なり」とある。「優遊」は、『文選』の班固「東都賦」に「優游して自得」とあり、ゆったりとしたさま。

(6)「織女を機上に視る」は、『詩経』小雅「大東」の詩に「維れ天に漢あり、監れば亦た光あり、跂なる織女、終日七たび襄す」とあり、『文選』の「古詩十九首」(其十)に「皎皎たる河漢の女、……札札として機杼を弄ぶ」とある。

(7)「姮娥を月中に要む」は、『淮南子』覧冥訓に「羿、不死の薬を西王母に請う。姮娥窃みて以て月に奔る」とあり、『芸文類聚』巻一に引く張衡「霊憲」に「姮娥、月に奔り、是を蟾蜍と為す」とある。

(8)「帝軒を訪うて伴と為す」の「帝軒」は、『文選』の顔延之「赭白馬の賦」に「昔、帝軒の位に陟るや」とあり、黄帝軒轅氏の略。黄帝が仙人となって昇天したことは『史記』封禅書に見える。「黄帝、首山の銅を采り、鼎を荊山の下に鋳る。鼎すでに成る。竜有りて胡髯を垂れ、下りて黄帝を迎う。黄帝上り騎す云々」。「伴と為す」は、『楚辞』九章「惜誦」に「又た何を以てか此の伴と為さん」

(9)「王喬を覓めて徒と為る」は、嵆康の「卜疑」に「寧ろ王喬・赤松と侶と為らんか」とあり、「覓む」は求と同義。『文選』の趙至「嵆茂斉に与うる書」に「榛を披いて路を覓む」とある。「徒と為る」は、『荘子』人間世篇に「天と徒と為る」とあり、「徒」は侶と同義。「王喬」は、劉向『列仙伝』王子喬伝を見よ。また『後漢書』方術伝の王喬の条を参照。

(10)「荘鵬の牀を察す」の「荘鵬」は、『荘子』逍遥遊篇「北冥に魚有り、其の名を鯤と為す。……化して鳥と為る、其の名を鵬と為す。……鵬の南冥に徙るや、水に撃つこと三千里、扶揺を摶ちて上ること九万里云々」。「牀を察す」は、『性霊集』巻一「山に遊んで仙を慕う詩」に「大鵬は風牀に臥す」とあり、「察」は視とどけるの意。

(11)「淮犬の迹を見る」の「淮犬」は、葛洪の『神仙伝』劉安伝に「八公と安は(仙)去するの時に臨み、薬器を余して中庭に置在けり。雞犬これを舐め啄いて尽く天に昇るを得たり」とある。「迹を見る」は、『文選』の班固「西都賦」に「迹を旧墟に観る」

(12)「列馬の廐を窮む」は、『晋書』天文志に「王良の五星は、奎の北に在りて河の中に居る。……其の四星を天駟と曰い、旁の一星を王良と曰い、亦た天馬と曰う。東壁の北の十星を天の廐と曰い、馬を主どるの官なり」とある。建長本の「列」を「烈」に作っているのは、恐らく誤写であろう。なお『聾瞽指帰』真筆本は「列子の廐」に作っている。

(13)「牽牛の泊を尽くす」は、『博物志』巻十に「天河は海と通ず。……人の奇志あるもの槎に乗りて去く。……奄ち一処に至る。……遥かに宮中を望むに織婦多し。一丈夫の牛を牽いて渚次に之に飲うを見る云々」とあり、「泊」は、舟つき場。『晋書』王濬伝「風利くして泊を得ず」。「尽くす」は、上文の「窮」と同じく見きわめるの意。

(14)「心に任せて偃臥す」の「心に任す」は、『三国魏志』明帝紀の評に「心に任せて行なう」。「偃臥」は、『文選』の謝霊運「道路に山中を憶う」の詩に「偃臥して縦誕に任ず」

(15)「思いに逐って昇降す」の「逐思」は、上文の「任心」とほぼ同義。同類の表現として『広弘明集』巻三十に載せる梁の簡文帝「五陰識支を詠ず」の詩に「欲浪は情に逐って飄り、愛網は心に随って織る」とあるのを参照。「昇降す」は、『文選』の郭璞「遊仙詩」に「升降して長煙に随い、飄飄として九垓に戯ぶ」とあり、「昇」は升と同じ。

(16)「淡怕にして慾無く、寂寞として声無し」の「淡怕」は、『抱朴子』極言篇に「淡泊の志」とあり、「泊」は怕と通用。「慾無し」は、同じく明本篇「道家の宝とする所のものは無欲なり」、また『老子』第一章「常に欲無くして其の妙を観る」。「寂寞」は、『荘子』天道篇に「虚静恬淡、寂漠無為は、天地の平にして道徳の至りなり」とあり、「寞」は漠と同じ。「声無し」は、同じく天地篇「声無きの中、独り和を聞く」

(17)「天地と与にして以て長く存し、日月と将にして久しく楽しむ」は、『楚辞』九章「渉江」に「天地と与にして寿を同じくし、日月と与にして光を同じくす」とあり、「長く存す」は、『抱朴子』論仙篇「亀鶴は長く存す」。「久しく楽しむ」は、『国語』周語下「和平なれば則ち久し」の韋昭の注に「久しとは、久しく楽しむべきなり」とある。なお「与にして…将にして…」の構文は、五七ページ注(78)に既出。

(18)「何ぞ其れ優なる哉」は、『文選』の王褒「聖主、賢臣を得たるの頌」に「何ぞ其れ遼かなる哉」、同じく班固「賓の戯れに答う」に「亦た優ならずや」とある。

(19)「如何ぞ其れ曠かなるや」も、『文選』の陸機「擬古詩」に「美人、何ぞ其れ曠かなるや」とあり、「如何ぞ」は、同じく王粲「蔡子篤に贈る詩」に「如何ぞ思うこと勿けん」などとある。ただし「如何ぞ其れ」の用例は『文選』に全く見えない。「曠」は、遠く遥かなさま。

(20)「東父西母、何ぞ佐しむに足らんや」の「東父西母」は、『芸文類聚』巻六十一に引く晋の傅奕「正都賦」に「東父は青き蓋を翳して遐く望み、西母は三足の霊禽を使とす」とあり、東王父と西王母。また曹植の「文帝の誄」に「算を東父に等しくす」とあり、『文選』の揚雄「甘泉賦」には「西王母を想いて欣然として寿を上る」、その注に引く『神異経』に「東荒中に大いなる石室ありて、東王公これに居り、常に玉女と共に投壺す」などとある。東王公は東王父と同じ。西王母は崑崙山に住むという仙女。『穆天子伝』や『漢武内伝』などに詳細な記述が見える。「何ぞ恠しむに足らんや」は、『文選』の司馬遷「任少卿に報ずる書」に「恠」を「怪」に作ってそのまま見える。「恠」は怪と同じ。

(21)「是れ蓋し吾が聞き学ぶ所の霊宝の密術か」の「是れ蓋し」は、『文選』の陸機「文の賦」に「是れ蓋し輪扁の言うを得ざる所か」。「聞き学ぶ所」は、同じく左思「魏都賦」に「耳目の聞き覚る所」とあり、「霊宝の密術」は、『抱朴子』弁問篇に「霊宝経に正機平衡、飛亀、授袟およそ三篇あり、皆仙術なり。……仲尼以て之を視て曰く、此れ乃ち霊宝の方、長生の法なり」とある。「密術」は、同じく登渉篇に「遁甲の秘術」、また『華厳経』巻七十三（大正十397）に「普く一切の総持の海を照らすが故に、秘密の法に同じ」とある。

(22)「世俗を顧み惟う」は、『文選』の屈原「漁父」に「世俗の塵埃を蒙る」とあり、同じく顔延之「皇太子釈奠会に作れる詩」に「後昆を顧み惟う」とある。注に「惟は思なり」

(23)「貪慾に纏縛せられ」の「貪慾」は、一三三ページ注(22)に既出。「纏縛」は、『法苑珠林』巻二十二（大正五十三447c）に「出家者は纏縛を離る」

(24)「心意を煎迫す」は、梁の簡文帝「倡楼怨節」の詩に「片光片影景は麗しく、一声一囀心を煎る」とあり、「心意」の語は、『文選』の曹丕「芙蓉池にて作れる詩」に「遨遊して心意を快くす」。また「煎迫」の語は、『華厳経』巻五十九（大正十314b）に「種種諸もろの苦悩、長夜に煎迫する所たり」

(25)「愛鬼に羈縻せらる」の「愛鬼」は、愛羅刹。羅刹は鬼の総称。北魏の吉迦夜訳『付法蔵因縁伝』巻二（大正五十301b）に「愛羅刹女は常に衆生を欺く」とあり、「羈縻」は、つなぎとめる、束縛される。『文選』の司馬相如「蜀の父老を難ず」に「羈縻して絶つ勿からしめんのみ」

(26)「精神を焦灼す」は、『文選』の嵆康「養生論」に「思慮は其の精神を銷す」。「燋灼」は、『三国呉志』周魴伝に「憂惕焦灼、未だ軀命の竟に何の時に在るやを知らず」。「焦」は燋と同じ。

(27)「朝夕の食を営んで、夏冬の衣に労しむ」の「食を営む」は、『北史』若干恵伝に「厨人に命じて食を営ましむ」とあり、「衣に労しむ」は、『文選』の東方朔「客の難に答う」に「衣食に困しむ」とある。「労」は困と同義。「朝夕」、「夏冬」も、同じく潘岳「閑居の賦」に「朝夕の膳に供す」、また劉楨「五官中郎将に贈る」の詩に「夏より玄冬に渉る」

(28)「浮雲の富を願う」は、『論語』述而篇「不義にして富み且つ貴きは、我に於て浮雲の如し」

(29)「泡の如き財を聚む」の「泡の如き」は、『金剛般若経』(大正八752b)に「一切有為の法は夢と幻と泡と影の如し」。「財を聚む」は、『梁書』賀琛伝「費を息めざれば以て財を聚むる無し」

(30)「不分の福を邀む」は、『抱朴子』交際篇に「虚華の名を勢を秉るひとの口に市い、非分の位を官を売るの家に買う」とあり、「不分」は非分と同義。「福を邀む」は、『文選』の潘岳「西征の賦」に「良に後の福を要むること無し」。「邀」は要と同じ。

(31)「雷の若き身を養う」は、注(29)に引いた『金剛般若経』に「一切有為の法は……露の如く、亦た電の如し」。「身を養う」は、『文選』の嵆康「養生論」に「服食して身を養う」

(32)「微かなる楽しみの朝に臻る」の「微楽」は、『文選』の顔延之「赭白馬の賦」に「微怡」(微かなる怡び)の語が見え、「臻」は至と同じ。同じく王褒「聖主、賢臣を得るの頌」に「万祥必ず臻る」

(33)「天上の楽しみを笑う」の「天上の楽しみ」は、『法苑珠林』巻二十三(大正五十三124a)に「世間の苦、天上の楽しみ」

（34）「小さき憂いの夕(ゆうべ)に迫る」の「小さき憂い」は、『三国魏志』巻十九の注に引く『魏略』に「屑屑(せっせつ)の小さき憂いを懐(いだ)く」とあり、「迫る」は、『文選』の陸機「擬古詩」に「窮年、憂慄(ゆうりつ)に迫らる」

（35）「塗炭(とたん)に没するが如し」は、『書経』仲虺之誥(ちゅうきしこう)篇に「民は塗炭に墜(お)つ」とあり、「没」は墜と同義。「塗炭に没す」とは、泥や火の中に落ちこんだように危うい状態をいう。

（36）「娯(たの)しみの曲未だ終わらざるに、悲しみの引(しらべ)は忽ち逼(せま)る」は、『文選』の阮籍「詠懐詩」に「娯楽未だ終極せざるに、白日忽ち蹉跎(さだ)たり」とあり、「悲引」の「引」も「娯曲」の「曲」と同義。同じく嵇康の「琴の賦」に、「曲引闌(たけなわ)に向かえば、衆引まさに歇(や)まんとす」とあり、注に「引も亦た曲なり」とあるのを参照。「逼る」も、同じく「琴の賦」に「奔遯(ほんとん)して相い逼る」

（37）「今(きょう)は卿相(けいしょう)と為れども明(あす)は臣僕と為る」は、『文選』の揚雄「嘲(あざけ)りを解く」に「旦(あした)に権を握れば則ち卿相と為るも夕に勢を失えば則ち匹夫と為る」とあり、「臣僕」は、『書経』微子篇などに見える語。「我れ臣僕と為ること罔(な)けん」

（38）「始めは鼠の上の猫の如く、終りは鷹の下の雀と為る」は、『文選』の鮑照「東武吟」に「昔は韝(うつほ)の上の鷹の如く、今は檻(おり)の中の猨(さる)に似る」とあり、「鼠の上の猫」は、『礼記』郊特牲篇に「猫(ねこ)を迎うるは其の田鼠を食わしめんが為なり」。また「鷹の下の雀」は、『左伝』文公十八年に「鷹鸇(ようせん)の鳥雀を逐うが如し」とある。「猫」は猫と同じ。

（39）「草の上の露を恃(たの)んで朝日の至るを忘る」は、「薤露歌(かいろか)」に「薤(にらぐさ)の上の露、何ぞ晞(かわ)き易き」、『文選』の潘岳「藉田の賦」に「湛露(たんろ)の朝陽に晞(かわ)くが若(ごと)し」とある。「湛露」は、繁き露。『詩経』小雅「湛露」の詩の「湛湛たる露は、陽に匪(あら)ざれば晞かず」に本づく。

（40）「枝の端(はし)の葉を馮(たの)んで風霜の至るを忘る」は、『文選』の潘岳「征西の賦」に「冬の葉の霜を待つを危ぶむ」とあり、同じく「寡婦の賦」に「天は露を凝らして以て霜を降らせ、木は葉を落として枝より隕ちしむ」とある。なお「風霜」の語も、『文選』の曹植「王仲宣の誄」に見える。

(41)「咨、痛むべき哉」は、『文選』の韋孟「諷諫」の詩に「咨、命永からず」、また法琳の『破邪論』巻上に載せる唐の傅奕の「上奏文」(大正五二—476a)に「朝廷の貴臣、曾て一たびも悟らず、良に痛むべき哉」

(42)「何ぞ鶂鴂に異ならん」は、『文選』の陳琳「呉の将校部曲に檄する文」に「鶂鴂の鳥は葦苕に巣くい、苕折れて子破る。下愚の惑いなり」とあり、「鶂鴂」は、鳥の名。よしきり。「何ぞ異ならん」は、『文選』に用例が見えず、『抱朴子』に多く見える。たとえば喩蔽篇「何ぞ原憲に異ならん」

(43)「曷ぞ言うに足らんや」は、『文選』の司馬遷「任少卿に報ずる書」に「曷ぞ貴ぶに足らんや」。「曷」は何と同じ。

(44)「吾が師の教えと汝の説く所の言と」の「吾が師の教え」は、『広弘明集』巻四の彦琮「通極論」に「吾が師の教えを成すや、浄行の宗経を弘む」とあり、『詩経』周南「葛覃」の詩「言に師氏に告ぐ」の鄭玄の箋に「師の教えを尊重するなり」とある。また「汝の説く所」は、『金剛般若経』(大正八—748c)に「須菩提よ、汝の説く所の如くんば云々」

(45)「汝等の楽しむ所と吾が類の好む所と」は、『文選』の曹植「楊徳祖に与うる書」に「衆人の共に楽しむ所」とあり、『論語』述而篇に「吾の好む所」とある。

(46)「誰れか其れ優劣なる、孰れか其れ勝負なる」は、『文選』の揚雄「劇秦美新」の注に引く李充「翰林論」に「此れ乃ち其の勝負を計り、其の優劣を比するの義なり」とある。

(47)「並びに啓いて称して曰く」は、『文選』の謝荘「月の賦」に「仲宣は跪いて称して曰く」とあり、

「啓」は跪と同義。『爾雅』釈言篇に「啓は跪なり」

(48)「我等、幸いに好会に遇う」の「我等」は、『金光明最勝王経』捨身品（大正十六451a）に「我等は聞くことを楽う、願わくは為に開闡せよ」。「幸いに遇う」は、『文選』の江淹「雑体詩」に「幸いに天下の平らかなるに遭う」とあり、「遭」は遇と同じ。「好会」の語も、『文選』の応貞「晋武帝華林園集詩」に「宴を貽して好会す」とあり、『史記』孔子世家「好会を為して夾谷に会す」に本づく。

(49)「適たま讜言を承く」は、『漢書』叙伝に「今日復た讜言を聞く」。「讜言」は善言。「承」は聞と同義。

(50)「方めて知る、鮑壥の至って臰きと」の「方めて知る」は、『文選』の江淹「雑体詩」に「方めて知る、杕杜の情を」。「鮑壥の至って臰き」は、五六ページ注(76)に既出。「壥」は廛、「臰」は嗅、臭と同じ。

(51)「方壺の極めて香しきと」は、『別国洞冥記』巻二に「元封中、方(壺)山の像を起こし、諸もろの霊異を招く。……乃ち天下の異香を焼く。沈光香、精祇香、明庭香、金磾香、塗魂香あり云々」とあり、王子年『拾遺記』に「三壺は海中の三山なり。一は方壺にして則ち方丈なり。二は蓬壺にして則ち蓬莱なり。三は瀛壺にして則ち瀛洲なり」とある。

(52)「犨糜の醜きと子都の好きと」は、『文選』の左思「魏都賦」に「犨糜と子都と」とあり、注に引く『呂氏春秋』に「陳に悪き人ありて敦洽犫麋と曰う。椎顙広額、色は漆赭の如し」とある。「犨」は犫、「糜」は麋と通用。「子都」は、『詩経』鄭風「山有扶蘇」の詩に見える美男子。『孟子』告子篇上にも「子都に至りては、天下その姣しきを知らざる莫し」とあり、注に「古の姣好なる者」とある。

(53)「金石隔て有り、薫蕕比ぶこと無し」は、『広弘明集』巻六（大正五十二126a）に「玉石をして区分し、薫蕕をして弁ち有らしむ」とあり、「薫蕕」は、『左伝』僖公四年に「一薫一蕕、十年にして尚お臭きこと有り」とある。「薫」は香草。「蕕」は臭草。

(54)「今従り以後」は、『魏書』釈老志に「今自り以後、敢て胡神に事え、及び形像、泥人銅人を造る者有らば、門誅す」とある。「自」は従と同じ。

(55)「心を専らにして神を練る」は、『文選』の潘岳「雉を射るの賦」に「耿介の心を専らにするを厲ます」とあり、『弘明集』巻二の宗炳「明仏論」に「道は神を練るに在り」とある。なお「心を専らにす」は、一三二ページ注(17)に既出。

(56)「永く斯の文を味わわん」の「斯の文」は、『論語』子罕篇「天の将に斯の文を喪ぼさんとするや、後死の者、斯の文に与かるを得ず」。ここは道教の経典に説かれている教えをいう。

巻　下

仮名乞児の論述（仏教の立場）

仮名乞児（かめいこつじ）すなわち仮に法と食とを乞う男と名づける架空の人物がいた。どこの生れか、はっきりしない男であるが、あばらやに生まれ、見すぼらしい住居（すまい）で育った。わずらわしい俗世間から高く超脱して、仏教の真理を慕い、仏道の修行に励み、黒髪を剃（そ）り落として頭はまるで銅（あかがね）の盆のよう、脂粉（しふん）のあでやかさは全く失われて顔は土製のるつぼなべを思わせ、容貌はやつれはてて体つきも貧弱である。

長い脚は骨ばかりで突ったたち、まるで池のほとりにたたずむ鷺（さぎ）のよう。短い頸（くび）は筋っぽく、あたかも泥のなかの亀のようである。五つの破片（かけら）をつぎ合わせた木製のぼろ鉢は牛の餌（えさ）袋にも似ていつも左の肱（ひじ）に繋（か）け、百八個の珠（たま）をつないだ安っぽい数珠（じゅず）は馬の尻がいのようで、やはり右の手に繋けている。道祖神に供えるような粗末な草履をはいて牛皮の立派な履にかえ、駄馬の荷づくり縄のような荒っぽい帯をしめて犀の角を用いた高価な帯など見むきもしない。茅のござをいつもぶらさげてまわるので、市場のあたりの乞食どもも顔をおおい、うなだれてもじもじし、縄ばりの床几をおんぶしてまわるので、牢獄近辺の泥棒たちも膝をかかえこみ、天を仰いで溜息をつく。

口の欠けた水差しは油売りの肩のようにいびつで、鐶のとれた錫杖はまた薪売りの手のようにささくれている。鼻柱はひしゃげ、目は落ちくぼみ、あごは尖り、目は角ばっている。ゆがんだ口には鬚がなく、孔雀貝とそっくり。唇は欠けていて歯ならびも悪く、まるですばしこい兎の唇。

たまたま市場のなかに足をふみこむと、瓦や小石が雨のように投げかけられ、渡し場を通りかかると馬の屎が霧のように降ってくる。

私度僧の阿毘法師は、つねに最も親しい同志の友人であり、光明という名の仏教信者はときどき信仰篤き施主となってくれた。あるときは金ノ巌に登って雪に降られ難渋し、あるときは石槌山に登頂して食糧が絶え散々な目にあった。あるときは住の江の海女の乙女に目をくれ、怠け心をおこして思いをよせ、あるときは滸倍の老尼をながめ、心を励まして世を厭う気持を抱いた。そのかみの孔伋がしたように霜を払って野菜を取って食べ、また孔子が戒めているように雪を掃いて肱(ひじ)を枕に寝た。青空を天に張った幕として野宿するので住居に苦労することもなく、峰にかかる白い雲を幌(とばり)とするので寝室のカーテンも必要としない。夏はゆったりと襟(えり)をひろげて楚(そ)の襄(じょう)王の颯爽(さっそう)たる風を受け入れ、冬は首をすくめ袂(たもと)でおおって帝王燧人(すいじん)氏の猛火のぬくもりを保持する。橡(とち)の実の飯に苦菜(にがな)という貧しい食事でさえ十日もつづけられず、紙袍(かみこ)に葛織(くずお)りのどてらという粗末な衣服でも両肩ははみだしている。しかし鷦鷯(みそさざい)がわずか一本の枝に巣をつくり、半粒の穀物で腹ふくれるように、精神の自由を楽しんで満ち足りた生活をし、むかし晋(しん)の何曾(かそう)が食べたというような贅沢(ぜいたく)なご馳走を口にしたいとも思わず、魏(ぎ)の田子方(でんしほう)が賢者に贈ったというような温かい皮衣(ジャンパー)を欲しいとも思わない。人生の三つの楽しみを謳歌(おうか)した老人栄啓期(えいけいき)も、この男にくらべれば見劣りがし、四人の白髪の隠者、商山の四皓(しこう)もこの男の前に立てば物の数ではない。姿かっこうは見られたものではないが、その不屈の志はなにびとももはや奪うことができない。

その仮名乞児に、ある人が告げていった。

「わが師の教えであるが、この世界で最も霊妙な存在は、人間こそその第一である。その人間にとって最もすぐれた行為は、孝であり忠であり、そのほかにもさまざまな行為があるが、この二つがその根本である。だから親からもらった身体(からだ)を傷つけず、主君の危難を見れば一命を投げ捨てるのであり、おのれの名を後世に挙げ、先祖の誉れを顕(あら)わすには、孝と忠とのどちらを欠いてもいけないのである。

また人間にとって一生の楽しみは、財産と地位を築くことであり、百年のつきあいをもつ親友でも女房子供の可愛さには及ばない。かの子路が高禄を食(は)んで悲しんだのも、逝(な)き親をしのんで心うたれたからであり、曾参(そうしん)が立派な邸宅に住めたのも主君に仕えたればこそである。

いま、きみには親もあり、主君もいるのに、どうして親を養おうとはせず、主君に仕えようともせずに、いたずらに乞食の仲間に身を沈め、あたら浮浪者の群にまじわって、祖先の名を汚(けが)す破廉恥なふるまいをし、後世にまで醜名を残すのだ。これこそまさに極刑を加うべき不孝の大罪、君子たるものの恥辱とする行為である。にもかかわらず、そなたはそのような恥ずべきふるまいをし、親戚一同はそなたに代わって穴にも入りたい思い、他人はそなたを見て目を掩(おお)っている。すぐにも心を入れかえ、すみやかに忠孝の道を全うするがよろしい」

その言葉に仮名乞児は、げっそりとして問いかえした。

「忠とか孝とかいうのは、いったいどういうことですか」

すると、ある人は答えた。

「家庭にいるときは、にこやかな顔で親のご機嫌をうかがい、その意向を先どりして実現に全力をあげ、外出や帰宅のたびごとに父母に挨拶(あいさつ)し、夏は涼しく冬は温かいように心をくばり、夜は寝室をきちんとしつらえ、朝は安否をたずね、つねにおのれの顔色をやわらげて親に仕える。これを孝というのだ。有虞氏の舜(しゅん)や周の文王(ぶんのう)は、この孝を実践して帝王の位につき、漢の董永(とうえい)や伯(はく)

喈すなわち蔡邕は、この孝の道を守って立派な名声を後世に伝えた。

仕官する年頃になると、孝を忠にかえて主君のために命をささげ、その尊厳をものともせずに諫め論争する。上は天文に通じ、下は地理を明らかにし、過去の歴史を現代の参考にし、遠方の民をなつけ、近くの民を治め、天下を秩序づけて上ご一人を正し助け、栄誉は子孫に及び、名声は後世に伝わる。これが忠であり、伊尹や周公、箕子や比干がその代表的な人物といえよう」

仮名乞児は、その言葉に答えた。

「親を安らかにし、君を正してゆく、そのような行為が忠であり孝であるというのは、よくわかりました。いかにも私は愚かな人間ですが、それでも禽獣とは大いに異なります。人間として親と君のことは、かたときも忘れたことがなく、そのことを思うと、腸も張り裂けんばかりです。

そもそも父母は私を養い育てて、心をこめて導いてくれました。そのご苦労を思えば山のように高く、そのご恩を思えば川よりも深く、骨身にきざみこんで、ゆめ忘れられるものではありません。それに報いようと思っても余りに広大であり、ご恩返しをしたいと思ってもはなはだ厚く、むかしの孝心を歌った『南垓』の詩を詠んでは恥ずかしく思い、『蓼莪』の詩を口ずさんでは悲しい気持になります。林に棲む烏でさえ親の恩に報いているのを見ると、一日じゅう胸の焼かれる思いがし、水に棲む獺でさえ先祖を祭っていることを思うと、一晩じゅう肝のただれる思いがします。

わたくしはつねづね、西江の水がまだ切り開かれて運ばれぬうちに荘周の鮒が乾魚肆にならび、呉の季札の宝剣がまだ約束されぬうちに徐の国王が墓中の人となったことを悲しく思うものでありますが、両親は年老いて冥土に近づいているというのに、このふつつか者のわたくしは、ご恩に報いるすべもありません。

日月は矢のように速く過ぎ去って、余命いくばくもない親をおびやかし、わが家の資産は乏しくて、家屋は倒壊しかけている。二人の兄はつぎつぎに世を去って、涙は幾すじも頬にあふれおち、親族はみな貧しくて、わが心は涙にかきくれる。悲しく憤ろしい気持になって日月を過ごし、いたましい心のうずきを感じて一日を明け暮れる。ああこのやりきれぬ悲しさ。

進んで仕官しようとすれば、竽の吹奏を好んだ斉の宣王のような君主はもはや存在せず、退いて沈黙を守ろうとしても、わたくしの俸禄に期待する年老いた親がいる。わが身の進退のここに窮まったのを嘆き、居ても立ってもいられぬといううろたえに心は乱される。そこでせめてもの憂さばらしに作ってみたのが次のような頌。

肆力就畝
曾無筋力
扣角将仕
既無寗識

農場で肉体労働をしようにも、肉体の力などとんとなく、おのれを売りこんで仕官しようにも、かの甯戚ほどの才覚もない。

無智在官
致譏空職
有貪素湌
遺誡尸食

頭のさえもなしに役人になっていても、いたずらに能なしと譏られるのがおち。欲ばって禄を盗めば、ただ飯くらうなとは古人の戒め。

濫竽姦行
已尤非直
雅頌美風
但聞周国

ごまかして職に就く姦な行為は、とりわけひがごとの最たるもの、雅頌のうたの美しき風は、そのかみの周の国のみに聞かれる。

彼孔縦聖
栖遑不黙

此余太頑
当従何則

かの偉大な聖人孔子は、せかせかと仕官を求めて静黙を守らなかった。このおたわけのおのれは、いったいどのような生き方に従えばよいのか。

欲進無才
将退有逼
進退両間
何夥歎息

進んで仕官しようとすれば身に才能がなく、退いて静黙しようとすれば貧しさに追いたてられる。進むと退くとのジレンマのなかで、ただただ洩れるのは溜息ばかり」

かくてこの頌詞を作り終わって、ややしばし思いにふけっていたが、そこで次のような手紙をしたためた。

「わたくしはこんな言葉を聞いています。小さな孝は体をつかって親に仕え、大きな孝は博く仁徳を施し、万物に不足なからしめると。だから周の泰伯は髪を剃って夷狄の地に住みつき、求道時代の仏陀は衣をぬいで飢えた虎の餌食になり、そのために父母が地に倒れるという悲劇を招き、両親が天を仰いで訴えるという嘆きを引き起した。このことから考えると、両親から貰った肉体をそこない、一族の心を悲しませたこと、この二人にまさるものはあるまい。もし、あなたのおっしゃるとおりだとすれば、泰伯も仏陀もともに不孝の罪を犯したことになるが、にもかかわらず、泰伯は至高の有徳者とよばれ、仏陀は悟れる聖者とよばれている。してみると、もし真理に一致するのであれば、目先の狭い局面にとらわれる必要などなく、目連尊者が餓鬼道に落ちた母の苦しみを救い、那舎(なしゃ)長者が地獄に落ちた父の苦しみを救った行為など大きな孝といえましょうし、また善智識ともいえるでありましょう。

わたくしは、ふつつかものではありますが、正しい教えを酌(く)みとり、古人の遺風を鑽仰(さんこう)しています。つねに国家のためにまずおのれのかくれた善行の功徳(くどく)を差しむけ、また父母のいずれに対しても同じ功徳をみなそちらに向けています。そして、このような国と家とに向けられた功徳の総和こそ忠であり孝なのです。

しかるにあなたは、忠孝をただおのれの体力のかぎりを尽くすべきこと、体を曲げてうやうやしくお辞儀すべきことのみ理解して、かの于(う)氏の家の門が、かくれた善行によって高く立派となり、厳氏の墓地が悪徳のために、あらかじめ掃き清められなければならなかったいわれを理解されていません。なんという見識の狭さでしょう。とはいえ、この手紙はまだわたくしの考えを十分に述べつくしてはいません。あとで改めてこのことをはっきりと説明いたしましょう」

仮名乞児は、この手紙のような主張を堅持して父兄にも拘束されず、親戚にも近づかず、浮草のように諸州を流浪し、蓬のように他境を転々とした。
さて天の河の星影が傾いて暁近くなると、臓腑のなかはすっかりからっぽとなり、石窟に蓄えていた食糧も尽きて、腹の中にいるという八万の虫がひもじさに忽ち悲鳴をあげた。釜のなかには埃が舞い、竈のなかは苔だらけ。そこで考えるよう、仏教の経典では食物に支えられて生活をしてゆくことを明言し、中国の古典では学問をするのは末のことだと説いている。飢えた男をおんぶして、早々に食物ゆたかな場所にあずけてやることが何よりだ、と。
こう考えると、すぐに松林を出て、人々の多勢住む大きな町に出かけてゆき、足るを知ることをモットーとして、托鉢しながらどんどん歩いていった。供をする童など全くいず、ただひとり経文を手にして、やってきたのが兎角公の家の前。その家の門の柱にもたれて、じっと立っていた。
かくて亀毛先生と虚亡隠士の論戦の場に、ばったり行きあわせる仕儀となったが、二人のそれぞれの思案はといえば、電のようにはかない肉体を養って、胎生、卵生、湿生、化生という四種の生まれ方をする迷いの世界の牢獄に住み、本来空である夢のごとき意をはたらかせて、十八界から成る認識の世界の旅宿にとどまっている。五種に分類される物と心との世界がすべて空である虚妄の国に幻の城を築き、地水火風、四大の蛇がせめぎあう仮ずまいの里に泡のごとき軍勢を勢ぞろいさせている。

蜘蛛の網を甲にし、蚊のまつげに巣くう極微の虫、蟭螟にまたがって鎧をつけ、虱の皮の鼓を打ち鳴らして隊列を威勢づけ、蚊の羽を旗にして部隊の標識としている。我執の謬見という名の戟を杖ついて狭い見聞という名の剣をふりまわし、霜のように脆い臂をふりあげて妖精の平原で戦い、利欲の議論をきそうて俗世の弁舌を争いあっている。

さて仮名乞児は、耳を傾けて次第に聴きいり、目をまじろいでたたずんでいた。亀毛先生と虚亡隠士の二人は、それぞれに自分は正しく相手は間違っているという。そのとき仮名乞児は自分で考えた。溜り水のようにぽっつりとした弁舌、たいまつの火のようにちっぽけな才気の輝き、それでもこの程度にはやれる。ましておのれは法王すなわち仏陀の子である。いでや虎豹の威力をもつ鉞を抱きかかえ、蟷螂のちっぽけな斧を取り拉いでくれよう。

かくて仮名乞児は、智慧の刀を研ぎ、弁舌の泉を湧きたたせ、忍辱すなわち辱りに忍えるという精神の介を着て、慈悲の駿馬を馳せ、遅くもなく速くもなく、亀毛先生の陣営に乗りこみ、驚きもせず恐れもせず、虚亡隠士の軍勢に立ち向かった。

かくて味方の塁を出ては遊撃し、敵の城壁に攻めこんでは思いのままにふるまう。そこでまず陳琳の書いたようなすばらしい檄文を送り、魯陽のしたためたような見事な勧告文を示すと、敵の将軍はおじけづいて、兵士たちは意気沮喪し、みずから後手に縛って降伏し、血を流すわずらわしさもなくてすんだ。ただ野性の粗暴さは改めにくく、まだ疑いためらう気持をいだいている。

それを見ると仮名乞児は涙を流し、彼らの頭をなでながら哀れみの気持をこめてこう喩した。

「小さな水溜りで鰭を動かしている雑魚どもには、その大きさ幾千里もある鯤の大魚を見るすべなど全くなく、垣根のあたりで羽をばたつかせている小鳥どもには、九万里の上空を天翔る鵬の存在など理解できない。だから海べで育った無知な人間は魚の大きさほどの木などあるものかと疑い、山で育った愚か者は木の大きさほどの魚などいるものかと怪しむ。古人が、離朱ほどの視力がなければ誰も毛すじの先まで見わけることはできず、師曠ほどの聴力がなければ鐘の音いろを聞き別けることなどできないといったのも、もっともである。ああ、目の見えるものと見えないもの、愚かなものと愚かでないものとは、なんという大きな隔りをもつことか。きみたちの議論を聞いていると、氷に彫刻し水の上に絵を書くようなもので、骨折り損のくたびれ儲け、なんという見識の狭さだ。亀毛先生の鳧の脚も短いとはいえず、虚亡隠士の鶴の脚も長いとはいえず、まさっているといっても多寡が知れている。きみたちは最も偉大な覚れるものの教え、真理の帝王の道である仏教について聞いたことはないのか。いまきみたちのためにその教えの要点をあらまし説明して聞かせよう。むかし秦の始皇帝が持っていたという嘘発見の宝鏡におのれの姿を写し見て、かの葉公が本物の竜を見て懼れたという迷妄をすみやかに改め、盲人たちが巨象を撫でる心の酔いをともに醒まし、獅子の吼える声にたとえられる仏陀の教えをともに学ぶがよい。孔子がその化身とされる儒童菩薩、老子がまたその化身とされる迦葉菩薩は、いずれもわたしの友人である。この両人は、きみたちの愚かさを憐（あわれ）んで、わが師である仏陀が以前に東方に派遣されたのだ。しかしながら東方の人々の能力が低かったため、天地造化の世界の皮相な道理を卑近に説いて、永劫（えいごう）の時間にわたる深遠な哲理はまだ説かれなかった。それなのにきみたちは、教えの違いを固執して論戦をたたかわしている。なんと間違いではあるまいか」

すると虚亡隠士がこう答えた。

「あなたをつらつら眺めると、世俗の人間とはまったく違っている。頭を見ると一本の毛もなく、体を見るといろいろな品物をたずさえている。あなたはいったいどこの州、どこの県のお方で、誰の子、誰の弟子なのですか」

その言葉を聞くと仮名乞児は声高らかに笑っていった。

「三界（さんがい）すなわち迷いの世界に定まった家はなく、六趣（りくしゅ）すなわち天・地獄・餓鬼・畜生・修羅・人の輪廻（りんね）転生の六つのコースは、さまざまに変化する。あるときは天上の世界を国として住み、あるときは地獄を家として住む。あるときはそなたの妻子となり、あるときはそなたの父母となる。波旬（はじゅん）すなわち魔王を師とすることもあれば、外道（げどう）すなわち異教徒を友とすることもある。輪廻転生ということからいえば、餓鬼や畜生の鳥や獣もみな、わたしとそなたの父母妻子なのだ。この輪廻転生の世界には、始まりから現在に至るまで、切れ目などまったくなく、現在から始まりに至るまで固定した在り方などありえない。円い環（わ）のように始めもなく終りもなく、四種の生まれ方の間をさまざまに変化し、あたかも車輪のぐるぐる廻るように六種のコースを驀進する。輪廻転生の世界とは、このようなものであるから、そなたの髪の毛は雪のように白いが兄であるとはかぎらず、わたしの鬢の毛は雲のように密生しているが弟でもない。そなたとわたしとは、始まりもない大昔のときから次々に生まれかわり死にかわって定めなく変化転生してきたのだ。これというきまった州や県、親などがどこにあろうか。けれどもこの近ごろのことについていえば、一瞬の幻であるわたしは、南閻浮提すなわちわれわれの住むこの世界の、日の出ずる東方の地域、転輪聖王すなわち天皇の統治する日本国のなかの、玉藻よる讃岐の島、楠の木の太陽をさえぎって生い繁る多度の郡、屛風が浦に住んでいる。そして思慕する人のところへもまだ行けないいま、はや二十四歳の年月を過ごしてきた」

その言葉を聞いて虚亡隠士はびっくり仰天、

「地獄とか天国とかいうのは、いったいどのようなところですか。あなたはまた、どうしてごてごてと沢山の品物を身につけているのですか」

仮名乞児は答えた。

「身の行ないが悪ければ、牛の頭、馬の頭の格好をした地獄の鬼どもが自然にあらわれてきて苦しい罪の報いをあたえる。その反対に、心の持ち方がもし善ければ、黄金づくりの宮殿、銀づくりの宮殿が、たちまち空から飛んできて立ちならび、おいしい露が飲み物として授けられる。

おのれの心を改めることがたいへんむつかしいだけであって、これと決まった天国や地獄が固定したものとしてあるわけではない。わたしも以前には、天国や地獄について、そなたのような疑惑を抱いていたが、近ごろたまたま良き師である釈尊の教えにめぐりあって、前世からの迷いを醒ますことができたのだ。

いったい、わたしが師と仰ぐ釈尊という方は、この上なく深い前世からの誓いによって、八十年の仮の身をこの世にあらわし、衆生(しゅじょう)を済(すく)うという無限の慈悲によって、三十歳のとき悟りを開き教えを説かれた。そのとき仏陀と縁(ゆかり)のあった衆生は、竜神をも含めて甘い露(うま)すなわち釈尊の教えにのどうるおし、枯れ萎(しぼ)んだ木に花を咲かせて実を結ぶ解脱(げだつ)の時期を約束された。しかし、その教えを聞くことのできなかった福なき人々は、身分の高下にかかわりなく、身の汚れ苦しみに気づくことなく、いつまでも罪苦の世界に身を沈めて、醍醐(だいご)の美味を知らずにいた。そこで慈悲の世界の聖天子すなわち釈尊が世を去られるとき、ねんごろに仏の地位の後継者である弥勒(みろく)菩薩、また古くからの有徳者である文殊(もんじゅ)菩薩らに遺言(ゆいごん)して、仏の地位の印璽(みしるし)を慈尊すなわち弥勒菩薩にあたえ、これら教化(きょうけ)の代行者たちに衆生を撫(いつく)しむように教えられた。かくて仏の王国の大臣たち、文殊菩薩や迦葉菩薩らは、立派な檄文(つげぶみ)を諸国にくばり、後継者弥勒の即位を人々に知らせた。

このような次第で、日本国に住むこのわたしは、その檄文の趣旨を早速に諒承し、弥勒の即位を祝おうとして、馬にまぐさを与え、車にあぶらをさし、旅支度をととのえて出発した。昼夜晴雨にかかわりなく、弥勒の首都兜率天（とそつてん）に向かうところであるが、途中の道は苦難にみち、人の住む里は遥かに離れ、道路は四方八方に分れてひどく入りくみ、進むべき路もよく分らない。少数の供の者は、あるいは泥沼にのめりこんで、いつ脱（ぬ）け出せるとも知れず、あるいは馬をとばせ車を走らせて、もうとっくに出かけてしまった。そのためにこまごました品物を捨てもせず、わが身ひとつに背負（しょ）いこんでこのていたらく。食糧はなくなり、路（みち）にはふみ迷い、かたじけなくもこの家の門のかたわらに入れてもらって、旅の援助をお願いしている次第だ」

かくて仮名乞児は、おのれの思いを述べ志をはげまし、無常の賦（うた）をつくって、果報を受ける文章を書きしるした。その文章は黄金の錫杖（しゃくじょう）を振るような清らかな響きをたて、玉のふれあう音のように美しい調べを発して、亀毛先生らに説き示されたものであった。

〈無常の賦〉

「つらつら考えてみるのに、世界の中心に高くそびえる須弥山（しゅみせん）は、峻（けわ）しくそそりたって天の河に届くばかりであるが、この世界の最後の日には業火（ごうか）に焼かれて灰となり消えうせてしまう。また、ひろびろとした大海原（うなばら）は、果てしなく広がって天にまで漲（みなぎ）るほどであるが、幾つもの太陽に照りつけられると、水は涸（か）れ尽きてしまう。広大な天地も流動して砕け散り、果てしなく円（まる）い天空も火に焼かれ、崩れ落ちる。

このように天地山海も壊滅するときがあるのであるから、天人がそこに住むというひっそりとした非想天も電よりもはかない存在でしかなく、とらわれぬ自由を奔放に楽しむという神仙も、雷のとどろきに似た一瞬の存在である。ましてやわれわれ凡夫は、あたえられた体は金剛石でもなく、生まれついたこの身は瓦礫のように脆いものである。この身を構成する五つの要素は、水に映った月影が借りものであるように虚妄であり、世界を構成する四つの元素は、かげろうの束の間の存在である以上に移ろいやすい。人間存在を規定する十二の因縁は、猿のように浅ましい心のうごきをかきたて、人間の苦悩を代表する八種の苦しみは、つねに心の根源をゆさぶり、むくむくともりあがる貪と瞋と痴の三つの毒の焔は昼も夜もつねに燃えつづけ、こんもりとむらがる百八の煩悩の藪は夏も冬もひどく生い繁っている。風にひるがえる埃のように脆いこの身は、生命の機のばらばらになる朝を迎えると春の花とともに散り乱れ、風に吹き飛ぶかりそめの命は、因縁の離散する夕ともなると、秋の落葉とともに乱れ舞う。

高価な瑶のように富み栄えた体も、寄せくる無常のさざなみに先んじて墓のなかに沈み、万乗の天子の貴い姿も、わずかな野べの煙とともに大空に舞いあがる。細く美しい美人の眉も霞とともに雲の宮居に飛びさり、貝のように白く輝く美女の歯も露とともにみな脱けおちてしまう。絶世の美女の華のような眼もたちまち水面に緑の苔の浮かぶ沼となり、真珠の耳飾りを垂れたうるわしい耳もたちまち松風の吹きかよう谷となってしまう。朱をさした紅の頬もついには青蠅にふみつけられ、丹で染めた赤い唇も烏や鳥の餌食に変わりはてる。さまざまに媚を含んだ作り笑いも、かさかさになったしゃれこうべのなかに見いだすことはむつかしく、いろいろと嬌を作ったあでやかな姿態も、腐ち爛れた死体では誰も近づこうとするものはいない。

そびえたつ髷の黒髪も、藪のあたりに乱れ敷いて、そこに散らばる芥となり、ほっそりとした白い手も、草むらのなかに沈んで、そこで腐っている。蘭のようにふくよかな香気は八方の風とともに飛び散ってしまい、滴り落ちる悪臭の液は屍体の九つの竅から噴き出ている。こまやかな愛情に結ばれた妻や子も楚の宋玉が夢で逢ったという神女とかわりなく、豪勢な蔵いっぱいの宝物も鄭交甫が言葉だけで仙女と契ったむなしさとかわりない。

さっさつと吹いてくる松風の響きは、すがすがしく襟もとに流れるが、その音を聞いて喜んだ人の耳は、いまいずこにあるのであろうか。さやかに澄んだ月影は、やさしく顔を照らすが、この月を視て楽しんだ人の心もまたどこに消えうせたのであろうか。

かくて、しなやかな羅縠の衣も嬉しがるには及ばず、厚ぼったい薜蘿の着物こそ変わることのない美しさであること、また、赤い土や白い土で飾った立派な邸宅も束の間の住居でしかなく、松を植えた塚、檟の生うる墳こそ永久のすみかであることが知られるのである。

むつまじい夫婦、仲の良い兄弟も、ひっそりとした墓場では会うすべもなく、うるわしい友情に結ばれた者同士も、荒れ果てた墓のあたりではもはや親しく語りあうこともできない。そびえたつ松の木かげにただひとり横たわって木だちのあたりで姿を消し、さえずる鳥の鳴き声を伴として、いたずらに草むらの前に埋められる。うごめく無数の虫がうようよと列を作り、吠えたてる多くの犬がむらがって食いかじる。妻や子も鼻をつまんであとずさりし、親戚や他人も顔をおおって逃げ帰る。ああ、なんという痛ましさ。

さまざまなご馳走をたべて、なまめいた貴婦人の体も、いたずらに犬や烏の屎(くそ)小便となり、きらびやかに装ってゆったりとした貴公子の体も、むなしく燃えさかる火に焼かれてしまう。春の園に遊んでしのびよる愁いを消し、秋の池にたわむれて宴(うたげ)を開くことも今は夢、ああ、悲しいことよ。潘岳(はんがく)の亡妻をしのぶ詩を詠んでは、いよいよ悲痛の思いを強くし、焼死した伯姫(はくき)を悼(いた)む琴操の引(うた)を歌っては、さらに胸の張りさける思いを深くする。

無常のあらしは神仙を容赦せず、人の精気を奪い取る悪鬼は、身分の高下を問わない。財(かね)の力であがなうこともできず、権力で引きとめることもできない。不老長生の霊薬をどのくらい飲もうとも、また人の魂をよびもどすという秘香をいくら焚(た)こうとも、一刻も引きとめることはできず、なにびとも三泉(よみじ)の旅をまぬがれることはできない。

屍(しかばね)は草のなかで爛れてもとの形を失い、精神は沸きたつ釜のなかで煮られて気ままにふるまえず、あるいは嶮(けわ)しい剣(つるぎ)の山に投げつけられて血が一面に流れしたたり、あるいはそびえたつ刀の山に刺されて胸を突き通され悲しげに悶(もだ)える。とてつもなく重い熱鉄の車輪の下敷きにされるかと思えば、底しれぬ深さの冷たい川の中に沈められ、あるいは煮えたぎる釜の湯を腹の中にそそがれて臓腑はいつも炮り煎（あぶりや）かれっぱなし、あるいは火に焼けた鉄のかたまりを喉（のど）に流しこまれて、しばらくもその苦しみからまぬがれるすべがない。口にする飲みものは永劫にわたってその名前さえ聞くことがなく、しわぶきや唾（つば）ほどの僅かな食物も、万年ものあいだ思いどおりにできない。獅子や虎や狼などの猛獣が、ぱっくり口をあけて嬉しそうにおどりかかり、馬の頭をした地獄の邏卒（らそつ）がかっと目を見ひらいて待ちかまえる。泣きさけぶ声は朝な朝な空にうったえるが、閻魔（えんま）王の赦してやろうという気持は夕（ゆうべ）ごとにむなしく消えうせる。閻魔王に頼みこんでも愍（あわれ）みの心は絶えてなく、妻や子を呼びよせようにもそのすべはもはやない。財宝で罪をあがなおうとしても珠玉ひとつ身につけていず、逃げ出して苦しみからまぬがれようとしても城壁が高くて越えることができない。ああ、なんという苦しさ、ああ、なんという痛ましさだ。むかし孟嘗君（もうしょうくん）がしたように鶏の鳴きまねの上手な男を連れてきて関所が閉ざされている苦難を解消することもできず、こそ泥の名人を連れてきて死刑の刃（やいば）から身を救うこともできない。策に窮して手の打ちようもなく、どれほど後悔しても身につまされるばかりである。大きな石がすりへり、城いっぱいの芥子（けし）つぶが無くなってしまう永劫の時間を、いたずらにいっそう激しく泣き叫ぶばかり、ああ、痛ましいかぎりだ、ああ、痛ましいかぎりだ。おのれがもし生きているうちに努力することなく、このような地獄の責め苦にかかろうものなら、どれほど嘆き苦しもうとも、だれの助けもあてにはできないのである。努力するがよい、努力するがよい」

かくて亀毛先生らは、百斛の梅酢が鼻に入ったようにしゅんとした気持になり、数斗の荼蓼を喉に通したように肝も爛れる思い。火を呑みこんだわけでもないのに腹は焼けるばかり、刀で突き刺されたわけでもないのに胸は裂けんばかり。むせび泣きし悲しく痛ましい気持になって涙はさめざめと頬をつたい、胸を叩き足ずりして地に倒れ、身も斬り裂かれんばかりに天を仰いで訴える。そのありさまはまるで慈しみ深い親と死別し、愛する妻を失った男のよう。あるいは恐れおののいて気を失い、あるいは悲しみにうちひしがれて気絶する。

そこで仮名乞児は水瓶を取ってその水に呪いをし、まんべんなく顔にそそぎかけると、しばらくして息を吹きかえしたが、二日酔いの酔いどれのように押し黙ったまま。まるで墓の穴から出てきたそのかみの劉石か、親に死に別れた殷の高宗もいいところ。ややしばらくして両眼に涙を流し、体を地面に投げつける最敬礼をして、恭しくぬかずき、鄭重に礼拝してこういった。

「私たちは永いあいだ瓦や石ころのようにつまらないものをもてあそんで、常に小さな快楽に耽っていました。たとえてみれば、蓼食う虫が蓼の葉の辛いのになれっことなり、厠に住むうじ虫が糞の臭さを忘れ、盲人が目かくしをして険しい道を進み、脚のわるい駑馬を走らせて暗い夜道を行くようなもの、どこへ行きつくのやら、どんな危険におちいるのやら知れたものではありません。今たまたまあなたの立派なお教えのおかげで、わたくしたちの奉じていた道が浅薄なものであることを悟りました。臍をかむ思いでこれまでの過ちを悔い改め、頭をふりしぼってこれからは正しい道にはげみたいと思います。なにとぞ慈悲深き大和尚よ、さらに教えを垂れて仏道の究極をお示しください」

するとと仮名乞児はいった。

「いかにも、まことに結構なことだ。君たちは道に迷うことそれほど遠くないうちに引き返してきた。わたしは今かさねて生死の世界の苦しみの根源について述べ、涅槃の世界の楽しい果報を説明しよう。この道理は周公や孔子もまだ語っていず、老子や荘子もまだ説いていないことだ。この果報は『四果』や『独一』すなわち小乗仏教の教えによる声聞や縁覚の修行者には到達不可能であり、『一生十地』すなわち大乗仏教の教えによる菩薩だけが段階的に修行してその境地に遊びうるのである。よく聞き、しっかりと守るがいい。要点をつまみ大筋をつかんで、そのあらましを君たちに説明しよう」

亀毛先生たちがみな、座席をはずして居ずまいを正し、「はい、はい。心を静め耳を傾けて専心にお説を拝聴します」というと、かくて仮名乞児は、心の倉の鍵を開き、弁舌の流れも滔々と生死海の賦をきちんと述べ、あわせて大いなる悟りの道の果報を示した。

〈生死海の賦〉

「いったい生死の海というものは、『三有』すなわち欲界・色界・無色界の三界のすみずみまで掩いつくして、見わたすかぎり果てしない。『四天』すなわち東西南北の四天下の外をとりまいてひろびろとひろがり、測り知ることができない。それは一切の存在を生み出し、数かぎりないものを総括する。大きな腹をからっぽにして多くの流れを受けいれ、大きな口を開いでさまざまなクリークの水を吸いこむ。丘にまでのぼる高波は激しく沸きあがって止むことがなく、岸を襲う荒波はどうどうと音を立てて打ち寄せてくる。雷鳴のようにごろごろととどろく響きは日ごとにすさまじく、車の雷ととどろく轟音は夜ごとにさわがしい。さまざまなものが重なりあい、いろいろなものがおびただしく集まりあっている。そこではどんな不思議なものも生育し、どんな奇怪なものも豊富にそろえられている。

そのなかで魚類についていえば、貪欲なもの、怒りっぽいもの、ひどく愚かなもの、ひどく欲ばりなものがおり、大きな頭は果てしなく、長いしっぽは終わるところを知らない。鰭をあげ尾をばたつかせ、口をあけて食べものを求める。波を吸いこむときには、貪欲の海から離脱しようとする船も、帆柱が砕け、帆は消えうせてしまう。怒りの炎を霧として吐くときには、慈悲の船は檝が折れ人は殺され死ぬ。この大魚は泳ぐかとみれば海中に沈み、心のうごきが気まぐれで財物を貪るかとおもえば飲食を貪り、性根がねじまがっている。壑のように渓のように欲が深くて、将来の禍など念頭になく、鼠のように蚕のように貪りくらって、あわれむ気持も可哀そうだと思う気持もない。誰もみな永劫の時間にわたる輪廻の苦しみは忘れ果て、ともどもにこの世かぎりの出世と幸福だけを望んでいる。

その鳥類についていえば、へつらいだますもの、讒言（ざんげん）しおもねるもの、そしるもの、悪口をいうもの、おしゃべり、どなりちらすもの、人の顔色をうかがうもの、くよくよと厭（いと）い悔いるものなどがあり、翼をととのえて道にはずれた方向に飛びたち、高く羽ばたいて気楽なところに飛んでゆく。『四倒』すなわち無常・無楽・無我・無浄において常・楽・我・浄にとらわれる四種の顛倒の入江で騒ぎたて、『十悪』すなわち殺生（せっしょう）・偸盗（ちゅうとう）・邪淫（じゃいん）・妄語・綺語（きご）・悪口（あっく）・両舌・貪欲・瞋恚（しんに）・邪見の十種の悪業の沢辺（さわべ）で羽ばたきする。正しくて真っ直ぐな菱（ひし）の実をついばみ、清廉潔白な香草である藿（かく）を食いちらす。鳳凰（ほうおう）や鸞（らん）などの霊鳥を見ると、上むいてまずカアと鳴き、鼠や犬を捕えると俯（うつむ）いて大声でわめきたてる。飛んでは鳴いて眼前の豊かな生活にあくせくし、生まれては死んで未来の苦の果報を忘れる。雁門（がんもん）の坂にはかすみ網が張りめぐらされ、昆明（こんめい）の池には大きな網がずらりとならび、弓の名手、更嬴（こうえい）の射かける矢は前から飛んできて頭をくだき、同じく養由基（ようゆうき）の射る矢は後（うしろ）から放たれて血を流すことなど思ってもみない。

そのほかの雑多な動物類となると、おごりたかぶりと腹だち、ののしりと嫉（ねた）み、自己讃美と他人の誹謗（ひぼう）、遊蕩（ゆうとう）放逸と恥知らずの厚顔、不信心、無慈悲、邪淫、邪見、憎悪と愛着、栄誉と汚辱、殺し屋の仲間、闘争内紛の一味などがあり、外形は同じでも心はさまざまで、種類も異なり名目も違っている。鋸（のこぎり）のような爪、鑿（のみ）のような歯をもっていて慈愛の心などほとんどなく、穀物を餌とする。きっと睨みすえて虎のように目を光らせ、朝露のようにはかない無常の山麓を歩きまわり、ぐっと仰ぎ見て獅子のように吼えたて、長夜の夢のようにあっけないまぼろしの谷間をぶらつく。それに出あった者は生きた心地もなく精気を抜かれ、脳を地に塗れさせ腸を打ちくだかれる。それを見たものは身はおののき心は悚じけづいて、くらくらと目がくらみ、恐れて立ちすくむ。

このような多くの生類が、高いところでは有頂天にひしめき、低いところでは無間地獄を埋めつくして、いたるところに櫛の歯のように密集し、浦々に住みかを連ねて目白押しである。かの『海の賦』の作者、木華のような名筆をどれほど多く集めても到底述べつくすことはむつかしく、かの弁論の雄者、郭象のような霊筆をどれほど多く集めても到底論じつくせるものではない。このために『五戒』すなわち不殺生・不偸盗・不邪淫・不妄語・不飲酒の五種の戒めによる悟りの世界への小舟も荒浪に漂わされて『羅刹』すなわち悪鬼の船つき場に風のまにまにさまよい、『十善』すなわち不殺生・不偸盗・不邪淫・不妄語・不綺語・不悪口・不両舌・不貪欲・不瞋恚・不邪見の十種の善行による精進の車も強大な邪悪の力に引きずられて悪魔鬼神の近くへと、音すさまじく駆けてゆく。

されば『勝心』すなわち仏道をめざすすぐれた心を悟りの因として夕に起し、『最報』すなわち最上の報いをその因の果として朝に仰ぎ求めることをしないかぎり、果てしない生死の海をその根底から引っこ抜き、偉大な仏の悟りの境地に到達することは、なにびとにも不可能なのである。げにも必ずや『六度』すなわち彼岸に度るための布施・持戒・忍辱・精進・静慮・智慧の六種の修行を筏として、煩悩に漂う迷いの河から船出をし、『八正』すなわち正見・正思惟・正語・正業・正命・正精進・正念・正定の八種の正しき道を船として、愛欲の河に船出の棹をととのえ、精進という名の帆柱を立て、静慮という名の帆をかかげ、忍辱の鎧を着て賊どもを防ぎ、智慧の剣をふるって敵どもを威かし、『七覚』すなわち念・択法・精神・喜・軽安・定・拾の七種の覚法の馬に鞭をくれて、すみやかに溺れ沈んだ迷いの海を乗り超え、『四念』すなわち身の不浄を念い、感受の苦を念い、心の無常を念い、法の無我を念う四種の修行法の車を駆して高く世俗の世界を超越しなければならない。

　そうすれば、かの舎利弗が仏陀から未来の成仏を予言した証書を授けられた春の日と同じく、転輪聖王が頭の髻のなかに秘蔵する宝珠を大功ある家臣に与えて諸侯に封じたように、仏陀の秘法を与えられて未来の成仏を許可されるであろう。また、かの竜女が宝珠を仏陀に献上して成仏の果報を得た秋の日にも似て、無尽意菩薩が頸飾りを奉げ菩薩としての最高の境位に昇りつめたように、仏道の最高の境位に到達することができるであろう。『十地』すなわち菩薩の修行の十の段階における長い路程も、たちまちことごとくを通過し、菩薩の修行する三大阿僧祇劫という無限に長い時間も、完全に究めつくして悟りを完成させること、それほど困難ではない。かくてはじめて『十重』すなわち十地の菩薩がそれぞれの段階で一つずつ断滅してゆく十種の重い煩悩も、その重い荷物をかなぐり捨てて常住不変の真理を悟れる者としての尊い位に到達し、『二転』すなわち煩悩を転じて菩提を得、生死を転じて涅槃を得るという高き悟りの境地に登り、常の住居である仏国土において真理の帝王とよばれるに至るのである。そこでは唯一無二である真如の理法と一体になって、心に親しみ疎んずるという分けへだてがなくなり、『四鏡』すなわち如実空鏡・因熏習鏡・法出離鏡・縁熏習鏡という四つの鏡に照らし出された智慧の光を身につけて、遠く毀誉褒貶の俗界から離脱するのである。そこでは生滅変化を超えて常住であり、盈虚増減を越えて不滅である。万劫よりも長い時間の経過のなかで完全に静寂であり、過去・現在・未来の三世にわたって無為自然である。なんという偉大さ、なんという広大さだ。これにくらべれば、中国古代の聖王とされる黄帝や帝尭、伏羲など仏陀の下足番にもあたいせず、古代インドの神々、転輪聖王や帝釈天、梵天など仏陀の輿かきも勤まらない。『天魔』すなわち人の善行を妨げる他化自在天の魔王や『外道』すなわち仏教以外の邪教徒たちが、どれほどさまざまに否定的論難を加えようとも、仏の教えを毀ることはできず、声聞や縁覚たち、すなわち小乗仏教の修行者たちが、どれほど称讃の言葉をまきちらそうとも、とても称讃しきれるものではない。

　仏の教えはかくも偉大ではあるが、とはいえ、『四弘』すなわち一切衆生を救わんとの誓い、一切煩悩を絶たんとの誓い、一切法門を学ばんとの誓い、一切の仏果を証せんとの四つの弘きな誓願はまだ完全に実現されていず、仏が『一子』と見なす一切衆生は、迷いの世界の溝に沈んでいる。このことを思うと悲痛な気持になり、かえすがえすも気がかりである。かくて今あらためて百億のさまざまな姿に変化した諸仏菩薩たちを百億の無数の町に分ち派遣し、本来相(すがた)なき仏の真身に仮託して、かりの形(すがた)を示現させるのである。その化身(けしん)としての仏陀のかつて成就した真理は、『八相』すなわち兜率(とそつ)天からの降下、入胎と住胎と出胎、出家と成道(じょうどう)と転法輪(てんぼうりん)と入滅という八種の相(すがた)として始まり、また黄金の山のような輝きをもつその体を町の雑踏のなかに安坐させ、霊妙な光を放つ仏(ぶつ)の化身、その仏(ぶつ)の派遣する神通力(じんずうりき)をもつ使者たちは、世界のすみずみにまで馳せてゆき、慈悲の檄文(ふれぶみ)を『十方』すなわち上下八方の一切衆生にあまねく分ち与えるのである。

かくてはじめて、あらゆるたぐいの生きとし生けるものが、みな雲に乗って雲のように駆けてゆき、さまざまな種類の衆生が、みな風に乗って風のように馳せ集まるのを待つ。天上からまた地下の世界から、雨の降るようにまた泉の湧くように集まってき、清らかな国土から、また汚れた国土から、雲のむらがるようにまた煙の立ちこめるように集まってき、天上から地上に降り、地上から天上に昇り、あるいはまた地上から天上に昇り、天上から地上に降りてくる。『八部』すなわち天・竜・夜叉(やしゃ)・乾闥婆(けんだつば)・阿修羅(あしゅら)・迦楼羅(かるら)・緊那羅(きんなら)・摩睺羅迦(まごらか)らの奇怪な守護神たちが、また『四衆(ししゅ)』すなわち比丘(びく)・比丘尼(びくに)・優婆塞(うばそく)・優婆夷(うばい)の出家・在家の信者たちが、いちおうの区別はもちながら、それぞれに相互の連帯性をもち、一体となっている。仏陀を讃美する歌声はのびやかに響き、鼓の四方に鳴りひびく音は勢よくとどろきわたる。鐘の盛んな音は雷（いかずち）のように鳴りわたり、美しい花びらはひらひらと舞ってつぎつぎと連なり切れ目がない。八部四衆の姿は玉や石のように美しく輝き、車馬の音はとよめき、ところ狭しとならんでいる。その集（つど）いの荘厳な光景は、目にあふれ耳に満ちみち、歌声は天地宇宙の間に充満している。そこに集まる人々は踵（くびす）をふんづけ跟（かかと）をふみあって足のおき場もなく、肱（うで）を横に張り肩を斜めにそびやかして、ひしめきあっているが、たがいに礼儀を尽くして最上の敬意をはらい、謹みぶかく、ひたむきな信仰心をもつ。

かの仏陀が同一の言葉で妙（たえ）なる説法をおこなって人々の愚かな我執を打ちくだき、三千大千世界を引っこ抜いて別の世界に投げうち、大山を削らずにそのまま小さな芥子（けし）粒のなかに入れ、甘露（めぐみ）の雨をふらせて衆生をみちびき戒め、仏法を聞く喜びを心の糧（かて）として、そのなかに智慧と戒律をくるめ、一切衆生が太平の世を謳歌（おうか）して腹つづみをうち土くれを叩き、人民すべてが〝君来たらば其（そ）れ蘇（よみがえ）らん〟と歌って帝王の功績を意識しない理想の社会を実現し、無数の国々がその偉大な徳に帰一し、生きとし生けるもののすべてがその功徳を仰ぎ慕って集まってき、最も尊きもの、最もすぐれたるものとして、多くの人々を集め、人類至高の存在となるに至っては、ああ、なんと広大無辺ではないか、この大いなる覚（めざ）めをもつ雄猛の聖人、仏陀世尊の徳は。まことに高くそびえたって、その高さは比べようもなく、窮（きわ）めようもない。

　これこそ、まことに吾(わ)が師と仰ぐ仏陀の今に遺(のこ)されている教えであり、広大な真如の法海における小さな水のあつまりでしかない。かの道教の仙人の小さな方術、儒教の俗にまみれた微々たる教えなどまったく言うに足りないものであり、立派とするにはあたいしないものである」

　仮名乞児の言葉を聞いた亀毛先生らは、あるいは懼(おそ)れ、あるいは恥じいり、おのれの無知を悲しむ一方、喜びに顔がほころんだ。彼らは仮名乞児の言葉につれてうなだれたり顔をあげたりし、その声にしたがって円(まる)くもなり、また方(しかく)にもなった。そして喜び躍りあがってこういった。

「わたくしたちは幸運にも遇(あ)いがたい大導師にお目にかかることができ、鄭重に出世間の最もすぐれた教えすなわち仏法について承(うけたまわ)ることができました。これは昔にも聞いたことがなく、後世にもまた聞くことのできないものです。わたくしたちがもし不幸にして和尚にお目にかからなかったならば、いつまでも眼前の欲望に溺れ沈んで、かならずや『三途(さんず)』すなわち地獄・餓鬼・畜生の世界に落ちていたことでしょう。しかし今かろうじてお導きをいただいたので身も心もゆったりと安らぎました。たとえてみれば、春雷のとどろきに冬眠していた虫が戸を開いて始めて外に出、朝の太陽の運行に暗い夜の闇が氷の解けちるように明るんでゆくようなものです。かの周公・孔子の儒教や老子・荘子の道教などは、なんと一面的で浅薄なものであることか。今からのちは、わが身の皮膚を剝(は)ぎとって紙とし、骨を折りとって筆を作り、血を刺しとって絵の具にかえ、しゃれこうべを曝(さら)して硯(すずり)に使い、大和尚の慈愛あふれるみ教えを書きしるして、生まれかわり立ちかえる後々（のちのち）の世まで悟りの世界に向かう船とも車とも致したいと思います」

すると仮名乞児はいった。

「もとの席に戻るがいい。これから『三教』すなわち儒教・道教・仏教を明らかにして、十韻二十句の詩を作り、きみたちの世俗的な歌と囃（はや）しに代わるものとしよう。

居諸破冥夜
三教褰痴心
性欲有多種
医王異薬鍼

日月の光は冥（くら）き夜の闇を破り、
儒・道・仏の三教は痴（おろ）かなる心を褰（みちび）く。
衆生の習性と欲求はさまざまなれば、
偉大なる医師（くすし）・仏陀の治療法もさまざま。

綱常因孔述
受習入槐林
変転聃公授
依伝道観臨

三綱五常の教えは孔子に本づいて述べられ、
これを学べば高官の列に入る。
陰陽変化の哲学は老聃(ろうたん)が授け、
師に就き伝受すれば道観に地位をもつ。

金仙一乗法
義益最幽深
自他兼利済
誰忘獣与禽

仏陀の大乗ただ一つの真理は、
教義も利益(りやく)も最も深遠である。
自己と他者とを兼(とも)に利益救済し、
獣(けもの)や鳥をも決して見すてない。

春花枝下落
秋露葉前沈
逝水不能住
迴風幾吐音

春の花は枝の下に落ち、
秋の露は葉の前に沈み、
逝(ゆ)く水の流れは暫くも止(とど)まりえず、
迴風(つむじかぜ)の音たつること幾(いくばく)のときもなし。

六塵能溺海
四徳所帰岑
已知三界縛
何不去纓簪

感覚知覚の世界は衆生を溺れさせる海、
常楽我浄の世界こそ身を寄せる究極の峰。
この世界の束縛の苦しみを知ったからには、
宮仕えなどやめて出家することこそ最上の道」

有仮名乞児①、不詳何人②、生蓬茨衡③、長縄枢戸④、高屏囂塵⑤、仰道勤苦⑥、忝髪剃隕、頭似銅瓫⑦、粉艶都失、面疑瓦堝⑧、容色顦顇⑨、体形蕞爾⑩、長脚骨竪、若池辺鷺⑪、縮頸筋連、似泥中亀⑫、五綴木鉢、比牛嚢以常繋左肱⑬、百八槵子、方馬絆而亦係右手⑭、著道神屩、弃牛皮履⑮、帯駄馬索、擲犀角帯①、茅座常提②、市辺乞人、押頬俯羞③、縄牀縋負④、獄傍盗士、抱膝仰歎⑤、破口軍持、不異沽油之肩⑥、落鐶錫杖、還同売薪之手⑦、折頞高匡、頷頤隅目⑧、嗚口無鬚、似孔雀貝⑨、缺唇踈歯、若狡兎脣⑩、偶入市則瓦礫雨集⑪、若過津則馬屎霧来⑫、阿毗私度、常為膠漆之執友⑬、光明婆塞、時為篤信之檀主⑭、或登金巌、而遇雪坎壈⑮、或跨石峯、以絶粮轗軻⑯、或眄雲童娘、懈心服思⑰、或観滸倍尼、策意厭離⑱、払霜食蔬、遥同伋行⑲、掃雪枕肱、還等孔誡⑳、青幕張天、不労房屋㉑、縞幌懸嶽、不営幃帳㉒、夏則緩意披襟、対太王之雄風㉓、冬則縮頸覆袂、守燧帝之猛火㉔、橡飯茶菜、一旬不給㉕、紙袍葛褞、二肩不蔽㉖、一枝逍遥、半粒自得㉗、不顧何曾之滋味㉘、誰愛子方之温裘㉙、三楽之叟、比此有愧㉚、四皓之老、対此非儔㉛、形似可笑、志已不奪㉜、或告曰、我聞於師㉝、天地尤霊、寔人其首㉞、惟人勝行、惟孝惟忠㉟、餘行万差、此二其要㊱、所以不毀遺躰㊲、見危授命㊳、挙名顕先㊴、廃一不可㊵、又一生娯楽、惟富惟貴㊶、百年蘭友、誰比妻孥㊷、季悲万鐘、唯感逝親㊸、参登九仞、当由仕主㊹、今子有親有君、何為不養不仕㊺、徒淪乞丐中、空雑迯役輩㊻、辱行忝先人㊼、陋名遺後葉㊽、惟寔大辟所加㊾、君子所恥㊿、然汝行之、親戚代汝入地(51)、疎人見汝掩目(52)、宜早改心、速就忠孝(53)、乞児憮然問曰(54)、何謂忠孝乎(55)、答曰、在閨之日(56)、怡面候顔(57)、先心竭力(58)、出入告面(59)、夏冬温凊(60)、定省色養(61)、謂之為孝(62)、虞舜周文、行之登帝位(63)、董永伯喈、守之流美名(64)、占筮之年(65)、移孝尽命(66)、犯顔諫争(67)、上達天文、下察地理(68)、稽古擬今(69)、柔遠能近(70)、紀綱四海、匡弼一人(71)、栄及後裔、誉流来葉(72)、如是為忠(73)、伊周箕比、蓋其人歟(74)、仮名答曰、安親匡主(75)、如是之類、為忠為孝(76)、伏承命旨(77)、是実雖余不肖、然猶頗異禽獣[1]、一念不離、五内爛裂[2]、夫父母覆育、提挈慇懃[3]、顧其功也、高並五岳、思其恩也、深過四瀆[4]、鏤骨銘肌[5]、誰敢遺忘[6]、欲報罔極、欲反尤厚[7]、詠南垓而懐恥[8]、誦蓼莪以含愁[9]、見彼林烏、終日燋灼[10]、思此泉獺、達夜爛肝[11]、常歎楚河未決、周鮒就肆[12]、呉劒未許、徐子臨墓[13]、老親皤皤、臨近冥壌[14]、此余頑頑、反哺無由[15]、居諸如矢、迫彼短寿[16]、家産澆醨、墻屋向傾[17]、二兄重逝、数行汍瀾[18]、九族倶匱、一心潺湲[19]、起慷慨之思[20]、以日継月[21]、興悽愴之痛[22]、従旦達夕[23]、嗟呼悲哉[24]、進而欲仕、已無好竽之主[25]、退而欲黙、亦有待禄之親[26]、歎進退之惟谷[27]、纒起居之狼狽[28]、則作頌写懐[29]曰、

肆力就畝　曽無筋力[30]　扣角将仕　既無寗識[31]
無智在官　致譏空職[32]　有貪素飡　遺誡尸食[33]
濫竽姦行　已尤非直[34]　雅頌美風　但聞周国[35]
彼孔縦聖　栖遑不黙[36]　此余太頑　当従何則[37]
欲進無才　将退有逼[38]　進退両間　何夥歎息[39]

於是、頌詩取畢[40]、沈吟良久、乃作書曰[41]、

僕聞小孝用力、大孝不匱[42]、是故泰伯剃髪、永入夷俗[43]、薩埵脱衣、長為虎食[44]、父母致倒地之痛[45]、親戚有呼天之歎[46]、因此而視[47]、毀二親之遺體[48]、致九族之念傷[49]、誰復過此二子哉[50]、当如卿告[51]、並犯不孝[52]、雖然、泰伯得至徳之号[53]、薩埵称大覚之尊[54]、然則苟合其道、何拘近局[55]、羅卜之抜母苦[56]、

那含之済父憂[1]、寧非大孝哉、亦非善友哉[2]、余雖愚陋[3]、斟酌雅訓[4]、鑽仰遺風[5]、毎為国家、先廻冥福[6]、二親一切、悉讓陰功[7]、揔此恵福、為忠為孝[8]、然卿但識筋力之応尽[9]、身體之可屈[10]、未視于門之応高、厳墓之応掃[11]、何其劣哉[12]、然此書未委心[13]、後当顕陳之矣[14]。

固執如是[15]、不拘父兄、不近親戚[16]、萍遊諸州、蓬転異境[17]、爰雲漢星闌[18]、六腑之蔵、関焉已空[19]、石窟儲尽[20]、八万之衆、怱然忽窮[21]、甑内塵飄[22]、竈中苔充[23]、於是思量[24]、内顕依食住[25]、外言為学末[26]、不如縲絏飢人、早託豊郷[27]、即発松林、赴聚落京[28]、乗知足意[29]、捧鉢直征[30]、従童都無[31]、孑持仏経[32]、到兎角舎、倚立門楹[33]、於是逢於亀毛与隠士、論諍之戦庭[34]、各思、扶如電之躰[35]、宿四生之囹[36]、挙似夢之意[37]、入十八之亭[38]、築幻城於五陰之空国[39]、興泡軍於四蛇之仮郷[40]、甲蛛螢網[41]、鎧蟭螟騎[42]、皷蝨皮而驚陳[43]、旗蚊羽以摽旅[44]、杖我見戟[45]、抃寡聞劒[46]、攘如霜臂[47]、戦魍魎原[48]、競利欲談[49]、争寰中弁[50]、粤傾耳漸聆[51]、撃目佇立[52]、各謂我是、並言彼非[53]、于時自思[54]、溜水微弁[55]、爝火小光[56]、猶既如是、況吾法王之子[57]、盍擁虎豹之鉞、拉蟷螂之斧[58]、遂乃[59]砥智慧刀[60]、涌弁才泉[61]、被忍辱介[62]、駕慈悲驥[63]、非疾非徐、入亀毛之陣[64]、不驚不憚、対隠士之旅[65]、於焉出塁盤桓[66]、入壁跋扈[67]、因茲[68]、先以孔璋檄[69]、示以魯陽書[70]、将帥悚慴、軍士失気[71]、面縛降服[72]、無労血刃[73]、但野心難改[74]、情懐猶豫[75]、即流涙摩首[76]、含悲喩曰[77]、夫挙鰭濫觴、曾無由見千里之鯤[78]、翕翮籓籬、何能知有九万之鵬[79]、是故、海上頑人、疑如魚木、山頭愚士、佐如木魚[80]、則知、非離朱明、無人見毫末[81]、非子野聡、何能別鐘響[82]、否乎、見与不見、愚与不愚[83]、何其遥隔哉[84]、吾聞汝等論、譬如鏤氷画水[85]、有労無益[86]、何其劣哉[87]、亀毛之鳧脚、未可為短、隠士之鶴足、不足為長①、汝等未聞覚王之教法帝之道乎②、吾当為汝等、略述綱目③、宜鑒秦王顕偽之鏡④、早改葉公懼真之迷⑤、倶醒触象之酔⑥、並学師吼之道⑦、儒童迦葉、並是吾朋⑧、愍汝冥昧、吾師先遣⑨、然依機劣、浅示二儀之膚、未談十世之理⑩、而各執殊途、争挙旗鼓⑪、豈不迷哉⑫、隠士答曰、吾熟視公、已異世人⑬、視頭無一毛⑭、視体持多物⑮、公是何州何県、誰子誰資⑯、仮名大笑曰⑰、三界無家⑱、六趣不定⑲、或天堂為国、或地獄為家⑳、或為汝妻孥、或為汝父母㉑、有波旬為師、有外道為友㉒、餓鬼禽獣、皆是吾汝父母妻孥㉓、自始至今、曽無端首、従今至始、安有定数㉔、如環擾擾於四生㉕、似輪轟轟於六道㉖、汝髪如雪、未必為兄、吾鬢如雲、而亦非弟㉗、是汝与吾、従無始来㉘、更生代死㉙、転変無常㉚、何有決定州県親等㉛、然頃日間、刹那幻住於南閻浮提陽谷㉝、輪王所化之下㉞、玉藻所帰之嶋㉟、橡樟蔽日之浦㊱、未就所思㊲、忽経三八春秋也㊳、隠士大驚曰㊴、何謂地獄天堂乎㊵、何為煩持衆物乎㊶、仮名曰、作業不善、牛頭馬頭自然涌出㊷、報以辛苦㊸、用心苟善、金閣銀閣、倏忽翔聚㊹、授以甘露㊺、改心已難耳、何有決定天獄乎㊻、余前如汝迷疑㊼、但頃日間、適遇良師之教㊽、既醒前生之酔㊾、夫吾師釈尊㊿、本願尤深、現八十権、慈悲難極、示三十化51、于時、有縁之衆、不簡竜神52、沐甘露雨53、栄枯萎枝54、授結菓期55、無福之徒56、不論貴賎57、不知辛臰、常沈蓼溷58、已忘醍醐59、所以慈悲聖帝、示終之日60、丁寧顧命於補処儲君、旧徳曼殊等61、授印璽於慈尊62、教撫民於摂臣63、是以大臣文殊迦葉等64、斑芳檄於諸州、告即位於衆庶65、是故余忽承檄旨66、秣馬脂車67、装束取道68、不論陰陽、向都史京69、経途多艱、人烟敻絶70、康衢甚繁、径路未詳71、一二従者、或沈溺泥中、拔出未期①、或騁馬奔車、先已発進②、因茲不弃微物③、孑身負担④、粮絶路迷⑤、辱進門側⑥、乞行路資⑦、爰則述懐策心⑧、賦無常之賦、題受報之詞⑨、振鈴鈴之金錫⑩、馳喈喈之玉声⑪、唱亀毛等曰、

熟尋⑫、峨峨妙高、崛屼干漢、焼劫火以灰滅⑬、浩浩溟瀚、滉瀁滔天、曝数日而消竭⑭、盤礴方輿、漂蕩摧裂⑮、穹隆円蓋、灼爍砕折⑯、然則寂寥非想、已短電激⑰、放曠神仙、忽同雷撃⑱、況乎吾等⑲、稟軆非金剛⑳、招形等瓦礫㉑、五蘊虚妄、均水兎之偽借㉒、四大難逗、過野馬之倏迹㉓、二六之縁、誘策意猨㉔、両四之苦、常悩心源㉕、氳氳三毒之燗、昼夜恒燔㉖、欝蓊百八之藪、夏冬尤繁㉗、飄埃脆躰㉘、機散之朝、与春花以繽紛㉙、翔風仮命㉚、縁離之夕、共秋葉而紛紜㉛、千金瑶質㉜、先尺波而沈黄扉㉝、万乗寳姿㉞、伴寸烟而厲玄微㉟、婕娟蛾眉㊱、逐霞以飛雲閣㊲、的皪貝歯、添露而咸零落㊳、傾城花眼、忽尒為緑苔之浮沢㊴、垂珠麗耳、倏然作松風之通壑㊵、施朱紅瞼㊶、卒為青蝿之蹋蹴㊷、染丹赤唇㊸、化為烏鳥之哺宍㊹、百媚巧咲㊺、殆曝骨中、更難可値㊻、千嬌妙態㊼、腐爛体裏、誰亦敢進㊽、峨峨漆髪㊾、縦横而為藪上之流芥㊿、繊繊素手(51)、沈淪而作草中之腐敗(52)、馥馥蘭気(53)、随八風以飛去(54)、涓涓臭液、従九竅而沸挙(55)、綢繆妻孥(56)、無異楚宋之夢遇神女(57)、磊砢寳蔵(58)、宛同鄭交之空承仙語(59)、颼飀松風、颵飋吹襟(60)、聆忻之耳、更在何所(61)、玲瓏桂月、可憐暎面(62)、視娯之心、亦之何処(63)、乃知颯纚羅縠、何応愛喜(64)、森萃薜蘿、此常餝耳(65)、赭堂堊室、曾無久止(66)、松塚檟墳、是長宿里(67)、琴瑟孔懐(68)、闃墓之下、無由相見之矣(69)、婉孌蘭友(70)、荒壟之側、復無談笑之理(71)、孤伏落

落之松蔭①、空滅樹辺②、独伴嚚嚚之禽囀、徒淪草前③、蠢蠢万虫④、宛転相連⑤、齗齗千狗⑥、咀嚼継聯⑦、妻子塞鼻以厭退⑧、親疎覆面以逊旋⑨、嗟呼痛哉⑩、食百味而婀娜鳳体⑪、徒為犬烏之屎尿⑫、装千彩而嬋媛竜形⑬、空作燎火之所燃⑭、誰可遊春苑而消愁緒⑮、戯秋池以舒宴筵⑯、嗚呼哀哉⑰、詠潘安詩、弥増哀哭⑱、歌伯姫引、還深裂酷⑲、無常暴風、不論神仙⑳、奪精猛鬼、不嫌貴賤㉑、不能以財贖㉒、不得以勢留㉓、延寿神丹、千両雖服㉔、返魂奇香、百斛尽燃㉕、何留片時㉖、誰脱三泉㉗、尸骸爛草中以無全㉘、神識煎沸釜而無専㉙、或投嶃巌之刀嶽、流血滂湲㉚、或穿窠嶫之鋒山、貫胷愁焉㉛、乍轢万石之熱輪㉜、乍没千仞之寒川㉝、有鑊湯入腹、常事炮煎㉞、有鉄火流喉、無暫脱縁㉟、水漿之食、億劫何聞称㊱、咳唾之飡、万歳不得擅㊲、師子虎狼、颲颲歓跳㊳、馬頭羅刹、盱盱相要㊴、号叫之響、朝朝悤霄㊵、赦寛之意、暮暮已消㊶、嘱託閻王、愍意咸銷㊷、招呼妻子、既亦無繇㊸、欲以珎贖、曾無一瓊瑶㊹、欲逃遁免、城高不能超㊺、嗟呼苦哉、嗚呼痛哉㊻、誰覓鶏鳴之客、早消閇関之労㊼、何求狗盗之子、克拯極刑之刃㊽、謀窮途極、千悔千切㊾、石磷芥尽、已増叫咷㊿、嗚呼痛哉、嗚呼痛哉(51)、吾若不勉生日、蓋羅一苦一辛(52)、万歎万痛、更凭誰人(53)、勉之勉之(54)。

於是、亀毛等、百斛酢梅、入鼻為酸(55)、数斗荼蓼、入喉爛肝(56)、不仮呑火、腹已如焼(57)、不待刀穿、胷亦似割(58)、哽咽悽愴(59)、涕泣漣漣(60)、躃踴倒地、屠裂悤天(61)、如喪慈親(62)、似失愛偶(63)、一則懐懼失魂(64)、一則含哀悶絶(65)、仮名則採踋咒水、普灑面上(66)、食頃蘇息、似酲不言(67)、如劉石之出塚(68)、似高宗之遭喪(69)、良久、二目流涙(70)、五体投地(71)、稽顙再拝(72)曰、吾等久翫瓦礫(73)、常躭微楽(74)、譬如習辛蓼葉(75)、忘臭廁屎①、覆盲目以進険道②、鶩蹇駑而向冥途③、不知所投、不知所陥④、今偶頼高論之慈誨⑤、乃知吾道之浅膚⑥、噬臍以悔昨非⑦、砕脳以行明是⑧、仰願慈悲大和上⑨、重加指南、察示北極⑩、仮名曰、兪矣、咨咨善哉⑪、汝等不遠而還⑫、吾今重述生死之苦源⑬、示涅槃之楽果⑭、其旨也、則姫孔之所未談⑮、老庄之所未演⑯、其果也、則四果⑰独一所不能及⑱、唯一生十地、漸所優遊耳⑲、諦聴能持⑳、挙要撮綱、略示汝等㉑、亀毛等並避席、称曰㉒、唯唯、静心傾耳、恭専仰説㉓、粤則開心蔵鍵㉔、振舌泉流㉕、正述生死海之賦㉖、兼示大菩提之果㉗曰、

夫生死之為海也、纏三有際、弥望罔極㉘、帯四天表、渺瀰無測㉙、吹嘘万類㉚、括摠巨億㉛、虚大腹以容衆流㉜、闢鴻口而吸諸洫㉝、襄陵之汰、洶洶不息㉞、凌崎之浪、瀺瀺相逼㉟、磕磕霆響、日日已衆㊱、鱗鱗雷震、夜夜既充㊲、衆物累積、群品夥蘩㊳、何恠不育、何詭不豊㊴、其鱗類則有慳貪瞋恚、極癡大欲㊵、長頭無端、遠尾莫極㊶、挙鰭撃尾㊷、張口求食㊸、吸波則離欲之船、檣摧帆匿㊹、吐霧則慈悲之舸、檝折人殪㊺、且泳且涵、志意不式㊻、或饕或飻、心性非直㊼、如壑如渓、後害不測㊽、若鼠若蚕、匪隠匪惻㊾、共忘千劫之蹉跎㊿、並望一涯之貴福(51)、其羽族(52)則有諂誑讒諛(53)、誹謗麁悪(54)、噂嗒嚾吸(55)、濾除悪作(56)、整翮背道(57)、高翥赴楽(58)、砰訇四倒之浦、沸卉十悪之沢(59)、彫啄正直之菱、唼喋廉潔之藿(60)、見鳳見鸞、仰預嚇嚇(61)、摯鼠摯犬、俯則咋咋(62)、且飛且鳴、営現前之潤屋(63)、或痛或死、忘未来之苦酷(64)、豈知鴈門之坂、繊羅張列(65)、昆明之池、黏黐普設(66)、更羸之箭、前来砕首(67)、養由之弧、後放流血(68)、若其雑類則(69)有憍慢忿怒(70)、罵詈嫉妬(71)、自讃毀他(72)、遊蕩放逸(73)、無慚無愧(74)、

不信不恤①、邪婬邪見②、憎愛寵辱③、煞害之党、鬪鬩之族④、同形異心⑤、別類殊目⑥、鋸爪鑿歯⑦、少慈湌殺⑧、眈眈虎視⑨、遊朝露之麓⑩、睢睢師孔⑪、戯夜夢之谷⑫、遇者奪気抜精⑬、塗脳砕腸⑭、見者身慓心悚⑮、瞍瞍讐伏⑯、如是衆類⑰、上絡有頂天、下籠無間獄⑱、触処櫛比、毎浦連屋⑲、玄虚之神筆⑳、千聚難陳㉑、郭象之霊翰㉒、万集何論㉓、因玆五戒之小舟漂猛浪㉔、以曳曳掣掣於羅刹津㉕、十善之椎輪引強邪㉖、而隠隠軫軫於魔鬼隣㉗、是故、自非㉘発勝心於因夕㉙、仰最報於果晨㉚、誰能抜淼淼之海底㉛、昇蕩蕩之法身㉜、誠須六度之筏、解纜漂河㉝、八正之舸、艤棹愛波㉞、樹精進幢㉟、挙静慮飄㊱、拒群賊以忍鎧㊲、威衆敵以智劒㊳、策七覚馬、亟超沈淪㊴、駕四念輪、高越囂塵㊵、則許頂珠以封壃㊶、同彼鶖子授記之春㊷、奉頸瓔以尽境㊸、比此竜女得果之秋㊹、十地長路、須臾経殫㊺、三祇遥劫、究円非難㊻、然後捨十重荷、証尊位於真如㊼、登二転台、称帝号於常居㊽、一如合理、心莫親疎㊾、四鏡含智、遥離毀誉㊿、超生滅而不改、越増減而不衰(51)、踰万劫兮円寂(52)、亘三際兮無為(53)、豈不皇矣哉、亦不唐矣哉(54)、軒帝堯羲、不足採履(55)、輪王釈梵、不堪扶輪(56)、天魔外道、騁百非而非所毀(57)、声聞辟支、飛万是而非所是(58)、雖然、四弘未極、一子沈溝(59)、顧此悢悢(60)、思此丁寧(61)、爰更百億応化、斑百億城(62)、仮託非相、示現非形(63)、曾成之道、始於八相(64)、金山之體、坐於四康(65)、神光神使、駅於八荒(66)、慈悲慈檄、頒於十方(67)、然後待於万類万品、乗雲雲行(68)、千種千彙、騎風風投(69)、自天自地、如雨如泉(70)、従浄従染、若雲若煙(71)、下地上天、上天下地(72)、八部四衆、区各交連(73)、讃唱関関(74)、皷騁渕渕(75)、鐘振礚礚(76)、花飄聯聯(77)、燐燐爛爛(78)、震震塡塡(79)、溢目溢耳(80)、満黄満玄(81)、履踵履跟、側肱側肩[1]、尽礼尽敬、心謹心専[2]、尒乃[3]転一音之鸞輪[4]、摧群心之蜋械[5]、抜掎大千、投擲他界[6]、不削大山、入於小芥[7]、雨甘露雨、以誘以誡[8]、斑法喜食、韞智韞戒[9]、悉詠康哉兮撃腹壌[10]、咸頌来蘓兮忘帝功[11]、無量国之所帰湊[12]、有情界之所仰叢[13]、惟尊惟長、以都以宗[14]、咨咨、不蕩蕩哉[15]、大覚之雄[16]、巍巍焉哉[17]、誰敢比窮[18]、此寔吾師之遺旨[19]、如如之少溕[20]、彼神仙之小術[21]、俗塵之微風[22]、何足言乎、亦何足隆哉[23]。

於是亀毛公等、一懼一辱[24]、且哀且笑[25]、任舌俯仰、逐音方円[26]、喜歓踊躍、称曰[27]、吾等幸遇優曇之大阿闍梨[28]、厚沐出世之最訓[29]、誰昔未聞、後葉豈有[30]、吾若不幸、不遇和上[31]、永沉現欲、定没三途[32]、今僅蒙提撕、身心安敞[33]、譬如[34]震霆発響、蟄蚑開封[35]、朝烏転輪、幽闇渙氷[36]、彼周孔老庄之教、何其偏膚哉[37]、自今以後、剝皮為紙[38]、折骨造毫、刺血代鉛[39]、曝髑用研[40]、敬銘大和上之慈誨[41]、以充生生之航輅[42]。

仮名曰、復座、今当敞三教[43]、以十韻之詩、代汝等之謡謌[44]、乃作詩曰、

居諸破冥夜[45]　三教褰癡心[46]　性欲有多種　医王異薬鍼[47]
綱常因孔述　受習入槐林[48]　変転聃公授　依伝道観臨[49]
金仙一乗法　義益最幽深[50]　自他兼利済　誰忘獣与禽[51]
春花枝下落　秋露葉前沈[52]　逝水不能住　迴風幾吐音[53]
六塵能溺海[54]　四徳所帰岑[55]　已知三界縛[56]　何不去纓簪[57]

一八八ページ

（1）「仮名乞児」の「仮名」は、一九ページ注（60）に既出。「乞児」は、こじき。『法苑珠林』巻四十二（大正五十三611ａ）に「若し乞児と鳥と狗等に(食を)与うれば云々」とあり、劉向『列仙伝』陰生伝に「陰生は長安中の渭橋下の乞児なり」、また『列子』黄帝篇に「路に乞児馬医に遇うも敢て辱かしめず」などとある。

（2）「何の人なるかを詳らかにせず」は、『唐高僧伝』釈道信伝に「姓は司馬、未だ何の人なるかを詳らかにせず」

（3）「蓬茨の衡に生まる」の「蓬茨」は、『文選』の王褒「聖主の賢臣を得たるの頌」に「窮巷の中に生まれて蓬茨の下に長ず」とあり、蓬と茨。「衡」は、李善の「文選注を上る表」に「臣は蓬衡の蕞品」とあり、『詩経』陳風「衡門」の詩の「衡門の下、以て棲遅すべし」に本づく。「衡門」は、木を横たえて作った門、粗末な住居。

（4）「縄枢の戸に長ぜり」の「縄枢」は、『文選』の賈誼「過秦論」に「陳渉は甕牖縄枢の子」とあり、縄のとぼそ。「縄枢の戸」は、貧しい家。「枢」は、戸を開閉する軸木で『文選』の木華「海の賦」に「金の枢」、同じく江淹「建平王に詣りて書を上る」に「蓬の戸、桑の枢」などの語が見えているのを参照。

（5）「高く囂塵を屏く」は、『広弘明集』巻四の彦琮「通極論」に「高く塵俗を屏く」、また『国清百録』巻四の「智者遺書」（大正四十六822ｂ）に「囂塵を屏けんことを願う」とあり、「囂塵」は、俗世間。

（6）「道を仰いで勤苦す」は、『関尹子』一字篇に「道を仰げば跂つ」とあり、『文選』の劉楨「従弟に贈る」の詩に「豈に常に勤苦せざらんや」とある。

（7）「桼髪剃り隕して頭は銅瓫の似し」の「桼髪」は、『陳書』皇后列伝に「張貴妃は髪の長さ七尺、鬒黒にして漆の如し」とあり、「桼」は漆の本字。うるし。「鬒」は髪が黒くて光沢のあること。「剃隕」は、『広弘明集』巻二十七の「浄住子」奉養僧田門に「剃落の容」とある「剃落」と同義。「銅瓫」は、『法苑珠林』巻四十二（大正五十三610c）に「銅盆銅瓶」の語が見え、「瓫」は盆と同じ。

（8）「粉艶都て失せ、面は瓦堝かと疑う」の「粉艶」は、化粧。『芸文類聚』巻十五に引く陳の江総「陳の六宮の為に謝する表」に「豔粉に纏わるるを媿ず」とあり、「豔」は艷（艶）と同じ。「都て失す」は、『文選』の孫綽「天台山に遊ぶの賦」に「世事は都て捐つ」とある。「瓦堝」は、土製の鍋。『法苑珠林』巻六十（大正五十三739c）に「瓦瓶」、『文選』の屈原「卜居」に「瓦釜」の語が見えているのを参照。

（9）「容色は顦顇す」は、『顔氏家訓』風操篇に「容色を憔悴させ、飾玩を除去す」とあり、「憔悴」は顦顇と同じ。やつれること。

（10）「体形は蕞爾たり」は、『文選』の嵆康「養生論」に「蕞爾たる軀を以て之を攻むるもの一に非ず」とあり、「蕞爾」は、小さなさま。「体形」は、『荘子』在宥篇「爾の形体を堕つ」の「形体」と同じ。また「軀」と同義。

（11）「長き脚は骨もて竪ちて池辺の鷺の若し」の「長脚」は、『詩経』豳風「東山」の詩「蠨蛸戸に在り」の疏に「蠨蛸は長蹢、一名は長脚」とあり、「骨もて竪つ」は、『世説新語』徳行篇「王戎は礼を備えずと雖も哀毀して骨もて立つ」。「竪」は立と同義。「池辺」の語は、魏の文帝「玄武陂に於て作る」の詩に見える。「柳は重蔭の緑を垂れ、我が池辺に向かって生ず」

(12)「縮める頸は筋連なりて泥中の亀の似し」は、『広弘明集』巻二十七の「浄住子」修理六根門に「亀は頭尾を縮め、四脚は甲中に蔵す」とあり、「筋連なる」も、同じく巻十四の李師政「内徳論」空有篇に「(人は)並びに筋連なりて骨扶く」。「泥中の亀」は、『荘子』秋水篇に「此の亀は……寧ろ生きて尾を塗の中に曳かんか」とある。「塗」は泥と同義。

(13)「五綴の木鉢は牛嚢に比て以て常に左の肱に繋く」の「五綴の木鉢」は、五ヵ所の破損を補綴した木の鉢。『五分律』巻五(大正二十二34b)に「鉢いまだ五綴に満たずして更に新しき鉢を乞う(は不可)」とあり、「木鉢」は、『四分律』巻四十(大正二十二858b)に「爾の時、比丘の木鉢を持つ有り」。「牛嚢」は、『五分律』巻二十一(大正二十二147a)に「仏言う、羊皮・牛皮・鹿皮および劫貝を用いて嚢と作すを聴すと」。「左の肱に繋く」は、『金光明最勝王経』堅牢地神品(大正十六441a)に「五色の線を取り、……繋けて左の臂の肘後に在り」とあり、「肱」は臂と同義。

(14)「百八の摜子は馬絆に方て亦た右の手に係けたり」の「百八の摜子」は、『仏説木槵子経』(大正十七726a)に「当に木槵子一百八箇を貫いて常に自ら身に随うべし。……当に百八の結業を除断するを得べし」とあり、「摜子」は槵子と同じ。「馬絆に方る」の「馬絆」は、『北史』宋弁伝に「人、馬絆を盗む者有り、斬りて徇う」とあり、馬をつなぐ縄。「方」は、上文の「比」とともに「比方」の語が『白虎通』聖人篇に「湯武は文王と比方す」などと見え、「比」も「方」もくらべられる、匹敵する、類似するの意。「右手に係く」の「右手」は、『四分律』巻四十九(大正二十二933a)に「右の手に杖を捉り左の手に鉢を捉る」とあり、「係」は、上文「左の肱に繋く」の繋と同義。

(15)「道神の屩を著きて牛皮の履を弃つ」の「道神」は、『宋書』暦志上に引く崔寔の『四民月令』に「祖は道の神。黄帝の子を累祖と曰う。遠遊を好んで道路に死す。故に祀って以て道の神と為す」とあり、「屩を著く」は、『釈名』釈衣服篇に「屩は草履なり、出行すれば之を著く」とある。「牛皮の履」は、『五分律』巻二十一（大正二十二146b）に「仏、毘舎離に在りしとき一住処あり。下湿にして皮革の屣を著けば、臰爛の虫出ず」とあり、『玉篇』に「屣は履なり」

一八九ページ

（1）「駄馬の索を帯にして犀角の帯を擲つ」の「駄馬」は、背に荷物を載せた馬。あるいは載せること。李白の「酒に対す」の詩に「呉姫十五、細馬に駄す」。「索を帯にす」は、『列子』天瑞篇「栄啓期は鹿の裘にして索を帯にす」。「犀角の帯」は、犀の角を鉤に用いた帯。『漢書』南粤王伝に「犀角十、紫貝五百、……を献ず」とあり、『芸文類聚』巻九十五に引く傅咸「犀鉤の序」に「犀の美なるものは光有り。雞、影を見て驚く。故に駭雞と曰う。此の鉤を以て遺らるる者有り」とある。

（2）「茅座をば常に提ぐ」の「茅座」は、『根本説一切有部毘奈耶随意事』（大正二十三1045b）に「随意を受くるの苾芻には応に生茅を行えて諸もろの苾芻の与に座と為すべし」とあり、「常に提ぐ」は、『世説新語』任誕篇に「毎に率爾として酒脯を提げて云々」とある。

（3）「市辺の乞人も頬を押えて俯き羞ず」は、『列子』説符篇に「斉に貧者あり。常に城の市に乞う。城の市のひと其の亟しばなるを患い、衆これに与うる莫し。遂に田氏の廐に適き、馬医に従いて役と作る。……人これに戯れて曰く、馬医に従いて食う、以て辱とせざるか。乞児曰く云々」とあり、「頬を押えて」は、『晋書』東夷辰韓伝に「石を以て其の頭を押えて扁ならしむ」とある。「俯き羞ず」は、『文選』の曹植「自ら試みんことを求むる表」に「俯して朱紱に愧ず」とあり、「愧」は羞と同義。

（4）「縄牀をば繦負す」の「縄牀」は、縄を張った床几。『広弘明集』巻四の彦琮「通極論」に「縄牀は管寧の榻に異なる」。「繦負」は、背中にくくりつけるの意。『論語』子路篇に「其の子を襁負して至る」。「繦」は襁と同じ。

（5）「獄傍の盗士も膝を抱えて仰ぎ歎ず」の「獄傍」は、上文の「市辺」に対する造語。『漢書』曹参伝に「獄市」の語が見えているのを参照。「盗士」は、泥棒。『法苑珠林』巻七十（大正五十三818ａ）「盗者は与えずして取る」の「盗者」と同義。「膝を抱えて」は、『三国蜀志』諸葛亮伝の注に引く『魏略』に「従容として常に膝を抱いて長嘯す」とあり、「仰ぎて歎ず」は、『文選』の繁欽「魏の文帝に与うる牋」に「坐を同じくするもの仰いで嘆ず」。「嘆」は歎と同じ。

（6）「口を破りたる軍持は油を沽るものの肩に異ならず」の「破口」は、『文選』の潘岳「雉を射るの賦」に「膝を裂き觜を破る」とあり、「軍持」は、『法苑珠林』巻七十（大正五十三827ｃ）に「地に躄りて其の軍持を破る」とある。「軍持」は土製の瓶。「油を沽る」は、『史記』貨殖列伝に「脂を販るは辱しき処なり」とあり、「沽」は販と同義。

（7）「鐶を落せる錫杖は還た薪を売るものの手に同じ」の「鐶を落せる錫杖」は、『法苑珠林』巻二十九（大正五十三498ｂ）に引く『西域伝』に「仏の錫杖有り、白鉄もて環と作し、栴檀を笴と為す」とあり、「環」は鐶と同じ。「落」は、錫杖の環が脱けおちること。「還た同じ」の「還」は助辞。「薪を売るもの」は、『漢書』朱買臣伝「家貧しく……常に薪樵を艾り、売って以て食を給す」

（8）「折頞と高匡と、頷頤と隅目と」は、『文選』の揚雄「嘲りを解く」に「頷頤折頞、涕唾は沫を流す」とあり、同じく張衡「西京賦」に「隅目高眶」とある。「折頞」は、鼻柱がひしゃげていること。「頷頤」は、頤がとがっていること。「高匡」は、匡が高く瞳が落ちくぼんでいること。「匡」は眶に同じ。「隅目」は、目が角ばっていること。

（9）「嗚める口には鬚なく、孔雀貝に似たり」の「嗚」は、『文選』の劉峻「弁命論」に「哆嗚顣頞」とあり、李善の注に引く『通俗文』に「嗚は口の正しからざるなり」とある。「孔雀貝」は用例未詳。

(10)「缺けたる脣と踈なる歯は、狡兎の脣の若し」の「缺けたる脣」は、『淮南子』説山訓に「孕婦、兎を見れば、而ち子は脣を缺く」とあり、「脣」は唇と同じ。「踈なる歯」は、葛洪『神仙伝』老子伝に「老子は大目踈歯」。「踈」は疎と同じ。「狡兎」は、『史記』孟嘗君列伝に「狡兎に三窟あり」。「兎の脣」は、晋の崔豹『古今注』巻中に「兎の口に缺有り」

(11)「偶たま市に入れば則ち瓦礫は雨のごとく集まる」は、『晋書』潘岳伝に「張載は甚だ醜く、行く毎に小児、瓦石を以て之に擲つ」とあり、「市に入る」は、同じく術玠伝「羊車に乗りて市に入れば見る者皆な以て玉人と為す」。「瓦礫」は、一三一ページ注(13)に既出。「雨のごとく集まる」は、『文選』の王褒「四子講徳論」に「風のごとく馳せ雨のごとく集まらざるは莫し」

(12)「若し津を過ぐれば則ち馬屎は霧のごとくに来る」の「津を過ぐ」は、『説苑』脩文篇「津人告げて曰く、夫れ人の此を過ぐる者は云々」。「馬屎」は、『広弘明集』巻十三の法琳「弁正論」(大正五十二184b)に「(道教は)馬屎を号びて霊薪と為し、口唾を呼びて玉液と為す」。「霧のごとくに来る」は、『文選』の鄒陽「書を呉王に上る」に「霧雨咸く集まる」。なお「馬屎云々」は、一九八ページ注(1)に引いた『列仙伝』陰生伝に「市中のひと厭苦して糞を以て之に灑ぐ」。「屎」は糞と同義。

(13)「阿毗私度は常に膠漆の執友たり」の「阿毗私度」は、『聾瞽指帰』の空海自注には「阿卑法師」とある。「私度」は、『魏書』釈老志に「今自り一人の私度有らば、皆な旨に違うを以て論ぜん」、また『国清百録』巻三「僧使対問答」(大正四十六815b)に「又た勅を宣べて云う、師等は既に行道の衆なれば、北僧及び外州の客僧、乃至私度の出家を容受する勿れ」などとあり、官許を得ない仏道修行者をいう。「阿毗」は、その私度僧の名。ちなみに「阿毘」の名は、『大荘厳論経』巻八(大正四300b)

に「憍陳如、阿毘、馬師の比丘等」と見える。「膠漆の執友」は、『後漢書』雷義伝に「膠と漆と、みずから堅しと謂うとも雷(義)と陳(重)とに如かず」とあり、「執友」は、志を執ること同じい友。『礼記』曲礼篇上「執友には其の仁を称す」

(14)「光明婆塞は、時に篤信の檀主たり」の「光明婆塞」は、『聾瞽指帰』の空海の自注に「光名能優婆塞」とある。『報恩経』(大正三149b)に、おのれの頭をバラモンの悪人に施与したという波羅捺国の大光明王の話が載せられているのを参照。「婆塞」は、「優婆塞」の略。男子の在家信者。『西域記』巻九に「鄔波索迦は唐に近事男と言う。旧に伊蒲塞と曰い、又た優波塞と曰うは、皆な訛なり」とある。「篤信の檀主」は、『法苑珠林』巻四十六(大正五十三636b)に「篤信の檀越」とあり、「篤信」は篤く仏法を信ずるの意。「檀主」は檀越と同じ、施主。

(15)「或は金巌に登って雪に遇うて坎壈たり」の「金巌」は、『聾瞽指帰』の空海自注には「加弥乃太気」とある。山名。「雪に遇う」は、『芸文類聚』巻二に引く皇甫謐『高士伝』に「焦先、因りて露寝し、大雪の至るに遭う」。「坎壈」は、『文選』の宋玉「九弁」に「坎壈たる貧士、職を失って志平らかならず」とあり、不遇なさま。

(16)「或は石峯に跨って以て粮を絶って輱軻たり」の「石峯」は、『聾瞽指帰』の空海の自注に「伊志都知能太気」とある。「跨る」は、『神仙伝』蘇仙公伝に「岡に跨り嶮を越ゆ」とあり、「粮を絶つ」は、『史記』孔子世家に「行くを得ず糧を絶つ」。「粮」は糧と同じ。「輱軻」は、『文選』の「古詩」十九首(其四)に「轗軻して長く苦辛す」とあり、志を得ないさま。「輱」は轗と同じ。

(17)「或は雲童の娘を眄て、心を懈らせ服い思う」の「雲童の娘」は、『聾瞽指帰』の空海の自注に「須美乃曳乃宇奈古乎美奈」とあり、住の江の海女の乙女の意か。なお「雲童」の語は、唐の李嶠「百詠」の「雨」の詩に「雲童は海を出でて見る」とある。「眄る」は、『文選』の潘岳「悼亡詩」に「展転して枕席を眄る」。「心を懈らす」は、『三国魏志』李典伝に「水を恃んで懈怠の心有り」とあり、「服い思う」は、『詩経』周南「関雎」の詩に「之を求めて得ず、寤寐に思い服う」とある。「思服」は、疏に「服膺念慮して之を思うなり」

(18)「或は滸倍の尼を観て意を策まして厭離す」の「滸倍の尼」は、『聾瞽指帰』の空海の自注に「古倍乃阿麻」とあり、運敞の『三教指帰註刪補』には頼瑜の『真俗雑記』第十八「或るひと謂えらく滸倍は面皺の倭語なり」を引いている。皺だらけの老尼の意か。「意を策ます」は、『広弘明集』の「浄住子」奉養僧田門に「念々に心を策まし、時として寧んじ舎る無し」とあり、「厭離」は、『維摩経』仏国品（大正十四538a）「仏、一音を以て法を演説す。……或は厭離を生じ、或は疑いを断つ」

(19)「霜を払うて蔬を食うは、遥かに伋が行ないに同じ」の「霜を払う」は、李白の「北山に独り酌みて韋六に寄す」の詩に「霜を払って瑶軫を弄ぶ」とあり、「蔬を食う」は、『南史』裴子野伝に「末年には深く釈教を信じ、終身麦を飯い蔬を食う」とある。「伋」は、孔子の孫の子思の名。『説苑』立節篇に「子思は衛に居りて、縕袍に表無く、二旬にして九たび食す」

(20)「雪を掃いて肱を枕とするは、還た孔の誡めに等し」の「雪を掃く」は、韋応物の「雪に対して元侍御に寄する」詩に「雪を掃いて幽径を開く」とあり、「肱を枕とす」は、『論語』述而篇「疏食を飯い、水を飲み、肱を曲げて之を枕とす」。「孔の誡め」は、『晋書』阮籍伝の賛に「孔の教え」とあり、『文選』の杜預「春秋左氏伝序」に「仲尼は……以て勧誡を示す」とある。

(21)「青き幕は天に張って、房屋を労せず」の「青き幕は天に張る」は、天空を青い幕とするの意で、『文選』の劉伶「酒徳頌」に「天を幕とし地を席とす」とある。「青幕を張る」は、『芸文類聚』巻四の楊炯「盂蘭盆賦」に「翠幕を張る」。「房屋」は、法顕の『仏国記』に「房舎牀褥」。「労せず」は、『文選』の阮瑀「曹公の為に書を作りて孫権に与う」に「労せずして定まる」

(22)「縞き幌は嶽に懸って幃帳を営まず」の「縞き幌は嶽に懸る」は、『文選』の孔稚珪「北山移文」に「岫の幌を扃す」とあり、山にたなびく白雲をカーテンにするの意。「縞」は白、「幌」は幔と同義。「幃帳」は、『史記』范雎伝「幃帳を盛んにし、侍者甚だ衆し」

(23)「夏は則ち意を緩うし襟を披いて太王の雄風に対う」は、『文選』の宋玉「風の賦」に「風の颯然として至る有り。王乃ち襟を披きて之に当りて曰く、快なる哉云々。宋玉対えて曰く、此れ独り大王の風のみ。……いわゆる大王の雄風なり」。「意を緩うす」は、『後漢書』袁譚伝「心を緩うし怒を抑う」

(24)「冬は則ち頸を縮め袂を覆って燧帝の猛火を守る」の「頸を縮む」は、二〇〇ページ注(12)を見よ。また『世説新語』排調篇「祖広は行くに恒に頭を縮む。……桓玄曰く、天甚だ清朗なり。祖参軍は屋漏中より来るが如し」。「袂を覆う」は、『文選』の張華「情詩」に「軽衾、空牀を覆う」とあり、顔を袂に埋めるの意か。「燧帝の猛火」は、『芸文類聚』巻十一に引く『尚書大伝』巻五に「燧人氏を燧皇と為す。火を以て官を紀す」とあり、同じく巻八十に引く『礼含文嘉』に「燧人始めて木を鑽り火を取る」とある。「猛火」は、『書経』胤征篇「天吏の逸徳は猛火より烈し」

(25)「橡飯茶菜は一旬を給せず」は、『梁書』安成王秀伝の「隠逸を招く教」に「橡飯と菁羹は惟れ日も足らず」とあり、「茶菜」は、『詩経』邶風「谷風」の詩「誰か茶を苦しと謂う」の毛伝に「茶は苦菜なり」とある。「旬」は、『文選』の任昉「郡の伝舎を出でて范僕射を哭す」の詩に「塗を経ること旬に盈たず」とあり、十日を旬という。「給」は、足と同義。「一旬を給せず」は、十日もつづかないの意。

(26)「紙袍葛褞は二肩を𦿶わず」の「紙袍」は、紙製の衣服。中国の唐以前における用語例は未詳。「葛褞」は、『史記』自序に「夏日は葛衣、冬日は鹿裘」とあり、『論語』子罕篇に「弊れたる縕袍を衣る」とある。粗末な衣服。「肩を蔽わず」は、元稹の「茅舎」の詩に「籬落は肩を蔽わず、街衢は駕を容れず」。「𦿶」は蔽の籀文。

(27)「一枝に逍遥し、半粒に自得す」は、『文選』の張華「鷦鷯賦」に「林に巣つくるも一枝に過ぎず、食う毎に数粒に過ぎず」、同じく潘岳の「閑居の賦」に「室を築き樹を種えて、逍遥自得す」とあり、ともに『荘子』逍遥遊篇ないしは譲王篇の語句をふまえる。なお「半粒」の語は、『芸文類聚』巻十九に引く傅咸の「小語賦」に「朝に半粒を炊ぎ、昼に復た醸ずるを得」

(28)「何曾の滋味を願わず」の「何曾」は、晋代の政治家。『晋書』に詳しい伝記が見える。「滋味」は、その伝記のなかに「厨膳滋味は王者に過ぎたり。……食は日に万銭」とあるのをふまえる。

(29)「誰か子方の温裘を愛せん」の「子方」は、戦国時代の魏の政治家の田子方。「温裘」は、『説苑』立節篇に「子思、衛に居りて縕袍に表無し。……田子方これを聞いて人をして狐白の裘を遺らしむ……子思、辞して受けず云々」とあるのに本づく。「狐白の裘」は、狐の腋の下の白い毛を集めて作ったジャンパー。温かくて高価な裘。

(30)「三楽の叟も此に比すれば愧ずること有り」の「三楽の叟」は、『列子』天瑞篇に見える隠者の栄啓期をさす。「孔子、泰山に遊んで栄啓期の郕の野を行くを見る。鹿の裘にして索を帯にし、琴を鼓いて歌えり。孔子問うて曰く、先生の楽しむ所以は何ぞと。対えて曰く、吾が楽しみは甚だ多し。天は万物を生じて唯だ人を貴しと為す。而して吾れ人たるを得たり。是れ一の楽しみなり。男女の別、男は貴く女は卑し。……吾れ既に男たるを得たり。二の楽しみなり。人生まれて日月を見ず、襁褓を免れざる者有り。吾れ既に行年九十なり。是れ三の楽しみなり云々」。「此に比すれば愧ずること有り」は、下文の「此に対ぶれば儔に非ず」と対用されて、亀毛先生論に「渇猩も恥を懐く。……飢蛭も儔に非ず」と同類の表現が既に見えている。六五ページ注(35)、(36)参照。

(31)「四皓の老も此に対ぶれば儔に非ず」の「四皓の老」は、秦漢のころ、商山に隠棲していた四人の老人すなわち東園公・綺里季・夏黄公・角里先生。鬚や眉が真っ白であったから「皓」という。『漢書』王吉伝の序に「漢興りて園公・綺里季・夏黄公・角里先生あり。此の四人は秦の世に当りて避けて商雒の深山に入りて以て天下の定まるを待ちしなり」とあり、顔師古の注に「四皓の称号は、本と此に起る云々」とある。この四皓が漢の高祖によって廃されようとした皇太子(後の恵帝)を擁立した話は、『史記』留侯世家に詳細に見える。「此に対ぶれば儔に非ず」の「対」は、上文の「比」と同義。「儔に非ず」は、前注および六五ページ注(36)を見よ。

(32)「形は笑うべきに似たるも志は已に奪われず」の「笑うべきに似たり」は、『抱朴子』譏惑篇に「恥ずべく笑うべきに似たり」とあり、「志は已に奪われず」は、『論語』子罕篇「三軍は帥を奪うべく、匹夫は志を奪うべからず」に本づく。

(33)「或るひと告げて曰く、我れ師に聞けり」も、『抱朴子』釈滞篇に「人或は之に告ぐ」、また同じく地真篇に「吾れ之を師に聞けり」

(34)「天地の尤も霊なるは、寔に人其の首たり」は、『抱朴子』論仙篇に「有生の最も霊なるは、人に過ぎたるは莫し」、また『書経』泰誓篇に「惟れ人は万物の霊」。「首」は、始め、第一。『抱朴子』応嘲篇に「伯陽は道徳を以て首と為す」

(35)「惟れ人の勝れたる行ないは、惟れ孝、惟れ忠」の「勝れたる行ない」は、『金光明最勝王経』大弁才天女品（大正十六437ａ）に「無量の勝れたる行ないは世間を超えたり」。「惟れ孝、惟れ忠」は、『書経』蔡仲之命篇の言葉。「前人の愆を蓋い、惟れ忠、惟れ孝」

(36)「餘の行ないは万差なれども此の二は其の要なり」は、『法苑珠林』巻八十（大正五十三883ａ）に「自餘の戒忍・六度の万行は、皆な智慧に藉りて開導せられ、勝れたるものと成る」

(37)「遺躰を毀わず」は、『広弘明集』の彦琮「通極論」に「遺体を傷わず始めて孝心を著す」とあり、『孝経』開宗明義章の「身体髪膚、之を父母に受く、敢て毀傷せざるは孝の始めなり」に本づく。「躰」は體（体）の俗字。

(38)「危うきを見て命を授く」は、『文選』の干宝「晋紀総論」に「危うきを見て命を授けて、生を求めて以て義を害なわず」とあり、『論語』憲問篇「危うきを見て命を致す」に本づく。

(39)「名を挙げ先を顕す」は、『孝経』開宗明義章に「名を後世に揚げて以て父母を顕わす」とあり、「揚」は挙と同義。「先」は、先祖。

(40)「一を廃すれば不可なり」は、『左伝』襄公二十七年に見える語。「天は五材を生ず。一を廃すれば不可なり」

(41)「一生の娯楽は、惟れ富、惟れ貴」の「一生の娯楽」は、『広弘明集』巻二十九の真観法師「夢の賦」に「一生の快楽」とあり、「娯楽」は、『易林』巻三に「心志は娯楽す」とある。「惟れ富、惟れ貴」は、『論語』里仁篇に「富と貴とは、是れ人の欲する所なり」

(42)「百年の蘭友は、誰か妻孥に比せん」の「百年」は、『金光明最勝王経』如来寿量品（大正十六405ｂ）に「人の寿は百年」、また『文選』の曹植「白馬王彪に贈る」詩に「百年、誰か能く持せん」などとあり、「蘭友」は、『易』繋辞伝上「心を同じくするものの言は其の臭は蘭の如し」をふまえる。

「誰か妻孥に比せん」は、『詩経』小雅「常棣」の詩に「爾の妻孥を楽しむ」。「妻孥」は、妻子。

(43)「季が万鐘を悲しむは唯だ逝きし親に感ず」の「季」は、孔子の弟子の子路。『孔子家語』致思篇に「子路、孔子に見えて曰く、……家貧しくして親老いたるときは、禄を択ばずして仕う。昔は由れ二親に事えし時、常に藜藿の実を食いて、親の為に米を百里の外に負えり。親歿するの後、南のかた楚に遊び、従車百乗、粟を積むこと万鍾、……願いて藜藿を食い、親の為に米を負わんと欲するも、復た得べからざるなり」。「鐘」は鍾と通用。一鍾は六斛四斗、あるいは十斛ともいう。「逝きし親」は「親歿する」を承ける。

(44)「参が九仞に登るは、当に主に仕うるに由れり」の「参」は、孔子の弟子の曾参。『韓詩外伝』巻七に「吾れ嘗て斉に仕えて吏と為りしに、禄は鍾釜に過ぎずして尚お猶お欣々として喜ぶものは、以て多しと為すには非ざるなり。其の親に逮ぶを楽しめばなり。既に没するの後、吾れ嘗て南のかた楚に遊んで尊官を得たり。堂の高さ九仞、……猶お北に郷いて泣涕せしは、賤しとするには非ざるなり、吾が親に逮ばざるを悲しめばなり」

(45)「今、子に親有り君有り、何為れぞ養わず仕えざる」は、『孝経』紀孝行章「孝子の親に事うるや……養えば則ち其の楽しみを致す」、また同じく士章「父に事うるに資りて以て君に事う」。「事」は仕と同義。「何為れぞ」は、一二七ページ注(57)を見よ。

(46)「徒らに乞丐の中に淪んで空しく迯役の輩に雑わる」の「乞丐」は、『文選』の陳琳「袁紹の為に豫州に檄す」に「父の嵩は乞匄携養」とあり、「匄」は丐と同じ。物乞い。「淪」は沈むの意。『文選』の江淹「雑体詩」に「韓公は売薬に淪み、梅生は市門に隠る」。「迯役」は、賦役を逃れた放浪者。「迯」は逃の俗字。『広弘明集』巻四の彦琮「通極論」に「逃役を仏寺に寄す」

(47)「辱行は先人を忝しむ」の「辱行」は、汚れた行為。『荘子』譲王篇に「我を漫すに辱行を以てす」。「先人」は、『文選』の司馬遷「任少卿に報ずる書」に「先人の緒業に頼る」。「忝」は辱と同義。『書経』太甲篇上「厥の祖を忝しむ」

(48)「陋名は後葉に遺す」の「陋名」は、『列子』楊朱篇に「名声の醜」とあり、「陋」は醜と同義。「後葉」は、後世。『漢書』司馬相如伝「後葉の靡麗にして、遂に往いて返らざらんことを恐る」

(49)「惟れ寔に大辟の加うる所」の「惟れ寔に」は、『詩経』鄘風「柏舟」の詩に「実に維れ我が儀」とあり、「寔」は実、「惟」は維と同じ。「大辟」は、死罪。『孝経』五刑章「罪は不孝より大なるは莫し」の孔安国伝に「大辟の属二百は死刑なり」

(50)「君子の恥ずる所なり」は、『顔氏家訓』誡兵篇「主の為に画規して以て社稷を謀る能わざるは、君子の恥ずる所なり」

(51)「親戚は汝に代って地に入る」は『顔氏家訓』勉学篇に「有識旁観し、其に代りて地に入る」とあり、「親戚」は、『文選』の王粲「七哀詩」に「親戚は我に対して悲しみ、朋友は相い追攀す」

(52)「疎人は汝を見て目を掩う」の「疎人」は、四六ページ注(22)に既出。「目を掩う」は、『三国魏志』陳琳伝に「諺に有り、目を掩うて鼠を捕う、と」

(53)「宜しく早く心を改めて、速やかに忠孝に就くべし」の「心を改む」は、『広弘明集』巻二十七の「浄住子」善友勧奨門の頌に「蓬のごとき心を改む」。「忠孝に就く」は、『文選』の班固「西都賦」の序に「上徳を宣べて忠孝を尽くす」

(54)「憮然として問うて曰く」は、『論語』微子篇「夫子、憮然として曰く、鳥獣は与に群を同じくすべからず」、注に「憮然は猶お悵然のごとし」、また『一切経音義』巻九に「失意の貌なり」

(55)「何をか忠孝と謂うや」は、『左伝』僖公九年「何をか忠貞と謂うや」

(56)「閨に在るの日」の「閨」は、ねや、家庭。『礼記』楽記篇「楽は閨門の内に在りて、父子兄弟同に之を聴けば、則ち和親せざる莫し」

(57)「面を怡ばせ顔を候う」の「面を怡ばす」は、『楚辞』大招篇に「曼沢にして面を怡ばす」とあり、『古文孝経』紀孝行章の孔安国伝に「顔を説ばせ色を説ばす」、また『孝子伝』(京都大学図書館所蔵鈔本)に「(董永は)一鋤一顧して父の顔色を見る」

(58)「心に先だちて力を竭くす」は、『礼記』祭義篇に「君子の孝と為す所のものは、意に先だちて志を承け、父母を道に諭す」とあり、『論語』学而篇に「父母に事えては能く其の力を竭くす」

(59)「出入に告面す」は、『礼記』曲礼篇上の文章。六二ページ注(22)に既出。

(60)「夏冬に温清す」も、『礼記』曲礼篇上の文章。「凡そ人の子たるの礼は、冬は温かにして夏は凊しからしむ」。なお、建長本は「清」を「清(凊)」に誤っているが、『聾瞽指帰』真筆本は正しく「凊」に作っている。

(61)「定省色養」の「定省」も、『礼記』曲礼篇上の文章。「昏に定めて晨に省みる」。「定」は、床衽を安んずること。「省」は、安否を問うこと。「色養」は、『文選』の潘岳「閑居賦」に「尚お何ぞ能く膝下の色養に違いて、屑屑として斗筲の役に従わんや」とあり、『論語』為政篇「子夏、孝を問う。子曰く色難し」に本づく。顔色を和らげて父母に事え養うこと。

(62)「之を謂いて孝と為す」は、『抱朴子』逸民篇「身と名と竝に全き、之を謂いて上と為す」

(63)「虞舜・周文は之を行ないて帝位に登る」は、『史記』五帝本紀に「虞舜は名を重華と曰う。……年二十、孝を以て聞ゆ。……堯に代りて帝位を践む」とあり、『礼記』中庸篇に「舜は其れ大孝なるか。徳は聖人たり、尊きこと天子と為る云々」とある。また同じく文王世子篇に「文王の世子たるや(父の)王季に朝すること日に三たび、鶏初めて鳴いて衣服して寝門の外に至って内豎の御者に問うて曰く、今日の安否は何如と。内豎曰く、安しと。文王乃ち喜ぶ。日中に及んで又た至るも亦た之の如くす。莫に及んで又た至るも亦た之の如くす云々」

(64)「董永・伯喈は、之を守って美名を流う」の「董永」は、漢の孝子。『孝子伝』(京都大学図書館所蔵鈔本)に「董永は趙の人なり。性、至孝なり。少くして母没す。父と居りて貧窮困苦す。僕賃もて父を養う云々」とあり、天の神女が彼の至孝に感じて婦となった話を載せる。また「伯喈」は、後漢の蔡邕。『後漢書』蔡邕伝に「アザナは伯喈、陳留の圉の人。……性篤孝なり。母嘗て病に滞ること三年、邕、寒暑の節変に非ざる自りは、未だ嘗て襟帯を解かず、寝寐せざること七旬、母卒して冢の側に廬し、動静に礼を以てす。兎ありて其の室の傍に馴れ擾けり。又た木は連理を生ず。遠近これを奇として多く往いて観る」。「美名を流う」は、『文選』の潘岳「西征賦」に「美名の茲に在るを嘉す」、また『広弘明集』巻二十九の梁の武帝「浄業賦」に「永劫に其の美名を揚げ、万代に清風を流う」。「流」は伝と同義。

(65)「占筮の年」は、『左伝』閔公元年に「初め畢万、晋に仕えんことを筮す」とあり、初めて仕官する年をいう。なお、『礼記』曲礼篇上には「四十を強と曰う、而して仕う」とある。「占筮」は、筮竹を用いて占うこと。『北史』権会伝に「会、占筮する毎に大小必ず中る」

(66)「孝を移して命を尽くす」の「孝を移す」は、『孝経』広揚名章に「君子の親に事うるや孝、故に忠、君に移すべし」とあり、「命を尽くす」は、『文選』の班彪「王命論」に「其の朝に在るや命を竭くして以て忠を納る」とある。「竭」は尽と同義。

(67)「顔を犯して諫争す」は、『古文孝経』諫争章の孔安国伝に「君に事うるの礼、其の非有るに値えば、厳しき顔を犯し、道を以て諫争す」

(68)「上は天文に達し、下は地理を察す」は、『易』繫辞伝上に「仰いで以て天文を観、俯して以て地理を察す」

(69)「古を稽えて今に擬う」は、『広弘明集』巻三の江淹「遂古篇」に「古を学びて今を制す」とあり、「稽古」は、『書経』堯典の言葉。「曰若に古の帝堯を稽う」、また、その疏に「其の事の是非を考えて、其の今の世に宜しきを知れば、乃ち順いて之を行なう」。「擬今」の語は、陶淵明や陸機に「擬古」の詩のあるのを参照。

(70)「遠きを柔け近きを能くす」も、『書経』舜典に「遠きを柔け邇きを能くす」。「邇」は近と同じ。

(71)「四海を紀綱し、一人を匡弼す」は、『淮南子』本経訓に「八極を紀綱し、六合を経緯す」とあり、『書経』泰誓篇に「尚わくは予一人を弼けて、永く四海を清くせよ」とある。「匡弼」は、正し輔ける。『後漢書』左雄伝に「数しば厳しき顔を犯し、得失を匡弼す」、また『文選』の昭明太子「序」に「戒は匡弼より出でたり」

(72)「栄は後裔に及び、誉は来葉に流わらん」の「栄」と「誉」は、『三国呉志』孫休伝に「之を見る者は其の栄を羨み、之を聞く者は其の誉を楽う」とあり、「後裔に及ぶ」は、『書経』微子之命篇に「徳は後裔に垂る」とある。「来葉に流わらん」は、『文選』の鍾会「蜀に檄する文」に「慶は来裔に流わる」とあり、「来葉」の語も、『文選』の陸機「文の賦」に「則を来葉に貽す」とある。

(73)「是の如きを忠と為す」は、『抱朴子』疾謬篇に「此の如きものを以て高遠と為す」

(74)「伊周箕比は、蓋し其の人歟」の「伊周」は、『文選』の潘勗「魏公を九錫に冊する文」に「功は伊周よりも高し」とあり、殷の湯王を輔けた伊尹と周の武王の弟の周公。『史記』の殷本紀および周本紀にそれぞれ功績の具体的な記述が見える。「箕比」は、『論語』微子篇に「箕子は之が奴と為り、比干は諫めて死す」とある箕子と比干。『史記』殷本紀に「紂いよいよ淫乱して止まず。……比干曰く、人の臣たる者は死を以て争わざるを得ずと。迺ち紂を強諫す。紂怒りて曰く、吾れ聞く、聖人の心に七竅有りと。比干を剖きて其の心を観る。箕子懼れて乃ち狂と詳り奴と為る。紂又たこれを囚う。……周の武王遂に紂の頭を斬り、……箕子の囚われを釈き、比干の墓を封ず」。「其の人」は、『論語』季氏篇「吾れ其の人を見たり」

(75)「親を安んじ主を匡す」の「親を安んず」は、『後漢書』馬皇后紀に「至孝の行は親を安んずるを上と為す」。「主を匡す」は、『晋書』周嵩伝に「委ぬるに権の重きを以てし、終に主を匡すを致す」

(76)「是の如きの類を忠と為し孝と為す」の「是の如きの類」は、『文選』の左思「三都賦序」に「斯の如きの類は啻に茲に于てするのみに匪ず」とあり、「是」は斯と同じ。「忠と為し孝と為す」は、上文の「之を謂いて孝と為す」、「是の如きを忠と為す」を承ける。

(77)「伏して命旨を承く」は、『文選』の阮籍「鄭沖の為に晋王に勧むるの牋」に「聖旨を承けて茲の介福を受く」とあり、同じく応璩「満公琰に与うる書」に「来命を承く」とある。

一九〇ページ

(1)「是れ実に余れ不肖なりと雖も然れども猶お頗る禽獣に異なる」の「不肖」は、人なみでない、愚かの意。『文選』の司馬遷「任少卿に報ずる書」に「日夜、其の不肖の才力を竭くさんことを思う」。「禽獣に異なる」は、『孟子』離婁篇下「人の禽獣に異なる所以のものは幾んど希なり」

(2)「一念離れず、五内爛裂す」は、『文選』の李陵「蘇武に答うる書」に「一念至る毎に忽焉として生を忘る」とあり、『広弘明集』巻二十九の梁の武帝「孝思賦」に「五内屠裂し、肝心破砕す」とある。「五内」は、五臓。「爛」は、ただれる。『南斉書』張敬児伝「心爛れ形燋く」

（3）「父母覆育して、提挈すること慇懃なり」の「父母覆育す」は、『詩経』小雅「蓼莪」の詩に「父か我を生み、母か我を鞠う。……我を長じ我を育す」とあり、鄭玄の箋に「育は覆なり」、疏に「我を覆育するなり」とある。「提挈」は、『顔氏家訓』兄弟篇に「父母は左に提げ右に挈う」とあり、「慇懃」は、こまやかに行きとどくこと。『風俗通』過誉篇に「在る者、慇懃の意寡し」

（4）「其の功を顧みるに高きこと五岳に並び、其の恩を思うに深きこと四瀆に過ぐ」は、『広弘明集』巻十三の法琳「弁正論」に、「孝は神明を感かし、功は造化に侔し。重きを比すれば則ち五岳の山も軽く、深きを方ぶれば則ち四瀆の流れも浅し」とあり、「五岳」は、中岳の嵩山、東岳の泰山、西岳の華山、南岳の霍山、北岳の恒山をいう。「四瀆」は、長江と黄河、淮河、済河。「其の恩を思う」は、『法苑珠林』巻二十（大正五十三432ｂ）に引く『尸迦羅越六向拝経』に「当に父母の恩の重きを念うべし」とあり、「念」は思と同義。

（5）「骨に鏤み肌に銘す」は、『顔氏家訓』序致篇の語。一二〇ページ注（22）に既出。

（6）「誰か敢て遺忘せん」は、『北斉書』邢邵伝に「一覧すれば便ち記え、遺忘する所無し」。「誰か敢て」は、『文選』の楽府「飲馬長城窟行」に「誰か肯て言を相い為さんや」。「肯」は敢と同じ。

（7）「報いんと欲して極まり罔く、反さんと欲して尤だ厚し」は、『詩経』小雅「蓼莪」の詩に「之の徳に報いんと欲して昊天極まり罔し」、また『文選』の王褒「洞簫の賦」に「剛毅彊暴も仁恩を反さんとす」とあり、同じく朱浮「幽州の牧の為に彭寵に与うる書」に「朝廷の伯通に於ける、恩も亦た厚いかな」。「尤」は甚と同義。『文選』の楊惲「孫会宗に報ずる書」に「慇懃にして甚だ厚し」

（8）「南垓を詠じて恥を懐く」の「南垓」は、『詩経』小雅「南陔」の詩の序に「南陔は孝子相い戒むるに養うを以てするなり。……其の義有りて其の辞を亡う」とあり、『文選』の束皙「補亡の詩」はそれを補ったもの。その第一首「彼の南陔に循い、言其の蘭を采る。庭闈を眷恋して、心安んずるに遑あらず。彼の居るの子は、遊盤すること或る罔れ。爾の夕の膳を馨しくし、爾の晨の飡を絜くせよ」。「垓」は「陔」の誤写。『聾瞽指帰』真筆本は正しく「陔」に作っている。「恥を懐く」は、六五ページ注（35）に既出。

（9）「蓼莪を詞いて以て愁いを含む」の「蓼莪」は、『詩経』小雅「蓼莪」の詩。その序に「蓼莪は幽王を刺れり。民人労苦して、孝子養いを終うるを得ざるのみ」とあり、その第一章は、「蓼蓼たるは莪、莪に匪ず伊れ蒿。哀哀たるは父母、我を生みて劬労す」。「詞」は、『文選』の嵆康「琴の賦」に「詞いて曰く、扶揺を凌いで云々」とあり、歌と同じ。なお『聾瞽指帰』真筆本は「歌」に作っている。「愁いを含む」は、梁の蕭統「擬古の詩」に「愁いを含み涙を拭いて坐ろに相い思う」

（10）「彼の林烏を見て終日焦灼す」の「林烏」は、『文選』の束皙「補亡の詩」の南陔篇に「嗷嗷たる林の烏、哺を子より受く」とあり、「終日」は、六三ページ注（26）、「焦灼」は、一五一ページ注（26）にそれぞれ既出。

（11）「此の泉獺を思うて達夜爛肝す」の「泉獺」も、『文選』の束皙「補亡の詩」の南陔篇に「獺有り獺有り、河の涘に在り。……魴を噬い鯉を捕る」とあり、『礼記』月令篇の「獺、魚を祭る」に本づく。「泉」は、河の意。獺でさえ親を養う孝心をもつというのである。「達夜」は、よもすがら。六三ページ注（27）に既出。「爛肝」は、肝を爛く。『呂氏春秋』本生篇に「腸を爛くの食」とあり、『芸文類聚』巻二十に引く孫綽の「表哀詩」に「酷なるかな痛むことの深き、髄を剖き肝を摧く」とある。

(12)「楚河は未だ決せざるに周の鮒は肆に就く」は、『荘子』外物篇に見える車の轍の中の鮒の寓話。ものごとの間に合わぬことの譬え。「荘周、家貧し。故に往いて粟を監河侯に貸らんとす。監河侯曰く、諾、我れ将に邑金を得んとす。将に子に三百金を貸さんとす、可なるか、と。荘周、忿然として色を作して曰く、周昨来りしとき中道にして呼ぶ者有り。周、顧視すれば車轍中に鮒魚あり。周これに問うて曰く、鮒魚よ、子は何為る者ぞや、と。対えて曰く、我は東海の波臣なり。君豈に斗升の水有りて我を活かすか、と。周曰く、諾、我れ且に南のかた呉越の王に遊ばんとす。西江の水を激して子を迎うる、可なるか、と。鮒魚忿然として色を作して曰く、……吾れ斗升の水を得て然ち活きんのみ。君乃ち此を言うは、曾ち早く我を枯魚の肆に索むるに如かず、と」。「楚河」は、西江。「決す」は、河の堤を切り開いて水を流すこと。「肆」は、枯魚の肆、すなわち乾物を売る店をいう。「就く」は、店に列べられること。

(13)「呉劒は未だ許さざるに徐子は墓に臨む」は、『史記』呉世家に見える呉の季札が徐君の墓に剣を贈った話。上文の「楚河云々」と同じく事の間に合わぬことの譬え。「季札の始め使するや、北のかた徐君に過る。徐君、季札の剣を好むも、口に敢て言わず。季札、心に之を知るも上国に使するが為に未だ献ぜず。還りて徐に至る。徐君既に死せり。是に於て乃ち其の宝剣を解き、之を徐君の冢の樹に繫けて去る」

(14)「老いたる親は皤皤として冥壌に臨み近づけり」の「老親」は、唐の岑参の「張秘書を送る」詩に「老親は呉都に在り」とあり、「皤皤」は、老いたるさま。『文選』の班固「東都賦」に「皤皤たる国老は、乃ち父とし乃ち兄とす」。「冥壌」は、同じく潘岳「寡婦の賦」に「下は泉壌に臨めり」とあり、唐の李嶠「寺額を迎えんことを請うの表」に「弘済は冥境に深し」とある。地下、冥土の意。

(15)「此れ余が頑頑たる、哺を反すに由無し」の「余が頑頑たる」は、『文選』の潘岳「楊荊州の誄」に「余が頑蔽なるを以て云々」とあり、愚鈍の意。「哺を反す」は、親の養育の恩に報いること。『芸文類聚』巻二十に引く梁の武帝の「孝思賦」に「慈烏は哺を反して親に報ゆ」とあり、「哺」は、食物。「由無し」は、すべがない。『文選』の劉楨「徐幹に贈る」の詩に「中情は宣ぶるに由無し」

(16)「居諸は矢の如くにして彼の短き寿に迫る」の「居諸」は、日月。『易林』巻十二に「居諸日月は暗きを御して明らかならず」とあり、『詩経』邶風「柏舟」の詩「日居月諸、胡ぞ迭にして微なる」に本づく。「矢の如し」は、『文選』の陸機の楽府「長歌行」に「年の往くは勁き矢よりも迅し」とあり、同じく潘岳の「籍田の賦」に「邇き陌は矢の如し」とある。「短き寿」は、『金光明最勝王経』如来寿量品（大正十六405b）に「是の故に如来は斯の短き寿を現わす」

(17)「家産は澆醨して墻屋は傾くに向なんとす」の「家産」は、『史記』李広伝に「家に余財無きも終に家産の事を言わず」。「澆漓」は、薄い、衰える、貧弱になる。『荀子』不苟篇「端拝して議す」の楊倞の注に「後世は澆漓して以て治を為し難し」、また唐の権徳輿の「梁粛を祭る文」に「独り澆漓を斥けて遐かに古始を蹈む」。「漓」は醨と同じ。「墻屋」は、韓愈の「袁氏先廟碑」に「屋牆持持、孝孫来享す」とあり、「牆」は墻と通用。「傾くに向なんとす」は、『文選』の潘岳「寡婦の賦」に「時は曖曖として昏るるに向なんとす」、また同じく陸機の「演連珠」に「夏（廈）屋も時として傾く有り」

(18)「二兄重ねて逝いて数行汍瀾たり」の「重ねて」は、『文選』の陸機の楽府「短歌行」に「時は重ねて至らず」。「逝く」は、同じく曹丕の「呉質に与うる書」に「一時に倶に逝く」。「数行」は、幾すじもの涙。『史記』項羽本紀に「泣数行下る」。「汍瀾」は、涙のはらはらと流れるさま。『文選』の欧陽建「臨終の詩」に「筆を揮って涕は汍瀾たり」

(19)「九族倶に匱しくして一心潺湲たり」の「九族」は、九六ページ注(49)に既出。「倶に匱し」の「倶に」は、前注に引いた曹丕の書に「倶に逝く」とあり、「匱」は乏と同義。『文選』の陸機「弁亡論」に「勢は屻け財は匱し」。「一心」は、同じく「古詩十九首」(其十七)に「一心、区区を抱き、君の識察せざらんことを懼る」。「潺湲」は、『楚辞』の宋玉「九弁」に「涕は潺湲として下りて軾を霑す」とあり、涙の流れるさま。

(20)「慷慨の思いを起す」は、『文選』の呉質「元城に在りて魏の太子に与うる牋」に「みな慷慨の節を懐う」。「思いを起す」は、晋の傅玄の「宗廟歌」に「時に感じて思を興す」、また『金剛般若論』巻中(大正二十五772c)に「如来等の念を起す」

(21)「日を以て月に継ぐ」は、『晋書』律暦志「日は以て月を継ぎ、月は以て時を継ぐ」、また『南史』鄭灼伝「灼の家は貧しく、義疏を抄して、日を以て夜に継ぐ」

(22)「悽愴の痛みを興す」は、『文選』の阮籍「詠懐詩」に「悽愴、我が心を傷ましむ」

(23)「旦より夕に達す」は、『詩経』小雅「采緑」の詩「終朝緑を采る」の毛伝に「旦より食時に及ぶを終朝と為す」、また晋の夏侯湛の「大暑の賦」に「新水を沃いで以て夕に達す」

(24)「嗟呼、悲しい哉」は、『文選』の曹植「王仲宣の誄」に「嗚呼、哀しい哉」とあり、「嗟呼」は、『文選』の司馬遷「任少卿に報ずる書」に、「悲しい哉」は、同じく宋玉「風の賦」にそれぞれ見える。

(25)「進んで仕えんと欲すれば、已に竽を好むの主無し」の「進んで仕う」は、『文選』の干宝「晋紀総論」に「進んで仕うる者は苟も得るを以て貴しと為す」。「竽を好むの主」は、『韓非子』内儲説上篇に「斉の宣王、人をして竽を吹かしむ。必ず三百人あり。南郭処士、王の為に竽を吹かんことを請う。

宣王これを説び、食を稟くること数百人を以てす」。「竽」は吹奏楽器で笙のたぐい。

(26)「退いて黙せんと欲すれば、亦た禄を待つの親有り」の「退いて黙す」は、『南史』王僧虔伝に「僧虔は退いて黙し、交接すること少し」とあり、「禄を待つ」は、『文選』の劉峻「弁命論」に「門を高くして封を待つ」とある。「禄」は、俸禄。『論語』衛霊公篇に「学ぶや、禄その中に在り」

(27)「進退の惟れ谷まるを歎く」は、『詩経』大雅「桑柔」の詩に「人も亦た言える有り、進退惟れ谷まる、と」。「谷」は窮の意。

(28)「起居の狼狽たるに纏わる」の「起居」は、『書経』冏命篇「出入起居、欽わざること有る罔し」。「狼狽」は、『文選』の李密「情事を陳ぶるの表」に「臣の進退、実に狼狽を為す」。「纏わる」は、同じく王倹の「褚淵碑文」に「哀しみは一国に纏わり、痛みは一主に深し」とある。

(29)「頌を作って懐を写す」の「頌を作る」は、『文選』の張衡「南都賦」に「遂に頌を作って曰く」、また『法苑珠林』巻五十三（大正五十三684b）に「因りて頌を作って曰く」とあり、「懐を写す」は、『文選』の江淹「雑体詩」に「懐を写すこと良に未だ遠からず」

(30)「力を肆べ畝に就かんとすれば、曾て筋力無し」の「力を肆ぶ」は、『文選』の袁宏「三国名臣序賛」に「股肱は力を肆ぶ」とあり、「肆」は、陳べる。「畝に就く」は、『北周書』蘇綽伝に「能く農器を操持する者は皆田に就かしむ」。「筋力」は、『礼記』曲礼篇上に「老者は筋力を以て礼を為さず」とあり、「曾て無し」は、四五ページ注(21)に既出。

(31)「角を扣いて将に仕えんとすれば、既に甯の識無し」の「角を扣く」は、斉の桓公に任用された甯戚の故事。八六ページ注(5)に既出。「将に仕えんとす」は、『論語』陽貨篇「吾れ将に仕えんとす」。「甯の識無し」の「甯」は、甯戚。「識無し」は、『文選』の任昉「范尚書の為に吏部封侯を譲るの第一表」に「臣は識無く惟だ利を是れ視ると雖も云々」

(32)「無智にして官に在れば、譏りを空職に致す」の「無智」は、『荀子』非十二子篇に「今の謂わゆる処士なる者は、無能にして能と云う者なり。無知にして知と謂う者なり」とあり、「官に在り」は、『文選』の潘岳「閑居の賦」の序に「方今は俊乂官に在り」とある。「譏りを致す」は、『宋書』謝霊運伝に「謗りを致すの来ること必ず由趣あり」とあり、「謗」は譏と同義。「空職」は、『北史』薛端伝に「官を設け職を分つは、もと時務を康んず。苟も其の人に非されば、職を曠しくするに如かず」とあり、『書経』皐陶謨篇「庶官を曠しくする無かれ、天工は人其れ之に代わる」に本づく。孔安国の伝に「曠は空なり。位その人に非ざるを官を空しくすと為す」とある。ここの「空職」は空官と同義で無智無能の者が官職を占めること。

(33)「貪ること有りて素飡すれば、誡めを尸食に遺す」の「貪る」は、『荀子』君道篇に「賢を尚び能を使えば、利を貪るの心無し」。「素飡」は、『詩経』魏風「伐檀」の詩に「彼の君子は素餐せず」とあり、『文選』の曹植「自ら試みんことを求むる表」に「虚しく受くる、之を尸禄と謂う。詩の素餐の由りて作らるる所なり」とある。「飡」は餐と同じ。「伐檀」の詩の毛伝に「素は空なり」とあり、「素飡」とは、功績が無くて俸禄だけを飡むこと。「誡を遺す」は、『文選』の張衡「帰田賦」に「老氏の遺誡に感じ、将に駕を蓬廬に廻らさんとす」。「尸食」は、上に引いた曹植の上表の「尸禄」と同義。そこの李善の注に引く「韓詩」に「尸禄とは、頗る知る所有りて善悪をば言わず、黙然として語らず、苟も禄を得んと欲するのみ。譬えば尸の如し」

(34)「濫竽の姦行は、已に尤だ直きに非ず」の「濫竽」は、濫りに竽を吹くこと。濫吹ともいう。才能なくして地位に止まることの譬え。『梁書』庾肩吾伝に簡文帝の湘東王に答える書を引いて「濫竽自ら恥ず」とあり、『韓非子』内儲説上篇の南郭処士の故事に本づく。注(25)を見よ。「姦行」は、『国語』周語下に「国に姦民無く、朝に姦行無し」。「已に尤だ」は、『文選』の范曄「後漢書二十八将伝論」に「其の傷、已に甚だし」とあり、「尤」は甚と同義。「直きに非ず」は、『論語』泰伯篇「狂にして直からず」

(35)「雅頌の美風は、但だ周の国に聞くのみ」の「雅頌」は、『論語』子罕篇「吾れ衛より魯に反り、然る後に楽正しく、雅頌各おの其の所を得たり」、『文選』の卜子夏「毛詩序」に「雅は正なり。王政の由りて廃興する所なるを言う。……頌は盛徳の形容を美とし、其の成功を以て神明に告ぐるものなり」。「美風」は、司じく左思の「魏都賦」に「呉の(季)札は歌を聴いて其の風を美とす」。「但だ聞く」も、『文選』に多く用例が見える。たとえば陸機の楽府「苦寒行」、「白日の景を覩ず、但だ聞く寒鳥の喧しきを」。「周の国に聞くのみ」は、鄭玄の『詩譜』序に「(周の)文武の徳、光いに前緒を熙めて以て大命を厥の身に集す。……其の時、詩の風に周南召南あり、雅に鹿鳴文王の属あり。成王周公の治太平にして礼を制し楽を作るに及んで頌声の興る有り。盛んなるの至みなり」とある。

(36)「彼の孔の縦聖は、栖遑として黙せず」の「縦聖」は、『論語』子罕篇「子貢曰く、(夫子は)固に天の縦せる将いなる聖なり」。「栖遑」は、『文選』の班固「賓の戯れに答う」に「是を以て聖哲の治、棲棲遑遑として、孔の席は暝まらず云々」。「棲」は栖と同じ。「栖遑」は、あわただしく落ち着かぬさま。「黙せず」は、上文「退いて黙せんと欲すれば」を承ける。注(26)を見よ。

(37)「此れ余が太だ頑かなる、当に何の則にか従うべき」の「余が太だ頑かなる」は、『文選』の潘岳「楊荊州の誄」に「余が頑蔽なるを以て」とある。注(15)を参照。「何の則にか従うべき」も、同じく王融の「秀才を策する文」に「何の則にか循うべき」とある。「循」は従と同義。

(38)「進まんと欲して才無く、将に退かんとして逼らるる有り」の「進まんと欲して」は、上文の「進んで仕えんと欲すれば」を承け、「将に退かんとして」は、上文の「退いて黙せんと欲すれば」を承ける。注(25)、(26)を参照。「才無し」は、『文選』の呉質「東阿王に答うる書」に「毛遂の燿穎の才無し」。「逼らるる有り」は、『金光明最勝王経』夢見金鼓懺悔品（大正十六413ａ）に「若し衆生、飢渇に逼らるる有らば、種々の殊勝の味を得しめん」

(39)「進退両つの間、何ぞ歎息すること夥しきや」の「進退」は、上文に「進退の惟れ谷まる」として既出、注(27)を見よ。「両つの間」は、空海死後の文章であるが、『宋史』胡安国伝に「至剛は以て両の間を塞ぐべし」とある。「何ぞ夥しき」は、『文選』の班固「幽通賦」に「何ぞ艱しみ多くして智は寡き」とあり、「夥」は多と同義。同じく張協の「七命」「黄帝の園に夥し」の注に「楚人は多を謂いて夥と為す」とある。「歎息」は、同じく宋玉の「高唐賦」に「歎息して涙を垂る」

(40)「頌詞取り畢る」の「頌詞」は、柳宗元「文宣王廟の碑」に「世に頌辞有り、益ます其の多きを疚む」とあり、「頌辞」は頌詞と同じ。「取り畢る」の「取る」は、『広雅』釈詁三に「取は為なり」とあり、ここは上文の「頌を作る」と同義。「畢る」は、『文選』の傅毅「舞賦」に「曲度、究め畢る」

(41)「沈吟すること良久しくして乃ち書を作りて曰く」は、『魏書』釈老志に「世祖、恭宗の言を然りとし、……沈吟すること之を久しくす」とあり、「良久し」は、五一ページ注(49)に既出。「書を作る」も、『文選』嵆康の「絶交書」に「書を作るを喜まず」

(42)「僕聞く、小孝は力を用い、大孝は匱しからず、と」の「僕聞く」は、『文選』の司馬遷「任少卿に報ずる書」に「僕これを聞けり、身を脩むる者は、智の府なり云々と」。「小孝は力を用い、大孝は匱しからず」は、『礼記』祭義篇の文。「孝に三有り。小孝は力を用い、中孝は労を用い、大孝は匱しからず。慈愛を思うて労を忘る、力を用うと謂うべし。……博く施して物を備うるは、匱しからずと謂うべし」。「匱」は乏と同義。

(43)「泰伯は髪を剃って永く夷俗に入る」は、『史記』呉太伯世家に「太伯と仲雍の二人、乃ち荊蛮に犇り、身に文し髪を断りて、用うべからざるを示して、以て季歴を避く」。「太」は泰と同じ。「髪を剃る」は、『魏書』房崇吉伝に「髪を剃って沙門と為る」とあり、ここは「髪を断る」と同義。「夷俗」は、『荀子』王制篇「夷俗の邪音をして敢て雅を乱らしむ」。「夷俗に入る」は「荊蛮に犇る」と同義。

(44)「薩埵は衣を脱いで長く虎の食と為る」は、『金光明最勝王経』捨身品(大正十六452a)に見える大車王の第三子摩訶薩埵が「林中に入って其の虎の所に至り、衣服を脱去てて即ちに高山に上り、身を地に投じ」、「是の時、餓虎既に菩薩の頸の下に血流るるを見て即ち便ち血を舐め肉を噉い、皆な尽くして唯だ餘骨を留めたり」という故事をふまえる。

(45)「父母は地に倒るるの痛みを致す」は、前注に引いた摩訶薩埵の餓虎に対する捨身供養の記事につづいて「王および夫人、其の事を聞き已って悲噎に勝えず、捨身の処を望んで倶時に地に投じ悶絶して将に死せんとす」とあるのをふまえる。「痛みを致す」は、『国清百録』巻二に「宣尼は陳に在りて歎きを致す」

(46)「親戚天を呼ぶの歎き有り」の「親戚」は、親をいう。四五ページ注(21)を見よ。「天を呼ぶ」は、『史記』屈原伝「天は人の始めなり。……故に労苦倦極して未だ嘗て天を呼ばずんばあらず」

(47)「此に因りて視れば」は、『文選』の劉峻「広絶交論」に「此に由って之を観れば」

(48)「二親の遺體を毀う」の「二親」は、六二ページ注(22)に既出。「遺體を毀う」は、二〇九ページ注(37)に既出。「軆」は躰と同じ。

(49)「九族の念傷を致す」の「九族」は、九六ページ注(49)に既出。「念傷」は、『文選』の昭明太子「序」の「耿介の意既に傷む」の「意傷」と同義。

(50)「誰か復た此の二子に過ぎんや」の「誰か復た」、「此に過ぎんや」は、『文選』の李陵「蘇武に答うる書」に「誰か復た能く身を屈し云々」、同じく楊脩の「臨淄侯に答うる牋」に「復た此に過ぎず」。

「二子」は、上文の「泰伯」と「薩埵」の二人。

(51)「当し卿の告ぐるが如くんば」は、『文選』の杜預「春秋左氏伝序」に「若し論ずる所の如くんば」とあり、「当」は儻と同じで「若」と訓む。『墨子』兼愛篇「当し若の二士の者をして言行を之れ合せしめば」の「当」と同じ。

(52)「並びに不孝を犯せり」は、『法苑珠林』巻八十六(大正五十三917c)に「犯す所の過悪は、父母に不孝」、また同じく巻四十九(661c)に「不孝の罪は、現報是の如し」

(53)「泰伯は至徳の号を得」は、『論語』泰伯篇「泰伯は其れ至徳と謂うべきのみ」

(54)「薩埵は大覚の尊と称せらる」は、注(45)に引いた『金光明最勝王経』の文につづいて「往時の薩埵とは即ち我れ牟尼是れなり」(454b)とあり、また「是の故に大覚の尊は寿命、数を知り難し」(405a)とある。

(55)「苟も其の道に合すれば、何ぞ近局に抅われん」の「其の道に合すれば」は、『史記』曹相国世家に「清静にして極だ言は道に合せり」。「近局」は、陶淵明の「園田の居に帰る」詩に「隻雞、近局を招く」とあり、隣人をいう。「何ぞ抅われん」は、『文選』の鄒陽「獄中に書を上りて自ら明らかにす」に、「豈に俗に抅われんや」。「抅」は拘の俗字。

(56)「羅卜の母の苦を抜く」は、『浄土盂蘭盆経』(蔵外本)に見える目連尊者の話。「爾の時に目連は一婆羅門の家に生まれ、羅卜と字す。其の児羅卜、少きより布施を好む。母は大いに慳くして布施を楽しまず。……其の母妄語もて五百世のあいだ餓鬼の中に入る。目連、母死して餓鬼の中に入るを憐み、之を助けて天に生まれ楽を得しむ」。「苦を抜く」は、『広弘明集』巻十五の梁の簡文帝「唱導文」に「大悲の苦を抜く、事は前経に炳らかなり」

一九一ページ

(1)「那舎の父の憂いを済う」は、『灌頂経』巻十一（大正二十一 531 a〜b）に見える那舎長者の話。「(那舎長老の父母)慳貪を以ての故に彼の地獄に堕つ。……長者那舎、即ち仏の言の如く、家に還りて供弁し、尊教に違わず、供養を作し已る。此に縁って天に生まれ、自然無為の快楽を封受す」。「憂いを済う」は、『後漢書』何顒伝「為に援救を求めて以て其の患を済う」

(2)「寧に大孝に非ずや、亦た善友に非ずや」は、亀毛先生論の「豈に盛んならずや、復た快ならずや」と同類の表現。五〇ページ注(46)参照。「寧」は豈と同じに訓む。『文選』の丘遅「陳伯之に与うる書」に「寧に哀しからずや」。「大孝」は、二二四ページ注(42)に既出。「善友」は、『法苑珠林』巻八十六（大正五十三 917 c）に「師に不孝にして善友を敬せず」

(3)「余は愚陋なりと雖も」は、『文選』の張協「七命」に「余は不敏と雖も」とあり、「愚陋」の語は、『漢書』外戚伝の班倢伃「自悼賦」に「愚陋にして其れ及ぶ靡しと雖も、敢て心を舎めて茲を忘れんや」

(4)「雅訓を斟酌す」は、『文選』の班固「典引」に「道徳の淵源を斟酌す」、また魏の王粲の「儒吏論」に「吏は雅訓に服す」

(5)「遺風を鑽仰す」は、『文選』の司馬遷「任少卿に報ずる書」に「長者の遺風を側聞す」、同じく陳琳の「東阿王に答うる牋」に「鑽仰する者の庶幾する所に非ず」
(6)「毎に国家の為に先ず冥福を廻らす」は、『国清百録』巻三（大正四十六811b）に「庶わくは熏修によりて国家に福祐あらしめん」とあり、また『法苑珠林』巻二十（大正五十三433b）に「諸もろの福徳を廻らして無上道に向かわしむ」。「冥福」は、『北史』崔挺伝に「冥福を追奉す」
(7)「二親一切に、悉く陰功を譲る」の「二親」は、六二ページ注(22)に既出。「一切に」は、おしなべて、一様にの意。『史記』李斯伝「請う一切に客を逐わん」。「陰功」は、『漢書』邴吉伝「陰徳有る者は必ず其の楽しみを饗けて以て子孫に及ぼす」とあり、唐の羅隠の「大理の徐郎中に寄する詩」に「事は顕報を忘れ難く、理は合に陰功有るべし」とある。「功を譲る」は、『荀子』宥坐篇「功は天下を被いて之を守るに譲を以てす」
(8)「此の恵福を捴べて、忠と為し孝と為す」の「恵福」は、『法苑珠林』巻三十八（大正五十三586c）に「仏の舎利を出だして以て福恵を流す」。「忠と為し孝と為す」は、上文に「是の如きの類を忠と為し孝と為す」。二二五ページ注(76)を見よ。
(9)「筋力の応に尽くすべく」は、上文の「小孝は力を用う」を承ける。「筋力」の語も二二一ページ注(30)に既出。
(10)「身體の屈すべき」は、『荘子』人間世篇に「擎跽曲拳は人臣の礼なり」、同じく駢拇篇に「礼楽に屈折す」とあり、陸徳明の「釈文」に「支体を屈折して礼楽を為すなり」とある。
(11)「未だ于の門の応に高かるべく、厳の墓の応に掃うべきを視ず」は、『文選』の劉峻「弁命論」に「于公は門を高くして以て封を待ち、厳の母は墓を掃いて以て喪を望む」とあり、「于」は、漢の于定国。『漢書』于定国伝に「少しく門閭を高大にして駟馬高蓋の車を容れしめよ。我れ獄を治めて陰徳多し。未だ嘗て冤ぐる所有らず云々」とある。また「厳」は、漢の厳延年。『漢書』酷吏伝に洛陽の「豪強を摧折して」、「屠伯」すなわち屠場の長官とよばれた厳延年が、彼を任地に訪ねた母親から「仁愛もて教化して以て愚民を全うし安んぜしことを聞かず、顧だ刑罰に乗じ、多く人を刑殺し、以て威を立てんと欲す。……天道は神明なり。人独り殺さるべからず。我れ意わざりき、老ゆるに当って壮子の刑戮せらるるを見んとは。行け。女を去てて東に帰り、墓地を掃除せんのみ」と責められた話を載せる。

(12)「何ぞ其れ劣なるや」は、『文選』の丘遅「陳伯之に与うる書」に「又た何ぞ劣なるや」とあり、同じく孔稚圭の「北山移文」に「何ぞ其れ謬れるや」とある。「劣」は、見識の狭いこと。

(13)「此の書、未だ心を委ねず」の「委心」は、『漢書』韓信伝に「僕は心を委ねて計に帰す、願わくば子辞すること勿れ」、『文選』の陶淵明「帰去来の辞」に「曷ぞ心を委ねて去留に任せざる」などとあり、心を任せるの意。『聾瞽指帰』の空海自筆本も「委心」に作っているが、おそらく「悉心」の誤記であろう。「悉心」は、十分に心をつくす、思いのたけを述べるの意。『漢書』成帝紀に「其れ勉めて心を悉して以て逮ばざるを輔けよ」、『文選』の王融「永明九年、秀才に策する文」に「心を悉して以て対えよ」

(14)「後に当に顕らかに之を陳ぶべし」の「顕らかに陳ぶ」は、『史記』始皇本紀に「顕らかに旧章を陳ぶ」、また『漢書』叙伝に「顕らかに成敗を陳ぶ」

(15)「固く執ること是の如し」の「固く執る」は、『礼記』中庸篇「之を誠にする者は、善を択んで固く之を執る者なり」

(16)「父兄に拘われず、親戚に近づかず」は、『文選』の曹植「丁翼に贈る」詩に「滔蕩として大節を固くせん、世俗は拘わる所多し」。「父兄」の語は、同じく干宝の「晋紀総論」に「父兄これを罪せず、天下これを非とする莫し」。「親戚」の語は、二一一ページ注（51）に既出。

（17）「萍のごとく諸州に遊び、蓬のごとく異境に転ず」は、『文選』の潘岳「西征賦」に「飃として萍のごとく浮んで蓬のごとく転ず」。「諸州」は、『唐書』太宗紀に「諸州の邸を京城に建つ」。「異境」は、『文選』の李陵「蘇武に答うる書」に「遠く異国に託す」、また韓愈の「桃源図」の詩に「異境は恍惚として斯に移れり」

（18）「爰に雲漢星闌け」の「爰に」は、一〇ページ注（19）に既出。「雲漢」は、『詩経』大雅「雲漢」の詩に「倬たる彼の雲漢、昭は天に回る」とあり、天の河。「星闌く」は、『文選』の謝霊運「魏の太子の鄴中集に擬する詩」に「夜聴いて星の闌くるに極る」。星がまばらになること。

（19）「六府の蔵、闃焉として已に空し」の「六府の蔵」は、『荘子』斉物論篇に「百骸九竅六蔵」とあり、陸徳明の「釈文」に「大小腸、旁胱、三焦（上焦・中焦・下焦）、これを六府と謂う」とある。「府」は腑、「蔵」は臓と同じ。「闃焉として已に空し」は、『易』の豊卦の上六の爻辞に「其の戸を闚うに闃として其れ人無し」。「闃」は、ひっそりとしたさま。「空し」は、『論語』先進篇「回や其れ庶からんか、屢しば空し」

（20）「石窟に儲え尽く」の「石窟」は、『晋書』郭瑀伝に「石窟を鑿ちて居り、柏実を服して以て身を軽くす」。「儲え尽く」は、『抱朴子』安貧篇「儋石の儲え無し」

（21）「八万の衆、惄然として忽ち窮す」の「八万の衆」は、『法苑珠林』巻四十二（大正五十三166a）に引く『十二頭陀経』に「身中に八万戸の虫あり、虫此の食を得れば、皆な悉く安穏」。「惄然」は、飢えたるさま。『詩経』周南「汝墳」の詩に「惄として調の飢えの如し」とあり、『爾雅』釈言篇「惄は飢なり」の郭璞の注に「惄然は飢意なり」とある。

(22)「甑の内に塵飄る」は、『後漢書』范冉伝に「甑の中に塵を生ず范史雲」とあり、史雲は後漢の隠者范冉のアザナ。その伝に「乃ち草室を結んで居り、時有りてか粒を絶つ」とある。「塵飄る」は、阮籍の「詠懐詩」に「飄として風塵の逝くが若し」

(23)「竈の中に苔充つ」も、前注に引いた范冉伝に「釜の中に魚を生ず」とあり、『国語』晋語九には「沈める竈は蛙を産む」とある。永い間、炊事をしないこと。「苔充つ」は、『文選』の郭璞「江の賦」の注に引く『風土記』に「石髪は水苔なり。青緑色にして皆な石に生ず」。なお建長本では「充」を「宛」に作る。

(24)「是に於て思量す」の「思量」は、『法華経』方便品(大正九7a)に「是の法は思量分別の能く解する所に非ず」、また『顔氏家訓』帰心篇に「神通感応、思量すべからず」

(25)「内には食に依って住することを顕わす」は、『成唯識論』巻四(大正三十一17b)に「契経に説く、一切有情は皆な食に依って住す」。「内」は、内典すなわち仏教の経典。

(26)「外には学を為すの末を言う」は、『論語』学而篇「行ないて余力あらば則ち以て文を学べ」、また『文選』の王融「永明九年、秀才に策する文」に「今は農戦脩まらず、文儒是れ競う。本を棄てて末に徇い、厥の弊滋いよ多し」。「外」は、外典すなわち中国の典籍。なお、建長本は「末」を「未」に作り、『聾瞽指帰』真筆本は「為学末」を「学為末」(学の末たるを)に作っている。

(27)「如かず、飢人を繦緥して、早く豊郷に託せんには」の「飢人」は、上文の飢えた「八万の衆」をいう。『左伝』昭公十三年「寒えたる者は之に衣せ、飢えたる者は之に食わしむ」。「繦緥」は、幼児を背負う帯と幼児の衣。いたわり保護するの意。『史記』蒙恬伝「昔、周の成王初めて立つや、未だ襁褓を免れず」。「襁褓」は繦緥と同じ。「豊郷」は、江淹の「劉喬墓銘」に「丹陽は聖を韞み、豊郷は賢を降す」とあるが、ここは食物の豊かな村の意。

(28)「即ちに松林を発し、聚落の京に赴く」の「松林」は、『芸文類聚』巻八十八に引く周景式の『廬山記』に「石門の北巌は即ち松林なり」。「聚落」は、『後漢書』王扶伝「止まる所の聚落は、其の徳に化す」。「京に赴く」は、庾信の「哀江南賦」に、「洛に赴く陸機に逢い、家を離るる王粲を見る」。「京」は京と同じ。大きな町、都。

(29)「知足の意に乗じ」は、『法苑珠林』巻八十（大正五十三878ａ）に引く『薩遮尼犍子経』の偈に「是の故に智有る者は応に当に足るを知るを念うべし」とあり、「知足」は、もと『老子』の語。第三十三章「足るを知る者は富む」。「意に乗ず」は、曇鸞の『浄土論註』巻下に「仏の願に乗ず」、「十念に乗じて往生す」

(30)「鉢を捧げて直ちに征く」の「鉢を捧ぐ」は、『法苑珠林』巻十（大正五十三359ｃ）に引く『仏本行経』に「手に錫杖を執り、左掌もて鉢を擎ぐ」、また唐の李華「揚州竜興寺経律院和尚碑」に「仙髪は足を承け、諸天は鉢を捧ぐ」。「擎」は捧と同義。「直ちに征く」は、『荘子』大宗師篇「先生に随う」の郭象の注に「性に随いて直ちに往く」、また『文選』の王粲「従軍の詩」に「桓桓として東南に征く」

(31)「従童都て無し」の「従童」は、『論語』先進篇「童子六七人を得て、沂に浴せん」。「都て無し」は、『文選』王褒「四子講徳論」に「都て常処無し」

(32)「孑として仏経を持す」の「孑として」は、『文選』の張衡「思玄賦」に「孑として群せずして介り立つ」。「仏経を持す」は、『法苑珠林』巻三十九（大正五十三593ｃ）に引く『三千威儀経』に「若し師の房に入れば、当に五法を具すべし。㈠に外に於て弾指す。……㈤に経を持するを忘れず」。「仏経」の語は、『晋書』何準伝「人事に及ばず、唯だ仏経を誦するのみ」

(33)「兎角の舎に到り、門の楹に倚り立つ」は、『法華経』信解品（大正九16c）に「遇たま父の舎に到り、門の側に住まり立つ」とあり、「楹に倚る」は、韓愈の「秋懐詩」に「楹に倚りて久しく汍瀾たり」。「倚立」の語は、『礼記』礼器篇「夏は尸を立つ」の疏に「若し飲食せざる時は尸は倚立す」

(34)「亀毛と隠士との論諍の戦の庭に逢う」の「論諍」は、『金光明最勝王経』分別三身品（大正十六410c）に「若し如来に於て諍論の心を起せば、是れ則ち如来を見る能わず」。「戦の庭」は、阮籍の「詠懐詩」に「命を争戦の場に効す」

(35)「各おの思うて電の如きの躰を扶け」の「各おの思う」は、『文選』の屈原「離騒経」に「各おの心を興して嫉妬す」とあり、「各おの」は亀毛先生と虚亡隠士をさす。「思う」は、それぞれに思案する。「電の如きの躰」は、一五一ページ注（31）に既出。「躰を扶く」は、『晋書』五行志に「杖は体を扶くる器なり」。

(36)「四生の囹に宿り」の「四生」は、『涅槃経』巻三十（大正十二805c）に「一切衆生に四種の生あり。卵生・胎生・湿生・化生」とあり、「囹」は、囹圄すなわち牢獄の略。『文選』の司馬遷「任少卿に報ずる書」に「深く囹圄の中に幽さる」。「四生の囹」というのは、卵生すなわち鳥類のように卵が孵化して生まれるもの、胎生すなわち人間のように母の胎内に受胎して生まれるもの、湿生すなわち虫類のように湿気によって形を受けるもの、化生すなわち諸天や地獄および劫初の衆生のように依託するものなくただ業力によって忽ち生まれるものとの四種、いずれも迷いの世界の牢獄のなかに住んでいるの意。

(37)「夢の似きの意を挙ぐ」の「夢の似き」は、一五一ページ注(29)を見よ。「意を挙ぐ」は、意識を保持する、心をはたらかせるの意。「挙ぐ」は、上文の「躰を扶く」の「扶」と連用して『淮南子』覧冥訓に「弓弩矛戟矢石に傷つける創者(負傷者)は、路に扶挙せらる」とあり、「扶挙」は、助けてかつぎあげるの意。

(38)「十八の亭に入る」の「十八」は、十八界すなわち六根(眼耳鼻舌身意)と六境(色声香味触法)と六識(見聞嗅味覚知)をいう。『毘婆娑論』巻七(大正二十六58b)に「五陰・十二入・十八界すら尚お我に非ず我が所に非ず。何ぞ況んや父母妻子等をや」。「亭に入る」の「亭」は、宿場。『漢書』高帝紀「泗上の亭長」の顔師古の注に「亭とは行旅を停留して宿食せしむるの館を謂う」とある。ここは十八界が仮の宿りであることをいう。

(39)「幻の城を五陰の空しき国に築く」は、『涅槃経』巻二十二(大正十二494a)に「譬えば幻師の大衆の中に在って四兵車歩象馬を化作し、諸もろの瓔珞厳身の具、城邑聚落・山林樹木・泉池河井を作すが如し」とあり、「五陰」は、色・受・想・行・識。五蘊の旧訳。梁の宝唱らの撰述した『経律異相』巻二十六に『賢愚経』を引いて「五陰は空にして相無し」とある。「空しき国」は、「五陰は空にして」の「空」を承ける。「城を築く」は、『詩経』大雅「文王有声」の詩に「城を築いて伊れ淢あり」

(40)「泡の軍を四虵の仮の郷に興す」の「泡」は、一五一ページ注(29)に既出。「四虵」は、『金光明最勝王経』重顕空性品(大正十六424b)に「地水火風、共に身を成す。……同じく一処に在りて相い違害すること四毒蛇の一篋に居るが如し」、『法苑珠林』巻七十八(大正五十三866c)に「四蛇躁動して三毒奔馳す」。「虵」は蛇と同じ。「仮の郷」とは、地水火風の四蛇(四大)の構成する世界が仮のものであることをいう。同じく巻十九（大正五十三107ａ）に「此の四大を観るに、因縁の仮合にして、本有る所無し」。「仮合」は、仮に和合したもの。「軍を興す」は、『書経』大禹謨篇「好きことばを出だし戎を興す」

(41)「蛛蝥の網を甲にす」は、『文選』の左思「魏都賦」に「薄戌の綿冪は蛛蝥の網に異なる無し」とあり、「蛛蝥」は、くも。

(42)「蟭螟の騎に鎧せり」の「蟭螟」は、『列子』湯問篇「江浦の間に麽虫を生ず。其の名を焦螟と曰う。群飛して蚊の睫に集まり、相い触れず。栖宿去来して蚊は覚らず」。「焦」は蟭と同じ。「騎に鎧す」は、『唐書』郭子儀伝に「自ら鎧騎二千を率い、陣中に出入す」

(43)「蝨の皮を鼓として陣を驚かす」の「蝨の皮」は、『芸文類聚』巻十九に引く宋玉の「小言賦」「虱の脳を亨（烹）、蟣の肝を切り、九族を会めて同に嚌う」の発想をふまえる。「陣を驚かす」は、『左伝』荘公十八年「申を伐って其の師を驚かす」。「陳」は陣と同じ。

(44)「蚊の羽を旗として以て旅を摽す」の「蚊の羽」は、前注に引いた宋玉の「小言賦」に「体は蚊の翼より軽く形は蚤の鱗より微なり」、同じく晋の傅咸の「小語賦」に「蚊の髯に攀じ蚋の翼に附す」。「旅を摽す」は、唐の李昂の「旗の賦」に「儼として孤峙して衆を標す」とあり、「旅」は衆の意。「摽」は標と同じ。

(45)「我見の戟を杖つく」の「我見」は、『広弘明集』巻二十九の「魔主報檄文」に「我見と行高に勅して陀那の嶺に鎮せしむ」、また『智度論』巻三十七（大正二十五331ａ）に「我見多き者は有に著し、邪見多き者は無に著す」。「戟を杖つく」は、『史記』朱建伝に「沛公遽かに足を雪ぎ矛を杖ついて曰く」とあり、「戟」も「矛」もほこ。また『後漢書』隗囂伝に「剣を杖ついて漢に帰す」

(46)「寡聞の劒を拚び」の「寡聞」は、『礼記』学記篇「独り学びて友無ければ則ち孤陋にして寡聞なり」。「劒を拚ぶ」は、『北斉書』魏収伝に「魏郎は戟を弄ぶこと多少ぞ」とあり、「拚」は弄の俗字。

(47)「霜の如きの臂を攘げ」の「霜の如き」は、『広弘明集』巻二十九の「檄魔文」に「偽痴の天魔……霜のごとき戈もて日を払う」とあり、唐の張柬之の「出塞」の詩に「楚剣は鋭きこと霜の如し」とある。「臂を攘ぐ」は、『荘子』在宥篇「臂を桎梏の間に攘ぐ」

(48)「魍魎の原に戦う」の「魍魎」は、『法華経』譬喩品（大正九14 a）に「処処に皆な魑魅魍魎有り」。「原に戦う」は、『広弘明集』巻二十九の「破魔露布文」に「五陰の魔等、宅を無始の原に置く」

(49)「利欲の談を競う」の「利欲」は、『広弘明集』巻二十六「慈済篇」の序に「利欲を以て功徳と為す」。「談を競う」は、『南史』顧歓伝に「同じく其の本に昧くして競いて其の末を談ず」

(50)「寰中の弁を争う」の「寰中」は、九八ページ注（58）に既出。「寰中の弁」とは、世俗の世界に縛られた議論。「弁を争う」は、阮籍の「達荘論」に「咸陽の門を希うて稷下と弁を争わんや」

(51)「粤に耳を傾けて漸く聆く」の「粤に」は、九九ページ注（70）に既出。「耳を傾けて聆く」は、『礼記』仲尼閒居篇「耳を傾けて之を聴く」。「聆」は聴と同じ。

(52)「目を撃いて佇立す」の「目を撃く」は、『荘子』田子方篇に「目撃して道存す」。「佇立」は、たたずむ。『詩経』邶風「燕燕」の詩に「瞻望すれども及ばず、佇立して以て泣く」

(53)「各おの我は是なりと謂い、並びに彼は非なりと言う」は、『荘子』斉物論篇に「故に儒墨の是非すること有り、以て其の非とする所を是とし、其の是とする所を非とす」とあり、成玄英の疏に「世のひと皆、他を以て非と為し、己れを以て是と為す」

(54)「時に于て自ら思えらく」の「時に于て」は、『文選』に多く用例が見える。二一ページ注（67）、四六ページ注(24)を見よ。「自ら思う」も、同じく班彪の「北征賦」に「且く節を弭めて自ら思う」

(55)「溜水の微弁」の「溜水」は、たまり水。『晏子春秋』雑篇上に「蚤の歳、溜水至りて広門に入れり」。「微弁」は、『漢書』東平王宇伝に「小弁は義を破る」とあり、「微」は、微小の意。

(56)「爝火の小光」は、『荘子』逍遥遊篇「日月出でて爝火息まず、其の光に於けるや亦た難からずや」。成玄英の疏に「爝火は猶お炬火のごときなり。亦た小火なり」

(57)「猶お既に是の如し、況んや吾は法王の子なるをや」は、『文選』の江淹「建平王に詣りて書を上る」に「彼の二子、猶お或は是の如し、況んや下官に在りてをや」。「法王の子」は、『智度論』巻二十九(大正二十五275b)に「仏は法王たり。菩薩は法の正位に入り、乃ち十地に至る。故に悉く王子と名づく。皆仏と為るに任う」、また『維摩経』仏国品「文殊師利法王子菩薩」(大正三十八537b)の羅什の注に「来りて仏処を補う。故に法王子と言うなり」

(58)「盍ぞ虎豹の鉞を擁ち、蟷螂の斧を拉がざる」の「盍ぞ…ざる」は、『文選』の曹大家「東征賦」に「盍ぞ各おの志を言わざる」とあり、「虎豹」は、同じく劉安「隠士を招く」に「虎豹は闘い、熊羆は咆ゆ」。「蟷螂の斧」は、『文選』の陳琳「袁紹の為に豫州に檄す」に「蟷螂の斧を以て隆車の隧を禦がんとす」、また『広弘明集』巻二十九の「平心露布文」に「蟷螂の輪を拒ぐに譬う」などとあり、『荘子』天地篇「蟷螂の臂を怒げて以て車軼に当る」に本づく。なお建長本は「擁」を「摧」に誤る。

(59)「遂に乃ち」は、『文選』に用例が多く見える。たとえば孔安国「尚書序」に「遂に乃ち礼楽を定む」

(60)「智慧の刀を砥ぐ」は、『広弘明集』巻二十八の梁の簡文帝「四月八日、度人出家願文」に「忍辱の鎧を被、智慧の刀を秉る」。「刀を砥ぐ」は、『水経注』潕水の条に引く『晋太康地記』に「県に竜泉水あり、以て刀剣を砥礪すべし」

(61)「弁才の泉を涌かす」の「弁才」は、『経律異相』巻二（大正五十三7ｃ）に「子は今智慧弁才を成就す」。「泉を涌かす」は、『荘子』盗跖篇「心は泉を涌かすが如し」、また『芸文類聚』巻七十六に引く梁の劉孝儀「昭明太子の鍾山の解講の詩に和す」に「空を談じては泉の涌くに匹う」

(62)「忍辱の介を被る」は、注(60)に引いた梁の簡文帝の「願文」に「忍辱の鎧を被る」、また『法苑珠林』巻八十二（大正五十三894ａ）に引く『菩薩蔵経』に「忍辱の鎧を被、堅固の力を以て忿恚の軍を摧く」。「介」は鎧と同義。

(63)「慈悲の驥に駕す」も、注(60)に引いた梁の簡文帝の「願文」に「菩薩の車に乗る」、同じく巻二十九の「平心露布文」に「大慈に乗る」とあり、「驥に駕す」は、『易林』巻一に「太一は騮に駕して天上より来る」とある。「騮」も「驥」と同じく駿馬。

(64)「疾きに非ず徐きに非ず、亀毛の陣に入る」の「疾きに非ず徐きに非ず」は、遅速の中庸をうること。『文選』の張衡「東京賦」に「軌の塵は迹を掩い、疾きに匪ず徐きに匪ず」とあり、『荘子』天道篇「徐からず疾からず、之を手に得て心に応ず」に本づく。「陣に入る」は、『隋書』周羅睺伝に「陣に入ること人の後に在らず」

(65)「驚かず懼れず、隠士の旅に対す」の「驚懼」は、『文選』の司馬相如「上林賦」に「驚き懼れ讋伏す」。「旅に対す」は、同じく李陵の「蘇武に答うる書」に「五千の衆を以て十万の軍に対す」とあり、「旅」は軍の意。『論語』衛霊公篇「軍旅の事は未だ之を学ばず」

(66)「焉に於て塁を出でて盤桓し」の「焉に於て」は、一一ページ注(23)に既出。「塁を出ず」は、『左伝』襄公二十四年に「畢に入りて皆な下る」。「盤桓」は、さまようさま。『易』屯卦の初九に「盤桓、貞しきに居るに利し」、また『文選』の班固「幽通賦」に「竚み盤桓して且く俟つ」

(67)「壁に入って跋扈す」の「壁に入る」は、『史記』高祖本紀「馳せて張耳韓信の壁に入り、而して之が軍を奪う」。「壁」は塁と同義。「跋扈」は、強暴にふるまう。『後漢書』朱浮伝「赤眉は長安に跋扈す」

(68)「茲に因って」は、『文選』の班固「西都賦」に「茲に因って以て戎を威す」

(69)「先んずるに孔璋の檄を以てす」の「孔璋」は、陳琳のアザナ。陳琳の檄文は五二ページ注(56)に既出。

(70)「示すに魯陽の書を以てす」の「魯陽」は、『文選』の左思「呉都賦」に「魯陽は戈を揮いて高く麾く」、同じく郭璞「遊仙詩」に「魯陽の徳の、日を迴すこと三舎に向なんとする無きを愧ず」などとあり、『淮南子』覧冥訓に「魯陽公、韓と難を搆え、戦酣にして日暮る。戈を援りて之を麾き、日これが為に三舎を反す」に本づくが、「示すに書を以てした」故事は、他の文献にも見えず、おそらく「魯連」の誤記であろう（『聾瞽指帰』真筆本も「魯陽」に作っている）。「魯連」も『文選』の曹丕「鍾大理に与うる書」に「魯連は一たび説いて身を終うるまで口を杜さしむ」、同じく班固「賓の戯れに答う」に「魯連は一矢を飛ばして千金を蹶つ」などとあり、いずれも『史記』魯仲連伝の記述をふまえる。「示すに書を以てす」は、その伝に「聊城下らず。魯連乃ち書を為り、之を矢に約りて以て城中に射、燕の将に遺る云々」とあるのをさす。

(71)「将帥は悚じ慴れ、軍士は気を失う」の「将帥」は、『礼記』月令篇「将帥に命じて士を選び兵を厲かしむ」。「悚慴」は、『書経』大禹謨篇「夔夔斉慄」の疏に「夔夔然として悚じ懼る」。「慴」は懼と同義。「軍士」は、『文選』の江淹「雑体詩」に「軍士は冰を槃と為す」。「気を失う」も、同じく宋玉「高唐賦」に「虎豹犲兕も気を失う」

(72)「面縛して降服す」は、『後漢書』張綱伝に「妻子とともに面縛して帰降す」とあり、「面縛」は、うしろ手にしばる。『左伝』僖公六年などに見える語。「降服」は、『漢書』宣帝紀「羌虜降服して其の首を斬る」

(73)「刃に血ぬるを労する無し」は、『文選』の陳琳「袁紹の為に豫州に檄す」に「土崩瓦解して刃に血ぬるを俟たず」

(74)「但だ野心改め難し」は、『後漢書』南匈奴伝の賛に「野心悔い難く、終に亦た紛紜たり」とあり、「野心」は、粗野な心。『左伝』昭公二十八年「狼子は野心あり」に本づく。

(75)「情に猶豫を懐く」は、『文選』の屈原「離騒経」に「心に猶豫して狐疑す」、また『法華経』方便品(大正九6b)に「相い視て猶豫を懐く」。「猶豫」は、心に決断せず、ぐずぐずとためらうこと。

(76)「即ち涙を流して首を摩で」は、『魏書』楊椿伝に「帝は御座を下り、椿の手を執り、涙を流して曰く」、また法琳の『弁正論』巻七(大正五十二537c)に「僧洪は禁に在りて鋳像、頭を摩ず」、『法華経』嘱累品(大正九52c)に「釈迦牟尼仏……右手を以て無量菩薩摩訶薩の頂を摩でて、是の言を作す」

(77)「悲しみを含んで喩して曰く」の「悲しみを含む」は、『文選』の謝霊運「道路に山中を憶う」の詩に「悲しみを含んで春の暖かきを忘る」。「喩して曰く」は、同じく蔡邕の「陳太丘碑文」に「人をして暁喩さしめて云く」

(78)「夫れ鰭を濫觴に挙ぐるものは、曾て千里の鯤を見るに由無し」の「鰭を挙ぐ」は、『文選』の郭璞「江の賦」に「鬐を揚げ尾を掉う」。「濫觴」は、『荀子』子道篇「其の源は以て觴を濫ぶべし」。小さな水の流れをいう。「千里の鯤」は、『荘子』逍遥遊篇「北冥に魚有り。其の名を鯤と為す。鯤の大きさは、其の幾千里なるを知らず」。「曽て…由無し」の「曽て無し」は、四五ページ注（21）に既出。「由無し」は、『文選』に多く用例が見える。たとえば、劉楨の「徐幹に贈る」詩に「中情は宣ぶるに由無し」

（79）「翮を籓籬に翥ばすものは、何ぞ能く九万の鵬有るを知らん」の「翮を翥ばす」は、『広弘明集』巻二十九の「破魔露布文」に「霊禽は翼を翥ばす」、また『文選』の曹植「七啓」に「翮を飛ばして高きを凌ぐ」とある。「籓籬」は、垣根。『文選』の張華「鷦鷯賦」に「蒿萊の間に生まれ、藩籬の下に長つ」。「藩」は籓と同じ。「九万の鵬」は、『荘子』逍遥遊篇「鵬の南冥に徙るや、水に撃つこと三千里、扶揺を搏ちて上ること九万里」

（80）「是の故に海上の頑人は魚の如きの木あるを疑い、山頭の愚士は木の如きの魚あるを恠しむ」は、『顔氏家訓』鬼神篇に「山中の人は魚の大なること木の如き有るを信ぜず、海上の人は木の大なること魚の如き有るを信ぜず」。「頑人」は、『書経』畢命篇に「殷の頑民を毖んで洛陽に遷す」の「頑民」と同じ。「愚士」は、『文選』の賈誼「鵩鳥の賦」に「愚士は俗に繫がる」

（81）「則ち知る、離朱の明に非ざれば、人の毫末を見る無し」の「則ち知る」は、『文選』の左思「三都賦」序に「則ち知る、秦の野は西戎の宅なるを」。「離朱の明に非ざれば云々」は、『淮南子』原道訓に「離朱の明、箴の末を百歩の外に察らかにす」とあり、「箴の末」は「毫の末」と同義。「毫末」は、『老子』第六十四章に見える語。

（82）「子野が聡に非ざれば、何ぞ能く鐘の響きを別たん」の「子野」は、晋の楽師の師曠のアザナ。『左伝』昭公八年「子野の言は君子なる哉」の杜預の注に「子野は師曠のアザナなり」。「鐘の響きを別つ」は、『呂氏春秋』長見篇に「晋の平公、鋳て大鐘を為り、工をして之を聴かしむ。皆な以て調えりと為す。師曠曰く、調わず。請う、更め之を鋳ん。……後世、音を知る者有らば、将に鐘の調わざるを知らんとす。臣は窃かに君の為に之を恥ず、と。師涓に至りて果して鐘の調わざるを知る」とある。

(83)「咨乎、見ると見ざると、愚と愚ならざると」の「咨乎」は、『聾瞽指帰』真筆本は「咨」に作って「乎」の字がなく、『文選』の用例と一致する。ちなみに『文選』には「咨乎」の用例は見えない。「見ると見ざると、愚と愚ならざると」は、同類の表現が『文選』の劉琨「盧諶に答うる詩」の序に「知ると知らざると」「遇うと遇わざると」と見える。

(84)「何ぞ其れ遥かに隔たれるや」は、『文選』の王褒「聖主、賢臣を得るの頌」に「何ぞ其れ遼かなるや」とあり、「遥かに隔つ」は、同じく趙至の「嵆茂斉に与うる書」に「山川は悠かに隔つ」

(85)「譬えば氷に鏤め水に画くが如し」の「譬えば…如し」は、『文選』の魏の武帝「短歌行」に「譬えば朝露の如し」。「氷に鏤む」は、『塩鉄論』殊路篇に「内に其の質無くして外に其の文を学べば、賢師良友有りと雖も脂に画き氷に鏤むるが若し」。「水に画く」は、『広弘明集』巻二十八の梁の簡文帝「四月八日、度人出家願文」に「涅槃経に言う、身は水に画くが如く、随って画けば随って合す」とあり、『涅槃経』巻一（大正十二367b）「是の身は無常にして念々に住まらず。猶お電光・暴水・幻炎の如し。亦た水に画くが如く、随って画けば随って合す」

(86)「労有りて益無し」は、『荘子』天運篇「是れ猶お舟を陸に推すがごとし。労して功無し」

(87)「何ぞ其れ劣なるや」は、二二九ページ注(12)に既出。

一九二ページ

（1）「亀毛の凫の脚、未だ短しと為すべからず、隠士が鶴の足、長しと為すに足らず」は、『荘子』駢拇篇に「長きものも余り有りと為さず、短きものも足らずと為さず、是の故に凫の脛は短しと雖も之を続げば則ち憂う。鶴の脛は長しと雖も之を断れば則ち悲しむ」

（2）「汝等未だ覚王の教、法帝の道を聞かざるか」の「覚王」は、『旧唐書』高祖紀に「覚王の遷謝せしより、像法は流行す」。「覚王」とは、大覚の意で、『広弘明集』巻十三の法琳「弁正論」に「仏陀は漢の言に大覚なり」。「法帝」は法王と同義。『法華経』譬喩品（大正九15b）に「我は法王たり。法に於て自在なり」、また『広弘明集』巻二十九の「魔主報檄」に「釈迦皇帝、奄然として登遐す」とあるのを参照。

（3）「吾れ当に汝等の為に略し綱目を述ぶべし」は、『広弘明集』巻八の道安「二教論」に「今当に子の為に略し其の要を陳ぶべし」。「綱目」は、大綱と細目。『南史』斉明帝紀に「帝躬ずから細務を親しくし、綱目も亦た密なり」

（4）「秦王の偽を顕わすの鏡に鑒み」は、葛洪の『西京雑記』巻三に「（漢の）高祖初めて咸陽宮に入り、周く庫府を行るに金玉珍宝称て言うべからず。……方鏡の広さ四尺、高さ五尺九寸なる有り。……人疾病の内に在る有れば則ち心を掩うて之を照らせば則ち病の在る所を知る。又た女子邪心有れば則ち胆張り心動く。秦の始皇常に以て宮人を照らし、胆張り心動く者は則ち之を殺す」。「鏡に鑒みる」は、『北堂書抄』巻百三十六に引く荀悦『申鑒』巻四に「君子に三鑒あり。古に鑒み、人に鑒み、鏡に鑒みる」、また『広弘明集』巻二十七の「浄住子」皇覚弁徳門に「未だ貌醜くして鏡に鑒み、目を悦ばすの華しさ有るを見ず」

（5）「葉公が真を懼るるの迷を改む」は、唐の孫過庭の『書譜』巻下に「葉公の真を懼るるが似し」とあり、『文選』の任昉「天監三年策秀才文」に引く『荘子』佚文に「葉公は竜を好む。……天竜、聞いて之に下る。……葉公退き走り、其の魂魄を失い、五色主なし。是れ葉公は真竜を好むに非ざるなり」、また劉向の『新序』雑事篇にも同じ話を載せている。「迷を改む」は、『広弘明集』巻四の梁の武帝「李老の道法に事うるを捨つるの詔」(大正五十二112c)に「迷を改めて正しきに入る」

(6)「倶に象に触るるの酔を醒ます」は、『涅槃経』巻三十(大正十二556a)に「爾の時大臣、王の勅を受け已り、多く衆盲を集めて象を以て之に示す。時に彼の衆盲、各おの手を以て触る。……其の頭に触るる者は象は石の如しと言い、其の鼻に触るる者は象は杵の如しと言う。其の脚に触るる者は象は木の臼の如しと言い、其の背に触るる者は象は牀の如しと言う。……象は仏性に喩え、盲は一切の無明の衆生に喩う云々」。「酔を醒ます」は、陶淵明の「飲酒の詩」に「酔を醒ませば還た相い笑う」

(7)「並びに師吼の道を学ぶ」は、『涅槃経』巻二十七(大正十二522c)に「(如来は)四禅清浄の窟宅に安住して諸もろの衆生の為にして師子吼す」。「師子吼」とは、如来の説法を獅子が吼えれば百獣の恐れなびくのに譬える。「師」は獅と同じ。「道を学ぶ」は、『論語』陽貨篇「君子、道を学べば則ち人を愛す」

(8)「儒童迦葉は並びに是れ吾が朋なり」は、法琳の『破邪論』巻上(大正五十二478c)に「清浄法行経に云う、仏は三弟子を震旦に遣わして教化せしむ。儒童菩薩は彼に孔丘と称し、光浄菩薩は彼に顔回と云い、摩訶迦葉は彼に老子と称す」

(9)「汝が冥昧を愍んで吾が師先ず遣わす」の「冥昧」は、『爾雅』釈言篇「冥は幼なり」の郭璞の注に「幼稚なる者は冥昧なり」とあり、「吾が師」は、仏陀。『広弘明集』巻四の彦琮「通極論」に「吾が師や徳本は深く構え云々」。「先ず遣わす」は、前注の「三弟子を震旦に遣わす」をさす。

(10)「然れども機の劣れるに依って浅く二儀の膚きを示し、未だ十世の理を談ぜず」は、『広弘明集』巻十四の李師政「内徳論」空有篇に「良に衆生の根に利有り鈍有るを以て、是の故に聖人の教えは或は漸にし、或は頓にす。或は之を深遠に致し、或は之を進むるに分寸を以てす」とあり、「機」は根と同義。また同じく巻二十四の真観法師「因縁無生論」に「夫れ二儀始めて判るれば則ち庶類是に依り、七曜既に懸れば則ち兆民斯れ仰ぐ。但だ生前死後は繫象の未だ明らかにせざる所」とあり、巻八の道安「二教論」詰験形神篇に「礼楽の敬良、詩易の温潔の若きに至りては、皆な夫の一身を明らかにす、豈に三世を論ぜんや」とある。「膚」は近と同義。卑近の意。

(11)「各おの殊途を執り、争うて旗鼓（皷）を挙ぐ」は、『広弘明集』巻四の彦琮「通極論」に「二子途を殊にして一に何ぞ踳駁たる」とあり、また「紛を解き鋭を挫かんと欲して仮に旗鼓を設く」とある。「殊途を執る」は、思想的立場の違いを固執すること。「旗鼓を挙ぐ」は、論戦を行なうことをいう。

(12)「豈に迷わざらんや」は、『文選』の陸機「豪士賦」に「豈に謬らざらんや」、また『顔氏家訓』帰心篇に「何ぞ其れ迷えるや」

(13)「吾れ熟つら公を視るに已に世の人に異なる」は、『荘子』知北遊篇に「其の状貌を孰（熟）つら視るに窅然たり空然たり」。「人に異なる」も、同じく徳充符篇「必ず人に異なるもの有るなり」

(14)「頭を視るに一毛無し」は、『広弘明集』巻十三の法琳「弁正論」外十異「容服の異」にいわゆる「禿髪露頂」である。「一毛」の語は、『孟子』尽心篇上「一毛を抜いて天下を利す」

(15)「体を視るに多物を持つ」は、『梵網経』菩薩心地戒品（大正二十四1008ａ）に「(仏子は)常に楊枝、澡豆、三衣、瓶、鉢、坐具、錫杖、香炉、漉水嚢、手巾、刀子、火燧、鑷子、縄床、経、律、仏像、菩薩の形像を用う云々」とある。いわゆる比丘十八物。

(16)「公は是れ何の州、何の県、誰の子、誰の資ぞ」は、法琳の『弁正論』巻六（大正五十二536ｂ）に「既に州県有れば則ち官長有り。州牧郡守、姓は何、名は何ぞ。郷長里司、誰の子、誰の弟ぞ」。「資」は、弟子をいう。『老子』第二十七章「善人は不善人の師、不善人は善人の資」に本づく。

(17)「仮名、大いに笑いて曰く」は、『世説新語』識鑒篇「庾(亮)大いに笑いて曰く」

(18)「三界に家無し」は、普光の『倶舎論記』巻十四（大正四十一222ｃ）に「仏、彼に問うて言う、汝の家は何に在る。蘇陀夷答えて言う、三界に家無し」

(19)「六趣は不定なり」は、『法苑珠林』巻十（大正五十三360ｂ）に引く『大善権因果経』に「五陰は誠に仮と為す。六趣は寧に截えること有らんや」。「六趣」は、六道と同じ。

(20)「或は天堂を国と為し、或は地獄を家と為す」は、『広弘明集』巻八の道安「二教論」教旨通局第十一に「福成れば則ち天堂自から至り、罪積めば則ち地獄斯に臻る」

(21)「或は汝が妻孥と為り、或は汝が父母と為る」は、『楞伽経』遮食肉品（大正十六561ｂ）に「我れ衆生を観るに、六道に輪廻して同じく生死に在り。共に相い生育して迭に父母兄弟姉妹、若は男、若は女、中表内外六親眷属と為る」、また六五ページ注（34）に引いた『仏説仏医経』を参照。「妻孥」は、二〇九ページ注（42）に既出。「妻子」と同義。

(22)「波旬を師と為す有り、外道を友と為す有り」は、前注に引いた『楞伽経』の文章につづいて「或は余道に生じて善道をも悪道をも常に眷属と為す」とあり、「波旬」は、悪魔。『金光明最勝王経』滅業障品（大正十六416ａ）に「魔波旬の無量の兵衆を破る」。「外道」は、仏道以外の教え。『経律異相』巻七（大正五十三33ｂ）に「外道異学一切の賢者」

(23)「餓鬼禽獣は皆な是れ吾と汝との父母妻孥たり」の「餓鬼禽獣」は、六趣（六道）のうちの餓鬼道と畜生道の衆生。『法苑珠林』巻八十二（大正五十三982b）に「或は畜生の身を受けて……麞鹿禽獣等たり」。「吾と汝との父母妻孥」は、注（21）を見よ。

（24）「始め自り今に至るまで嘗て端首無く、今従り始めに至って安ぞ定数有らん」は、『荘子』田子方篇に「始めと終りと端無きに相い反りて其の窮まる所を知る莫し」。「端首」は、切れ目、始まり。「定数」は、定まった理法、在り方。『文選』の劉峻「弁命論」に「栄と悴えに定数有り」。「嘗て無し」は、四五ページ注（21）に既出。「安ぞ有らん」は、『文選』の賈誼「鵩鳥の賦」に「合散消息して安ぞ常則有らん」

（25）「環の如くにして四生に擾擾たり」の「環の如し」は、『荘子』寓言篇に「始めと卒りと環の如し」。「四生に擾擾たり」は、『広弘明集』巻二十七の「浄住子」廻向門の頌に「悠悠たる九土は各おの形を異にし、擾擾たる四俗は一情に非ず」。「四生」は、胎生・卵生・湿生・化生。二三三ページ注（36）に既出。「擾擾」は、いりみだれたさま。

（26）「輪に似て六道に轟轟たり」は、『大乗本生心地観経』巻三（大正三302b）に「有情の輪廻して六道に生ずること猶お車輪の始終無きが如し。或は父母と為り、男女と為り、生生世世、互に恩有り」。「轟轟」は、車の走る音。九二ページ注（34）に既出。

（27）「汝の髪は雪の如きも、未だ必ずしも兄たらず、吾が鬢は雲の如くして亦た弟に非ず」の「髪は雪の如し」は、『智度論』巻二十二（大正二十五224b）に「皆な老年と成り、鬚髪は雪の如し」。「鬢は雲の如し」は、ふさふさと真っ黒な髪。唐の張正見の「山家閨怨」の詩に「雲のごとき鬢は（春の）愁に勝えず」

（28）「無始従り来」は、『広弘明集』巻二十七の「浄住子」修理六根門に「我れ無始従り已来、意根の因縁、備さに衆悪を造る」

(29)「更るがわる生じ、代るがわる死す」は、『弘明集』巻五の羅含「更生論」に「万物更るがわる生ぜずんば則ち天地終くること有らん」、同じく鄭道子の「神不滅論」に「死と生と代るがわる互にし、一形尽きて一形生ず」

(30)「転変して常無し」は、『荘子』天下篇「変化して常無し」、また『法苑珠林』巻五十二（大正五十三674ｂ）に「一弾指の頃に身体を転変して種種の形を作す」

(31)「何ぞ決定せる州県親等有らんや」の「決定せる」は、これと決まった、固定して動かない、の意。『広弘明集』巻二十六の梁の高祖「酒肉を断つの文」に「決定せる心有らば、菜食すること何ぞ難からん」。「州県親」は、上文の「何の州、何の県、誰の子」を承ける。

(32)「頃日の間、刹那に幻のごとく住む」の「頃日」は、この頃、ちかごろ。『三国呉志』孫綝伝に「頃月以来」、同じく賀邵伝に「頃年以来」とある。「刹那」は、極めて短い時間。『法苑珠林』巻六十（大正五十三736ａ）に「心々相続して刹那も懈るに匪ず」。「幻のごとく住む」は『仁王般若経』護国品（大正八830ｂ）に「衆生は蠢蠢として都て幻の如く居む」

(33)「南閻浮提の陽谷」の「南閻浮提」は、須弥山の南方にあたる大洲の名。すなわち我々の住んでいるこの地域。『広弘明集』巻二十九の「魔主報檄」に「南閻浮提道綏撫大使、仏の尚書、安法師」、また『法苑珠林』巻五（大正五十三306ｂ）に「若し四方を以て之を言えば則ち北鬱単越は、最も富みて平等……南閻浮提は最も貧し」などとあり、「陽谷」は、『淮南子』地形訓に「暘谷扶桑は東方に在り」とある「暘谷」と同じ。太陽の出るところ、すなわち日本国をいい、『聾瞽指帰』真筆本の空海自注にも「日本」とある。

(34)「輪王の化する所の下」の「輪王」は、国王。転輪王、転輪聖王ともいう。『法苑珠林』巻五（大正五十三306ａ）に「貴賤を総束するに合して六品有り。一は貴中の貴にして輪王などと謂う。二は貴中の次にして粟散王などと謂う。三は貴中の下にして百僚などの如きを謂う」。「化する所」は、『文選』の孫綽「天台山に遊ぶの賦」に「玄聖の遊化する所なり」

(35)「玉藻帰(よ)る所の嶋」は、『聾瞽指帰』真筆本の空海自注に「賛岐」とあり、『万葉集』巻二の柿本人麿の歌に「玉藻よし讃岐の国は国からか、見れども飽かぬ云々」とある。「玉藻(ぎょくそう)」は、『礼記』の篇名であるが、ここは美しい海藻の意。

(36)「橡章(よしょう)日を蔽(おお)うの浦」は、『聾瞽指帰』真筆本の空海自注に「多度」とあり、多度郡の屏風浦をさす。「橡」は櫲の誤写。『聾瞽指帰』真筆本は正しく「豫」に作っている。「豫樟」（櫲樟）は、楠の一種。『文選』の司馬相如「子虚賦」に「陰林巨樹、楩柟(べんなん)豫章」、また『神異経』に「東方の荒外に豫章有り。樹、一州を主(つかさど)る。其の高さ千丈、囲(まわり)は百丈」とある。「日を蔽う」は、『文選』の屈原「九章」に「山は峻高にして以て日を蔽う」

(37)「未だ思う所に就かず」は、『文選』の宋玉「高唐賦」に「日を鄣(おお)いて思う所を望む」。「思う所」とは、思慕する人、ここは仏陀。「就く」は、そこに出かけて行く。『世説新語』任誕篇「船を下りて賀(循)に就き、因(よ)りて共に語る」

(38)「忽ちに三八の春秋を経たり」は、『文選』の任昉「劉整を奏弾す」に「遂に七年を経たり」。「三八の春秋」は、二十四年。同じく陸機の「魏の武帝を弔う文」に「建安の三八に当る」とあり、注に「三八とは二十四を謂う」とある。

(39)「隠士大いに驚きて曰く」は、『世説新語』識鑒篇「石勒(せきろく)……大いに驚きて曰く」

(40)「何をか地獄天堂と謂うや」の「地獄天堂」は、注(20)に既出。

(41)「煩わしく衆物を持つ」の「衆物」は、『文選』の司馬相如「子虚賦」に「衆物これに居り、勝げて画くべからず」

(42)「作業不善なれば、牛頭馬頭自然に涌出す」の「作業」は、『大宝積経』巻七十五(大正十一424a)に「作業の有ること無き者は、報を受くること有る無し」。「牛頭馬頭」は、地獄の獄卒。唐の不空訳『神変加持成就陀羅尼儀軌』(大正二十647b)に「馬頭牛頭閻羅王、申して云う、此の獄は奇異なり。此の罪人は謬りて賜わりしなり」。「自然に涌出す」は、『法華経』提婆達多品(大正九35a)に「倶に来れる菩薩も……自然に涌出して虚空の中に住まる」、また『芸文類聚』巻七十六に引く支僧載「外国事」に「(仏)泥洹せんと欲するの時、自然に宝牀の地従り出ずる有り」

(43)「報ゆるに辛苦を以てす」は、『法苑珠林』巻四十六(大正五十三636a)に「地獄中に於て無量劫を経、……是の如く種種備さに辛苦を受く」

(44)「心を用うること苟に善なれば、金閣銀閣、倏忽として翔け聚る」の「心を用う」は、『荘子』天道篇「堯曰く、吾れ無告を敖らず、窮民を廃てず、……此れ吾が心を用うる所以のみ」。また「苟に善なれば」は、『孟子』梁恵王篇下「苟に善を為せば、後世の子孫に必ず王者有らん」。「金閣銀閣」は、『広弘明集』巻二十九の「大周二教鐘銘」に「金石は冥符し、天人は咸く契り、……銀閣の応供は法侶を延いて声を尋ね、金闕の降真は仙冠を候えて響きを聴く」。また「金閣」は、『文選』の鮑照「舞鶴の賦」に「飛容を金閣に舞わす」。「倏忽」は、『文選』の曹植「朔風の詩」に「倏忽として北に徂く」。「翔聚」も、同じく左思の「呉都賦」に「遐宇に翔集す」。「集」は聚と同じ。

(45)「授くるに甘露を以てす」は、『経律異相』巻四十四(大正五十三233c)に「天は甘露を降して、遂に昇天するを得たり」

（46）「心を改むること已に難きのみ。何の決定せる天獄有らんや」の「心を改む」は、二一一ページ注（53）に既出。「何の決定せる天獄有らんや」は、『広弘明集』巻十四の李師政「内徳論」空有篇に「道智は空を了って縛を絶ち、俗情は有に滞りて以て常に拘わる。人は業報と与にして有に非ず、業報は人に随って無ならず、天堂は天に類して妄に匪ず、地獄は地に等しくして虚と為す」とあり、「決定せる」は、注（31）に既出。「天獄」は、天堂と地獄。注（20）参照。

（47）「余も前には汝の如く迷い疑えり」は、前注に引いた「内徳論」弁惑篇に「余も昔は此の惑いを同じくしたるも、今は又た其の然らざるを悟れり」。「迷疑」も、同じく空有篇に「疑い釈けて迷い愈えたり」とある。

（48）「但だ頃日の間、適たま良師の教えに遇いて」の「頃日の間」は、近ごろ。注（32）に既出。「良師」は、『史記』梁孝王世家の賛に「良師、傅相、忠言の士」とあるが、ここは下文に「我が師釈尊」とあり、仏陀をさす。また次の注に引く『涅槃経』の文に「良師」の語の見えているのを参照。「師の教え」は、一五三ページ注（44）に既出。

（49）「既に前生の酔を醒ます」は、『涅槃経』巻二（大正十二616c）に「譬えば酔人、自ら覚知せず……不浄の中に臥す。時に良師有りて薬を与えて服せしむるが如し。……我も亦た是の如く……情色に酔わされて……生死の苦を受く。……如来いま当に我に法薬を施して、我をして還た煩悩の悪酒を吐かしむべし。而れども我は未だ醒寤の心を得ず。如何が如来便ち放捨して涅槃に入らしめんと欲するや」。「前生」の語は、道世の『諸経要集』巻十九に引く『灌頂経』（大正五十四183a）に「其の前生に世に在りしの時、大いに福善を修め、精勤して道を行なう」

(50)「吾が師釈尊」は、一五三ページ注（44）に引いた「通極論」に「吾が師や徳本は深く構え云々」、また『広弘明集』巻二十八の沈約「捨身願疏」に「本師釈迦如来」とあり、「釈尊」は、如来、仏陀。姓が釈迦なので釈尊という。『法苑珠林』巻七十二（大正五十三837c）に「宿祐もて釈尊に遇い、高く大仙の穎でたるを慕う」

(51)「本願尤だ深くして八十の権を現わし、慈悲極め難くして三十の化を示す」は、『広弘明集』巻二十の梁の武帝「亮法師の為に製せる涅槃経疏の序」に「如来は本願に乗じて以て生を託し、慈力を現わして以て化に応ず」とある。「尤だ深し」は、『華厳経』巻四十六（大正九690c）に「大海の甚だ深くして源底の得難きを思惟す」、また「一切智慧大海に度さんと欲す」。「八十の権を現わす」は、仏陀の権に此の世に姿を現わした化身が八十年であったことをいう。『金光明最勝王経』如来寿量品（大正十六405a）に「云何が如来は功徳無量なるに、寿命短促にして唯だ八十年なる」とあり、同じく如来寿量品（406c）に「世尊は金剛の体なるも権に化身を現わす」とあるのを参照。「慈悲極め難し」は、『法苑珠林』巻三十二（大正五十三529c）に引く『観仏三昧経』に「如来の功徳慈悲は量り無し」。「三十の化を示す」は、三十歳で悟りを開き、衆生を教化したの意か。同じく巻十一（369b）に引く『普曜経』に「年十九に至りて出家し、三十にして成道す」。「化を示す」は、『芸文類聚』巻七十六に引く梁の武帝「三教を会するの詩」に「教えを示すは唯だ平等」とあり、「化」は、教化。

(52)「時に于て有縁の衆は竜神をも箇てず」の「時に于て」は、二一ページ注（67）、四六ページ注（24）に既出。「有縁の衆」は、『法苑珠林』巻二十六（大正五十三479a）に引く『菩薩処胎経』に「有縁の衆生、無縁の衆生、並びに悉く能く知る」。「竜神をも箇てず」は、同じく巻三十五（563a）に「如来は声を発して普く大衆天人竜神等に告ぐ。我れ無量劫中に於て頭目髄脳および内外の財宝を捨して方めて解脱の衣を得、無上の菩提を証して群生を教化せり。……此の衣を守護して損失せしむる勿れ。塔中に安置して仏法を住持せよ、と。此の語を説ける時、地の六種震動して、天人竜神は悲歎歓喜し、声は大千に至れり」

(53)「甘露の雨に沐す」は、『広弘明集』巻四（大正五十二112b）の邵陵王の上啓に「慈悲の雲を降し、甘露の雨を垂る」。「雨に沐す」は、『北斉書』の魏徴「総論」に「雨に沐し風に櫛けずり、其の溺を拯いて其の焚を救う」

(54)「枯れ萎める枝に栄さかす」は、『法華経』薬草喩品（大正九20a）に「一切の枯槁せる衆生を充たし潤おす」、また『文選』の曹植「七啓」に「枯木も栄を発す」。「枯枝」の語も、同じく潘岳の「笙の賦」に「化して枯枝と為る」

(55)「菓を結ぶの期を授く」の「菓を結ぶ」は、『摩訶止観』巻九（大正四十六118b）に「彼の大地、種類具足し、雨の潤気を得れば、各おの開生す。生ずること亦た前後あり、果を結ぶこと倶にせず」。「菓」は果と同じ。「期を授く」は、善行のある者に将来仏と成る時期を示すこと、「記を授く」と同義。たとえば『経律異相』巻四十一（大正五十三217a）に「仏与に記を授け、便ち当来の世、両阿僧祇百劫の中、当に仏と作るを得べしと」

(56)「福無きの徒」は、『華厳経』巻三（大正十14b）に「仏は福無きの衆生の中に於て、大福もて荘厳して甚だ威曜す」

(57)「貴賤を論ぜず」は、『文選』の宋玉「風の賦」に「貴賤高下を択ばず」

(58)「辛きと臭きを知らず、常に蓼と溷に沈む」は、『文選』の左思「魏都賦」に「蓼にすむ虫の辛きを忘れたるに習う」、また『禅要経』訶欲品（大正十五238c）に「身の臭きこと死屍の九孔より不浄を流すが如く、厠の虫の糞を楽しむが如し」とあり、「溷」は厠と同義。

(59)「已に醍醐を忘れたり」の「醍醐」は、『涅槃経』巻十四（大正十二449ａ）に「譬えば牛より乳を出だし、乳より酪を出だし、酪より生酥を出だし、生酥より熟酥を出だし、熟酥より醍醐を出だすが如し。醍醐は最上なり。若し服する者あれば、衆病は皆な除く」

(60)「慈悲の聖帝、終りを示すの日」は、『広弘明集』巻二十九の「魔主報檄」に「釈迦皇帝、庵然として登遐す」とあり、「聖帝」の語は、『文選』の東方朔「客の難に答う」に「聖帝徳流れ、天下震慴す」。「慈悲の聖帝」は、釈迦をいう。「終りを示す」は、『国清百録』巻三の「隋の皇太子、天台山の衆に与うる書」に「在昔、双林に滅を示せるは滅に非ず」

(61)「丁寧に補処の儲君、旧徳の曼殊等に顧命す」の「丁寧」は、『漢書』谷永伝「陛下に丁寧にす」とあり、注に「再三告示するなり」とある。「補処の儲君」とは、弥勒菩薩をいう。「補処」は、釈尊の地位を補充する者の意。『広弘明集』巻二十九の「慰労魔書」に「補処の王の大慈氏」とあり、同じく「破魔露布文」に「太子の慈氏阿逸多」、「魔主報檄」に「皇太子の弥勒」とある。「阿逸多」は弥勒の名。慈氏はその姓。「儲君」は、皇太子。『白虎通』京師篇に「儲君は嗣主なり」。なお『広弘明集』巻十六の沈約「弥勒賛」には「曰に我が聖儲、天に儀って、弐と作る」とある。「旧徳の曼殊」とは、文殊菩薩をいう。『西域記』巻四に「曼殊室利、唐には妙吉祥と曰い、旧には濡首と曰う。又た文殊師利と曰い、或は曼殊尸利と言う。訳して妙徳と曰うは、訛なり」。「旧徳」は、『文選』の潘勗「魏公を九錫に冊する文」に「旧徳前功、咸く秩せざるは罔し」。「顧命」は、天子が臨終のとき後事を遺言すること。『涅槃経』巻二十（大正十二483ａ）に「如来今日の顧命の語言」とあり、『書経』顧命篇の「顧命」に本づく。

(62)「印璽を慈尊に授く」の「印璽」は、天子のしるし。『漢書』食貨志に「宣帝、始めて単于に印璽を賜い、天子と同じくす」。「慈尊」は、『法苑珠林』巻三十三（大正五十三544ｃ）に「十方の諸仏、三世の慈尊」とあり、ここは前注の「慈氏」すなわち弥勒をさす。ちなみに『金光明最勝王経』諸天薬叉護持品（大正十六445b）には「或は普賢の像を作り、……或は慈氏の尊を見る」とある。

(63)「民を撫することを摂臣に教う」の「撫民」は、『左伝』昭公十九年に「民を撫する者は、用を内に節して徳を外に樹つ」。「摂臣」は、政を摂する臣。『白虎通』五行篇に「主幼くして臣、政を摂す」とあり、ここは文殊菩薩、迦葉菩薩らをさす。

(64)「是を以て大臣の文殊、迦葉ら」は、『涅槃経』巻二（大正十二377c）に「譬えば大王の統領する所多きも、若し遊巡する時は、悉く国事を以て大臣に付嘱するがごとし。如来も亦た爾り。所有る正法も亦た以て摩訶迦葉に付嘱す」、同じく巻十一（428b）に「文殊よ、汝ら当に四部の為に広く大法を説くべし。今、此の法を以て汝に付嘱す」

(65)「芳檄を諸州に斑ち、即位を衆庶に告ぐ」は、『広弘明集』巻二十九の「平魔赦文」に「即真元年二月八日、中書令・補処の王、臣逸多（弥勒）の宣文」として「朕、神昧きの主を以て……遂に霊壇に陟り茲の封禅を受く。……且く五道をして清まるを告げ、寰外をして咸く一ならしめん。天下と茲の福慶を同じくせんことを思う。天下に大赦し、与に同に更始し、像教の号を改め、即真の歳と為すべし。……意駅に乗じて遍く十方に告ぐべし。主者施行せよ」とあり、「即真」は「補処の儲君」から「慈悲の聖帝」として正式に即位すること。「芳檄を諸州に斑つ」とは、この即位の目出たい檄文を宣布して「遍く十方に告ぐる」ことをいい、「檄を斑つ」は、『後漢書』李雲伝の論に「帝者に露布して檄を三公に班つ」。「斑」は班と通用。「即位」は、『漢書』杜周伝「陛下初めて位に即く」。「衆庶」は、人民。『文選』の李斯「書を秦の始皇に上る」に「王者は衆庶を却けず」

(66)「余れ忽ちに檄旨を承く」は、『文選』の阮籍「鄭冲の為に晋王に勧むるの牋」に「聖旨を承けて茲の介いなる福を受く」

(67)「馬に秣かい車に脂さす」は、『詩経』周南「漢広」の詩に「言れ其の馬に秣かう」、同じく小雅「何人斯」の詩に「爾の車に脂さすに遑あらんや」

(68)「装束して道を取る」の「装束」は、旅じたく。『北史』李弼伝に「秦州に向かわんと欲し、命じて皆な装束せしむ」。「道を取る」は、出発する。『戦国策』燕策に「荊軻……既に祖して道を取る」

(69)「陰陽を論ぜず、都史の京に向かう」の「陰陽」は、昼夜。『文選』の馬融「長笛賦」に「昼夜として息う無し」。「都史」は、『金光明最勝王経』付嘱品（大正十六456b）に「爾の時、慈氏菩薩、合掌恭敬して伽他を説きて曰く、……当に覩史天に往き、世尊の加護に由り、広く人天の為に説くべし」とあり、慈氏すなわち弥勒の居所である兜率天。『広弘明集』巻二十九の「破魔露布文」に「太子慈氏阿逸多は兜率に事有り」とあり、「都」は覩と通用。「京に向かう」は、李白の「広平より酔に乗じて馬を走らすこと六十里、邯鄲に至りて城楼に登り、古を覧て懐を書す」の詩に「晨を凌いで燕京に向かう」。「京」は京に同じ。

(70)「経途艱み多くして人烟夐かに絶えたり」の「経途」は、『文選』の張衡「東京賦」に「経途は九軌」とあり、南北の道。「艱み多し」は、同じく屈原の「離騒経」に「路は脩く遠くして艱み多し」。「人烟」、「夐かに絶ゆ」も、『文選』の曹植「応氏を送る詩」、同じく顔延之「赭白馬の賦」にそれぞれ見える。「千里人煙無し」、「絢練として夐かに絶ゆ」。「烟」は煙と同じ。

(71)「康衢甚だ繁くして径路未だ詳らかならず」の「康衢」は、四通八達の道路。六二ページ注(20)参照。『文選』の潘岳「藉田の賦」に「康衢に抃舞す」。「甚だ繁し」は、『文心雕竜』鎔裁篇に「辞を綴ること尤だ繁し」。「尤」は甚と同義。「径路未だ詳らかならず」は、『文選』の左思「呉都賦」に「径路絶えて風雲通ず」、同じく陸倕の「新刻漏銘」に「較らかにして未だ詳らかならず」

一九三ページ

(1)「一二の従者、或は泥中に沈溺して、抜出すること未だ期あらず」の「一二の従者」は、僅かな供の者。『公羊伝』宣公十二年に「一二の耋老を帥ゆ」。「泥中に沈溺して抜出すること未だ期あらず」は、『倶舎論』巻一（大正二十九1a）に「衆生を抜いて生死の泥より出だすとは、彼の生死は是れ諸もろの衆生の沈溺の処、故より出だすべきこと難きに由るの故に、所以に泥に譬う。衆生は中に於て淪没して救い無し。世尊哀愍し、随いて所応る正法の教えの手を授け、抜済して出でしむ」。「沈溺」の語は、『文選』の司馬相如「蜀の父老を難ず」にも「民を沈溺より拯う」。「未だ期あらず」も、同じく張衡の「帰田賦」に「河清を未だ期あらざるに俟つ」

(2)「或は馬を騁せ車を奔らせて先に已に発進せり」の「馬を騁す」は、『詩経』鄭風「大叔于田」の「磬控」の毛伝に「馬を騁するを磬と曰い、馬を止むるを控と曰う」。「車を奔らす」は、『韓非子』安危篇「奔る車の上に仲尼無く、覆りし舟の下に伯夷無し」。「発進」は、『隋書』楊玄感伝に「時に進発せず」

(3)「茲に因って微物を弃てず」の「茲に因る」は、二三九ページ注(68)に既出。「微物」は、小物。『文選』の陸倕「新刻漏銘」に「嘉量の微物、盤盂の小器」とある。「物を弃てず」は、『老子』第二十七章「(聖人は)常に善く物を救う、故に物を弃つる無し」

(4)「孑たる身に負担す」の「孑たる」は、ひとりぼっち。二三二ページ注(32)に既出。「負担」は、背に負い肩にかつぐ。『左伝』荘公二十二年「負担を弛(ゆる)くするは君の恵みなり」

（5）「粮(かて)絶えて路迷う」は、『初学記』巻二十三に引く謝霊運「巌下の一老翁五少年の讃」に「衡山に薬を採るの人、路に迷い糧も亦た絶ゆ」。「粮」は糧と同じ。

（6）「辱(かたじけ)なく門の側(かたわら)に進む」の「辱なく」は、思いがけない厚意によって、ありがたくも。『文選』の司馬遷「任少卿に報ずる書」に「辱なくも書を賜わる」。「門の側に進む」は、『法華経』信解品（大正九16c）に「遇(たま)たま父の舎に到って門の側に住(とど)まり立つ」

（7）「行路の資を乞う」は、孔安国の『古文孝経訓伝』の序に「魯の吏の帝都に至ること有る者は、齎(さい)持(じ)して以て行路の資と為さざるは無し」。「資を乞う」は、『左伝』哀公十三年「呉の申叔儀、糧を公孫有山氏に乞う」

（8）「懐(おもい)を述べ、心を策(はげ)ます」の「懐を述ぶ」は、『文選』の石崇「思帰引(いん)」の序に「今為に歌辞を作りて以て余が懐を述(わ)ぶ」。「心を策ます」は、二〇五ページ注（18）に既出。また一四六ページ注（2）の「心馬に鞭うつ」を見よ。

（9）「無常の賦を賦し、受報の詞を題す」の「無常」は、『華厳経』巻六十（大正九783b）に「諸行の皆な悉(ことごと)く無常にして天趣の寿命、盛んなれば必ず衰うること有るを知らしめんとす」、また『経律異相』巻四十（大正五十三213b）に「世俗の人は無常を識(し)らず、懊悩啼哭(おうのうていこく)して自ら割(た)つ能わず、……若(も)し自ら無常を暁(さと)れば、復た愁憂せじ」。「賦を賦す」は、『文選』の左思「三都賦」の序に「相如は上林（の賦）を賦す」。「受報」は、『法苑珠林』巻六十七（大正五十三797b）に引く『罪業報応教化地獄経』に「諸もろの衆生、善悪の業縁もて報を受くること好醜あり」。「詞を題す」は、歌の言葉を書き記す。杜甫の「倣にて興を遣り、厳公に寄せ奉る」詩に「詩を題せば好(よ)く細(つぶさ)に論ぜよ」

（10）「鈴鈴の金錫を振う」は、『文選』の孫綽「天台山に遊ぶの賦」に「金策の鈴鈴たるを振う」。「金策」も錫杖。

（11）「喈喈の玉声を馳す」の「喈喈」は、なごやかな声。『詩経』周南「葛覃」の詩に「黄鳥于に飛び、……其の鳴くや喈喈」。「玉声」は、『史記』孔子世家に「環佩の玉声、璆然たり」。「声を馳す」は、『文選』の劉峻「弁命論」に「声を天地に馳す」

（12）「熟つら尋ぬるに」は、『芸文類聚』巻七十四に引く庾信の「象戯賦」に「或は経を開いて熟つら尋ぬ」

（13）「峨峨たる妙高は、崛岉として漢を干すも、劫火に焼かれて以て灰滅す」の「峨峨」は、山の高くそびえるさま。『文選』の司馬相如「上林賦」に「南山は峨峨たり」。「妙高」は、須弥山。『西域記』巻一に「蘇迷盧山は唐に妙高山と言い、旧に須弥と曰う」とあり、『金光明最勝王経』夢見金鼓懺悔品（大正十六412c）に「妙高山の称量し叵きが如く、亦た虚空の際有る無きが如し」。「崛岉」は、極めて高いさま。『文選』の王延寿「魯の霊光殿の賦」に「隆として青雲に崛岉たり」。「漢を干す」も、同じく潘岳の「西征賦」に「雲漢を干して上り至る」。「劫火に焼かれて以て灰滅す」は、『仁王般若経』護国品（大正八830b）に「劫焼終り訖って乾坤洞として燃え、須弥巨海、都て灰と為って揚がる」とあり、「劫火」は劫焼と同じく、劫末に世界を焼きつくす火。

（14）「浩浩たる溟瀚は、滉瀁として天に滔れども数日に曝されて消竭す」の「浩浩」は、ひろびろとしたさま。『文選』の嵆康「秀才の軍に入るに贈る」詩に「浩浩たる洪流」とあり、「溟瀚」は、前注に引いた『仁王般若経』にいわゆる「巨海」、また『文選』の張協「七命」に「溟海は渾濩として其の後に涌く」、同じく虞羲「霍将軍の北伐を詠ず」の詩に「瀚海に愁陰生ず」などとあるのを参照。「滉瀁」も、『文選』の潘岳「西征賦」に「滉瀁として弥漫し、浩きこと河漢の如し」。「天に滔る」は、『書経』堯典の語。「浩浩として天に滔る」。「数日に曝されて消竭す」は、『智度論』巻三十一（大正二十五290b）に「如えば仏説七日喩経に、仏諸もろの比丘に告ぐらく、一切の有為法は、無常にして変異し、皆な磨滅に帰す。劫の尽きんと欲する時は、大旱積久しくして薬草樹木みな悉く焦枯す。第二の日出ずること有りて、諸もろの小流水、皆な悉く乾き竭く。第三の日出ずれば大河流水また都て涸れ尽く。第四の日出ずれば、閻浮提中の四大河および阿那婆達多池、皆なまた空竭す。第五の日出ずれば大海乾き涸る。第六の日出ずれば大地須弥山等、皆な悉く煙の出ずること窯の器を焼くが如し。第七の日出ずれば、悉く皆な熾り燃えて復た煙気無し」。「消竭」の語は、『文選』の鮑照「行薬して城東の橋に至る」の詩に「容華は坐ろに消歇す」とあり、『爾雅』釈詁に「歇は竭なり」

(15)「盤礴たる方輿も漂蕩として摧け裂く」の「盤礴」は、広く大きいさま。『文選』の郭璞「江の賦」に「荊門は闕のごとく竦ちて盤礴たり」。「方輿」は、大地。『芸文類聚』巻十九に引く宋玉の「大言賦」に「方地を輿と為し、円天を蓋と為す」。また「漂蕩として摧け裂く」は、『地蔵十輪経』巻五（大正十三748b）に「譬えば水災の起る時、大地皆な漂壊するが如し」。「摧け裂く」は、後漢の蔡琰の「悲憤詩」に「哀叫の声は摧け裂く」

(16)「穹隆たる円蓋も灼燻せられて砕け折る」の「穹隆」は、アーチ型。『文選』の張衡「西京賦」に「鉤陳の外は閣道穹隆たり」。「円蓋」は、天空。前注の「大言賦」を見よ。「灼燻」は、火で焼く。『文選』の劉峻「広絶交論」に「四海は其の燻灼を畳る」。「砕け折る」は、『水経注』巻二十三「陰溝水」の条に「碑宇傾き低れ、羊虎砕け折る」

(17)「寂寥たる非想も已に電激よりも短し」の「寂寥」は、『老子』第二十五章「(道は)寂たり寥たり、独立して改めず」。「非想」は、非想非非想天の略。有頂天ともいい、三界の頂上にあって果報の最も勝れた処。『心地観経』巻二（大正三296ａ）に「非想の諸天は八万歳なれども、福尽くれば還た諸もろの悪道に帰すること猶お夢幻と泡影の如く、亦た朝露および電光の如し」。「電激」の語は、『文選』の班固「西都賦」に「雷のごとく奔り、電のごとく激す」

(18)「放曠たる神仙も忽ち雷撃に同じ」の「放曠」は、『文選』の潘岳「秋興の賦」に「人間の世に放曠たり」。「神仙」は、『抱朴子』論仙篇に「神仙の不死」、「神仙の幽漠を求む」。「雷撃に同じ」は、『韓詩外伝』巻六に「雷の之を撃つが如く、牆の之を圧するが如し」

(19)「況んや吾等」は、『文選』の劉琨「勧進表」に「況んや臣等、寵を三世に荷う云々」。「吾等」の語は、一二二ページ注(31)に既出。

(20)「軆を稟くること金剛に非ず」の「軆を稟く」は、『宋書』顔延之伝の「庭誥」に「人は気を二徳に兆し、体を五常に稟く」。「金剛に非ず」は、『金光明最勝王経』如来寿量品（大正十六406ｃ）に「世尊は金剛の体にして権に化身を現わす」、また『文選』の「古詩十九首」（其十一）に「人は生まれて金石に非ず」

(21)「形を招けること瓦礫に等し」の「形を招く」は、上文の「軆を稟く」と同義。郭璞の「北山経図讃」に「形を稟けて類を殊にす」、『荘子』大宗師篇に「人の形を犯す」とあるのなどを参照。「瓦礫に等し」は、『維摩経』方便品（大正十四539ｂ）に「是の身は無知にして草木瓦礫の如し」。また一三一ページ注(13)を見よ。

(22)「五薀の虚妄なること水兎の偽借に均し」の「五薀」は、五蘊の誤写。『聾瞽指帰』の空海自筆本は「蘊」に作っている。「五蘊」は、色・受・想・行・識の五種のはたらき。二三四ページ注(39)を見よ。『金光明最勝王経』重顕空性品（大正十六425ａ）に「四大五蘊は体性倶に空なるを了達す」。「虚妄」も、同じく重顕空性品（424ａ）に「彼の諸もろの大種も咸く虚妄なり」。「水兎」は、水中の月、『智度論』巻六（大正二十五102ｂ）に「諸菩薩は諸法の水中の月の如きを知る」。「兎」は、月の異名。傅咸の「天問に擬す」に「月の中に何ものか有る、玉兎、薬を搗く」。「偽借」は、虚偽仮借の略。『維摩経』方便品（大正十四539ｂ）に「是の身は虚偽たり」、『法苑珠林』巻五十二（大正五十三76ａ）に引く『十住毘婆沙論』に「仮借にして実事有ること無し」

(23)「四大の逗まり難きこと野馬の倏迹に過ぎたり」の「四大」は、地水火風。前注に「四大五蘊」として既出。「逗まり難し」は、『維摩経』方便品（大正十四539ｂ）に「是の身は電の如く、念々に住まらず」。「逗」は住と同義。「野馬の倏迹に過ぐ」は、『智度論』巻六（大正二十五103ｂ）に「熱気の野馬の如きを見、之を謂いて水と為し、疾走して之に趣けば、転いよ近くして転いよ滅ゆ」とあり、「倏迹」は、倏忽の迹すなわち一瞬の姿。『文選』の潘岳「射雉賦」に「倏ち来り忽ち往く」。同じく袁宏の「三国名臣序賛」に「迹は暫くも停まらず」

(24)「二六の縁は意猨を誘策す」の「二六の縁」は、十二因縁。無明・行・識・名色・六入・触・受・愛・取・有・生・老死。『智度論』巻五（大正二十五99ａ）に「十二因縁は是れ甚だ深きの法と名づく。……是の十二因縁の法は、甚だ深くして解し難く知り難し」。「意猨」は、心猿と同じ。『芸文類聚』巻七十六に引く周の王褒「京師突厥寺碑」に「意樹は已に彫み、心猿は斯に静まる」。「誘策」は、『金光明最勝王経』如来寿量品（大正十六408ａ）に「方便もて誘引し、出離するを得しむ」、また（405ｂ）に「広く方便を設け、策勤して怠る無からしむ」

(25)「両四の苦は、常に心源を悩ます」の「両四の苦」は、八苦すなわち生・老・病・死の四苦と愛する者に別離する苦、怨憎する者に会う苦、求めて得ざる苦、五陰の熾盛生長する苦の四苦。『広弘明集』巻二十七の「浄住子」出三界外楽門に「何をか八苦と謂うや。謂う所は、生苦・老苦・病苦・死苦・愛別離苦・怨憎会苦・求不得苦・五陰盛苦なり。一苦中に於て更に諸苦有り」。「心源を悩ます」は、『広弘明集』巻二十八の沈約「南斉南郡王の捨身の疏」に「心源は滞を承け、情路は未だ昭らかならず」

(26)「氳氳たる三毒の燗は、昼夜恒に燔く」の「氳氳」は、気の盛んなるさま。『文選』の謝恵連「雪の賦」に「氳氳として蕭索たり」とあり、「氳」は氛の俗字。「三毒」は、貪と瞋と痴。『智度論』巻十九（大正二十五204b）に「一切の三界は無常にして三衰三毒の火の焼く所と為る」とあり「燗」は焔と同じく、「燔」は焼と同義。『華厳経』巻五（大正九426a）に「三毒は恒に熾に然えて、間無く救処無く、昼夜常に火もて焚く」

(27)「欝蓊たる百八の藪は、夏冬に尤だ繁し」の「欝蓊」は、雲のむらがるさま。『文選』の潘岳「西征賦」に「帰雲の鬱蓊たるを納る」。「欝」は鬱の俗字。「百八の藪」は、百八の煩悩。『智度論』巻七（大正二十五110b）に「煩悩を一切結使と名づく。結に九あり使に七あり。合して九十八結と為す。……十纏と九十八結を百八煩悩と為す」とあり、「十纏」は、瞋・覆罪・睡・眠・戯・調・無慚・無愧・慳・嫉の十種の煩悩。「藪」は、『涅槃経』巻七（大正十二408b）に「諸もろの煩悩の叢林」とあり、『楚辞』の王逸「九思」「圃藪に逡巡す」の注に「藂林を藪と曰う」とある。「藂」は叢と通用。「夏冬」は二一二ページ注(60)に既出。「尤だ繁し」は、『文心雕竜』鎔裁篇に「辞を綴ること尤だ繁し」

(28)「埃を飄す脆き躰」は、『文選』の「古詩十九首」（其四）に「人の生まれて一世に寄るや、奄忽として塵を飄すが如し」、また僧肇の『注維摩』方便品に「身の危脆なる、強力も保つ能わず」

(29)「機散ずるの朝には春花と与にして以て繽紛たり」の「機散」は、機関人形がばらばらになること。『生経』巻三（大正三88ａ）に「第二の工巧者……即ち材木を以て機関の木人を作る。……(木人)眼を眨して(王の)夫人を色視す。王遥かに之を見、心に忿怒を懐き、促ちに侍者に勅し、其の頭を斬りて来らしめんとす。……(工巧者)長跪して命を請い、……則ち一肩楔を抜く。機関解落し、砕け散りて地に在り」。「春花」は、『文選』の曹植「王粲に贈る」の詩に「樹木は春華を発す」。「花」は華と同じ。「繽紛」は、入り乱れたさま。同じく張衡の「思玄賦」に「思い繽紛として理まらず」

(30)「風に翔る仮の命」の「風に翔る」は、『文選』の阮籍「詠懐詩」に「逍遥として風に順いて翔る」。「仮の命」は、『維摩経』方便品（大正十四539ｂ）に「是の身は寿無く、風の如しと為す」とあり、羅什の注に「直だ聚気の流動するのみにして存生の寿有るに非ず、……気を仮りて動き、寿有るに非ざるなり」

(31)「縁離るるの夕には、秋葉と共にして紛紜たり」の「縁離る」は、『雑阿含経』巻四十五（大正二327ｃ）に「此の形は自ら造らず、亦た他の作る所に非ず。因縁会まりて生じ、縁散ずれば即ち磨滅す」。「秋葉」は、『広弘明集』巻三十の南斉の王融「法楽の辞」に「春枝に病夭多く、秋葉に欣栄少し」。「紛紜」は、入り乱れたさま。『文選』の陸機「文の賦」に「紛紜として揮霍す」

(32)「千金の瑶質」は、『文選』の江淹「雑体詩」に「千金の璧を悋しまず」。「瑶質」は、瑶のように麗しい体。『芸文類聚』巻十八に引く江淹の「麗色賦」に「既に翠眉にして瑶質」

(33)「尺波に先だちて黄扉に沈む」の「尺波」は、『文選』の陸機「長歌行」に「寸陰は晷を停むること無し、尺波豈に徒らに旋らんや」。「黄扉」は、中国唐代の用語例では黄閣の門扉すなわち給事中の役所をいい、たとえば『旧唐書』郭承嘏伝に「文宗、宰臣に謂いて曰く、承嘏は久しく黄扉に在り、其の禄俸を優にせんと欲す」、また初唐の駱賓王の詩「帝京篇」に「朱邸は平台に抗し、黄扉は戚里に通ず」などとあるが、ここは下句の「玄微」と対用されて黄泉の門扉すなわち墓場をいう。「黄扉」を墓場の意に用いた唐代以前の中国人の用語例は未詳。

(34)「万乗の宝（寶）姿」の「万乗」は、『文選』の張載「七哀の詩」に「昔は万乗の君たり、今は丘山の土と為る」。「宝姿」は、『芸文類聚』巻七十七に引く北斉の邢邵「文襄皇帝金像銘」「神儀は内に瑩き、宝相は外に宣ぶ」の「宝相」と同義。

(35)「寸烟に伴って玄微に厲る」の「寸烟」は、『劉子』慎隟篇に「寸煙、突を泄れて、灰を千室に致す」。「玄微」は、『老子』第十五章に「微妙玄通」、また『文選』の曹植「七啓」に「玄微子は大荒の庭に隠居す」などとあるが、ここは上句の「黄扉」と対して寂寥たる天空をいう。「厲」は、至る、昇るの意。『文選』の張衡「思玄賦」に「倒景を貫いて高く厲る」

(36)「婕娟たる蛾眉」の「婕娟」は、おそらく「㜕娟」の誤写であろう。『聾瞽指帰』の空海自筆本は正しく「㜕娟」に作っている。「㜕娟」は、『文選』の司馬相如「上林賦」に「長眉は連娟たり」、また同じく宋玉の「舞の賦」に「眉は連娟として以て繞れるを増す」。「㜕」は連に同じ。

(37)「霞を逐うて以て雲閣に飛ぶ」の「霞を逐う」は、梁の簡文帝「烽火楼に登る」詩に「水煙は岸に浮んで起り、遥禽は霧を逐うて征く」。「雲閣」は、『文選』の劉峻「広絶交論」の注に引く応瑒の「釈賓」に「雲閣に騰り天衢に攀ず」

(38)「的皪たる貝歯も露に添うて咸く零落す」の「的皪」は、『文選』の傅毅「舞の賦」に「珠翠は的皪として炤燿す」。「貝歯」は、同じく宋玉「好色の賦」に「歯は貝を含めるが如し」。「露に添う」

は、梁の庾肩吾「春夜、令に応ずるに奉和す」の詩に「秋光は懸かに壁を蕩い、山翠は下りて流れに添う」。「零落」は、『文選』の曹植「箜篌引」に「零落して山丘に帰す」

(39)「傾城の花眼は、忽爾として緑苔の浮べる沢と為る」の「傾城の花眼」は、『芸文類聚』巻十八の何思澄「南苑に美人に逢うの詩」に「傾城、今始めて見る。……媚眼、羞いに随って合す」とあり、「傾城」は、美女をいう。『漢書』外戚伝「北方に佳人有り、世を絶して独り立つ。一顧して人の城を傾け、再顧して人の国を傾く」。「花眼」は、『広弘明集』巻十三の法琳「弁正論」内喩八に「果のごとき脣、花のごとき目の麗しさ」。「忽爾」は、たちまち。『仏説法句経』(大正八十五133b)に『欻爾として瞋を起す」とあり、「欻」は忽と同じ。「緑苔」は、『文選』の謝荘「月の賦」に「緑苔は閣に生ず」。「苔浮ぶ」は、梁の簡文帝の「倡楼怨節」の詩に「上林に紛々として花落ち、淇水に漠漠として苔浮ぶ」

(40)「珠を垂れたる麗耳は、倏然として松風の通える壑と作る」の「珠を垂る」は、『淮南子』主術訓に「王者は珠を垂れて耳を飾る」とあるが、ここは珠珥(真珠のイヤリング)で飾られた美女の耳。「倏然」は、たちまち。倏焉と同じ。『魏書』崔挺伝に「卿に別れて以来、倏焉として二載なり」。「松風」は、『文選』の顔延年「陵廟を拝して作る」の詩に「松風は路に遵って急しく、山烟は壠を冒うて生ず」。「風の通える」は、『尚書大伝』巻一下に「八風は順い通ず」

(41)「朱を施せる紅瞼」の「朱を施す」は、『文選』の宋玉「好色の賦」に「朱を施せば則ち太だ赤し」。「紅瞼」は、一二八ページ注(66)に既出。

(42)「卒に青蠅の蹋蹴と為る」の「青蠅」は、『詩経』小雅「青蠅」の詩に「営営たる青蠅は樊に止まる」、また『孟子』滕文公篇上「上世は……其の親死すれば則ち挙げて之を壑に委つ。他日これを過ぐれば、狐狸これを食い、蠅蚋蛄これを嘬う」。「蹋蹴」は、踏みちらす。『維摩経』不思議品（大正十四547ａ）に「竜象の蹴踏は驢の堪うる所に非ず」。「蹋」は踏と同じ。

(43)「丹に染めたる赤き唇」は、『周礼』地官、序官「掌染草」の疏に「蒨は以て赤に染む」、また『文選』の宋玉「神女賦」に「朱き唇は的として其れ丹の若し」

(44)「化して烏鳥の哺宍と為る」は、『荘子』列禦寇篇に「上に在りては烏鳶の食と為り、下に在りては螻蟻の食と為る」、また『観仏三昧海経』巻二（大正十五652ｃ）に「或は死人の烏鳥の食う所と為るを見る」。「哺宍」は、食肉。「宍」は肉と同じ。『初学記』巻二十六に引く『六韜』に「紂は脯肉を以て林と為す」とあり、「脯」は乾肉。

(45)「百媚の巧咲」の「百媚」は、下句の「千嬌」とともに張文成の『遊仙窟』巻一に「千嬌百媚、造次も比方すべき無し」。「巧咲」は、『詩経』衛風「碩人」の詩に「巧笑は倩たり、美目は盼たり」。「咲」は笑の俗字。

(46)「殆曝せる骨の中には、更に値うべきこと難し」の「殆曝せる骨」は、『三国蜀志』先主伝に「家中の枯骨、何ぞ意に介するに足らん」、また梁の簡文帝の「昭明太子集序」に「骨を曝して帰する無し」。「殆」は枯と同じ。「更に値うべきこと難し」は、『文選』の曹植「躬を責めて詔に応ずる詩を上る表」に「再び恃むべきこと難し」

(47)「千嬌の妙態」の「千嬌」は、注(45)を見よ。また『芸文類聚』巻十八に引く隋の江総の「秋日、新寵の美人、令に応ずるの詩」に「角枕の千嬌、芬香を薦む」。「妙態」は、『文選』の傅毅「舞の賦」に「絶倫の妙態を姿とす」

(48)「腐爛せる体の裏には、誰か亦た敢て進まん」の「腐爛」は、『漢書』陳万年伝に「自ら絞死する者、歳ごとに数百千人、久しき者は虫出で腐爛す」。「誰か亦た敢て進まん」は、『抱朴子』審挙篇に「誰か肯て復た巻を開き書を受けんや」、『文選』の賈誼「過秦論」に「遁逃して敢て進まず」

(49)「峨峨たる漆髪」の「峨峨」は、高くそびえるさま。『文選』の曹植「洛神賦」に「雲髻は峨峨たり」。二五九ページ注(13)に既出。「漆髪」は、一九九ページ注(7)に既出。

(50)「縦横にして藪上の流芥と為る」の「縦横」は、『文選』の左思「蜀都賦」に「舛錯縦横にして異物は崛詭す」。「藪上の流芥」は、『荘子』人間世篇「沢に於て蕉の如し」の成玄英の疏に「死者は其の数極めて多く、……藪沢の中の草芥の如きものなり」

(51)「繊繊たる素手」は、ほっそりとした白い手。『文選』の「古詩十九首」(其二)に「繊繊として素手を出だす」、また、そこの李善の注に引く「韓詩」に「繊繊たる女手」とある。

(52)「沈淪して草の中の腐敗と作る」の「沈淪」は、深く沈むの意。『後漢書』謝該伝に「山河を踰越し、荊楚に沈淪す」。「草の中」は、『三国魏志』毌丘倹伝に「水辺の草の中に蔵る」、また元稹の「雉媒」の詩に「君の草の中に伏するを知る」。「腐敗」は、『漢書』食貨志に「太倉の粟……腐敗して食うべからず」

(53)「馥馥たる蘭気」は、『文選』の蘇武の詩に「馥馥たる我が蘭芳」とあり、「馥馥」は、香気の盛んなさま。

(54)「八風に随って以て飛去す」の「八風」は、『淮南子』地形訓に「何をか八風と謂う。東北を炎風と曰い、東方を条風と曰い、東南を景風と曰い、南方を巨風と曰い、西南を涼風と曰い、西方を飂風と曰い、西北を麗風と曰い、北方を寒風と曰う」。「風に随う」は、『文選』の郭璞「江の賦」に「風に随って猗萎たり」。「飛去」は、杜甫の「麗人行」に「青鳥飛去して紅巾を銜む」

(55)「涓涓たる臭液は、九竅従りして沸き挙れり」の「涓涓」は、したたり流れるさま。『荀子』法行篇に「涓涓たる源水」。「臭液」は、『金光明最勝王経』捨身品（大正十六451c）に「（此の身は）臭穢にして膿流る」。「九竅」は、耳目口鼻と前後の穴。『荘子』知北遊篇に「九竅ある者は胎生し、八竅ある者は卵生す」。「沸き挙る」は、『詩経』小雅「十月」の詩に「百川は沸き騰る」

(56)「綢繆たる妻孥」の「綢繆」は、親密なさま。『文選』の盧諶「劉琨に贈る詩」の序に「綢繆の旨は骨肉に同じき有り」。「妻孥」は、二〇九ページ注（42）に既出。

(57)「楚宋の夢に神女に遇えるに異なる無し」の「楚宋」は、楚の宋玉。「夢に神女に遭う」は、『文選』の宋玉「神女賦」に「楚の襄王、宋玉と雲夢の浦に遊び、玉をして高唐の事を賦せしむ。其の夜、玉寝ね、果たして夢に神女と遇えり。其の状甚だ麗し。玉これを異とし、明日以て王に白す云々」とあり、夢まぼろしのようにはかないことの譬え。「異なる無し」も、『文選』の左思「魏都賦」に「蛛蝥の網に異なる無し」

(58)「磊砢たる寶蔵」の「磊砢」は、壮大なさま。『文選』の王延寿「魯の霊光殿の賦」に「万楹は叢まり倚り、磊砢として相い扶く」。「寶蔵」は、『周礼』地官、郷大夫の職「天府」の注に「祖廟の宝蔵」とあり、『法華経』信解品（大正九17b）に「今、此の宝蔵、自然にして至る」

(59)「宛も鄭交の空しく仙語を承けしに同じ」の「宛も…に同じ」は、駱賓王の「李八騎曹を餞するの序」に「水樹は春を含んで宛も楓江の上に似じ」。「鄭交の空しく仙語を承く」は、劉向『列仙伝』巻上に「江妃二女は何所の人なるを知らず。出でて江漢の湄に遊び、鄭交甫に逢う。……二女曰く、橘は是れ柚なり。我れ之を盛るに筥を以てし、漢水に附して流れと将にして下らしめん。我れ其の傍に遵い、其の芝を采りて之を茹わん、と。遂に手もて佩を解きて交甫に与う。交甫悦び受けて之を懐にす。中ごろ心に当てて趨る。去ること数十歩、佩を視れば懐に空しくして佩無し。二女を顧みれば、忽然として見えず」とあり、「仙語」とは、仙女である江妃二女の契りの語「橘は是れ柚なり云々」をさす。

(60)「颼飂たる松風は、颵飋として襟を吹く」の「颼飂」は、風の音。『文選』の左思「呉都賦」に「風と飄颺し、颼瀏颼飀たり」。「飂」は瀏・飀と音通。「松風」は、注(40)に既出。「颵飋」も、風の音。同じく江淹の「雑体詩」に「松柏は転た蕭瑟たり」。「蕭瑟」は颵飋と同じ。「襟を吹く」も、『文選』の阮籍「詠懐詩」に「清風は我が衿を吹く」。「襟」は衿と同じ。

(61)「聆いて忻ぶの耳は、更に何れの所にか在る」の「聆いて忻ぶ」は、『水経注』巻三十八「溱水」の条に「商舟淹留し、聆いて翫んで已まず」。「何れの所にか在る」は、『智度論』巻二十一(大正二十五217c)に「(但だ死屍の膖脹を見る。)愛著すべき所、今何れの処にか在る」

(62)「玲瓏たる桂月は、可憐にして面を暎らす」の「玲瓏」は、目にさやかなさま。『文選』の孫綽「天台山に遊ぶの賦」に「朱閣は林間に玲瓏たり」。「桂月」は、陳の張正見の「薄帷、明月を鑒す」の詩に「長河に桂月上り、澄彩は玉楼を照らす」。「可憐」は、『芸文類聚』巻十八に引く梁の簡文帝の詩に「共に可憐の粧を払う」、また張文成の『遊仙窟』巻四に「試みに香処に従って覓め、正に可憐の花に値えり」。「面を暎らす」は、唐の呉筠の「行路難」の詩に「珊瑚は面を暎らして風花を作す」。「暎」は映と同じ。

(63)「視て娯しむの心、亦た何処に之きしや」の「視て娯しむ」は、王羲之の「蘭亭詩序」に「以て視聴の娯しみを極むるに足る」。「亦た何処に之きしや」は、『文選』の陸機「洛に赴くの道中にて作る」の詩に「子は何にか之くや」

(64)「乃ち知る、颯纚たる羅穀は、何ぞ応に愛し喜ぶべき」の「乃ち知る」は、『文選』に用例多く、たとえば張衡「東京賦」に「乃ち知る、大漢の徳馨しきを」。「颯纚」は、長いさま。同じく班固の「両都賦」に「紅の羅は颯纚たり」。「羅穀」は、ちぢみの薄ぎぬ。『三国魏志』楊阜伝に「置酒大会し、女倡をして羅穀の衣を著けしむ」。「愛し喜ぶ」は、『智度論』巻十三（大正二十五157a）に「親属知識の愛し憙ばざる所」。「憙」は喜と同じ。

(65)「森萃たる薜蘿は、此れ常の餝り耳」の「森萃」は、こんもりとむらがるさま。『文選』の左思「呉都賦」に「櫹矗森萃」。「薜羅」は、かずら。『南斉書』宗測伝「腹を量りて松朮を進め、形を度りて薜蘿を衣る」。「常の餝り」の「餝」は飾と同じ。『文選』の張協「七命」に「目は常の玩びに厭く」

(66)「赭堂堊室は、曾て久しく止まること無し」の「赭・堊」は、『列子』周穆王篇に「乃ち之が為に改築し、土木の功、赭堊の色、巧を遺す無し」とあり、「赭」は、赤い土、「堊」は、白い土。「堊室」は、『礼記』雑記篇上に「士は堊室に居る」。「曾て無し」は、四五ページ注(21)に既出。「久しく止まる」は、『金光明最勝王経』付嘱品（大正十六455c）に「久しく世間に住まる」。「止」は住と同義。

(67)「松の塚檟の墳は是れ長く宿るの里なり」の「松・檟」は、『文選』の任昉「范始興の為に作りて太宰の碑を立てんことを求むるの表」に「鵁鶄は東に徙りて松檟は行を成す」。「檟」は、ひさぎの木。「松の塚」は、『芸文類聚』巻八十八に引く「聖賢冢墓記」に「東平思王……東平に葬る。其の冢上の松柏は皆な西に靡く」とあり、「塚（塜）」は冢と同じ。「檟の墳」は、『左伝』哀公十一年に「伍子胥曰く、吾が墓に檟を樹えよ」。「墳」は墓と同義。

(68)「琴瑟の孔懐」は、『詩経』小雅「常棣」の詩に「妻子の好み合すること琴瑟を鼓するが如し」、「兄弟孔だ懐う」

(69)「闃墓の下には、之を相い見るに由無し」の「闃墓」は、ひっそりとした墓。『芸文類聚』巻四十八に引く梁の簡文帝「中書令の臨汝霊侯の墓誌銘」に「霊櫬永く闃たり、松路方に開く」。「相い見るに由無し」は、『広弘明集』巻三十の釈亡名「五苦の詩」に「如何ぞ九泉の下、更に相い見るの時無きや」

(70)「婉孌たる蘭友」の「婉孌」は、仲むつまじいこと。『文選』の陸機「漢の功臣頌」に「盧綰は微なりし自り、我が皇に婉孌たり」。「蘭友」は、二〇九ページ注(42)に既出。

(71)「荒壠の側らには、復た談笑の理無し」の「荒壠」は、唐の駱賓王の「楽大夫挽歌詩」に「寧に知らんや荒壟の外、弔鶴自ら徘徊するを」。「壠」は壟と同じ。「談笑」は、『文選』の沈約「斉の故安陸昭王碑文」に「宴語談笑、情瀾竭きず」。「理無し」も、同じく陸機の「弁亡論」に「遏むべきの理無し」

一九四ページ

(1)「孤り落落たるの松の蔭に伏す」の「孤り伏す」は、盧照鄰の「反騒」に「年年に孤り臥して、常に古樹の輪囷たるに対す」。「落落たるの松の蔭」は、『文選』の孫綽「天台山に遊ぶの賦」に「落落たるの長松に蔭す」。「落落」は、高いさま。

(2)「空しく樹辺に滅ゆ」の「空しく滅ゆ」は、南斉の張融の「海の賦」(本伝所載)に「風は何にか本づいて自ずから生じ、雲は従る無くして空しく滅ゆ」。「樹辺」は、賈島の「無可上人を送る」の詩に「独り行く潭底の影、数しば息う樹辺の身」

(3)「独り嚶嚶の禽の囀りを伴として、徒らに草の前に淪む」の「独り伴とす」は、『文選』の劉琨「盧諶に答うる詩」に「独り生じて伴とするもの無し」。「譻譻」は、『詩経』小雅「伐木」の詩に「木を伐ること丁丁、鳥鳴くこと嚶嚶」とあり、「譻」は嚶と同じ。「淪む」は、『文選』の郭璞「江の賦」に「泥沙に混り淪む」

（4）「蠢蠢たる万虫」の「蠢蠢」は、『楚辞』の劉向「九歎」に「蠢蠢の溷濁」、『広弘明集』巻二十九の釈慧命「詳玄賦」に「群類の蠢蠢は、法界の茫茫に処る」などとあり、虫のうごめくさま。「万虫」は、『金光明最勝王経』捨身品（大正十六451c）に「是の身は唯だ大小の便利あり、……諸虫の集まる所」、『智度論』巻二十一（大正二十五217b）に「埋めず蔵せざれば、久しからずして膿み爛れ、種種の虫生ず」

（5）「宛転として相い連なる」の、「宛転」は、『文選』の王延寿「魯の霊光殿の賦」に「蟠れる螭は宛転として楣を承く」。「相い連なる」も、同じく班固の「西都賦」に「煙雲は相い連なる」

（6）「齗齗たる千狗」は、『楚辞』の宋玉「九弁」に「猛犬は狺狺として迎え吠ゆ」とあり、「齗」は狺と通用。なお「齗齗」は、『漢書』劉光伝に「朝臣は齗齗として光禄勲を不可とす」とあり、歯をむき出して言い争うさま。

（7）「咀嚼して継ぎ聯れり」の「咀嚼」は、かむこと。『文選』の司馬相如「上林賦」に「菱藕を咀嚼す」。「継ぎ聯る」は、『爾雅』釈詁「紹胤嗣等は継なり」の疏に「皆な聯り継ぎて絶えざるなり」

（8）「妻子は鼻を塞いで以て厭い退く」の「妻子」は、下文の注（43）を見よ。「鼻を塞ぐ」は、『世説新語』紕漏篇に「厠に如きて漆箱の乾棗を盛れるを見る。本と以て鼻を塞ぐなり」

（9）「親疎は面を覆うて以て迯げ旋る」の「親疎」は、七三ページ注（9）に既出。「面を覆う」は、『三国魏志』臧洪伝に「流るる涕の面を覆うを覚えず」。「逃げ旋る」は、『左伝』宣公十七年に「高固は逃げ帰る」。「迯」は逃の俗字。「旋」は帰と同義。

(10)「嗟呼、痛ましい哉」は、一五三ページ注(41)および下文の注(46)を見よ。

(11)「百味を食いて婀娜たる鳳の体」の「百味」は、『文選』の曹植「自ら試みんことを求むる表」に「口は百味に厭く」。「婀娜」は、なよなよとしたさま。同じく張衡の「南都賦」に「阿那と蓊茸と」とあり、「婀娜」は阿那と同じ。「鳳の体」は、後漢の崔駰の「刀剣銘」に「麟の角、鳳の体、玉もて飾り金もて錯す」。なお九五ページ注(42)の「鳳儀」を見よ。

(12)「徒らに犬烏の屎尿と為る」は、『智度論』巻二十一(大正二十五217b)に「之を曠野に棄つれば、鳥獣の食う所と為り、烏は其の眼に挑み、狗は手脚を分つ」。「屎尿」は、『大般涅槃経』巻三十一(大正十二550b)に「或は吐汁・脂肉・濃血・屎尿・涕唾を食う」

(13)「千彩を装りて嬋媛たる竜の形」の「千彩を装る」は、『文選』の王延寿「魯の霊光殿の賦」に「形彩の飾り」とあり、「装」は飾と同義。「嬋媛」は、美しいさま。『後漢書』文苑伝の辺譲伝に「形は便娟として以て嬋媛たり」。「竜の形」は、九五ページ注(43)の「竜躰」と同義。なお「竜形」の語は、『史記』淮南王安伝に「使者有り、銅色にして竜形、光は上りて天を照らす」とある。

(14)「空しく燎火の燃やす所と作る」の「空しく作る」は、『文選』の沈約「学省に愁臥す」の詩に「纓珮は空しく忝かしむるところと為る」。「作」は為と通用。「燎火」は、かがり火。『漢書』叙伝に「炎炎たる燎火」とある。

(15)「春苑に遊んで愁緒を消し」の「春苑」は、虞世南の「春夜」の詩に「春苑に月徘徊す」。「苑」は苑と同じ。「愁緒」は、杜甫の「江に泛びて魏十八倉曹の京に還るを送る」の詩に「帝郷は愁緒の外」。「愁を消す」は、王績の「程処士に贈る」詩に「時に酔を取りて愁を消す」、また『文選』の陶淵明「帰去来の辞」に「琴書を楽しみて以て憂いを消す」と同義。

(16)「秋池に戯れて以て宴筵を舒ぶ」の「秋池」は、韓愈の「虢州の劉給事の三堂に奉和す」の詩に「風雨、秋池の上、高き荷は水を蓋うて繁し」。「宴筵」は、宴会。『旧唐書』褚亮伝に「軍中の宴筵には必ず歓賞に預る」。「筵を舒ぶ」は、『詩経』大雅「行葦」の詩に「筵を肆べ席を設く」。「舒」は肆と同義。

(17)「嗚呼、哀しい哉」は、『文選』の誄文に多く見える成語。たとえば曹植の「王仲宣の誄」に「嗚呼、哀しい哉」

(18)「潘安が詩を詠じて、弥いよ哀哭を増す」は、『芸文類聚』巻五十に引く陳の徐陵「裴使君墓誌銘」に「嗟乎、潘岳の詩は哀を致すこと周密なり」とあり、潘岳はアザナは安仁。『文選』に多くの作品が載せられている晋代の詩人。ここでいう「潘安の詩」は、妻の死を悼んだ「悼亡詩」をさし、『文選』に載せる。「哀哭」は、『礼記』檀弓篇下に「婦人の墓に哭する者有りて哀し」。「哀を増す」は、『芸文類聚』巻十六に引く晋の左九嬪「万年公主の誄」に「士女は歔欷し、高風は哀を増す」

(19)「伯姫の引を歌いて、還た裂酷を深くす」の「伯姫の引」は、『琴操』に「伯姫の引は、魯の保母の作る所なり。伯姫嫁して宋の恭公の夫人と為る。七年にして(恭公)薨ず。伯姫、節を執り貞を守ること三十余年。宋の客、火を失う。……火に陥って死す。其の保母、自ら行くことの遅くして伯姫をして火災に遇わしめしを傷み、是に於て琴を操って痛傷の歌を作る云々」。「裂酷」は、『文選』の欧陽建「臨終の詩」に「痛酷、心肝を摧く」。「裂」は、心肝を摧裂するの意。

(20)「無常の暴風は、神仙を論ぜず」の「無常の暴風」は、『付法蔵伝』巻一(大正五十300b)に「如来の大雄猛の功徳は三界を超えたるも、猶お無常の風の為に漂流して住まらず」、また『礼記』月令篇に「孟冬に夏の令を行なえば則ち国に暴風多し」。「神仙を論ぜず」は、神仙も無論である、いうまでもないの意。「神仙」の語は、『抱朴子』論仙篇に「神仙は死せず」。「論ぜず」は、『世説新語』言語篇に「風霜は固より論ぜざる所」

(21)「精を奪う猛鬼は、貴賤を嫌わず」の「精を奪う猛鬼」は、『金光明最勝王経』四天王観察人天品(大正十六427a)に「所有る鬼神の人の精気を吸いて慈悲なき者」とあり、「貴賤を嫌わず」は、『智度論』巻二十一(大正二十五217a)に「死至れば、貧富無く、懃修の善悪無く、貴も無く亦た賤も無し」

(22)「財を以て贖う能わず」は、『文選』の蔡邕「陳太丘碑文」に「命は贖うべからず」とあり、李周翰の注に「一たび死すれば、重き宝財を以て贖い取るべからず」とある。

(23)「勢を以て留むるを得ず」は、『抱朴子』対俗篇に「勢は以て羅酆を総摂すべし」、また『荘子』知北遊篇に「其の去るや止むる能わず」

(24)「寿を延ばす神丹は、千両をば服すと雖も」の「寿を延ばす神丹」は、一四三ページ注(70)および一四五ページ注(80)を見よ。「千両をば服す」は、『抱朴子』金丹篇に「(金液は)一両を服すれば便ち仙たり」。「両」は重さの単位。

(25)「魂を返すの奇香は、百斛尽く燃やすも」の「魂を返す香」は、『博物志』に「武帝の時、西域の月氏国、弱水を度り、返魂香三枚を貢す。……乃ち生を返すの神薬なり」。「奇香」の語は、柳宗元の「行路難」の詩に「丹霞翠霧は奇香を飄わす」。「百斛」は、『世説新語』任誕篇に「(庾冰)門内をして百斛の酒有らしむ」とあり、「斛」は容量の単位。一斛は十斗。「香を燃やす」は、『法苑珠林』巻七十四(大正五十三847b)に「香を然やすの気をして逈かに韓寿の衣を襲わしむ」

(26)「何ぞ片時を留めん」の「片時」は、つかのま。江総の「閨怨篇」に「妾が桃李の片時の妍を念え」、また張文成の『遊仙窟』巻四に「清音は咷叨、片時にして則ち梁上に塵飛ぶ」

(27)「誰か三泉を脱れん」の「三泉」は、地下、黄泉。『漢書』鮑宣伝に「退いて三泉に入るも死して恨む所亡し」、また『抱朴子』金丹篇に「常に之を三泉の下に沈む」。「誰か脱れん」は、『智度論』巻二十一（大正二十五217ｂ）に「(死の至るや)捍格して脱るるを得る無し」

(28)「尸骸は草中に爛れて以て全きこと無し」は、『金光明最勝王経』重顕空性品（大正十六424ｂ）に「諸もろの疾病に遭いて身死するの後は、大小便利悉く盈ち流れて、膿爛虫蛆、楽しむべからず、棄てられし屍は林に在りて朽木の如し」。「尸骸」の語は、『三国呉志』陸遜伝に「尸骸は寒江に漂流して下る」。「草中」は、二六八ページ注(52)に既出。

(29)「神識は沸く釜に煎られて専にする無し」の「神識」は、『経律異相』巻十八（大正五十三97ａ）に「身羸れ目冥く神識寧からず」。「沸く釜」は、熱湯の煮えたぎる釜。『観仏三昧海経』巻五（大正十五668ｃ）に「阿鼻の四門は門閫の上に八十の釜あり。沸銅涌き出ず」、また『智度論』巻九十（大正二十五697ａ）に「沸湯に入り火もて炙らる」。「専にする無し」は、『文選』の任昉「范始興の為に作りて太宰の碑を立てんことを求むるの表」に「苟も利せんとするの専無し」

(30)「或は嶃巌たる刀嶽に投げられて、血を流すこと潺湲たり」の「嶃巌」は、鋭く尖ったさま。『文選』の司馬相如の「上林賦」に「深林巨木、嶄巌参差たり」。「嶃」は嶄と同じ。「刀嶽」は、『法苑珠林』巻六十二（大正五十三759ａ）に引く『阿育王太子法益壊目因縁経』に「手に常に刀を執り、闘を聞けば便ち喜び、刃の害する所と為るものは、刀獄より来る」、また東晋の仏陀跋陀羅訳『観仏三昧海経』巻五（大正十五670ｃ）に「刀輪地獄は、四面に刀山あり。衆山の間に於て刀を積むこと塼の如し。虚空中に八百万億の極大の刀輪あり。次に随いて下ること猶お雨滞の如し」。「血を流す」は、『文選』の張協「七命」に「血を流すこと千里」。「潺湲」は、二二〇ページ注(19)に既出。

(31)「或は巢嶫たる鋒山に穿たれ、胷を貫いて愁焉たり」の「巢嶫」は、高くそびえるさま。『文選』の司馬相如「上林賦」に「嵯峨巢嶫たり」。「鋒山」は、『法苑珠林』巻七「地獄部」（大正五十三322c）に「刀林、日に聳え、剣嶺、天に参わる。……胆を裂き腸を抽き、身を屠り肉を膾にす」とあり、「鋒」は、刀剣のきっさき。「胷を貫く」は、『文選』の司馬相如「子虚賦」に「胷を洞き掖に達す」とあり、注に「張揖曰く、胷を貫き右髃を通ず云々」とある。「胷」は胸と同じ。「愁焉」は、悲しむさま。『論衡』知実篇に「愁然として清浄なる者は、衰経の色なり」とある「愁然」と同じ。

(32)「乍は万石の熱輪に轢かる」の「乍は」は、下句の「乍は」とともに『広弘明集』巻二十九の梁の宣帝「七山寺に遊ぶの賦」に「其の徒衆は則ち乍は遊び乍は処る」とある。「万石」は、『文選』の司馬相如「上林賦」に「千石の鐘を撞き、万石の虡を立つ」とあり、注に「千石は十二万斤なり」とある。ここの「万石」は、百二十万斤もある重いものを車に載せてあるの意。「熱輪に轢かる」は、『智度論』巻十六（大正二十五176a）に「合会大地獄の中を見るに、両山相い合し、大熱鉄輪、諸もろの罪人を轢きて、身をして破砕せしむ」

(33)「乍は千仞の寒川に没す」は、『観仏三昧海経』巻五（大正十五670a）に「寒地獄は八方の氷山……頗梨の色の如し。此等の寒氷、氷山の間に満ちて凡そ蓮華の如し」。「千仞」は、『文選』の司馬彪「山濤に贈る」の詩に「下は千仞の谷に臨む」とあり、注に「七尺を仞と曰う」。「寒川」は、『芸文類聚』巻二十に引く謝霊運「孝感賦」に「春波を寒川に起す」

(34)「鑊湯、腹に入って、常に炮煎を事とする有り」は、『観仏三昧海経』（大正十五671c）に「鑊湯地獄は十八の鑊あり。……気絶え命終れば、鑊湯の中に生じ、速疾に消爛して唯だ餘骨のみ在り」。「腹に入る」は、『智度論』巻十六（大正二十五177ｂ）に「腹に入れば腹然え五蔵皆な焦がる」。「炮煎」は、韓愈の「河南府の秀才を燕す」の詩に「此の煎炮烹を具す」

(35)「鉄火、喉に流れて、暫くも脱るる縁無き有り」の「鉄火、喉に流る」は、『智度論』巻十六（大正二十五177ｂ）に「是の時、獄卒即ち罪人を駆逐し、……呑ますに鉄丸を以てす。口に入れば口焦がれ、咽に入れば咽爛る」、また『経律異相』巻四十九（大正五十三259ａ）に「公陽王は鉄火獄を治むることを主どる」。「縁無し」は、『文選』の曹植「呉季重に与うる書」に「良に久しく縁無し」

(36)「水漿の食は、億劫に何ぞ称を聞かん」は、『涅槃経』巻十一（大正十二430ａ）に「餓鬼衆生、飢渇に逼られ、髪を以て身に纏い、百千歳に於て、未だ曾て漿水の名を聞くを得ず」とあり、「億劫」は、無限の時間。『拾遺記』巻十「員嶠山」の条に「死して復た億劫の内に生ず」

(37)「咳唾の湌は、万歳に擅にするを得ず」は、『智度論』巻十六（大正二十五175ｃ）に「或は餓鬼有りて常に屎尿涕唾、嘔吐盪滌の餘汁を食う。……若し其に水を与うれば、千歳足らず」。「咳唾」は、しわぶきとつば。『文選』の任昉「大司馬記室に到るの牋」に「咳唾、恩を為す」。ここは僅かなの意。「湌」は食物。

(38)「師子虎狼は颬颬として歓び跳る」は、『智度論』巻十六（大正二十五176ａ）に「合会大地獄を見るに、悪羅刹、獄卒、種々の形を作し、牛馬猪羊、麞鹿狐狗、虎狼師子、六駮大象、鵰鷲鶉鳥、此の種種の諸もろの鳥の頭を作して来り、罪人を呑噉し齩嚙し齰掣す」。「颬颬」は、口を開いたさま。『文選』の張衡「西京賦」に「含利のけものは颬颬として化して仙車と為る」。「歓び跳る」は、『易林』巻二に「舞踏して欣び躍り、歓び楽しんで福を受く」

(39)「馬頭羅刹は盱盱として相い要む」の「馬頭羅刹」は、前注の『智度論』を見よ。「盱盱」は、目を見張ったさま。『荘子』寓言篇に「睢睢盱盱として誰と与にか居らん」

(40)「号叫の響きは朝朝に霄に愬う」は、『智度論』巻十六（大正二十五176ｂ）に「復た(罪人を)将いて鉄閣に入る。……大声号呼して音常に絶えず」。「朝朝」は、下文の「暮暮」とともに『文選』の宋玉「高唐賦」に「朝朝暮暮、陽台の下」。「霄に愬う」は、『芸文類聚』巻四十五に引く傅毅の「北海王の誄」に「俯して后土に哭し、仰いで皇旻に愬う」

(41)「赦寛の意は暮暮に已に消ゆ」の「赦寛」は、『史記』淮南厲王伝に「上(文帝)は親の故を以て常に之を寛赦す」。「暮暮」は、前注を見よ。「已に消ゆ」は、『文選』の王融「三月三日、曲水詩序」に「薖軸の疾は已に消ゆ」

(42)「閻王に嘱託するも愍むの意は咸く銷ゆ」の「閻王」は、閻羅王の略。地獄の主宰者。閻魔王ともいう。『菩薩処胎経』巻五（大正十二1038ｃ）に「閻羅王、五事を以て問い、即ち獄卒に勅して罪の軽重に随いて、付して之を治めしむ」。「嘱託」は、たのみこむ。『抱朴子』審挙篇に「利慾の為に動かず、属託の為に屈せず」。「嘱」は属と同じ。「愍むの意」は、『智度論』巻二十九（大正二十五274ｃ）に「仏は一切衆生を愍み念う」。「意咸く銷ゆ」は、『荘子』田子方篇「人の意をして消えしむ」。「銷」は消と同じ。

(43)「妻子を招き呼ぶも、既に亦た繇無し」は、『宝積経』巻三十五（大正十一201ａ）に「諸もろの妻子家宅財物に於て、深く虚妄を知る」。「招き呼ぶ」は、『詩経』小雅「鹿鳴」の「呦呦として鹿鳴く」の毛伝に「相い招き呼びて以て礼を成す」。「繇無し」は、『史記』文帝本紀に「過ちを改め自ら新にせんと欲すと雖も其の道繇無し」。「繇」は由と同じ。

(44)「珍（珎）を以て贖わんと欲するも曽て一の瓊瑶無し」の「珍」は、『文選』の曹植「七啓」に「珠翠の珍」。「贖わんと欲す」は、同じく張衡「西京賦」に「以て子の罪を贖わんと欲す」とある。「曽て無し」は、六五ページ注(33)に既出。「瓊瑶」は、美しい佩び玉。『詩経』の衛風「木瓜」の詩に「之に報ゆるに瓊瑶を以てせん」

(45)「逃げ遁れて免れんと欲するも城高くして超ゆる能わず」の「逃げ遁れて免れんと欲す」は、『世説新語』方正篇に「遜り遁れて以て免れんことを求む」とあり、『後漢書』党錮伝に「逃げ遁れて獲ざるもの有り」とある。「城高くして超ゆる能わず」は、『観仏三昧海経』巻五（大正十五668c）に「阿鼻地獄は縦広正に等しく八千由旬、七重の鉄城、七層の鉄網あり」とあり、「城高し」は、『抱朴子』明本篇「城いよいよ高し」。「超ゆる能わず」は、杜甫の「潼関の吏」の詩に「飛鳥も逾ゆる能わず」。「超」は逾と同義。

(46)「嗟呼、苦しき哉、嗚呼、痛ましき哉」は、『涅槃経』巻一（大正十二605a）に「嗚呼、慈父、痛ましき哉、苦しき哉」、また『文選』の陸機「従軍行」に「苦しき哉、遠く征くの人」とあり、同じく潘岳の「楊仲武の誄」に「嗚呼、仲武。痛ましい哉。奈何せん」。また一五三ページ注(41)を参照。

(47)「誰か鶏鳴の客を覓めて、早く閇関の労を消さん」は、『史記』孟嘗君伝に「孟嘗君、関に至る。関の法、雞鳴いて客を出だす。孟嘗君、追うものの至らんことを恐る。客の下坐に居る者、能く雞鳴を為すもの有りて雞尽く鳴き、遂に伝を発して出ず」とある故事をふまえる。「閇関」は閉関と同じ。関所を閉ざす。『易』の復卦の象伝に「先王は至日（夏至・冬至の日）を以て関を閉ざす」。「労を消す」は、王績の「程処士に贈る」詩に「時に酔を取りて愁を消す」

(48)「何ぞ狗盗の子を求めて、克く極刑の刃を拯わん」も、前注に引いた『史記』孟嘗君伝に載せる次の故事をふまえる。「秦の昭王……孟嘗君を囚え、謀りて之を殺さんと欲す。孟嘗君、人をして昭王の幸姫に抵りて解されんことを求めしむ。幸姫曰く、妾願わくは君が狐白裘を得ん、と。此の時、孟嘗君に一狐白裘の直千金にして天下無双なるもの有りしが、秦に入りしとき之を昭王に献じて他の裘無し。……最下の坐に能く狗盗を為す者有りて曰く、臣能く狐白裘を得ん、と。乃ち夜狗の為して以て秦宮の蔵の中に入り、献ぜし所の狐白裘を取りて至り、以て秦王の幸姫に献ず。幸姫、為に昭王に言い、昭王、孟嘗君を釈す」。「極刑」は、死刑。『文選』の司馬遷「任少卿に報ずる書」に「極刑に就きて慍むの色無し」。「拯う」は、同じく陳琳の「袁紹の為に豫州に檄する」文に「其の死の患を拯う」。「拯」は救と同義。

(49)「謀 窮まり途極まって千たび悔ゆること千たび切なり」の「謀窮まり途極まる」は、嵆康の「兄の秀才公穆の軍に入るに贈る」詩に「謀極まりて身心危し」、また『文選』の顔延之「五君詠」に「途窮まりて能く慟すること無からんや」。「千たび悔ゆ」は、『魏書』崔光伝に「万一差跌すれば、千たび悔ゆるも何ぞ追わん」

(50)「石磷ぎ芥尽きて、已に叫び咷わることを増す」の「石磷ぐ」は、『菩薩瓔珞本業経』巻下(大正二十四1019a)に「八百里の石、方広も亦た然るを、浄居天の衣の重さ三銖なるを以て……三年に一たび払いて、此の石乃ち尽く。故に一大阿僧祇劫と名づく」とあり、「磷ぐ」は、『論語』陽貨篇に「磨きて磷がず」とある。その「集解」に「磷は薄なり」。「芥尽く」は、『智度論』巻三十八(大正二十五339b)に「方百由旬の城有りて芥子を盈満す。長寿の人、百歳を過ぐる有り、一芥子を持ちて至る。芥子都な尽くるも劫は猶お澌きず」。「叫び咷わる」は、『易』の同人の卦の九五の爻辞に「先ず号び咷わりて而る後に咲う」

(51)「嗚呼、痛ましい哉、嗚呼、痛ましい哉」は、注(46)を見よ。

(52)「吾れ若し生日に勉めずして、蓋し一苦一辛に羅らば」の「生日」は、漢の孔融の「雑詩」に「人生自ずから命有るも、但だ生日の希なるを恨む」。「勉めず」は、『文選』の司馬遷「任少卿に報ずる書」に「何れの処か勉めざらんや」。なお「一苦一辛」の「苦辛」も、『文選』に多く見える語。たとえば曹植の「白馬王彪に贈る」詩に「能く苦辛を懐かざらんや」。「羅る」は、『漢書』于定国伝「文法に羅る」の顔師古の注に「羅は罹るなり、遭うなり」とあり、『聾瞽指帰』の空海自筆本は「蓋羅一苦一辛」の一句を「蓋有罹一苦一労」に作っている。

(53)「万たび歎き万たび痛むも、更に誰人をか凭まん」の「万たび歎き万たび痛む」は、類似の表現として『広弘明集』巻二十四の陳の徐陵「仁山の深法師の道を罷むるを諫むる書」に「万たび恨み万たび悲しむ」とある。「誰人をか凭まん」の「凭」は「馮」と同じく恃むの意。『左伝』僖公九年に「公子、誰をか恃まん」とある。

(54)「之を勉めよ、之を勉めよ」は、『文選』の楊惲「孫会宗に報ずる書」に「願わくは旃を勉めよ」とあり、「旃」は之と同じ。

(55)「百斛の酢梅、鼻に入って酸を為す」の「百斛」は、千斗。注(25)に既出。「酢梅」は、『芸文類聚』巻五十七に引く後漢の崔駰の「七依」に「鹹するに大夏の塩を以てし、酢するに越裳の梅を以てす」。「鼻に入って酸を為す」は、『文選』の宋玉「高唐賦」に「心を寒くし鼻を酸にす」

(56)「数斗の荼蓼、喉に入って肝を爛らす」の「数斗」は、『抱朴子』雑応篇に「酒を飲むこと数斗にして酔わず」。「荼蓼」は、茶と蓼。『詩経』周頌「良耜」の詩に「以て荼蓼を薅る」、また『後漢書』陳蕃伝に「荼蓼の苦を委つ」。「喉に入って肝を爛らす」は、『智度論』巻十六（大正二十五177b）に

「咽に入って咽爛る」。「咽」は喉と同じ。「肝を爛らす」は、二二七ページ注(11)に既出。

(57)「火を呑むことを仮らずして、腹は已に焼くが如し」は、張文成の『遊仙窟』巻一に「未だ嘗て炭を飲まざるに腹の熱きこと焼くが如し」とあり、「炭」は火の意。

(58)「刀の穿つを待たずして、胷も亦た割くに似たり」も、前注に引いた『遊仙窟』の文につづいて「刃を呑むと憶わざるも、腸穿たるること割くに似たり」とあるのをふまえる。「胷」は胸と同じ。

(59)「哽咽し悽愴として」は、『文選』の陸機「挽歌詩」に「言を含みて言哽咽す」、また『礼記』祭義篇に「霜露既に降る、君子は之を履んで必ず悽愴の心有り」。なお『涅槃経』巻一(大正十二605a)には、下句の「涕泣」とともに「身体戦慄し、涕泣哽咽す」

(60)「涕泣漣漣たり」は、『詩経』衛風「氓」の詩に「泣涕漣漣たり」。「涕泣」は、涙。「漣漣」は、涙を流すさま。

(61)「躃踊して地に倒れ、屠裂して天に愬う」の「躃踊」は、胸を打ち足ずりして泣き悲しむさま。『孝経』喪親章に「擗踊し哭泣して、哀しみて以て之を送る」。「躃」は擗と同じ。「地に倒る」は、『韓詩外伝』巻八に「曾子、過ち有り。曾皙杖を引きて之を撃ち、地に仆す」。「仆」は倒と同じ。「屠裂」は、斬殺。『文選』の曹植「自ら試みんことを求むる表」に「身は屠裂すと雖も功名は景いなる鐘に著わさる」。「天に愬う」も、同じく沈約の「斉の安陸王の碑」に「蒼天を仰いで自ら訴う」。「訴」は愬と同じ。

(62)「慈親を喪うが如し」は、『文選』の曹植「卞太后の誄」に「考妣を喪うが若し」、また『呂氏春秋』慎大覧に「慈親を得るが如し」

(63)「愛偶を失うに似たり」は、『荘子』斉物論篇に「嗒焉として其の耦を喪うに似たり」、郭象の注に

「其の配匹を失うが若し」。「耦」は偶と同じ。配偶者。「愛偶」は、『易林』巻十四に「一挙して千里、吾が愛母を見る」とあるのを参照。

(64)「一は則ち懼れを懐いて魂を失う」は、『論語』里仁篇に「一は則ち以て喜び、一は則ち以て懼る」。また『芸文類聚』巻九十一に引く曹植の「鸚鵡の賦」に「常に心を戢めて以て懼れを懐く」。「魂を失う」は、失神すること。『広弘明集』巻二十九の慧命法師「詳玄賦」に「三九茲に於て聴を絶ち、二七此に自りて魂を亡う」。「亡」は失と同義。

(65)「一は則ち哀しみを含んで悶絶す」の「一は則ち」は、前注の『論語』を見よ。「哀しみを含む」は、『文選』の嵆康「琴の賦」に「哀しみを含んで懊咿たり」。「悶絶」は、『左伝』定公四年「由于、徐ろに蘇りて従う」の杜預の注に「背に戈を受くるの故に当時悶絶す」、また『法華経』信解品(大正九16c)に「転た更に惶怖し、悶絶して地に躃る」

(66)「仮名則ち瓺を採り水を呪して普く面上に灑ぐ」の「仮名」は、仮名乞児。「瓺を採る」は、『智度論』巻七十一(大正二十五555c)に「坏の瓶を持ちて水を取る」とあり、「瓺」は瓶と同じ。「水を呪す」は、『高僧伝』求那跋摩伝に「王、流矢に遇いて脚を傷つく。跋摩、為に水を呪して之を洗う」とあり、「咒」は呪と同じ。「面上に灑ぐ」は、『法華経』信解品(大正九17a)に「冷水を以て面に灑ぎ、醒悟するを得しむ」

(67)「食頃にして蘓息し、酲に似て言わず」の「食頃」は、暫時。『法華経』序品(大正九4a)に「仏の説く所を聴いて食頃の如しと謂えり」。「蘓息」は、よみがえる。『智度論』巻十七(大正二十五182c)に「(耶輸陀羅は)地に躄りて気絶す。傍人、水を以て之に灑ぎ、乃ち蘇息するを得」。「蘓」は蘇と同じ。「酲に似る」は、『詩経』小雅「節南山」の詩に「憂心酲むが如し」。なお建長本は「酲」

を「醒」に誤る。

(68)「劉石の塚より出でしが如し」は、『博物志』巻十に「昔、劉玄石という者、中山の酒家に於て酒を酤う。酒家、千日の酒を与えて其の節度を言うを忘る。……家人知らずして以て死せりと為し、権に之を葬る。酒家、千日の満つるを計え、……往いて之を視れば、玄石は亡してより来三年、已に葬ると云う。是に於て棺を開くに酔始めて醒めたり」

(69)「高宗の喪に遭えるに似たり」は、『論語』憲問篇に「子張曰く、書に云う、高宗は諒に陰して三年言わず、何の謂いぞや」とあり、孔安国の注に「高宗は殷の中興の王の武丁なり。諒は信なり、陰は猶お黙のごときなり」、また「三年の喪畢りて然る後に王自ら政を聴けり」とあるのなどをふまえる。

(70)「良久しくして二目に涙を流す」の「良久し」は、五一ページ注(49)に既出。「二目」は、両眼。『三国魏志』陳思王伝の注に引く『魏略』に「其の両目をして盲せしむ」。「涙を流す」は、『世説新語』言語篇に「江を過りし諸人……皆な相い視て涙を流す」

(71)「五体、地に投ず」は、『涅槃経』巻二(大正十二375a)に「我等、今は一切当に共に五体、地に投ずべし」

(72)「稽顙して再拝す」は、『文選』の李陵「蘇武に答うる書」に「身を屈して稽顙す」、また同じく揚雄の「劇秦美新」に「稽首して再拝す」。「稽顙」は、稽首と同じく、恭しく頭をさげること。

(73)「吾等は久しく瓦礫に翫う」の「吾等」は、一二二ページ注(31)に既出。「久しく瓦礫に翫う」は、『文選』の左思「呉都賦」に「其の磧礫に翫って玉淵を窺わざる者」とあり、「瓦礫」は、一三一ページ注(13)に既出。また『華厳経』巻七十四(大正十403b)に「衆宝荘厳して瓦礫、荊棘株杌有ること無し」

(74)「常に躭(ふけ)る」は、『文選』の枚乗(ばいじょう)「七発」に「久しく安楽に耽りて日夜極まり無し」。「微楽」は、微小の楽しみ、人間世界の快楽をいう。「躭」は耽の俗字。

(75)「譬えば…如し」は、『文選』の曹操「短歌行」に「譬えば朝露の如し」、また『智度論』巻十（大正二十五134a）に「譬えば明鏡の其の面像を見(あら)わすが如し」

(76)「辛(から)きを蓼葉(りょうよう)に習う」は、『文選』の左思「魏都賦」に「蓼虫の辛きを忘れたるに習う」

一九五ページ

(1)「臭きを廁屎(しし)に忘る」は、『智度論』巻四十八（大正二十五404c）に「屎尿の臭処、甚だ悪み厭うべし」、また『禅要呵欲経』（大正十五238c）に「身の臭きこと死屍の如く……廁虫の糞を楽しむが如し」

(2)「盲目を覆(おお)うて以て険道に進む」の「盲目を覆う」は、『智度論』巻四（大正二十五87b）に「一切衆生は皆盲にして目無し」。「目を覆う」は、『易林』巻九に「袂(たもと)を挙げて目を覆えば、日月を見ず」。「険道に進む」は、『文選』の司馬相如「上林賦」に「径峻(みちけわ)しくして険に赴(すす)む」

(3)「蹇驁(けんと)を驁(は)せて冥途に向かう」は、『文選』の班彪「王命論」に「駑蹇の乗(くるま)は、千里の塗(みち)を騁(は)せず」とあり、「驁」は騁と同義。「冥途」は、死者の世界。『国清百録』巻三に「冥途は隔(とお)しと雖も感応は道通ず」

(4)「投ずる所を知らず、陥る所を知らず」は、『文選』の孫楚「石仲容の為に孫皓に与うる書」に「迷(めい)謬(びゅう)して未だ投ずる所を知らず」、また「生人、荼炭(とたん)の艱(くる)しみに陥る」

(5)「偶(たま)たま高論の慈誨に頼(よ)る」の「偶たま」は、『文選』の嵆康「絶交書」に「偶たま足下と相い知る」。「頼る」は、同じく劉琨の「勧進表」に「先后の徳に頼る」。「高論」は、『漢書』息夫躬(そくふきゅう)伝に「数(しば)しば危言高論す」。「慈誨」は、『法苑珠林』巻五十六（大正五三717b）に「儻(あるい)は慈父の誨(おし)えに遇(あ)いて我が心中の怍えを開く」、また『文選』の謝朓「斉敬皇后の哀策文」に「慈訓に早く違う」

(6)「乃ち吾が道の浅膚なるを知る」の「吾が道」は、『論語』里仁篇「吾が道は一以て之を貫く」。「浅膚」は、浅はか。『晋書』荀崧伝に「穀梁(伝)は膚浅にして博士を置くに足らず」

(7)「臍を噬みて以て昨の非を悔ゆ」の「臍を噬む」は、『左伝』荘公六年「若し早く図らずんば、後に君斉を噬まん」。「斉(齊)」は臍と同じ。また揚雄の「太玄賦」に「将に臍を噬むも之れ及ばざらんとす」。「昨の非を悔ゆ」は、『文選』の陶淵明「帰去来の辞」に「今の是にして昨の非なるを覚ゆ」。「非を悔ゆ」は、魏収の「梁朝に移する文」に「遂に其の非を悔ゆるを容す」

(8)「脳を砕いて以て明の是を行なわん」の「脳を砕く」は、『淮南子』俶真訓に「雲台の高き、堕つる者は脊を折り脳を砕く」。「明の是」は、前注に引いた「帰去来の辞」の「今の是にして昨の非なる」をもじった表現。

(9)「仰いで願わくは慈悲の大和上」は、『金光明最勝王経』王法正論品(大正十六442a)に「惟だ願わくは世尊、慈悲もて哀愍し、当に我が為に王法の正論、治国の要を説くべし」とあり、「大和上」は、『経律異相』巻十三(大正五十三63c)に「今我れ此の大和上を逐いて経戒を奉受して弟子と作らんと欲す」。「和上」は和尚と同じ。なお『百一羯磨』巻一(大正二十四456a)には「鄔波駄耶は訳して親教師と為す。和上と言うは乃ち是れ西方の時俗の語」とある。

(10)「重ねて指南を加え、察らかに北極を示せ」の「指南」は、『文選』の張衡「東京賦」に「幸に指南を吾子に見る」。「北極」は、『爾雅』釈天「北極」の郭璞の注に「北極は天の中にして、以て四時を正す」。ここは仏教の極致の意。

(11)「俞り、咨咨、善い哉」は、『書経』舜典に「帝曰く、俞り、咨、禹よ汝は水土を平らぐ」、また

『金光明最勝王経』分別三身品（大正十六411ａ）に「善い哉、善い哉、善男子」

(12)「汝等、遠からずして還れり」は、『易』繋辞伝下に「遠からずして復る」とあり、「復」は還と同義。

(13)「吾れ今重ねて生死の苦源を述ぶ」は、『華厳経』巻五十三（大正九731ｃ）に「普く諸もろの群生の流転生死の苦を見る」、また『法句譬喩経』巻三（大正四595ｂ）に「苦源を断たんと欲し、志は泥洹に存す」

(14)「涅槃の楽果を示す」は、『金光明最勝王経』十方菩薩讃歎品（大正十二454ｃ）に「引きて甘露涅槃の城に入らしめ、甘露無為の楽を受けしむ」、また『涅槃経』巻三十五（大正十二840ｃ）に「涅槃は即ち是れ常楽我浄」、同（840ｂ）に「因は是れ無常なるに果は云何ぞ常なる云々」

(15)「其の旨は則ち姫孔の未だ談ぜざる所」は、『広弘明集』巻八の道安「二教論」に「姫孔の教えを立つるは、以て上を安んじ民を治め、風を移し俗を易うべし」、「心を究め生滅を窮むるは、宣尼の又た未だ言わざる所なり」

(16)「老庄の未だ演べざる所」も、前注に引いた道安「二教論」に「老荘の玄を談ずるは、以て淳に帰し素に反るべし」、「色を推し極微を尽くすは、老氏の未だ弁ぜざる所なり」。「庄」は荘の俗字。

(17)「其の果は則ち四果」は、『涅槃経』巻二十五（大正十二516ｂ～ｃ）に「凡夫は惟だ果を観て因縁を観ず。……声聞の人の若きは未だ四果を証せず。因縁有るの故に貪心を生ず。四果を証するの時、貪心滅するを得」とあり、「四果」とは、声聞乗の聖果の差別すなわち預流果（凡夫を去って初めて聖道の法流に入った者）、一来果（なお煩悩を残して欲界に一たび生を受ける者）、不還果（煩悩の残余を断ち尽くして再び欲界に還らざる者）、阿羅漢果（永く涅槃に入って再び三界に生まれこぬ声聞乗の極果）をいう。

(18)「独一も及ぶ能わざる所なり」の「独一」とは、縁覚をいい、『涅槃経』巻十一（大正十二432ａ）に「永く貪欲・瞋恚・愚痴を断ちて辟支仏の道を得、煩悩余すこと無く涅槃に入るは、真に是れ麒麟独一の行なり」とある。「及ぶ能わず」は、『淮南子』脩務訓に「堯舜の聖も及ぶ能わず」

(19)「唯だ一生十地の漸く優遊する所のみ」の「一生十地」は、『智度論』巻三十（大正二十五278ａ）に「菩薩は十地に住し、……或は一生補処を現わす」とあり、「一生」とは、「一生補処」すなわち僅かに一生を繋縛されるだけで次には仏の地位を補う、菩薩の最高位をいう。「十地」とは、菩薩の修行の十段階で、歓喜地・離垢地・発光地・燄勝地・難勝地・現前地・遠行地・不動地・善慧地・法雲地。「優遊」は、ゆったりと楽しむさま。『詩経』小雅「采菽」の詩に「優なる哉、游なる哉」とあるのに本づく。一四七ページ注（５）に既出。

(20)「諦らかに聴き、能く持せよ」は、『金光明最勝王経』分別三身品（大正十六408ｂ）に「諦らかに聴き、諦らかに聴き、善く之を思念せよ」。「能く持す」は、同じく付嘱品（456ａ）に「若し能く持する者有らば、当に菩提の位に住し、覩史天に来生すべし」

(21)「要を挙げ綱を撮り、略して汝等に示さん」は、『文選』の孔安国「尚書序」に「其の宏綱を挙げ、其の機要を撮る」とあり、同じく李陵の「蘇武に答うる書」に「略して之を言わん」。「撮」は撮と同じ。

(22)「席を避けて称して曰く」は、『孝経』開宗明義章に「曾子、席を避けて曰く」、また『文選』の王褒「四子講徳論」に「席を降りて称して曰く」

(23)「唯唯、心を静かにし耳を傾け、恭みて専ら説を仰がん」の「唯唯」は、九九ページ注（71）に既出。

「心を静かにす」は、『荘子』達生篇に「必ず斎して以て心を静かにす」。「耳を傾く」は、二三六ページ注(51)に既出。「説を仰ぐ」は、陳の徐陵「王僧弁に与うる書」に「衣纓は訓を仰ぎ、黎庶は懐に投ず」

(24)「粤に則ち心蔵の鍵を開く」の「粤に即ち」は、『懐風藻』序に「爰に則ち庠序を建つ」とあり、「爰」は粤と同じ。「粤」は、九九ページ注(70)に既出。「心蔵」は、四一ページ注(4)に既出。「鍵を開く」は、『老子』第二十七章「関鍵無くして而も開くべからず」

(25)「舌泉の流れを振う」の「舌泉の流れ」は、『文選』の陸機「文の賦」に「思風は胸臆に発し、言泉は脣歯に流る」、また同じく左思の「呉都賦」に「汪んなる流れを振い盪かす」

(26)「正に生死海の賦を述ぶ」の「生死海」は、『金光明最勝王経』金勝陀羅尼品(大正十六424b)に「生死海に於て群迷を済う」、また『華厳経』巻六十二(大正十335a)に「云何が能く生死海を度りて仏の智海に入らん」。「賦を述ぶ」は、『佩文韻府』に引く唐の無名氏「五色卿雲賦」に「恭み命じて賦を述べしむ」

(27)「兼ねて大菩提の果を示す」は、『十地経論』巻十二(大正二十六202a)に「十地は大海の如し。度り難きを能く度るは、大菩提の果を得るが故なり」

(28)「三有の際を纏って、弥望するに極まり罔し」の「三有」は、『金光明最勝王経』滅業障品(大正十六414c)に「三有に貪著して出離の心無し」とあり、「三有」は三界すなわち欲界・色界・無色界。「弥望」は、遥かに眺める。『文選』の張衡「西京賦」に「弥望するに広く象いなり」。「極まり罔し」は、『詩経』の小雅「蓼莪」の詩に「昊天は極まり罔し」。「罔」は無と同義。

(29)「四天の表を帯びて、渺瀰として測る無し」の「四天」は、『智度論』巻百(大正二十五752a)に

「大海の水は四天の中に在りて須弥山を繞る」とあり、四天下の意。「渺瀰」は、果てしなく遠いさま。『文選』の木華「海の賦」に「渺瀰たり澶漫たり」。「測る無し」も、同じく王巾の「頭陁寺碑文」に「以て其の浅深を測る無し」

(30)「万類を吹噓す」の「万類」は、張華の「何劭に答うる詩」に「洪鈞は万類を陶し、大塊は群生を稟く」。「吹噓」は、『子華子』陽城胥渠問篇に「吹噓吸引」とあり、『老子』第二十九章「或は歔し或は吹す」に本づく。「歔」は噓と同じ。

(31)「巨億を括揔す」の「巨億」は、『列子』湯問篇に「仙聖の播遷する者、巨億ばかり」。「括揔」は、『文選』の郭璞「江の賦」に「漢泗を揔括し、淮湘を兼ね包む」。「揔」は摠と同じ。

(32)「大腹を虚しゅうして以て衆流を容る」は、『華厳経』巻四十一（大正九657a）に「一切諸仏の無上の腹を得て、悉く能く一切衆生を容受す」。また「腹を虚しゅうす」は、『荀子』議兵篇に「腹を虚しくし口を張りて、来りて我が食に帰す」。「衆流を容る」は、『七仏八菩薩所説大陀羅尼神呪経』巻四（大正二十一555a）に「猶お大海の一切百川の衆流を容受するが如し」

(33)「鴻口を闢いて諸洫を吸う」の「鴻口」は、大きな口。『文選』の張衡「西京賦」に「修き額……大いなる口」とある。ちなみに「鴻口」の語は、地名として『左伝』昭公二十一年に見える。「口を闢く」は、『陳書』高祖紀に「四人の朱衣の日を捧げて至る有り、高祖をして口を開いて納れしむ」とあり、「闢」は開と同義。「諸洫を吸う」は、杜甫の「飲中八僊の歌」に「飲むこと長鯨の百川を吸うが如し」とあり、「洫」は、小川、溝。『文選』の鮑昭「蕪城の賦」に「剞りて洫を濬くす」

(34)「陵に襄るの汰は、洶洶として息まず」の「陵に襄る」は、『書経』堯典に「蕩蕩として山を懐み陵に襄る」。「汰」は、水波。『楚辞』九章「渉江」に「呉の榜を斉えて汰を撃つ」。「洶洶」は、波のどよめくさま。『文選』の揚雄「羽猟賦」に「洶洶たり旭旭たり」して相い逼る」

(35)「崎を凌ぐの浪は、㶏㶏として相い逼る」の「崎」は、岸。「崎を凌ぐ」は、『文選』の枚乗「七発」に「赤岸を凌ぎ、扶桑を篲う」。「㶏㶏」も、同じく司馬相如「上林賦」に「馳ける波は沫を跳ばして汩濦たり」とあり、「濦」は㶏と同じく水波の音。「相い逼る」も、同じく嵆康の「琴の賦」に「奔遯して相い逼る」

(36)「礚礚として霆のごとく響いて、日日に已に衆し」の「礚礚」は、『文選』の司馬相如「子虚賦」に「硠硠礚礚として雷霆の声の若く、数百里の外に聞ゆ」。「已に衆し」も、同じく『文選』の任昉「蕭揚州の為に士を薦むるの表」に「益を弘むること已に多し」。「衆」は多と同義。

(37)「轔轔として雷のごとく震いて、夜夜に既に宛つ」の「轔轔」は、車のとどろく音。『文選』の張衡「東京賦」に「隠隠たり轔轔たり」。「雷のごとく震う」も、同じく劉峻「弁命論」に「沸く声は雷の震うが若し」

(38)「衆物累積し、群品夥藂す」の「衆物」は、『文選』の司馬相如「子虚賦」に「衆物之に居りて勝げて図るべからず」。「累積」も、同じく嵆康の「琴の賦」に「珍怪琅玕……叢集累積す」。「群品」は、孔穎達「周易正義序」に「(聖人は)天地に象りて群品を育つ」。「夥藂」は、『文選』の左思「蜀都賦」に「異類衆夥なり、何に于てか育たざらん」。「夥」も衆の意。「藂」は上引の「琴の賦」の「叢集」と同義。

(39)「何の恠か育たざらん、何の詭か豊かならざらん」は、『文選』の木華「海の賦」に「何の奇か有らざらん、何の怪か儲えざらん」、また前注の「蜀都賦」の「何に于てか育たざらん」、「琴の賦」の「珍怪」、「蜀都賦」の「異類」などを参照。「恠」は怪と同じ。「詭」は異と同義。

(40)「其の鱗類は則ち慳貪・瞋恚・極癡・大欲有り」の「鱗類」は、魚族。『芸文類聚』巻九十六に引く晋の摯虞「観魚賦」に「鱗族を彪池に観る」。「慳貪・瞋恚・極癡・大欲」は、『智度論』巻十六（大正二十五176ａ）に「慳貪・瞋恚・愚痴・怖畏の故に事の軽重を断むるに正理を以てせず」、また同（131ｃ）に「婬欲・瞋恚・嫉妬・慳貪・憂愁・怖畏等」とある。生死海に沈む一切衆生を海の縁語で魚類に喩え、その煩悩邪悪の相を挙げたのである。「大欲」は、『礼記』礼運篇に「飲食男女は人の大欲存す」

(41)「長頭は端無く、遠尾は極まり莫し」は、『芸文類聚』巻九十四に引く袁淑「驢山公九錫文」に「長頭広額、脩き尾は後に垂る」とあり、「端無し」は、『荘子』田子方篇に「始めと終りと端無きに相い反る」。「極まり莫し」は、注(28)の「極まり罔し」と同じ。

(42)「鰭を挙げ尾を撃つ」は、『文選』の郭璞「江の賦」に「鰭を揚げ尾を掉つ」

(43)「口を張りて食を求む」は、『荀子』議兵篇に「腹を虚しくし口を張りて、来りて我が食に帰す」

(44)「波を吸えば則ち離欲の船、檣摧け帆匱る」は、『文選』の木華「海の賦」に「波を噏えば則ち洪連踧蹜たり」、また「帆を決り檣を摧き、戕風起りて悪し」。「離欲」は、『智度論』巻八（大正二十五120ｂ）に「衆生は未だ欲を離れず」

(45)「霧を吐けば則ち慈悲の舸、檝折れ人殪る」の「霧を吐く」は、『梁書』沈約伝に載せる「郊居賦」に「雲を呑んで霧を吐く」。「慈悲の舸」は、『広弘明集』巻三十の昭明太子「開善寺法会」の詩に「慧海は慈の航を度す」。「檝折れ人殪る」は、用例未詳。

(46)「且つ泳ぎ且つ涵み、志意式らず」は、『文選』の左思「呉都賦」に「黿鼉鯖鰐、其の中に涵泳す」とあり、「志意」は、同じく謝恵連「秋懐」の詩に「平生、志意無く、少小にして憂患に嬰る」。また

「式らず」も、『文選』の孫楚「石仲容の為に孫皓に与うる書」に「侮慢して王命に式らず」

(47)「或は饕し或は餮して、心性直きに非ず」の「饕餮」は、財貨飲食を貪ること。『左伝』文公十八年に見える語。『広弘明集』慈済篇序に「縦恣饕餮にして酒肉を以て身の先と為す」。「心性」は、『智度論』巻二十二（大正二十五227ｂ）に「衆生の心性、煩悩の多少、智慧の利鈍を観る」。「直きに非ず」は、『論語』泰伯篇「狂にして直からず」

(48)「壑の如く渓の如く、後の害測られず」の「壑・渓」は、六四ページ注(30)に「渓壑貪婪の情」として既出。「後の害」は、『孟子』梁恵王篇上に「魚を得ずと雖も後の災無し」。「測られず」は、『文選』の賈誼「過秦論」に「測られざるの谿に臨む」

(49)「鼠の若く蚕の若く、隠るるに匪ず惻むに匪ず」は、『詩経』の魏風「碩鼠」の詩序に「碩鼠は重斂を刺るなり。国人、其の君の民を重斂蚕食して其の政を脩めず、貪りて人を畏るること大鼠の若くなるを刺る」、また『文選』の王褒「四子講徳論」に「身死するの腐人を惻み隠う」とあり、「惻隠」は、『孟子』公孫丑篇上の語。

(50)「共に千劫の蹉跎を忘る」は、『法華経』不軽菩薩品（大正九51ａ）に「千劫、阿鼻地獄に於て大苦悩を受く」。「蹉跎」は、つまずきころぶ。『文選』の張衡「西京賦」に「鯨魚は流れを失いて蹉跎たり」

(51)「並に一涯の貴福を望む」の「一涯」は、一生涯。五八ページ注(2)に既出。「貴福」は、『史記』陳軫伝に「今、楚に在りて珪を執りて貴富」、また『芸文類聚』巻二十三に引く「崔駰の竇憲に与うる書」に「賤に在りて貴を望む者は惑えるなり」

(52)「其の羽族」は、『文選』の左思「呉都賦」に「羽族は觜距を以て刀鈹と為す」

(53)「諂誑讒諛」は、『法華経』安楽行品（大正九38b）に「嫉妬諂誑の心を懐く無し」、『文選』の賈誼「屈原を弔う賦」に「讒諛して志を得」

(54)「誹謗麁悪」は、『法華経』譬喩品（大正九15b）に「斯の如きの経典を誹謗す」、また『法苑珠林』巻八十二に引く『菩薩蔵経』に「麁悪の言を以て毀罵訶責す」

(55)「噂喈嚾呶」は、ぺちゃくちゃとしゃべり、どなりちらす。『詩経』小雅「十月之交」の詩に「噂喈して背き憎む」、同じく小雅「賓之初筵」の詩「載ち号び載ち呶る」の毛伝に「号呶は号呼讙呶なり」。「嚾」は讙と同じ。

(56)「籧除悪作」の「籧除」は、籧篨と同じ。『詩経』邶風「新台」の詩「籧篨は鮮からず」、鄭玄の箋に「籧篨は口柔にして常に人の顔色を観て之が辞を為す。故に俯く能わざる者なり」。「悪作」は、『成唯識論』巻七（大正三十一35c）に「悔は悪作と謂う。作す所の事を悪んで追悔するを性と為す」

(57)「翮を整え道に背く」の「翮を整う」は、『文選』の孫綽「天台山に遊ぶの賦」に「軽き翮を整えて矯らんことを思う」。「道に背く」は、『広弘明集』巻二十九の「平魔赦文」に「五百の道に背きしもの、誅に聖世に甘んず」

(58)「高く翥いて楽に赴く」の「高く翥く」は、『拾遺記』の「始皇賦」に「日を捧げて高く翥き、風を迎えて細く転ず」。「楽に赴く」は、唐の蕭穎士の「滞舟賦」に「利に赴いて馳騁す」

(59)「四倒の浦に砰訇たり、十悪の沢に沸卉たり」の「四倒」は、『法苑珠林』破邪篇の述意部（大正五十三695b）に「四倒を反して一味に帰す」とあり、無常・無楽・無我・無浄において常・楽・我・浄に執われる四種の顛倒をいう。「十悪」は、『涅槃経』巻二十五（大正十二510c）に「十悪を遠離し、十善を修行す」。殺生・偸盗・邪淫・妄語・綺語・悪口・両舌・貪欲・瞋恚・邪見の十種の悪業。「砰訇」、「沸卉」は、鳥の勢いよく飛ぶさま。『文選』の張衡「西京賦」に「集る隼、帰る鳧は、沸卉砰訇たり」

(60)「正直の菱を彫琢し、廉潔の藿を唼喋す」の「正直」、「廉潔」は、『文選』の屈原「卜居」に「寧ろ廉潔正直にして以て自ら清くせんか」。「彫琢」は、ついばむ。同じく左思「呉都賦」に「蔓藻を彫啄す」。「唼喋」も、ついばむ。同じく司馬相如「上林賦」に「菁藻を唼喋し、菱藕を咀嚼す」。「菱」は蔆と同じ。「藿」は香草。上に引いた「呉都賦」に「草は則ち藿蒳豆蔻」、その注に引く『異物志』に「藿香は交趾に之有り」

(61)「鳳を見、鸞を見れば、仰いで預ず嚇嚇たり」の「鳳・鸞」は、『文選』の嵇康「琴の賦」に「鸞鳳は和して鳴き、雲中に戯る」。「仰いで預ず嚇嚇たり」は、『荘子』秋水篇に「夫れ鵷鶵は南海より発して北海に飛ぶ。梧桐に非ざれば止まらず、練実に非ざれば食わず、醴泉に非ざれば飲まず。是に於て鴟、腐鼠を得たるに鵷鶵これを過ぐ。仰いで之を視て曰く、嚇、と」。「預」は先と同義。ちなみに『聾瞽指帰』真筆本は「仰預」を「預仰」に作っている。

(62)「鼠を摯ち犬を摯てば、俯して則ち咋咋たり」の「摯」は撃と同義。『文選』の王褒「四子講徳論」に「狼のごとく摯ち虎のごとく攫む」。「咋咋」は、大声をあげるさま。『列異伝』に「宋定伯、鬼を担いて肩に著け、急に之を執う。鬼大呼して声は咋咋然たり」

(63)「且つ飛び、且つ鳴いて、現前の潤屋を営む」の「且つ飛び且つ鳴く」は、『詩経』の小雅「小宛」の詩に「彼の脊令を題るに、載ち飛び載ち鳴く」。「現前」は、『大沙門百一羯磨法』(大正二十三 493c)に「是の六物は、現前の僧、分つべし」とあり、目前と同義。「現前を営む」は、『文選』の曹丕「典論論文」に「目前の務めを営む」。「潤屋」は、同じく劉峻の「広絶交論」に「宵燭の末光を冀い、潤屋の微沢を邀む」、また『礼記』大学篇に「富は屋を潤す」

(64)「或は痛み或は死して、未来の苦酷を忘る」は、『法苑珠林』巻七（大正五十三330ｂ）に「卒かに心痛み、須臾にして死す」。「未来」は、『法華経』授学無学人記品（大正九30ｂ）に「未来に当に成仏すべし」。「苦酷」は、苦毒と同義。同じく方便品（大正九8ｂ）に「備さに諸もろの苦毒を受く」。また『経律異相』巻三十九（大正五十三205ｂ）に「死後に魂神は当に悪道に入るべく、酷毒懃苦、独り当に之を受くべし」

(65)「豈に知らんや、鴈門の坂には、繊羅張り列ぬ」の「豈に知らんや」は、『文選』の劉峻「弁命論」に「豈に知らんや、力有る者の之を運びて趨るを」。「鴈門」も、同じく張衡「西京賦」に「（鳥は則ち）南のかた衡陽に翔け、北のかた鴈門に棲む」。「繊羅」は、かすみ網。『抱朴子』明本篇に「繊羅は密にして羽禽は沢に躁ぐ」。「羅を張る」は、『文選』の劉峻「広絶交論」に「羅を沮沢に張る」

(66)「昆明の池には、黏黴普く設けたり」の「昆明の池」は、『文選』の張衡「西京賦」に「旋らして昆明の池に憩う」。「黏黴」は、魚を捕える大きな網。同じく潘岳「西征賦」に「赬き鯉を黏黴に解く」。「普く設く」も、『文選』の左思「呉都賦」に「罿罻、普く張る」。「設」も張の意。

(67)「更嬴の箭は、前に来って首を砕く」の「更嬴」は、弓の名人。七八ページ注（36）に既出。「首を砕く」は、『文選』の陸機「演連珠」に「（秦の）禽息は首を砕く」

(68)「養由の弧は、後に放ちて血を流す」の「養由」も弓の名人。七八ページ注（36）に既出。「弧」は、弓。『文選』の左思「魏都賦」に「燕の弧は庫に盈つ」。「血を流す」は、二七七ページ注（30）に既出。

(69)「其の雑類の若きは則ち」は、『広弘明集』巻二十九の「破魔露布文」に「七等の雑類は、或は飛び或は沈む」

（70）「憍慢（愓）忿怒」は、『華厳経』巻三十三（大正十814c～815a）に「忿怒の所行に随わず、……憍慢の所行に随わず」

（71）「罵詈嫉妬」は、『漸備一切智徳経』巻一（大正十466a）に「また罵詈せず、麁辞を演べず」、『華厳経』巻三十三（大正十815a）に「嫉妬の所行に随わず」

（72）「自ら讃めて他を毀る」は、『梵網経』巻下（大正二十四1004c）に「自ら讃めて他を毀り、亦た人をして自ら讃め他を毀らしむ」

（73）「遊蕩放逸」は、『法句譬喩経』巻四（大正四603a）に「昔、仏は舎衛の精舎中に在りて法を説く。……時に遊蕩子二人あり」、また『智度論』巻十三（大正二十五158b）に「色を縦ままにして放逸なり」、『大乗義章』巻二（大正四十四92b）に「善方便を離るるを放逸と名づく」

（74）「無慚無愧」は、『智度論』巻十三（大正二十五158c）に「酒に三十五失あり。……二十四には無慚無愧」

一九六ページ

（1）「信ぜず恤まず」は、『法華経』方便品（大正九9c）に「法を破りて信ぜざるが故に三悪道に墜つ」、また『書経』湯誓篇に「我が后は我が衆を恤まず」

（2）「邪婬邪見」は、『智度論』巻十三（大正二十五157a）に「邪婬の人は後に剣樹地獄に堕つ」、また『法華経』方便品（大正九9c）に「深く諸もろの邪見に入る」

（3）「憎愛寵辱」は、『法華経』薬草喩品（大正九20a）に「彼此愛憎の心有る無し」、また『老子』第十三章に「之を得ては驚くが若くし、之を失いては驚くが若くす、是を寵辱驚くが若しと謂う」

（4）「煞害の党、闘閲の族」は、『文選』の左思「呉都賦」に「烏菟の族、犀兕の党」とあり、「煞害」

は、『後漢書』董卓伝に「権利を争いて更ごも相い殺害す」。「煞」は殺と同じ。「闘閲」は、『隋書』宇文化及伝に「兄弟数しば相い闘閲す」。「闘閲」は闘鬩の俗字。

(5)「形を同じくして心を異にす」は、『抱朴子』交際篇に「形同じくして神乖る」、また『文選』の禰衡「鸚鵡の賦」に「族を羽毛に同じくすと雖も固より智を殊にして心を異にす」

(6)「類を別にし目を殊にす」は、『文選』の班固「西都賦」に「黄支の犀、条支の鳥、……方を殊にし類を異にす」。「目」は、名目。『荀子』正名篇に「実を異にする者の名を異にするを知る」。ちなみに「目を異にす」は、『三国魏志』陳思王伝の注に引く『魏武故事』に「吾をして目を異にして此の児を視しむ」

(7)「鋸爪鑿歯」は、『文選』の左思「呉都賦」に「鉤爪鋸牙」とあり、『淮南子』本経訓に「鑿歯を寿華の野に誅す」、その高誘の注に「鑿歯は獣名、歯の長さ三尺、其の状は鑿の如し」

(8)「慈少くして穀を湌う」の「慈少し」は、『抱朴子』仁明篇に「天性の慈無し」、また『史記』韓非伝の論賛に「惨礉にして恩少し」。「穀を湌う」は、『抱朴子』雑応篇に「穀を食う者は智にして寿ならず」。「湌」も食の意。

(9)「眈眈として虎視す」は、『易』頤卦の六四の爻辞に「虎視眈眈」、その王弼の注に「虎視眈眈として威あって猛からず」。「眈眈」は、ぐっと睨みすえるさま。

(10)「朝露の麓に遊ぶ」の「朝露」は、『文選』の「古詩十九首」(其十三)に「年命は朝露の如し」。「麓に遊ぶ」は、『文選』の張衡「南都賦」に「虎豹黄熊は其の下に游ぶ」、また同じく謝恵連の「古冢を祭る文」に「東の麓に窀穸す」。「窀穸」は埋葬。

(11)「睢睢として師吼す」の「睢睢」は、仰ぎ見るさま。『漢書』五行志に「万衆睢睢、驚き怪しむこと連日」とあり、顔師古の注に「目を仰(あ)げて視る貌」とある。「師吼」は、獅子が吼(ほ)えること。『華厳経』巻四（大正九419ａ）に「仏の号は同じからず。……或は師子吼と称す」。二四四ページ注（7）を参照。

（12）「夜夢の谷に戯(たわむ)る」の「夜夢」は、『像法決疑経』（大正八五1338ｃ）に「人の夜夢に種種の事を見るが如く、……種種の苦を受け、大なる憂悩を生ず」。「谷に戯る」は、注（10）に引いた「南都賦」に「虎豹黄熊は其の下に游び、縠玃猱㹶(こくかくどうてい)は其の巓(いただき)に戯る」、なお、その上文に「谷底に蓊鬱(おううつ)たり」の語が見える。

（13）「遇(あ)う者は気を奪われ精を抜かる」は、『文選』の張衡「東京賦」に「酲(さかやみ)の朝に罷(つか)れ夕に倦(う)み、気を奪われ、魄を褫(うば)われしものの為(しわざ)の若(ごと)し」、注に「惘然(ぼうぜん)として神(しん)の其の精気を奪われしが如し」

（14）「脳を塗(まみ)らし腸を砕く」は、『文選』の司馬相如「巴蜀(はしょく)を喩(さと)す檄文」に「肝脳は中原に塗れ、膏液は野草を潤す」。「腸を砕く」は、『文選』の古楽府(こがふ)「傷歌行」に「哀鳴は我が腸を傷(やぶ)る」、また『淮南子』俶真訓に「雲台の高き、堕(お)つる者は脊(せ)を折り脳を砕く」

（15）「見る者は身慄(ふる)（慓）え心悚(お)ず」は、『後漢書』梁節王暢伝に「肌慄え心悸(お)ず」、『文選』の潘岳「雉を射るの賦」に「情駭(おどろ)きて神(こころ)悚ず」。なお「慓」は慄の誤写。『聾瞽指帰』の空海真筆本は正しく「慄」に作っている。

（16）「瞏瞏(けいけい)として讋伏(しょうふく)す」は、『文選』の王延寿「魯の霊光殿の賦」に「目は瞏瞏として精を喪(うしな)う」、同じく司馬相如「上林賦」に「驚き憚(おそ)れて讋伏す」。「瞏瞏」は、目のくらむさま。「讋伏」は、怖れて立ちすくむこと。

（17）「是(かく)の如きの衆類」は、『文選』の嵆康「琴の賦」に「況(いわ)んや蚑行(きこう)の衆類をや」、また『抱朴子』祛惑篇に「此の如きの事類は、具さに記すべからず」

(18)「上は有頂天を絡い、下は無間獄を籠む」は、『法華経』法師功徳品（大正九48ｂ）に「下は阿鼻獄に至り、上は有頂天に至らん」、『経律異相』巻五十（大正五十三262ｃ）に「阿鼻地獄は、又た無間と言う」。「絡う」と「籠む」は、『文選』の班固「西都賦」に「山を籠め野を絡う」

(19)「処に触れて櫛比し、浦毎に屋を連ぬ」の「処に触れて」は、到る処にの意。『国清百録』巻二の「匡山寺を述ぶる書」に「松霞は清曠、処に触れて蕭条たり」とあり、また張文成の『遊仙窟』巻四に「処に触れて芳樹を尋ぬ」。「櫛比」は、櫛のように比ぶ。『文選』の左思「呉都賦」に「屯営は櫛比す」。「屋を連ぬ」は、同じく左思「魏都賦」に「屋を比ねて一と為すべし」。「連」は比と同義。

(20)「玄虚の神筆」の「玄虚」は、『文選』の「海の賦」の作者である木華、アザナは玄虚。「神筆」は、『広弘明集』巻二十三の玄奘「重ねて三蔵聖教序を請うの啓」に「鷲嶺の微言は神筆を仮りて弘遠なり」

(21)「千たび聚むるも陳べ難し」は、『文選』の謝霊運「彭蠡湖口に入る」の詩に「千念は日夜に集まる」。「聚」は集と同じ。また同じく「古詩十九首」（其四）に「歓楽は具さに陳べ難し」。「千たび」は、下文の注（23）を見よ。

(22)「郭象の霊翰」の「郭象」は、『荘子注』の著者。四三ページ注（9）に既出。「霊翰」は、『広弘明集』巻三十の支道林「述懐詩」に「惚恍として霊翰を迴し、肩を息めて南嵎に棲む」。ここは霊筆の意。

(23)「万たび集むるも何ぞ論ぜん」の「万たび集む」は、上文の「千たび聚む」とともに『文選』の張協「七命」に「乃ち錬り乃ち鑠し、万たび辟み千たび灌る」。「何ぞ論ぜん」も、同じく江淹「恨の賦」

に「手を握るも何ぞ言わん」

(24)「茲に因って五戒の小舟、猛浪に漂う」の「茲に因って」は、『文選』の班固「西都賦」に「茲に因って以て戎を威し狄に夸る」。「五戒の小舟」は、『広弘明集』巻二十九の慧命「詳玄賦」に「曠海を渉るに戒の舟を以てす」。「五戒」は、在家の信者の守るべき不殺生・不偸盗・不邪淫・不妄語・不飲酒の五種のいましめ。「猛浪」は、『三国呉志』孫権伝の注に引く『江表伝』に「不測の淵を軽んじ、猛浪の中に戯る」

(25)「以て羅刹の津に曳曳掣掣たり」は、『法華経』普門品(大正九56c)に「黒風その船舫を吹いて羅刹鬼国に飄堕す」。「曳曳掣掣」は、風のまにまに漂うこと。『文選』の木華「海の賦」に「裸人の国に掣掣洩洩たり」。「曳」は洩と同じ。

(26)「十善の椎輪は強邪に引かる」の「十善」は、不殺生・不偸盗・不邪淫・不妄語・不両舌・不悪口・不綺語・不貪欲・不瞋恚・不邪見。『華厳経』巻十二(大正九475b)に「此の菩薩は、殺・盗・邪淫・妄語・悪口・麁言・両舌・雑語・貪・恚・邪見を捨離し、十善を具持す」、また『芸文類聚』巻七十七に引く梁の簡文帝「広信侯に与うる書」に「十善の車に陪して八正の路を開く」。「椎輪」は、竹や木で作った質素な車。『文選』の昭明太子「序」に「椎輪は大輅の始め為り」

(27)「魔鬼の隣に隠隠轔轔たり」は、『文選』の陸機「挽歌詩」に「昔は四民の宅に居り、今は万鬼の鄰に託す」、また『法苑珠林』巻十(大正五十三363b)に「魔鬼と毒竜と妄りに我が塔を毀つ」。「隠隠轔轔」は、車のとどろく音。『文選』の王融「曲水詩の序」に「轟轟隠隠として紛紛軫軫たり」

(28)「非ざる自りは」は、『文選』に多く見える語法。たとえば、趙至の「嵆茂斉に与うる書」に「命を知るに非ざる自りは、誰か能く憤悒せざる者ぞや」

(29)「勝心を因の夕に発す」は、『高僧伝』慧遠伝に「慧解を前の因に藉き、勝心を曠劫に発す」。「勝心」は、すぐれた心。

(30)「最報を果の晨に仰ぐ」の「最報」は、すぐれた果報。法蔵の『華厳経探玄記』巻二（大正三十五139c）に「菩薩も亦た分に随える正覚あり。然れども位いまだ極めざれば、最(報)と称するを得ず」

(31)「誰か能く淼淼の海底を抜き」の「淼淼」は、海水のひろびろとしたさま。『芸文類聚』巻七十六に引く梁の沈約「法王寺碑の銘」に「炎炎たる烈火、淼淼たる洪波」。「海底」は、『文選』の郭璞「遊仙詩」に「呑舟は海底に涌く」

(32)「蕩蕩の法身に昇らん」の「蕩蕩」は、ひろびろとしたさま。『論語』泰伯篇「大なる哉、堯の君たるや。……蕩蕩乎として民能く名づくる無し」。「法身」は、仏陀の真身。『華厳経』巻十六（大正九501c）に「法身の浄光は普く一切を照らす」、また『芸文類聚』巻七十六に引く梁の庾肩吾「太子の重雲殿に受戒せし詩に和す」に「万年、瑞応に逢い、千生、法身に値う」

(33)「誡に須らく六度の筏は纜を漂河に解き」の「誡に須らく」は、『抱朴子』審挙篇に「誡に須らく有司、是れ康んじ是れ賛くべし」。「六度の筏」は、『涅槃経』巻二十三（大正十二501c）に「六波羅蜜三十七道品を修めて以て船筏と為し、此の筏に依乗して煩悩の河を度って彼岸に到る」、また同じく巻十四（大正十二450c）に「(菩薩は)大乗を修行し、六度を具す」。「六度」は、六波羅蜜と同じ。涅槃の彼岸に到るために菩薩が修める六種の大行、すなわち布施・持戒・忍辱・精進・静慮・智慧。「纜を解く」は、船出すること。『文選』の謝霊運「隣里、方山に相い送る」詩に「纜を解いて流潮に及ぶ」。「漂河」は、『涅槃経』巻二十三（大正十二501c）に「煩悩の河の漂没する所と為る」

(34)「八正の舸は棹を愛波に艤し」は、『国清百録』巻一「敬礼法」に「彼の八正の船に乗りて、能く度し難き者を度す」。「八正」は、八正道。正見・正思惟・正語・正業・正命・正精進・正念・正定。「舸」は、舟。「棹を艤す」は、舟の準備をして岸につけること。『文選』の郭璞「江の賦」に「渉人、是に於て榜を擬す」。「榜」は棹、「擬」は艤と同義。「愛波」は、『国清百録』巻二の永陽王「解講疏」に「業風に飄蕩し、愛水に沈淪す」

(35)「精進の幢を樹つ」の「精進」は、励み努めること。『華厳経』巻十（大正九460c）に「諸もろの有に著する者は、空の法門を教え、懈怠の衆生には精進を行なうを教う」。「幢」は、帆柱。『文選』の木華「海の賦」に「帆を決き檣を摧く」。「樹」は、立てる、

(36)「静慮の颿を挙ぐ」の「静慮」は、心の動きを静めること。『華厳経』巻五（大正十558b）に「善を求めて厭かざるは斯れ精進、道に於て動ぜざるは即ち静慮」。「颿を挙ぐ」は、『文選』の左思「呉都賦」に「楼船は颿を挙ぐ」。「颿」は帆と同義。

(37)「群賊を拒ぐに忍鎧を以てす」の「賊を拒ぐ」は、『宋書』宗愨伝に「身を挺して賊を拒ぎ、賊十余人皆披散す」。「忍鎧」は、堅固な忍辱の心。『智度論』巻十（大正二十五133a）に「忍鎧の心は堅固にして、精進の弓は力強し」

(38)「衆敵を威すに智劒を以てす」の「敵を威す」は、『史記』司馬穰苴伝に「文は能く衆を附け、武は能く敵を威す」。「智劒」は、『金光明最勝王経』巻二（大正十六413b）に「願わくは智剣を以て断除することを為し、苦を離れて速やかに菩提の処を証せん」

(39)「七覚の馬に策ちて亟やかに沈淪を超え」の「七覚」は、念・択法・精進・喜・軽安・定・捨の七種の覚法。『智度論』巻二十四（大正二十五237a）に「七覚を修むることを離れて涅槃を得るは、是の処無し」。「馬に策つ」は、『文選』の欧陽建「臨終詩」に「馬に策ちて近関に遊ぶ」。「沈淪」は、

『後漢書』謝該伝に「山河を踰越し、荊楚に沈淪す」。ここは生死の海に深く沈みこむの意。

(40)「四念の輪に駕して高く囂塵を超ゆべし」の「四念」は、身の不浄を念い、感受の苦なるを思い、心の無常なるを念い、法の無我なるを念う、身念処・受念処・心念処・法念処の四念処をいう。『智度論』巻八十九（大正二十五689ａ）に「（菩薩は）能く六波羅蜜、四念処ないし八聖道分を学ぶ」。「輪に駕す」は、『文選』の張衡「西京賦」に「彫ける軫に駕す」。「輪」も「軫」も車。「囂塵」は、俗世間。一九八ページ注（５）に既出。

(41)「則ち頂珠を許して以て壃を封ず」の「頂珠を許す」とは、『法華経』安楽行品（大正九38ｃ）に「唯だ髻中の明珠のみは以て人に与えず。所以は何ぞ。独り（転輪聖）王の頂上にのみ此の一珠有り。若し以て之を与うれば、王の諸もろの眷属、必ず大いに驚き怪しまん」、また同（39ａ）に「転輪王、諸もろの兵衆の大功有る者を見れば、心甚だ歓喜し、此の信じ難きの珠の久しく髻中に在り、妄に人に与えざるを以てして今これを与う。……此の法華経は是れ如来第一の説にして諸説の中に於て最も甚深と為す。末後に賜与すること彼の強力の王の久しく明珠を護りて、今乃ち之を与うるが如し」。「壃を封ず」は、同じく安楽行品（38ｃ）に「（転輪聖王は）兵衆の戦いて功有る者を見れば、即ち大いに歓喜して功に随いて賞賜す。或は田宅・聚落・城邑を与う」とあるのをふまえ、領地を与えて諸侯とすること。『周礼』地官、大司徒の職に「諸公の地は疆を封ずること五百里」とあり、「壃」は疆と同じ。

(42)「彼の鶖子の授記の春に同じ」の「鶖子」は、仏陀の弟子の舎利弗。『翻訳名義集』巻一（大正五十四1063ｂ）に「（法華文句に云う）亦た鶖子と云う。母の眼の明浄なること鶖鷺の眼の如ければなり」。「授記」は、未来の成仏を予言した証書を授けること。『法華経』序品（大正九４ｂ）に「仏は授記し已って便ち中夜に於て無餘涅槃に入る」、また鶖子すなわち舎利弗の授記については、同じく譬喩品（大正九12ｂ）に「爾の時、舎利弗、仏に白して言う、世尊よ、我れ今また疑悔すること無く、親しく仏の前に於て阿耨多羅三藐三菩提の記を受くるを得たり」

(43)「頸瓔を奉じて以て境を尽くす」の「頸瓔を奉ず」は、『法華経』普門品（大正九57ｂ）に「無尽意菩薩、仏に白して言う、世尊よ、我れ今当に観世音菩薩を供養せん、と。即ち頸の衆くの宝珠瓔珞の価百千両金に直るを解いて以て之を与う」。「境を尽くす」は、張九齢の「功徳頌」に「山を塹り谷を堙め、境を尽くして長城を築く」。ここは最高の境位にまで昇りつめる、すなわち成仏することをいう。

(44)「此の竜女の得果の秋に比す」は、『法華経』提婆達多品（大正九35ｃ）に「時に舎利弗、竜女に語って言う、……女身は垢穢、是れ法器に非ず、云何ぞ能く無上菩提を得ん。……爾の時、竜女一宝珠有り、価三千大千世界に直る。持ちて以て仏に上る。竜女、智積菩薩・尊者舎利弗に言う、我れ宝珠を献じて世尊は納受せり。……汝の神力を以て我が成仏の復た此より速やかなるを観よ、と」、その『法華文句』巻八下（大正三十四117ａ）に「珠を献ずるは、円解を得るを表わす。……仏の受くること疾きは、果を獲ること速きなり」とあり、「獲」は得と同義。

(45)「十地の長き路、須臾に経殫す」の「十地」は、二九〇ページ注(19)に既出。「長き路」は、『文選』の「古詩十九首」（其六）に「長き路は漫浩浩たり」。「須臾」は、短い時間。同じく劉伶の「酒徳頌」に「万期を須臾と為す」。「殫」は尽と同義。同じく司馬相如の「上林賦」に「道尽き途殫く」

(46)「三祇の遥かなる劫、究め円かにすること難きに非ず」は、『大乗本生心地観経』巻三（大正三305ａ）に「三僧企耶の大劫中に具に百千の諸もろの苦行を修め、功徳は円満にして法界に遍く、十地は究め竟して三身を証す」とあり、「三祇」は、「三僧企耶」の略。「三祇の遥かなる劫」とは、無限に長い時間。

(47)「十重の荷を捨て、尊位を真如に証す」は、『成唯識論』巻九（大正三十一51a）に「十地の中に十の勝行を修め、十の重き障を断ち、十の真如を証す」とあり、「十重の荷を捨つ」は、「十の重き障を断つ」ことをいう。「十の重き障」とは、同じく『成唯識論』巻九（大正三十一52b—53c）に「一には異生性の障、二には邪行の障、三には闇鈍の障、四には微細なる煩悩現行の障、五には下乗（二乗）に於て般涅槃する障、六には麁相現行の障、七には細相現行の障、八には無相の中に加行を作すの障、九には利他の中に行ずるを欲せざる障、十には諸法中に於て未だ自在を得ざるの障」とある。「尊位」は、『文選』の劉琨「勧進表」に「尊位は久しく虚しくすべからず」とあり、帝王の位。ここは仏の位をさす。

(48)「二転の台に登って、帝号を常居に称す」の「二転」は、『成唯識論』巻九（大正三十一51a）に「云何が二種の転依を証得する」とある「二種の転依」すなわち菩提涅槃の果報をいう。同じく『成唯識論』巻九（大正三十一51a）に「転とは、二分を転捨し転得するを謂う。数しば無分別智を修習して本識中の二障の麁重を断つに由るが故に能く依他起の上の遍計所執を転捨し、及た能く依他起の中の円成実性を転得す。煩悩を転ずるに由って大涅槃を得、所知障を転じて無上覚を証す」とある。「台に登る」は、『老子』第二十章「春、台に登るが如し」。「帝号」は、『文選』の班彪「北征賦」に「帝号を尉他に黜く」とあり、ここは仏の称号の意。なお『広弘明集』巻二十九の「魔主報檄文」に「釈迦皇帝、奄然として登遐す」とあるのを参照。「常居」は、『晋書』天文志に「紫微は大帝の坐なり。天子の常居なり」とあり、ここは仏の住処をいう。『普賢経』（大正九392c）に「釈迦牟尼を毘盧遮那遍一切処と名づく。其の仏の住処を常寂光と名づく」とあるのを参照。

(49)「一如は理に合して心に親疎莫し」の「一如」は、真如と同義。『摩訶止観』巻八(大正四十六115a)に「魔界も如、仏界も如、一如にして二如無く、平等一相なり」、また『大乗起信論』(大正三十二579a)に「実に此の功徳の義有りと雖も而も差別の相無し。等同一味にして唯だ一真如なり」。「理に合す」は、『淮南子』脩務訓に「聖人の事に従うや、体を殊にして理に合す」。「心に親疎無し」は、『荘子』徐無鬼篇「(真人は)甚だ親しむ所無く、甚だ疏んずる所無し」。「疎」は疏、「莫」は無と同じ。

(50)「四鏡は智を含んで遥かに毀誉を離る」の「四鏡」は、『大乗起信論』(大正三十二576c)に「覚体相は四種の大義有りて虚空と等しく、猶お浄鏡の如し。云何が四と為す、一は如実空鏡、二は因熏習鏡、三は法出離鏡、四は縁熏習鏡」とある。「智を含む」は、『荘子』胠篋篇に「人其の知を含めば則ち天下惑わず」。「遥かに毀誉を離る」は、『淮南子』俶真訓に「毀誉の己れに於けるや猶お蚊虻の一過するがごとし」、また『文選』の任昉「王文憲集序」に「愛憎の情罕なれば、理は毀誉を絶す」

(51)「生滅を超えて改めず、増減を越えて衰えず」は、『華厳経』巻五十(大正十265a〜b)に「真如は妄を離れて恒に寂静なり。生無く滅無くして普く周遍す。諸仏の境界も亦た然り。体性平等にして増減せず」。なお「改めず」は、『老子』第二十五章に「(道は)独立して改めず」。また「衰えず」は、『荘子』在宥篇「我れ其の一を守りて其の和に処る。故に我れ身を修むること千二百歳、吾が形は未だ常て衰えず」

(52)「万劫を踰えて円寂なり」の「万劫」は、『広弘明集』巻十五の梁簡文帝「唱導文」に「一善、心を染むるれば万劫朽ちず」、また同じく巻二十二の唐の太宗「三蔵聖教序」に「(仏道は)滅無く生無く、千劫を歴て古びず」。「円寂」は、「涅槃」の意訳語。『宝積経』巻五十六(大正十一327c)に「我れ円寂を求めて欲染を除く」

(53)「三際に亘って無為なり」の「三際」は、三世と同義。『宝性論』巻一(大正三十一813b)に「仏の体は前際無く、及た中間の際無く、亦た復た後際無く、寂静にして自ら覚知す」。「無為」は、『広弘明集』巻十三の法琳「弁正論」に「徳の備わらざる無き者、之を謂いて涅槃と為す。……涅槃とは漢に無為と言う」

(54)「豈に皇いならずや、亦た唐からずや」は、『詩経』大雅「皇矣」の詩に「皇いなるかな上帝」とあり、毛伝に「皇は大なり」とある。また「唐」は、『文選』の枚乗「七発」「浩唐の心」の李善の注に「唐は猶お蕩のごときなり」とあり、「蕩」は『論語』泰伯篇に「大なる哉、尭の君たるや。……蕩蕩乎として民能く名づくる無し」

(55)「軒帝尭義も履を採るに足らず」の「軒帝」は、虚亡隠士論の「帝軒」と同じく黄帝をいう。一四七ページ注(8)を見よ。「尭」は、前注に引いた『論語』にいわゆる「大なる哉、尭の君たるや」の尭。『史記』五帝本紀などにまとまった伝記が見える。「義」は、伏義。七ページ注(3)に既出。「履を採る」は、『史記』留侯世家に「孺子、下りて履を取れ」とあり、「採」は取と同義。また張文成の『遊仙窟』巻一に「巫峡の仙雲も未だ敢て鞻履を擎ぐることを為さず」

(56)「輪王釈梵も輢を扶ぐるに堪えず」の「輪王」は、転輪聖王。二四九ページ注(34)、上文の注(41)に既出。「釈梵」は、『華厳経』巻四十二(大正九666b)に「釈梵四天王、来りて菩薩に詣る」とあり、帝釈と梵王。「輢を扶ぐるに堪えず」は、『文選』の揚雄「羽猟賦」に「斉桓も曾て輪を扶げしむるに足らず」。「輢」は、車の両旁の倚れる板。

(57)「天魔外道、百非を騁せて毀る所に非ず」の「天魔外道」は、『金剛仙論』巻一(大正二十五800c)

に「天魔外道餘人の説く者は、未だ必ずしも信ずべからず」。「百非を騁せて毀る所に非ず」は、『釈摩訶衍論』巻二（大正三十二605c）に「其の真如の法は、百非も非るところに非ず」

(58)「声聞辟支、万是を飛ばして是とする所に非ず」の「声聞辟支」は、『維摩経』弟子品（大正十四540b）に「我れ是より来、復た人に勧むるに声聞辟支仏の行を以てせず」。「声聞」は、仏の声教を聞いて四諦の理を悟り涅槃に入るもの、「辟支」は辟支仏。縁覚または独覚ともいい十二因縁の理を観じて悟る者。「万是を飛ばして是とする所に非ず」は、前注に引いた『釈摩訶衍論』の文章につづいて「千是も是とするところに非ず」とある。「一真如」の深遠な境地は、声聞・縁覚の二乗の人々には理解できないの意。

(59)「四弘は未だ極めざるに一子は溝に沈めり」の「四弘」は、『法苑珠林』巻三十五（大正五十三563a）に「我れ今汝と共に四弘の願を発せん」とあり、四弘誓願ともいう。一切衆生を度せんとの誓い、一切煩悩を断たんとの誓い、一切法門を学ばんとの誓い、一切の仏果を証せんとの誓いの四願。「一子」は、『涅槃経』巻五（大正十二390c）に「如来は一切衆生を視ること猶お一子の如し」。「溝に沈む」は、『文選』の袁宏「三国名臣序賛」に「迹を溝壑に沈む」。ここは煩悩生死の深溝に沈溺することをいう。

(60)「此を顧えば悢悢たり」は、『文選』の嵆康「絶交書」に「況んや復た病多し。此を顧えば悢悢たり」。「悢悢」は、悲しむさま。

(61)「此を思うこと丁寧なり」の「丁寧」は、くりかえして手厚いこと。『後漢書』郎顗伝に「丁寧にすること再三、神を此に留む」

(62)「百億の応化、百億の城に斑つ」は、『梵網経』巻上（大正二十四997c）に「我れ化して千の釈迦と為し、千世界に拠らしむ。後に一葉の世界に就いて復た百億の須弥山、百億の日月、百億の四天下、百億の南閻浮提、百億の菩薩釈迦あり、百億の菩提樹下に坐して、各おの汝の問う所の菩提薩埵の心地を説かしむ」。「応化」は、諸仏菩薩が衆生済度のために応現して種々に変化すること。『西域記』巻七に「霊を降し応化して一老夫となる」。「斑」は班に通じる。

(63)「仮に非相に託して、非形を示現す」の「非相」は、『心地観経』巻四（大正三309b）に「三十二相は、本と相に非ず。相は非相なるを了するを実相と為す」、また『広弘明集』巻十六の沈約「弥陀仏銘」に「法身は像無く、常住にして形に非ず。理は空にして反って応じ、智は滅して霊と為る」

(64)「曾成の道は八相より始まる」の「曾成の道」は、曾て成就せし道の意か。『法華経』方便品（大正九5b）に「仏は曾て百千万億無数の諸仏に親近し、尽く無量の道法を行ない、……甚深未曾有の法を成就せり」とある。「八相」は、『法苑珠林』巻十二に引く『道宣律師感応記』（大正五十三378a）に「八相成道して万徳虚融す」、『大乗起信論』巻下（大正三十二589b）に「(菩薩は)能く願力に随いて八種の事を現ず。兜率天宮より来り下ると胎に入ると、胎に住まると胎を出ずると、出家と成仏と、転法輪と般涅槃とを謂う」

(65)「金山の體は四康に坐す」の「金山の體」は、『金光明最勝王経』十方菩薩讃歎品（大正十六454c）に「仏の身は微妙にして真金色なり。其の光は普く照らすこと金山に等し」。「體」は體（体）と同じ。「四康」は、『法華経』譬喩品（大正九12c）に「諸子等、安穏に(火宅を)出ずるを得て皆な四衢道の中の露地に於てして坐し、復た障礙無し」とあり、「四衢」は四康と同じく街の大通り。『列子』仲尼篇に「堯乃ち微服して康衢に遊ぶ」。六二ページ注(20)、九二ページ注(34)を参照。

(66)「神光神使は八荒に駅す」の「神光」は、『法苑珠林』巻五十三（大正五十三686b）に引く『法句譬喩経』に「是に於て世尊、神光の像を現じ、為に偈を説いて言う」。「神使」は、『文選』の郭璞「江の賦」に「神使の羅に嬰るを愍れむ」。ここは仏の派遣する神通力をもつ使者たち。「八荒に駅す」の「八荒」も、同じく左思の「魏都賦」に「八荒の俗を睦らぐ」。「駅」は、使者の乗る宿駅の馬。『広弘明集』巻二十九の「平心露布文」に「露布を奉じ、駅を馳せて以て聞す」。ここは馬を馳らせるの意。

(67)「慈悲慈檄、十方に頒つ」は、『広弘明集』巻二十九の「魔に檄する文」に「深く慈悲を抱き、情は四摂を兼ぬ」、「能く十方の為に請わざるの益を作す」、また同じく「平魔赦文」に「意駅に乗じて遍く十方に告ぐ」。「十方」は、上下八方、全宇宙空間。「頒つ」は、『文選』の張衡「東京賦」に「教えを布き常を頒つ」

(68)「万類万品、雲に乗って雲のごとく行く」の「万類万品」は、『広弘明集』巻二十八の陳の文帝「妙法蓮華経懺文」に「業に因り心に因って万類の識を稟く」、同じく梁の武帝「金剛波若懺文」に「万品を哀憐し、群生を護念す」。「雲に乗る」は、『文選』の阮籍「詠懐詩」に「(王子喬は)雲に乗りて鄧林に翔く」。「雲のごとく行く」は、『易』の乾卦の象伝に「雲行き雨施す」、『文選』の陸機「弁亡論」に「大邦の衆、雲のごとく翔け、電のごとく発す」

(69)「千種千彙、風に騎って風のごとく投る」の「千種千彙」は、『広弘明集』巻十四の李師政「内徳論」空有篇に「万姓の稟を異にするを観るに、寔に千種にして級を殊にす」。「千彙」は、唐の呉筠の「竹の賦」に「万彙、昭らかに陳なる」。「風に騎る」は、『列子』黄帝篇に「風に乗りて帰る」、また韓愈の「孟東野、子を失う」詩に「雲に騎りて天門を款く」。「風のごとく投る」は、『文選』の王褒「四子講徳論」に「海内歓び慕い、風のごとく馳せ、雨のごとく集まらざるは莫し。襲雑して並びに至り、庭を塡め闕に溢る」。「投」は至るの意。
(70)「天自りし地自りし、雨の如く泉の如し」は、『法華経』序品(大正九4c)に「天より曼陀羅華を雨ふらし、天鼓自然に鳴る」、同じく従地涌出品(40b)に「是の如き大菩薩摩訶薩衆、地従り涌出す」。「自」は従と同義。「雨の如し」は、前注の「四子講徳論」を見よ。「泉の如し」は、『法華経』妙荘厳王本事品(大正九60a)に「種々の神変を現わし、……忽然として地に在り、地に入ること水の如し」
(71)「浄従りし染従りし、雲の若く煙の若し」は、『華厳経』巻三十三(大正十808b)に「染浄因果、去来進退は、皆な同一の相なり」。「雲の若く」は、『文選』の張衡「西京賦」に「其の従うこと雲の如し」。「煙の若し」も、同じく郭璞の「江の賦」に「時に鬱律として煙の如し」。「若」は如と同じ。
(72)「地に下り天に上り、天に上り地に下る」は、『法華経』妙荘厳王本事品(大正九60a)に「或は大身を現わして虚空の中に満ち、而して復た小を現わす。小復た大を現わし、空中に於て滅せ、忽然として地に在り」、また『抱朴子』対俗篇に「仙人は或は天に昇り、或は地に住まる」
(73)「八部四衆、区にして各おの交ごも連なれり」の「八部四衆」は、『法苑珠林』巻十六(大正五十三404b)に引く『上生経』に「我れ滅度の後、四衆八部、名を聞いて礼拝すれば、命終りて兜率天中に往生す」。「八部」とは、天・竜・夜叉・乾闥婆・阿修羅・迦楼羅・緊那羅・摩睺羅伽。「四衆」は、比丘・比丘尼・優婆塞・優婆夷。「区にして各おの交ごも連なれり」は、『文選』の何晏「景福殿の賦」に「区にして連なり、域にして絶ゆ」、また『三国呉志』周泰伝の注に引く『江表伝』に「(孫)権、其の臂を把り、因りて流涕交ごも連なる」
(74)「讃唱は関関たり」の「讃唱」は、『法苑珠林』巻三十七(大正五十三578a)に「地下に於て其の讃唄の声を聞く」。「関関」は、鳥の和やかに鳴く声。『詩経』の「周南」の詩に「関関たる雎鳩は、河の洲に在り」

（75）「皷騁は淵淵たり」の「皷騁」は、鼓の四方に鳴り響く音。『法華経』化城喩品（大正九22ｂ）に「四王諸天、仏を供養するが為に天鼓を撃つ」、信解品（16ｂ）に「四方に馳騁す」。「淵淵」は、鼓の音のとどろくさま。『詩経』の小雅「采芑」の詩に「鼓を伐つこと淵淵たり」。「皷」は鼓と同じ。

（76）「鐘の振うこと礚礚たり」は、『文選』の曹植「七啓」に「鐘鼓倶に振う」。「礚礚」は、二九三ページ注（36）に既出。

（77）「花の飄ること聯聯たり」は、『論語』子罕篇に「唐棣の華、偏として其れ反る」。「飄」は反と同義。「聯聯」は、つらなるさま。張文成の『遊仙窟』巻四に「双える燕子は聯聯たり。翩翩たること幾万廻」

（78）「燐燐爛爛たり」は、玉や石の美しく輝くさま。ここは八部四衆を形容する言葉。『文選』の司馬相如「上林賦」に「磷磷爛爛として、采色は澔汗たり」。「燐燐」は磷磷と同じ。

（79）「震震塡塡たり」は、『文選』の潘岳「籍田の賦」に「震震塡塡として塵騖りて天に連なる」。「震震」は、車馬のどよめく声。「塡塡」は、車馬のひしめくさま。

（80）「目に溢れ耳に盈る」は、『文選』の陸機「文の賦」に「文は徽徽として目に溢れ、音は泠泠として耳に盈る」、また同じく傅亮「宋公の為に劉前軍に加贈を求むる表」に「讜言嘉謀は、民の聴に盈る」

（81）「黄に満ち玄に満つ」は、『易』の坤卦文言伝に「天は玄にして地は黄」、また『荘子』天運篇に「天地に充ち満つ」、同じく譲王篇に「商頌を歌いて声は天地に満ち、金石より出ずるが若し」

一九七ページ

(1)「踵を履み跟を履んで肱を側だて肩を側だつ」は、『文選』の潘岳「籍田の賦」に「踵を躡み肩を側だつ」。なお「踵を履む」、「肩を側だつ」は、九三ページ注(36)、(37)に既出。

(2)「礼を尽くし敬を尽くし、心謹み心専らなり」の「礼を尽くす」は、『礼記』祭義篇「其の礼を尽くして過失せず」。「敬を尽くす」は、『文選』の束皙「補亡詩」に「誠を竭くし敬を尽くす」。「謹む」は、『論語』学而篇に「謹みて信あり」。「心専らなり」は、『文選』の潘岳「雉を射るの賦」に「耿介の心を専らにするを厲ます」

(3)「乃の…爾(尒)き」は、『文鏡秘府論』巻六の「句端」の条に「〈若乃〉〈爾乃〉……〈若其〉等は、若し前に已に事を叙すれば、次いで更に〈若乃〉等と云いて、其の状理を体写するなり」とあり、「若乃」もしくは「若其」と同類の表現。『文選』に用例が多く見える。たとえば班固の「東都賦」に「乃の礼を盛んにし楽を興すが爾きは」

(4)「一音の鸞輪を転ず」の「一音」は、『維摩経』仏国品(大正十四538a)に「仏は一音を以て法を演説し、衆生は類に随いて各おの解を得」。「鸞輪」の「鸞」は、一音を形容する言葉。『広弘明集』巻十九の沈約「内典序」に「(仏の)妙吼は遐かに徹し、鸞音は自ずから遠し」。「輪を転ず」は、説法すること。『法華経』方便品(大正九9c)に「恭敬し合掌し礼して、我に法輪を転ぜんことを請う」

(5)「群心の蜋械を摧く」の「群心」は、『華厳経』巻二(大正十8a)に「(如来は)普く群心に応じて法を説き、一切の疑念は皆な除き断てり」。「蜋械」の「蜋」は、『広弘明集』巻二十九の「平心露布文」に「固に重昏にして暁る莫く、窮計を執りて移らざること、譬えば蟷蜋の輪を拒ぐが如く、蜂蠆の毒を含むに等し」とあり、「蜋械」は、煩悩邪見の手かせ足かせ。「械を摧く」は、『三国魏志』賈逵伝の注に引く『魏略』に「時に祝公道といぅ者有り、……（賈逵を）引き出だして械を折いて遣り去らしむ」。「摧」は折と同義。

(6)「大千を抜き掎いて他界に投擲す」は、『維摩経』不思議品（大正十四546c）に「三千大千世界を断取して、陶家の輪の如く、右の掌の中に著け、恒河沙世界の外に擲過す」。「抜き掎く」は、『文選』の木華「海の賦」に「五嶽を掎き抜いて九州を竭くし涸らす」

(7)「大山を削らずして小芥に入る」も、『維摩経』不思議品（大正十四546b）に「須弥(山)の高く広きを以て芥子の中に内れて増減する所無し」

(8)「甘露の雨を雨らして、以て誘い以て誡む」は、『法華経』普門品（大正九58a）に「甘露の法雨を澍いで煩悩の燄を滅除す」。「以て誘ぅ」は、『文選』の陸機「弁亡論」に「以て群蛮を誘ぅ」。「以て誡む」は、同じく卜子夏「毛詩序」に「之を聞く者は以て戒むるに足る」。「誡」は戒と同じ。

(9)「法喜の食を斑ちて、智を韞み戒を韞めり」も、『法華経』弟子受記品（大正九27c）に「其の国の衆生は、常に二食を以てす。一は法喜の食、二は禅悦の食」。「法喜」は、法を聞いて歓喜すること。「智を韞む」は、『文選』の劉峻「弁命論」に「奇才を韞みて用ぅる莫し」。ここは法喜の食のなかに智慧と戒律をくるめることをいう。

(10)「悉く康哉を詠じて腹壌を撃つ」の「康哉を詠ず」は、『文選』の何晏「景福殿の賦」に「人ごとに康哉の詩を詠ず」とあり、『書経』益稷篇の「庶事康き哉」に本づく。「腹壌を撃つ」は、太平の世を謳歌すること。『荘子』馬蹄篇に「哺を含んで煕しみ、腹を鼓いて遊ぶ」、また『文選』の張協「七命」に「黄髪は壌を撃つ」

(11)「咸く来蘇を頌して帝功を忘る」の「来蘇を頌す」は、『書経』仲虺之誥篇に「徂く攸の民、室家相い慶びて曰く、予が后を徯つ。后来らば其れ蘇らん、と」。「蘓」は蘇と同じ。「帝功を忘る」は、『芸文類聚』巻十一に引く『帝王世紀』に「天下大和し、百姓無事なり。五十の老人有り、壌を道に撃つ。……曰く、吾れ日出でて作き、日入りて息う。井を鑿ちて飲み、田を耕して食う。帝何ぞ我に力めんや」。なお「帝功」の語は、『文選』の陸機の楽府「呉趨行」に「帝功は四遐に興る」

(12)「無量の国の帰湊する所」の「無量」は、無数の意。『淮南子』説山訓に「夫れ惟だ無量、故に得て量るべからず」とあり、『法苑珠林』巻五十五（大正五十三706b）に引く『智慧本願戒上品経』には、「七祖は皆無量の仏国に入るを得」とある。「帰湊する所」は、『文選』の郭璞「江の賦」に「川流の帰湊する所」

(13)「有情の界の仰ぎ叢まる所」は、『法苑珠林』巻十六（大正五十三403b）に「無情の諸物、尚お皆な傾側す。何ぞ況んや有情にして敬を加えざらんや」。なお「有情界」の語は、『翻訳名義集』巻一（大正五十四1057b）に「後漢郊祀志に云う、（仏陀は）漢の言に覚なり。覚に三義を具す。……二は覚他。無縁の慈を運らして有情界を度う」。「仰ぎ叢まる」は、『文選』の司馬相如「蜀の父老を難ず」に「鱗のごとく集まりて流れを仰ぐ」。「叢」は集と同義。

(14)「惟れ尊、惟れ長、以て都め以て宗たり」は、『文選』の顔延年「赭白馬の賦」に「惟れ帝、惟れ祖、爰に游び爰に豫しむ」、同じく木華「海の賦」に「往くを弘いにし来るを納れ、以て都め以て宗たり」

(15)「咨咨、蕩蕩たらざらんや」の「咨咨」は、上文に「咨咨、善い哉」として既出。二八八ページ注(11)を見よ。「蕩蕩」も、三〇四ページ注(32)に既出。

(16)「大覚の雄」の「大覚」は、仏。二四三ページ注（2）に既出。「雄」は、『法華経』授記品（大正九

21ａ）に「大雄猛世尊、諸釈の法王」

（17）「巍巍焉(ぎぎえん)たる哉(かな)」の「巍巍焉」は、「巍巍乎」と同じく高くそびえるさま。『論語』泰伯篇に「巍巍乎として唯だ天を大と為し、唯だ堯これに則(のっと)る」

（18）「誰か敢て比窮せん」の「誰か敢て」は、『詩経』小雅「小旻(しょうびん)」の詩に「誰か敢て其の咎(せめ)を執らん」。「比窮」は、其の徳に比べ其の徳を窮めるの意。『文選』の張衡「思玄賦」に「疇(たれ)か与(とも)に比伉(ひこう)すべけんや」

（19）「此れ寔(まこと)に吾が師の遺旨」の「寔」は、実と同じ。『文選』の木華「海の賦」に「寔に水徳の霊長」。「吾が師の遺旨」は、『広弘明集』巻四の彦琮「通極論」に「吾が師の大道は曠として済(な)さざる無し」、また同じく巻二十二の玄奘「御製聖教の序を請う表」に「如来の秘蔵を求め、釈迦の遺旨を尋ぬ」

（20）「如如(にょにょ)の少潨(しょうそう)なり」の「如如」は、真如の別名。『金光明最勝王経』分別三身品（大正十六408ｃ）に「法の如如に依り、如如の智に依り、種種の仏法を説く」。「少潨」は、小さな水あい。『詩経』大雅「鳧鷖(ふえい)」の詩に「鳧鷖、潨に在り」とあり、毛伝に「潨は水の会(あつ)まるところ」とある。以上述べたところは真如の法海における小さな水あいにすぎないの意。

（21）「彼(か)の神仙の小術」は、虚亡隠士の論をさす。「神仙」は、『抱朴子』論仙篇に「之に告ぐるに神仙の道を以てす」。二六一ページ注（18）に既出。「小術」は、同じく極言篇に「小術を修むる者は、以て年を延ばし死を遅らすべきのみ、仙を得ざるなり」

（22）「俗塵の微風」は、亀毛先生の論をさす。「俗塵」は、『文選』の江淹「雑体詩」に「志を潜(ひそ)めて俗塵を去る」。「微風」は、同じく陸機「豪士賦の序」に「落葉は微風を俟(ま)ちて以て隕(お)つ」。ここは微小な風教(おしえ)の意。

(23)「何ぞ言うに足らんや、亦た何ぞ隆んなりとするに足らんや」は、『抱朴子』論仙篇に「目の嘗て見る所、当た何ぞ言うに足らんや」、同じく備闕篇に「地は其の東南を隆んにする能わず」

(24)「一は懼れ、一は辱ず」は、『論語』里仁篇に「一は則ち以て喜び、一は則ち以て懼る」

(25)「且つは哀しみ、且つは笑う」は、『文選』の劉琨「勧進表」に「且つは悲しみ、且つは惋く」

(26)「舌に任って俯仰し、音に逐って方円なり」は、『文選』の沈約「恩倖伝論」に「品目の少多、事に随って俯仰す」、また『西域記』巻十に「夫れ水なるものは、器に随って方円なり。物に逐って清濁す」。「舌」、「音」は、仮名乞児の発言をさす。

(27)「喜歓踊躍して称して曰く」は、『金光明最勝王経』依空満願品（大正十六425a）に「爾の時、如意宝光耀天女……歓喜踊躍して座より起ち、……仏に白して言わく」

(28)「吾等、幸いに優曇の大阿闍梨に遇う」の「吾等」は、一二二ページ注（31）に既出。「優曇」は、稀有の喩え。『法華経』方便品（大正九10a）に「優曇華は一切皆な愛楽するも天人の希に有る所」。また五四ページ注（64）の「優花」を参照。「阿闍梨」は、能く弟子の行ないを正すもの、師範、大師。『法苑珠林』巻二十二（大正五十三452a）に「大目犍連は阿闍梨と作り、与に十戒を授く」

(29)「厚く出世の最訓に沐す」の「出世」は、『智度論』巻三十（大正二十五284a）に「出世の聖人とは目犍連らの如し、能く微密の音声を聞く」。「最訓」は、最もすぐれた教え。三〇四ページ注（30）「最報」を参照。「沐す」は、『文選』の江淹「建平王に上る書」に「仁に浸り義に沐す」

(30)「誰昔にも未だ聞かず、後葉にも豈に有らんや」の「誰昔」は、『詩経』陳風「墓門」の詩に「知りて已めざること誰昔より然り」、鄭玄の箋に「誰昔は昔なり」。「後葉」は、後世。『文選』の陸機「五等論」に「後葉を隆んにせんことを思う」

(31)「吾れ若し不幸にして和上に遇わざれば」は、『世説新語』文学篇に「(吾れ若し)明公に遇わざれば、荊州の老いたる従事たりしのみ」。「和上」は、和尚と同じ。二八八ページ注(9)に既出。

(32)「永く現欲に沈んで、定ず三途に没せん」の「現欲」は、現前の欲界。「欲に沈む」は、『広弘明集』巻二十二の魏収「北斉三部一切経願文」に「共に火宅に遊び、倶に欲海に淪む」。「三途に没す」は、『経律異相』巻三十九(大正五十三205b)に「宜しく濁を蹈みて三途に没すべからず」。「三途」は、地獄の火途道、餓鬼の刀途道、畜生の血途道。

(33)「今僅かに提撕を蒙って、身心安敞なり」の「提撕」は、七〇ページ注(55)に既出。「身心安敞」は、『易』繫辞伝上に「身安くして国家保つべし」、また『礼記』大学篇に「心広く体胖かなり」。「敞」は広と同義。

(34)「譬えば…如し」は、二四二ページ注(85)に既出。

(35)「震霆響きを発して、蟄蚑封を開く」は、『礼記』月令篇に「仲春の月……雷乃ち声を発し、始めて電す。蟄虫咸く動き、戸を啓いて始めて出ず」。「蚑」は虫。「啓」は開と同義。なお「封を開く」は、陶淵明の「農を勧む」の詩に「土を啓き封を開く」

(36)「朝烏は輪を転じて、幽闇は氷を渙く」の「朝烏」は、晋の傅玄の「走狗の賦」に「朝烏の軽機を邀う」とあるが、ここは朝の陽烏すなわち太陽の意。「輪を転ず」は、『淮南子』兵略訓に「輪転して窮まり無きこと日月の運行に象る」。「幽闇は氷を渙く」は、『広弘明集』巻二十二の皇太子の臣治(唐の高宗)の「聖記三蔵経序」に「智灯の長焔を伝え、幽闇を皎らして恒に明らかなり」、同じく巻八の道安「二教論」に「今、浅懐を以て高論を聞くことを得たり。疑いを銷し滞を散いて、渙ること春氷の若し」

(37)「彼の周孔老庄の教え、何ぞ其れ偏膚なるや」は、『広弘明集』巻十三の法琳「弁正論」に「弁才智慧、豈に徒に七経百氏の博きのみならんや。明らかに尭舜、周孔老荘の及ぶ所に非ず」。「偏膚」は、一面的で浅薄なこと。『文選』の曹冏「六代論」に「始皇は李斯の偏れる説を聴く」、同じく張衡の「東京賦」に「客は謂わゆる末を学びて膚く受け、耳を貴んで目を賤しむ者なり」。「何ぞ其れ…や」は、一四九ページ注(18)の「何ぞ其れ優なるや」を見よ。

(38)「今自り以後、皮を剥いで紙と為す」は、一五五ページ注(54)の「今従り」を見よ。「皮を剥いで紙と為す」は、『華厳経』巻四十(大正十845c)に「毘盧遮那如来……皮を剥いで紙と為し、骨を折って筆と為し、血を刺して墨と為し、経典を書写して積むこと須弥の如し。法を重んずるが為の故に身命を惜しまず」

(39)「骨を折って毫を造り、血を刺して鉛に代う」は、前注に引いた『華厳経』の文章を見よ。「毫」は、毛筆。「鉛」は、絵の具。『広弘明集』巻九の「笑道論」に「鉛墨未だ備わらず、経本の未だ成らざるを致す」

(40)「髑を曝して研に用う」の「髑を曝す」は、『荘子』至楽篇に「荘子、楚に之き、空ちたる髑髏を見る」とあり、成玄英の疏に「空骨にして肉無く、朽骸にして潤い無し」とある。「研」は、すずり。『文選』の郭璞「江の賦」に「緑苔は研上に鬖髿たり」とあり、李善の注に「研は硯と同じ」

(41)「敬んで大和上の慈誨を銘す」の「大和上」は、二八八ページ注(9)に既出。「慈誨」も、二八七ページ注(5)を見よ。「銘」は、『文選』の班固「燕然山に封ずるの銘」に「昭らかに盛徳を銘す」

(42)「以て生生の航輅に充てん」の「生生」は、『梵網経』巻下(大正二十四1006b)に「我れ生生これに従いて生を受けず」。「航輅」は、舟と車。『文選』の顔延之「曲水詩序」に「山に桟し海を航す」、また同じく王褒「四子講徳論」に「輅に乗りて歌う」、注に「輅は車なり」。なお建長本は「充」を「宛」に作る。

(43)「座に復れ。今当に三教を敞らかにし」の「座に復れ」(建長本は「復」を「複」に誤る)は、『孝経』開宗明義章に「座に復れ、吾れ汝に語らん」。「今当に…べし」は、『文選』の諸葛亮「出師の表」に「今当に遠く離るべし」。「三教を敞らかにす」は、法琳の『弁正論』三教治道篇に「具さに三教を叙べて兼ねて九流を陳ぶ」。「三教」は、仏教と儒教と道教。二〇ページ注(64)を見よ。「敞」は顕と同義。『文選』の左思「蜀都賦」に「壇宇は顕敞」

(44)「十韻の詩を以て汝等の謡諤に代うべし」の「十韻の詩」は、七〇ページ注(58)の崔瑗「十韻の銘」を見よ。なお『文選』の任昉「勅して七夕の詩を示さるるに奉答する啓」には「勅を奉じ、幷せて七夕(の詩)五韻を示すを賜わる」とあり、ここの「十韻」とは、以下に見るように、下平の「侵」の韻字を偶数句末の十箇所に用いた計二十句の詩をいう。「謡諤」は、『詩経』大雅「行葦」の詩に「或は謡い或は咢つ」。「諤」は咢と同じ。

(45)「居諸、冥夜を破る」の「居諸」は、日月。二一九ページ注(16)に既出。「冥夜」は、『海内十州記』に「冥夜の兵、純陽の陵、始青の下、月宮の間に至る」とあるが、ここは迷いの世界をいう。

(46)「三教、癡心を褰く」の「三教」は、上文の注(43)に既出。「癡心」は、『華厳経』巻二十四(大正九552a)に「癡心と癡を離れたる心、垢心と垢を離れたる心」。「褰く」は、『文選』の潘岳「雉を射るの賦」に「微罟を褰いて以て長く眺む」、注に「褰は開くなり」

(47)「性欲に多種あれば、医王、薬鍼を異にす」の「性欲」は、習性と欲求。『法華経』方便品(大正九9b)に「我れ智慧の力を以て衆生の性欲を知り、方便もて諸法を説く」。「医王」は、『智度論』巻二十二（大正二十五224ａ）に「仏は医王の如く、法は良薬の如く、僧は病を瞻る人の如し」。「薬鍼」も、同じく巻六（107ａ）に「譬えば病を治するに苦薬針灸、痛みて差ゆるを得るが如し」。「鍼」は針と同義。

(48)「綱常は孔に因って述べ、受け習いて槐林に入る」の「綱常」は、三綱五常。『文中子』天地篇に「上は三綱を明らかにし、下は五常を達す」。三綱は、君臣・父子・夫婦の道。五常は、仁・義・礼・智・信。「孔」は、孔子。「受け習う」は、『論語』学而篇に「学んで時に之を習う」。「槐林」は、三公の地位、政府の高官。八七ページ注（９）の「槐棘」を見よ。

(49)「変転は聃公授け、依り伝えて道観に臨む」の「変転」は、『淮南子』原道訓に「沕穆無窮、変じて形像無く、……万物紛糅、之と転化す。以て天下に聴けば、風を背にして馳するが若し。是を至徳と謂う」。「聃公」は、老子。七ページ注（３）を見よ。「依り伝う」は、『抱朴子』道意篇に「李寛に依りて弟子と為る者、恒に千人に近し」、同じく黄白篇に「道は必ず当に其の人に伝うべし」。「道観」は、法琳の『弁正論』巻八（大正五十二549ｂ）に「且つ四民天の宮は是れ天尊坐する所の処に非ず。今、道観と為すは、理として不可なり」、また『広弘明集』巻六の弁惑篇「周祖武皇帝」の条に「道士の張賓の佞弁を納れ、便ち二教を滅ぼし、更に通道観を立つ」

(50)「金仙一乗の法、義益最も幽深なり」の「金仙」は、仏をいう。唐の鄭略「大道頌」に「東は尼父を訓え、西は金仙を化す」、また『刪補』に引く『仏本行経』（実は道教の『玉皇本行経』の誤記）に「修行三千二百劫、始めて金仙を証す。号して清浄自然覚王如来と曰う」。「一乗の法」は、『法華経』方便品（大正九8ａ）に「十方仏土の中、唯だ一乗の法のみ有り」。「義益」は、教義と利益の意か。用語例は未詳。「幽深」は、『弘明集』巻十一の桓玄「道を罷むるを勧むる書」に「至道は緬邈、仏理は幽深」

(51)「自他兼ねて利済す、誰か獣と禽とを忘れん」の「自他兼ねて利済す」は、曇鸞の『浄土論註』巻下に「自利利他を示現す」、また『芸文類聚』巻二十に引く沈約の「弁聖論」に「聖人は情を遺れ己れを忘れ、常に兼済を以て念と為す」。「誰か獣と禽とを忘れん」は、『孟子』梁恵王篇上「恩は以て禽獣に及ぼすに足る」

(52)「春花は枝の下に落ち、秋露は葉の前に沈む」の「春花」は、『文選』の張華「何劭に答うる」詩に「奐として春華の敷くが若し」。「花」は華と同じ。「秋露」は、同じく王僧達「顔光禄を祭る文」に「秋露未だ凝らざるに、神を太素に帰す」

(53)「逝水は住まる能わず、迴風は幾か音を吐く」の「逝水」は、逝く川の流れ。『論語』子罕篇「子、川上に在りて曰く、逝く者は斯の如き夫、昼夜を舎かず」。「迴風」は、つむじ風。『文選』の阮籍「詠懐詩」に「廻風、四壁を吹く」。「迴」は廻と同じ。「幾か」は、どれほどの時間もつづかないの意。『老子』第二十三章に「飄風は朝を終えず」とあるのを参照。「音を吐く」も、『文選』の陸機「演連珠」に「朗笛は疎にして音を吐く」

(54)「六塵は能く溺らす海」の「六塵」は、衆生の心を汚す色・声・香・味・触・法をいい、感覚知覚の対象となるもの。『智度論』巻十八（大正二十五196c）に「六情・六塵は、皆な虚誑なり」。「溺らす海」は、『法苑珠林』巻五十（大正五十三665c）に「四生は沈溺し、……永く苦海に沈む」

(55)「四徳は帰する所の峯なり」の「四徳」は、常楽我浄をいう。『涅槃経』巻二（大正十二617b）に「無我は即ち生死、我は即ち如来、無常は声聞縁覚、常は如来法身、苦は一切外道、楽は即ち是れ涅槃、不浄は即ち有為法、浄は諸仏菩薩有する所の正法なり。若し四顛倒を遠離せんと欲すれば、応に是の如きの常楽我浄を知るべし」、また『法華玄義』巻四上（大正三十三721ｃ）に「此の地は四徳を具足す。二十五有の煩悩を破るを浄と名づく。二十五有の業を破るを我と名づく。二十五有の報を受けざるを楽と名づく。二十五有の生死無きを常と名づく」。「徳は帰する所」は、『文選』の班彪「王命論」に「明聖顕懿の徳は……天下の帰住する所」。「岑」は、山の峰。同じく曹植の「又た丁儀・王粲に贈る」詩に「山の岑は高くして極まり無し」

(56)「已に三界の縛を知りぬ」の「三界の縛」は、『華厳経』巻二十六（大正十143ｃ）に「願わくは一切衆生、三界の縛を滅ぼして一切智を得、究竟に出離せんことを」。「三界」は、二四六ページ注(18)に既出。

(57)「何ぞ纓簪を去てざる」の「何ぞ…ざる」は、『文選』の朱浮「幽州の牧の為に彭寵に与うる書」に「何ぞ闕に詣りて自ら陳べざる」。「纓簪を去つ」は、『広弘明集』巻十三の法琳「弁正論」九箴篇に「簪纓を去てて道に会し、鬚髪を棄てて以て真を修む」。「簪」は、かんざし。「纓」は、冠の紐。

文鏡秘府論　序

そもそも「大仙」すなわち仏陀（ぶっだ）が衆生をみちびくには、「名教」すなわち言葉による教えを根底とし、「君子」すなわち儒教の有徳者が時世を救済するには、文章がその根本である。だから（仏教の真理は）空中や娑婆（しゃば）世界に天然の文字として示され、（儒教の『易』の真理は）亀や竜の背中に自然の文字として現わされる。そして時世の変化を日月星辰の天文現象に見てとり、人民の教化育成を地上の世界に明らかにするということになれば、金玉の響きや笙（しょう）の笛のしらべで文章を美しくととのえて人民を教えみちびき、花やかにまた輝かしく文章を飾り立てて人民を統治してゆくのである。

かくて一という数は言葉の世界の始まりをなし、文字は教化の根源をなす。言葉による教化を第一義とすれば、文章は国家社会を秩序づけてゆくかなめである。在家者たると出家者たるとを問わず、この文章というものをおろそかにすることがどうしてできようか。

だから仏教の経典にも「不退転の位にある菩薩（ぼさつ）は、かならず先ず文章を理解しなければならぬ」と説き、宣尼（せんに）公すなわち孔子も、「お前たち、どうしてあの詩というものを学ばないのだ。詩は心に湧きあがりを持たせ、物を観る目を持たせる」といい、また「人間として周南や召南の詩を学ばなければ、あたかも塀に直面して立っているようなものだ」といっている。文章というものの持つ意義が、いかに偉大であり深遠であるか、わかろうというものである。

文章の「文」とは、「五音」すなわち個々の文字の宮・商・角・徴・羽の五種の声調がととのい、「五彩」すなわち赤・青・黄・白・黒の五種の色調がそれぞれに生かされている点から「文」とよばれ、「章」とは、事実の描写と叙述の論理がいずれも明晰で、表現内容がはっきりしている点をふまえて「章」とよぶ。文字にもとづいて言葉を明らかにし、言葉を読誦することによってその意味を会得する。そして言葉とその意味内容とが十分に明らかとなって、まだよく分っていない人々が教えさとされてゆく。儒・仏・道の三教がかくて論議を競うようになり、人・天・声聞・縁覚・菩薩の乗る五種の車が、かくて悟りへの道を競うことになる。

かくて仏教の経典は微妙深遠でその門に入ることが困難であり、道教の経典は幽玄で同調者が少なく、儒教の経典は日常卑近でその主張がいくつにも分れる。子游や子夏が孔子の教えを受けたそのかみ、屈原や宋玉が賦の作品をものした当時、前漢・後漢の辞賦の文学の第一人者たち、三国時代の詩文の巨匠たちは、文章の風格を心から心へと受け伝えてゆき、文章の音律を口づたえに伝授していった。沈約や劉善経よりのち、王昌齢や僧皎然、崔融や元兢より以前、すなわち六朝の梁代から唐の前半にかけての時代には、「四声」すなわち平・上・去・入の四種の声調に関する議論を盛んにおこない、口ぐちにその病弊や反則を主張した。それらに関する著書は書篋にあふれ、文献は車に載せきれぬほどであったから、貧乏で学問の道を楽しむ者は、あちこち筆写してまわることをあきらめ、幼くして好学心に燃える者は、どのようにすればよいのか決心しかねる有様であった。

わたくしは幼年のころ、母方の舅のもとでかなり文章の勉強をし、成人してからは唐の都の長安に留学して、あらまし文章論の一端を聴くことができた。とはいえ、わたくしは仏道の修行に深く志す身であるから、文章を勉強することは心にいさぎよしとしなかった。ところがここに数人の若者たちがいて、（このわたくしを鐘のように叩き撞きならし）文章の世界に閑寂の境地を追求し、詩の世界に芸術美を督促する。そこで鐘の響きを惜しんで黙殺するわけにもゆかず、かつての師の教えを書物のなかにひもといて、さっそく多くの学者たちの『詩格』、『文筆式』などの著作に目をとおし、それらの異同を比較検討してみると、文献は山ほどあるが、要所要点は少なく、説明の言葉は違っていても内容は同じであり、ひどく繁雑である。そこでつい私のもちまえの癖が出て、さっそく文章に手を加え、重複の部分は削除し、単独の論述部分だけを残した。全部で十五種類、つまり(1)四声を調える譜（図式）、(2)声調をととのえることについて、(3)八種の韻、(4)四声論、(5)十七種の勢、(6)十四種の例、(7)詩の六義、(8)十種の体、(9)八種の階、(10)六種の志、(11)二十九種の対、(12)文における三十種の病累、(13)十種の疾、(14)文意を論ずる、(15)対属を論ずる、などがそれである。巻数を「六合」すなわち天・地・東・西・南・北にあわせて六巻とし、この書の不滅性を天に懸かる日月の輝きになぞらえた。名づけて『文鏡秘府論』という。出家と在家の文学愛好者たち、山野に詩文をもって集(つど)う人士たちが、千里の遠きにわざわざ指導者を求め歩かなくとも、文章の秘訣(ひけつ)をおのずから会得し、天下に広く参考書を探しまわらなくとも、立派な文章が期待されることをこいねがう次第である。

夫大仙利物、名教為基①、君子済時、文章是本也②、故能空中塵中、開本有之字③、亀上竜上、演自然之文④、至如観時変於三曜、察化成於九州⑤、金玉笙簧、爛其文而撫黔首⑥、郁乎煥乎、燦其章以馭蒼生⑦、然則一為名始、文則教源⑧、以名教為宗⑨、則文章為紀綱之要也⑩、世間出世、誰能遺此乎⑪、故経説阿毗跋致菩薩、必須先解文章⑫、孔宣有言、小子何莫学夫詩、詩可以興、可以観、邇之事父、遠之事君⑬、人而不為周南邵南、其猶正牆面而立也⑭、是知文章之義、大哉遠哉⑮。

文以五音不奪、五彩得所立名⑯、章因事理倶明、文義不昧樹号⑰、因文詮名⑱、唱名得義⑲、名義已顕⑳、以覚未悟㉑、三教於是分鑣㉒、五乗於是並轍㉓、於焉釈経妙而難入㉔、李篇玄而寡和㉕、桑籍近而争唱㉖、游夏得聞之日㉗、屈宋作賦之時㉘、両漢辞宗㉙、三国文伯㉚、体韻心伝㉛、音律口授㉜、沈侯劉善之後㉝、王皎崔元之前㉞、盛談四声㉟、争吐病犯㊱、黄巻溢篋㊲、緗帙満車㊳、貧而楽道者㊴、望絶訪写㊵、童而好学者㊶、取決無由㊷。

貧道㊸幼就表舅㊹、頗学藻麗㊺、長入西秦㊻、粗聴餘論㊼、雖然志篤禅默㊽、不屑此事㊾、爰有一多後生㊿、扣閑寂於文園①、撞詞華乎詩圃②、音響難黙③、披巻函杖④、即閲諸家格式等⑤、勘彼同異⑥、巻軸雖多、要枢則少⑦、名異義同、繁穢尤甚⑧、余癖難療⑨、即事刀筆⑩、削其重複、存其単号⑪、惣有一十五種類、謂声譜⑫、調声、八種韻⑬、四声論、十七勢⑭、十四例⑮、六義⑯、十躰⑰、八階⑱、六志⑲、二十九種対⑳、文三十種病累㉑、十種疾㉒、論文意㉓、論対属等是也、配巻軸於六合㉔、懸不朽於両曜㉕、名曰文鏡秘府論、庶緇素好事之人㉖、山野文会之士㉗、不尋千里㉘、蛇珠自得㉙、不煩旁捜㉚、雕竜可期㉛。

三三三ページ

（1）「夫れ大仙の物を利するや、名教を基と為す」の「大仙」は、仏をいう。『涅槃経』巻二（大正十二375c）に「大仙は涅槃に入り、仏日は地に墜つ」。「物を利す」は、『広弘明集』巻二十二の唐の高宗「聖記三蔵経序」に「備さに釈典に通じ、物を利するを心と為す」とあり、『荘子』天地篇「人を愛し物を利する、之を仁と謂う」に本づく。「名教」の語は、『晋書』阮瞻伝に「聖人は名教を貴ぶ」とあるが、ここは「名」すなわち言葉による教えの意で「経教」と同じく仏教をさす。「基と為す」は、『文選』の潘勗「魏公を九錫に冊する文」に「君は温恭を以て基と為す」

（2）「君子の時を済うや、文章是れ本なり」の「君子の時を済う」は、『文選』の嵆康「絶交書」に「是れ乃ち君子の物を済うを思うの意なり」、また『広弘明集』巻二十二の釈明濬「博士柳宣に答う」に「経を訳し法を弘め、神異もて時を済う」。「文章是れ本なり」は、『文選』の曹丕「典論論文」に「文章は経国の大業」

（3）「空中塵中に本有の字を開く」は『西域記』巻二に「其の文字を詳らかにすれば、梵天の製する所……其の大較を語れば、未だ本源に異ならず」とあり、「空中」は、『七巻理趣経』巻一（大正八789c）に「若し空中に文字の相を現わし、三世の事を見んと欲せば、当に阿字を書し、持誦すること一洛叉なるべし」。「塵中」の語は、杜甫の「病馬」の詩に「塵中に老いて力を尽くし、歳晩れて病に心を傷ましむ」と見えるが、ここは塵俗の世の中、塵境、娑婆世界。李白の「春日、孟浩然に寄す」の詩に「朱紱、塵境に遺て、青山、梵筵に謁す」。「本有」は、『法華玄義』巻七下（大正三十三774a）に「本有の四徳は隠れて如来蔵と名づけ、修成の四徳は顕われて名づけて法身と為す」。ここは下句の「自然」と同義。

（4）「亀上竜上に自然の文を演ぶ」は、『易』繫辞伝上「河は図を出だし洛は書を出だす」の孔穎達の疏に引く『春秋緯』に、「河竜の図発し、洛亀の書感ず。河図に九篇有り、洛書に六篇有り」。「自然の文」は、『隋書』経籍志の「道経」の条に「説く所の経は亦た元一の気を稟け、自然にして有り、造為する所に非ず」

（5）「時変を三曜に観、化成を九州に察す」は、『易』賁卦の彖伝に「天文に観て以て時変を察し、人文に観て以て天下を化成す」をふまえる。「三曜」は、日と月と星辰。『芸文類聚』巻七十八に引く張協の「遊仙詩」に「亭館は雲構を籠め、修梁は三曜を流す」。「九州」は、中国全土。『文選』の張協「七命」に「志は九州を凌ぐ」

（6）「金玉笙簧、其の文を爛らして黔首を撫ず」の「金玉」は、『孟子』万章篇下に「金声は条理を始むるなり。玉振は条理を終うるなり。条理を始むるは智の事なり。条理を終うるは聖の事なり」、また『世説新語』文学篇に「孫興公、天台の賦を作りて成り、以て范栄期に示す。云う、卿、試みに地に擲て。要ず金石の声を作さん」。「笙簧」は、『礼記』明堂位篇に「女媧の笙簧」とあり、「簧」は、笙の舌。「文を爛らす」は、『文選』の張衡「思玄賦」に「文章は奐として以て粲爛たり」。「黔首」は、人民。『文選』の劉琨「勧進表」に「社稷を以て務めと為し、……黔首を以て憂いと為す」。「撫ず」は、教えみちびく。同じく班固「東都賦」に「内は諸夏を撫す」

(7)「郁たり煥たり、其の章を燦らかにして以て蒼生を馭む」は、『論語』八佾篇に「周は二代に監み、郁郁乎として文なる哉」、同じく泰伯篇に「煥乎として其れ文章有り」、また前注に引いた「思玄賦」に「文章は奐として以て粲爛たり」とあるのを参照。「奐」は煥、「粲」は燦と同じ。いずれも美しく立派なさま。「蒼生」も、上文の「黔首」と同じく人民。『書経』益稷篇に「帝、天の下を光らして海隅の蒼生に至る」、また『晋書』謝安伝に「安石肯て出でざれば、将た蒼生を如何せん」。「馭む」は、統治する。『周礼』天官、大宰の職に「万民を馭す」

(8)「然らば則ち一は名の始め為り、文は則ち教えの源なり」の「一は名の始め」は、『老子』第四十二章に「道は一を生ず」、同じく第一章に「名無し、天地の始めには。名有り、万物の母には」、また『荘子』天地篇「一の起る所」の郭象の注に「一は有の始め」。「教えの源」は、『広弘明集』巻八の道安「二教論」第三に「孔(子)は聖達と雖も位無き者なり。……教えの源たるに非ず」、また『三国魏志』明帝紀に「儒を尊び学を貴ぶは、王教の本なり」。「源」は本と同義。

(9)「名教を以て宗と為す」は、『文選』の任昉「范始興の為に作りて太宰の碑を立てんことを求むる表」に「弘く名教を奨む」、同じく干宝の「晋紀総論」に「学者は荘老を以て宗と為す」。ただし「名教」は、ここでは言葉による教えの意。

(10)「文章は紀綱の要たり」は、『文選』の曹丕「典論論文」に「文章は経国の大業」、同じく崔瑗の

「座右銘」に「唯だ仁を紀綱と為す」、また鍾会の「蜀に檄する文」に「安危の要」

(11)「世間と出世と誰か能く此を遺てん」は、『華厳経』巻五十七（大正九766ｂ）に「世間のあらゆる技芸は該な練にして其の源本を尽くさざる莫く、又た能く出世の法を分別す」、また『文選』の潘岳「馬汧督の誄」に「未だ之を遺つること或らず」

(12)「故に経に説く、阿毗跋致の菩薩は、必ず須らく先ず文章を解すべし、と」は、『智度論』巻六十（大正二十五485ａ）に引く『般若経』に「一阿鞞跋致の菩薩の為に般若波羅蜜および其の義解を演べ説き、開示分別す」、同じく巻七十九（619ｂ）に「般若波羅蜜は語言文字章句に因りて其の義を得べし」。「阿毗跋致菩薩」は、不退転の階位にある菩薩。「毗」は鞞と同じ。

(13)「孔宣の言える有り、小子何ぞ夫の詩を学ぶこと莫きや。詩は以て興すべく、以て観るべく、之を邇くしては父に事え、之を遠くしては君に事う」は、『論語』陽貨篇に「子曰く」としてそのまま見える言葉。「孔宣」は、孔子をいう。『漢書』平帝紀に「孔子に追謚して褒成宣尼公と曰う」、また『文選』の左思「詠史」の詩に「言論は宣尼に準う」

(14)「人にして周南邵南を為めざれば、其れ猶お正しく牆に面して立つがごときなり」も、『論語』陽貨篇にそのまま見える言葉。「邵」は召とも書く。

(15)「文章の義は、大なる哉、遠い哉」は、『易』の随卦の象伝に「時に随うの義は大なる哉」、また『文選』の王巾「頭陀寺碑文」に「時義は遠いかな、能事畢せり」

(16)「文は五音奪わず、五彩の所を得たるを以て名を立つ」の「五音奪わず」は、『書経』舜典に「八音克く諧いて相に倫を奪う無し」。「五音」は、宮・商・角・徴・羽の五種の音階。「五彩」は、同じく益稷篇に「五采を以て彰らかに五色を施す」。「彩」は采と同じ。青・黄・赤・白・黒の五種のいろどり。「所を得」は、安定した場所を得ている、もちあじを生かしているの意。『文選』の諸葛亮「出師の表」に「優と劣と所を得」。「名を立つ」は、『智度論』巻三（大正二十五83b）に「阿難の名字は……是れ因縁に依りて名を立つ」

(17)「章は事と理と倶に明らかにして文義昧からざるに因りて号を樹つ」の「事と理と倶に明らか」は、『天台四教義』巻一（大正四十六722b）に「事と理と具足す」。「文義」は、文章の意味内容。『文選』の孔安国「尚書序」に「文義を考論す」、また『智度論』巻一（大正二十五32b）に「文義は一に非ず」。「昧からず」は、『文選』の王巾「頭陁寺碑文」に「皦らかならず昧からず」。「号を樹つ」は、上文の「名を立つ」と同義。『文選』の曹植「王仲宣の誄」に「位を樹つ」、同じく班固の「東都賦」に「号を高邑に立つ」

(18)「文に因りて名を詮す」は、湛然の『止観輔行伝弘決』巻一（大正四十六157b）に「文に因りて比え知る」、また吉蔵の『勝鬘宝窟』巻上（大正三十七2b）に「詮する所の理」とあり、「詮」は明と同義。

(19)「名を唱えて義を得」は、『北史』元文遥伝に「旨を宣べ名を唱う」、また『世説新語』文学篇に「深公（竺法深）は此の義を得たり」

(20)「名義既に顕わる」の「名義」は、『摩訶止観』巻三（大正四十六22b）に「名すなわち無量なれば、義も亦た無量」、また『史記』張耳陳余列伝に「名義を立てて侵さず」。「既に顕わる」は、『荀子』成相篇に「耳目既に顕わる」

(21)「未だ悟らざるを覚す」は、『無量寿経』巻下（大正十二274a）に「未だ覚らざるを覚す」、また『法華経』薬草喩品（大正九19b）に「未だ解せざる者を解せしむ」。「覚」は悟と同義。

（22）「三教、是に於て鑣を分つ」の「三教」は、『三教指帰』二〇ページ注（64）に既出。「鑣を分つ」は、『文選』の昭明太子「序」に「鑣を分って並び駆く」。なお古鈔本は「鑣」を「鏕」に誤っている。「鑣」はくつばみ。「鏕」はなべ。

（23）「五乗、是に於てか轍を並ぶ」の「五乗」は、唐の宗密『盂蘭盆経疏』巻上（大正三十九506ｂ）に「五乗とは、乗は運載を以て名と為し、五とは人と天、声聞、縁覚、菩薩を謂う」。「轍を並ぶ」は、『文選』の張載「七命」に「武を軿べ轍を斉ぶ」、同じく揚雄の「羽猟賦」に「蚩尤は轂を並ぶ」

（24）「焉に於て釈経は妙にして入り難し」の「焉に於て」は、『三教指帰』一一ページ注（23）に既出。「釈経」は、仏典。『広弘明集』巻八の道安「二教論」に「釈教」、「仏経」、「釈典」の語が多く見えているのを参照。「妙にして入り難し」は、『法華経』方便品（大正九５ｃ）に「甚だ深くして微妙なる法は、見難く了すべきこと難し」、同（５ｂ）に「其の智慧の門は解し難く入り難し」

（25）「李篇は玄にして和するもの寡し」の「李篇」は、『老子道徳経』ないしは道教の経典をいう。法琳の『弁正論』巻一に「李老二篇の旨」とあり、『三教指帰』序に「聃篇」とあるのと同義。七ページ注（３）を見よ。「玄にして和するもの寡し」は、『老子』第一章に「玄の又た玄にして衆妙の門」、また『文選』の宋玉「楚王の問に対う」に「其の曲弥いよ高ければ、其の和するもの弥いよ寡し」

（26）「桑籍は近くして唱を争う」の「桑籍」は、空桑の地で生まれた孔子の学派（儒教）の経典の意か。『史記』孔子世家の「正義」に引く『干宝三日紀』に「（顔）徴在は孔子を空桑の地に生む。今、空竇と名づけ、魯の南山の空竇中に在り」とある。「近くして唱を争う」は、『論語』子張篇に「切に問うて近く思う、仁は其の中に在り」、また唐の韓翃の「鄭員外を送る」の詩に「楽人は唱を巻中の詞に争う」。なお、ここの「唱を争う」は、孔子の弟子たちが「言語」、「文学」、「徳行」、「政事」の四科に分れて主張を異にしたことをいう。

(27)「游夏の聞くことを得たるの日」の「游夏」は、『論語』先進篇にいわゆる孔門の四科（前注を参照）を挙げて「文学は子游と子夏」とあるのを参照。「聞くを得たる」は、同じく公冶長篇に「夫子の文章は得て聞くべきなり」

(28)「屈宋の賦を作れる時」の「屈宋」は、屈原と宋玉。『史記』屈原伝に「屈原、名は平。楚の同姓なり。……憂愁幽思して離騒（の賦）を作る。……蓋し怨より生ずるなり」、また「屈原既に死するの後、楚に宋玉、唐勒、景差の徒なる者あり、皆な辞を好みて賦を以て称せらる」。なお『文選』の「賦」の部に宋玉の「風賦」、「高唐賦」、「神女賦」、「登徒子好色賦」が、また「騒」の部に屈原の「離騒経」、「九歌」、「九章」などが載せられているのを参照。

(29)「両漢の辞宗」の「両漢」は、『文選』の王倹「褚淵碑文」に「爰に両漢に逮び、儒雅継及す」。「辞宗」は、『漢書』叙伝に「(司馬相如は)蔚として辞宗たり、賦頌の首なり」

(30)「三国の文伯」は、魏・蜀・呉の三国時代における言論文章のはたがしら。曹操・曹丕・曹植、および建安の七子（孔融・陳琳・王粲・徐幹・阮瑀・応瑒・劉楨）らをいう。「文伯」の語は、唐の梁粛「常州刺史独孤及の状」に「達言発辞……天下これを文伯と謂う」

(31)「体韻、心に伝う」の「体韻」は、文章の骨体風韻。『晋書』王坦之伝に「人の体韻は猶お器の方円のごとし。方円は錯え用うべからず、体韻は豈に処を易うべけんや」。「心に伝う」は、『六祖壇経』行由篇に「法は則ち心を以て心に伝え、皆な自ずから悟り自ずから解せしむ」

(32)「音律、口もて授く」の「音律」は、『漢書』武帝紀賛に「音律を協え詩楽を作る」。「口もて授く」は、『文選』の孔安国「尚書序」に「其の本経を失い、口以て伝授す」。なお「律」の字、古鈔本はイが蠹蝕して聿のみを残しているが、箋本は「津」に作って「異本は倶に律に作る」と校記を加えている。いま「津」の字に従う。

(33)「沈侯劉善の後」の「沈侯」は、梁の沈約。『梁書』沈約伝に「アザナは休文、呉興の武康の人。……有司諡して文と曰う。(武)帝曰く、情を懐いて尽くさざるを隠と曰う、と。故に改めて隠と為すと云う。著わす所『晋書』百一十巻、『宋書』百巻、『斉紀』二十巻、『高祖紀』十四巻、『邇言』十巻、『諡例』十巻、『宋文章志』三十巻、『文集』一百巻、皆な世に行なわる。又た『四声譜』を撰す。おもえらく在昔の詞人、千載を累ねて寤らずして独り胸衿に得て、その妙旨を窮む、と」。その伝記は『宋書』自序、『南史』沈約伝にも見える。「劉善」は、隋の劉善経。『隋書』文学伝に「河間の劉善経は博物にして洽聞、尤も詞筆に善し。……『酬徳伝』三十巻、『諸劉譜』三十巻、『四声指帰』一巻を著わし、世に行なわる」。また『北史』文苑伝にもほとんど同文の伝記を載せる。なお『文鏡秘府論』では、巻一の「四声論」、巻五の「論病」などに沈約と劉善経の学説の引用が多く見られる。

(34)「王皎崔元の前」の「王」は、唐の王昌齢。『唐才子伝』巻二に「昌齢アザナは少伯、太原の人。開元十五年、李嶷の榜の進士。……詩に工なり。縝密にして思いは清く、時に〝詩家の夫子、王江寧〟と称せらる。蓋し嘗て江寧の令たればなり。……『詩集』五巻有り。又た詩の格律・境思・体例を述作す。共に十四篇、『詩格』一巻と為す。又た『詩中密旨』一巻および『古楽府解題』一巻、今並びに伝わる」。なお、その伝記は『旧唐書』文苑伝下、『新唐書』文芸伝下などにも見え、その『詩格』ないしは詩説数条は『文鏡秘府論』巻二に引用されている。「皎」は、釈皎然。『宋高僧伝』巻二十九(『全唐文』巻九百九十一)に「釈皎然、名は昼、姓は謝氏、長城の人にして康楽侯(謝霊運)の十世の孫なり。幼にして異才を負い、性、道と合す。……貞元の初め、東渓草堂に居り、詩道を屏息せんと欲し、禅者の意に非ずとして自ら之を悔い、……著わすところの詩式および諸もろの文章は併な寝めて紀さず。……貞元の年を以て山寺に終る。集十巻有り」。『文鏡秘府論』巻二、三には「皎公詩議」として引用され、其の他「皎曰く」として六条が引用されている。「崔」は、崔融。『唐書』崔融伝に「アザナは安成、斉州全節の人。……武后、嵩高に幸し、融の啓母碣に銘せしを見て之を歎美す。……張易之兄弟、頗る文学の士を延く。融は李嶠、蘇味道、麟台少監の王紹宗らと節を降して佞附す。……融は文を為ること華婉、当時いまだ輩ぶ者有らず」。なお『文鏡秘府論』巻五には「兢（元兢）融（崔融）より以往は、声譜の論鬱として起り、病犯の名争いて興る。家ごとに格式を製し、人ごとに疾累を談ず」とあり、巻二には崔氏『新定詩体』、巻三には崔氏『唐朝新定詩格』が引用され、その他「崔氏曰く」として五条の引用が見えている。「元」は、唐の元兢。その伝記は未詳であるが、『日本国見在書目』小学家の条に『詩髄脳』一巻が著録され、『文鏡秘府論』巻三には「元兢の髄脳」の引用が見えている。なお『唐書』芸文志には元兢の撰として『古今詩人秀句』二巻が著録され、『文鏡秘府論』のなかには「元兢曰く」、「元氏曰く」として約二十条が引用されている。

(35)「盛んに四声を談ず」の「四声」は、文字のもつ四種の声調すなわち平・上・去・入。『文鏡秘府論』巻一に「元氏（元兢）曰く、声に五声の角徴宮商羽有り。文字の四声の平上去入に分てば、宮商は平声と為し、徴は上声と為し、羽は去声と為し、角は入声と為す」。「盛んに談ず」は、『文選』の班固「両都賦」の序に「盛んに長安の旧制を称す」

(36)「争いて病犯を吐く」の「病犯」は、『文鏡秘府論』巻五に「文の二十八種の病」、「文筆の十病」などの論述が見え、また「此にして犯す或れば、未だ音を知ると曰わず」、「金缺の病とは第四と第九の犯を謂う」などとあるのを参照。「吐く」は、口にする、あげつらうの意。『文選』の陸機「文の賦」

に「滂沛を寸心に吐く」

(37)「黄巻は篋に溢る」の「黄巻」は、書物。古代の書物は虫を防ぐため蘗で黄色に染めたのでこの名がある。『唐書』狄仁傑伝に「黄巻の中、方に聖賢と対す」。「篋に溢る」は、『論衡』書解篇に「玉屑は篋に満つるも宝を為むることを成さず」。「篋」は箱。「溢」は、『広雅』釈詁に「満つるなり」

(38)「緗帙は車に満つ」の「緗帙」は、浅黄色の書衣。文献をいう。『文選』の昭明太子「序」に「巻は緗帙に盈つ」。「車に満つ」は、前注に引いた『論衡』に「蕞残は車に満つるも道を為ぶことを成さず」

(39)「貧にして道を楽しむ者」は、『論語』為政篇「未だ貧にして道を楽しみ、富みて礼を好む者に若かず」

(40)「望みは訪ね写すに絶ゆ」の「望みは絶ゆ」は、『文選』の蔡邕「陳太丘碑文」に「望みを絶つこと已に久し」。「訪ね写す」は、『魏書』孫恵蔚伝に「史篇を鳩め閲し、経論を訪ね購う」

(41)「童にして学を好む者」は、『論語』公冶長篇「敏にして学を好む」をもじった表現。「童にして」は、『顔氏家訓』勉学篇「幼にして学ぶ者は日出の光の如し」の「幼にして」と同義。

(42)「决を取るに由無し」の「决を取る」は、『梁書』陶弘景伝に「朝儀故事には多く决を取る」。「决」は決の俗字。「由無し」は、『文選』の劉楨「徐幹に贈る」の詩に「中情は宣ぶるに由無し」

(43)「貧道」は、僧の用いる一人称代名詞。『弘明集』巻十一の慧遠「桓玄の道を罷むるを勧むるに答うる書」に「貧道は形は人に出らず、才は世に応ぜず」

(44)「幼にして表舅に就く」は、『三教指帰』序、八ページ注(12)、(13)「志学にして外氏の阿二千石、文学の舅に就く」とあるのを参照。「表舅」は、母方のおじ、つまり「外氏の舅」と同義。「表」は、外の意。

(45)「頗る藻麗を学ぶ」の「頗る」は、かなり。『文選』の班固「東都賦」に「頗る旧典を識る」。「藻麗」は、文章。同じく陸機の「文の賦」に「文章の林府に遊び、麗藻の彬彬を嘉す」

(46)「長じて西秦に入る」の「西秦」は、長安。『文選』の張衡「西京賦」に「四海同に西秦に宅る」

(47)「粗ぼ餘論を聴く」の「粗ぼ」は、『抱朴子』自序篇に「粗ぼ其の旨を知れり」。「餘論を聴く」は、『文選』の張衡「東京賦」に「先生の餘論を聞くを得たり」

(48)「志は禅黙に篤し」の「志は篤し」は、『文選』の班固「賓の戯れに答う」に「志を儒学に篤くす」。「禅黙」は、『法苑珠林』巻六十一（大正五十三744b）に「言絶えて便ち禅黙す」

(49)「此の事を屑しとせず」は、『荘子』則陽篇に「心は之と倶にするを屑しとせず」。「屑」は潔と同義。

(50)「爰に一多の後生有り」は、『三教指帰』序に「爰に一多の親識有り」。一五ページ注(39)を見よ。「後生」は、若者、後輩。『論語』子罕篇「後生、畏るべし。焉ぞ来者の今に如かざるを知らんや」

三三三ページ

(1)「閑寂を文園に扣く」の「閑寂」は、『文選』の張協「雑詩」に「荒れし庭は寂にして以て閑なり」、また『法苑珠林』巻九十（大正五十三948b）に引く「荘厳論偈」に「寂静の心を敗壊して空閑の処を楽わず」。ここは寺院の静寂な境地をいう。「文園」は、文章の花園、文学の世界。『文心雕竜』才略篇に「晋の世の文苑は鄴都に儷ぶべし」。「苑」は園と同じ。なお「園」を箋本・全集本などは「囿」に作っている。「文囿」も文園と同義で『文選』の昭明太子「序」に「文囿を歴観す」。「扣く」は、下句の「撞」と同じく鐘を突くこと。下文の「音響黙し難く」と承応する。

(2)「詞華を詩囿に撞く」の「詞華」は、杜甫の「比部蕭郎中十兄に贈る」の詩に「詞華は後輩を傾く」。「詩囿」は、『文心雕竜』明詩篇に「総て詩囿に帰す、故に繁ならずと云う」。なお「詩囿」を箋本・全集本などは「詩圃」に作っている。「撞く」は、上句の「扣」と同義。前注を見よ。また『礼記』学記篇に「善く問を待つ者は、鐘を撞くが如し」

(3)「音響、黙し難し」は、『文選』の「古詩十九首」(其五)に「音響は一に何ぞ悲しきや」、また『抱朴子』疾謬篇「焉ぞ能く黙せんや」

(4)「巻を函杖に披く」の「巻を披く」は、唐の太宗「帝京篇」に「巻を披いて前蹤を覧る」。「函杖」は、師匠もしくは師の教えの意。『礼記』曲礼篇上に「(師と弟子は)席間に丈を函る」、また『文選』の顔延之「皇太子の釈奠会に作れる詩」に「尚席は杖を函れ、丞疑は帙を奉ず」。「杖」は丈と通用。

(5)「諸家の格式等を閲す」の「諸家」は、『後漢書』光武帝紀に「諸家の子弟、皆な恐懼す」。「格式」は、『北史』蘇威伝に「律令格式は威の定むる所多し」。ここは『文鏡秘府論』巻二に見える『詩格』、『文筆式』などの著作をさす。

(6)「彼の同異を勘う」は、『文選』の班固「西都賦」に「同異を稽合す」。「勘」は、稽合の意。なお『書経』康王之誥篇に「厥の功を戡定す」とあり、「戡」は勘と同じ。

(7)「巻軸は多しと雖も要枢は則ち少し」の「巻軸は多し」は、『南史』陸澄伝に「巻軸を見るに僕より多からず」。「要枢」は、かなめ、本質をなす重要なもの。韋応物の「函谷関を経」の詩に「万古に要枢たり」

(8)「名は異なるも義は同じく、繁穢尤甚し」は、『広弘明集』巻八の道安「二教論」孔老非仏篇に「道の名は同じと雖も道の義は尤だ異なる。……名は同じきも実は異なる」。「繁穢」は繁雑と同義。

『隋書』牛弘伝に「職務繁雑」。「尤甚」は、はなはだしい、極端である。『文選』の李密「陳情事表」に「特に尤甚と為す」

(9)「余が癖、療し難く」の「余が癖」は、『晋書』杜預伝に「(武帝問うて曰く、)卿に何の癖有りや。対えて曰く、臣に左伝の癖有り」。「療し難し」は、『世説新語』術解篇に「諸医も療すべからず」

(10)「即ち刀筆を事とす」の「刀筆」は、『史記』郅都伝に「刀筆を得て書を為る」。「刀」は、添削の用具。「事とす」は、『文選』の王融「永明十一年、秀才に策する文」に「庠序を事とす」

(11)「其の重複を削り、其の単号を存す」は、『北史』李謐伝に「手自から刪削し、巻に重複無きもの、四千有余」。「単号」は、重複していない主張の意であろう。『法華経』従地涌出品（大正九40c）に「単己」（単己にして眷属無し）の語が見えているのを参照。

(12)序文の「声譜」は、本文では「調四声譜」に作っている。

(13)本文では「七種の韻」として(1)連韻、(2)畳韻、(3)転韻、(4)畳連韻、(5)擲韻、(6)重字韻、(7)同音韻を挙げている。

(14)本文に「王氏（王昌齢）の論文に云う」として、(1)直ちに把りて入りて作る勢、(2)都て商量して入りて作る勢、(3)直ちに一句を樹て、第二句もて入りて作る勢、(4)直ちに両句を樹て、第三句もて入りて作る勢、(5)直ちに三句を樹て、第四句もて入りて作る勢、(6)比興もて入りて作る勢、(7)謎比の勢、(8)下句の上句を払う勢、(9)感興の勢、(10)思いを含む落句の勢、(11)相の分明なる勢、(12)一句の中に分つ勢、(13)一句直ちに比する勢、(14)生殺迴薄の勢、(15)理の景に入る勢、(16)景の理に入る勢、(17)心に期する落句の勢を挙げている。

(15)本文に「皎公（釈皎然）の『詩議』に新たに立つ云々」と注記して、(1)重畳して事を用うるの例、

(2)上句に事を用いて下句は事を以て成すの例、(3)興を立て意を以て成すの例、(4)双つながら興を立て意を以て成すの例、(5)上句は古、下句は即事を以て偶ぶるの例、(6)上句は意、下句は意を以て成すの例、(7)上句は物を体し、下句は状を以て成すの例、(8)上句は時を体し、下句は状を以て成すの例、(9)上句は事を用い、下句は意を以て成すの例、(10)当句に物色を以て成すの例、(11)比を立てて成すの例、(12)意を覆するの例、(13)畳語の例、(14)軽重錯謬の例を挙げている。

（16）本文に(1)風、(2)賦、(3)比、(4)興、(5)雅、(6)頌を挙げている。

（17）本文に「崔氏（崔融）『新定詩体』云々」と注記して、(1)形似の体、(2)質気の体、(3)情理の体、(4)直置の体、(5)雕藻の体、(6)映帯の体、(7)飛動の体、(8)婉転の体、(9)清切の体、(10)菁華の体を挙げている。

（18）本文に「『文筆式』略ぼ同じ」と注記して、(1)詠物の階、(2)贈物の階、(3)述志の階、(4)写心の階、(5)返酬の階、(6)讃毀の階、(7)援寡の階、(8)和詩の階を挙げている。

（19）本文に「『筆札』略ぼ同じ」と注記して、(1)直言の志、(2)比附の志、(3)寄懐の志、(4)起賦の志、(5)貶毀の志、(6)讃誉の志を挙げている。

（20）そのうち初めの十一種を「古人、同じく斯の対を出だす」と説明して、(1)的名対、(2)隔句対、(3)双擬対、(4)聯綿対、(5)互成対、(6)異類対、(7)賦体対、(8)双声対、(9)畳韻対、(10)迴文対、(11)意対を挙げ、次の六種を「元兢の『髄腦』に出ず」として、(12)平対、(13)奇対、(14)同対、(15)字対、(16)声対、(17)側対を挙げ、次の八種を「皎公（釈皎然）の『詩議』に出ず」として、(18)鄰近対、(19)交絡対、(20)当句対、(21)含境対、(22)背体対、(23)偏対、(24)双虚実対、(25)仮対を挙げ、次の三種を「崔氏（崔融）の『唐朝新定詩格』に出ず」として、(26)切側対、(27)双声側対、(28)畳韻側対を挙げ、最後に(29)総不対対を挙げている。

（21）本文に⑴平頭、⑵上尾、⑶蜂腰、⑷鶴膝、⑸大韻、⑹小韻、⑺傍紐、⑻正紐、⑼水渾、⑽火滅、⑾木枯、⑿金缺、⒀闕偶、⒁繁説、⒂齟齬、⒃叢聚、⒄忌諱、⒅形迹、⒆傍突、⒇翻語、㉑長擷腰、㉒長解鐙、㉓支離、㉔相濫、㉕落節、㉖雑乱、㉗文贅、㉘相及（反）、㉙相重、㉚駢拇を挙げている。

（22）本文では「文筆の十病の得失」と題し、「平頭は、第一句の上の字、第二句の上の字、第一句の第二字、第二句の第二字は声を同じくするを得ず」、「上尾は、第一句の末の字、第二句の末の字は声を同じくするを得ず」など十条を挙げている。

（23）古鈔本は「文意」を「大意」に誤り作っている。本文の正しく「文意」に作るのに従って改めた。

（24）「巻軸を六合に配す」の「巻軸」は、注（7）に既出。「六合」は、天と地と東西南北の四方。『荘子』斉物論篇「六合の内は聖人論じて議せず」、『初学記』巻一に引く梁の元帝『纂要』に「天地四方を六合という」。「配す」は、配合すること。『文選』の禰衡「鸚鵡の賦」に「鸞皇に配して美を等しくす」

（25）「不朽を両曜に懸く」は、『文選』の曹丕「典論論文」に「文章は……不朽の盛事なり」。「両曜」は、日と月。『初学記』巻一に引く梁の元帝『纂要』に「日と月と、之を両曜と謂う」。「懸く」は、『文選』の昭明太子「序」に「姫公の籍、孔父の書は、日月と倶に懸く」

（26）「緇素好事の人」の「緇素」は、僧侶と俗人。『芸文類聚』巻七十六に引く梁の元帝「荘厳寺僧旻法師碑」に「緇素は轍を結ぶ」。「好事の人」は、『論衡』道虚篇に「今時の好事の人」

（27）「山野文会の士」は、『南史』儒林伝に「顧越は仕進に心無し。武丘山に帰隠し、呉興の沈炯、同郡の張種、会稽の孔奐らと毎に文会を為す」。「文会」は、『論語』顔淵篇「君子は文を以て友を会す」に本づく。

（28）「千里を尋ねず」は、『荘子』胠篋篇に「頸を延べ踵を挙げて曰く、某所に賢者有りと。糧を贏みて之に趣き、……車軌は千里の外に結ぶ」

（29）「虵珠自ずから得」の「虵珠」は、『淮南子』覧冥訓「隋侯の珠」の高誘の注に「隋侯、大蛇の傷断するを見て薬を以て之に傅く。後に蛇、江中に于て大珠を銜んで以て之に報ゆ」とあり、貴重なものに譬える。「虵」は蛇の俗字。「自ずから得」は、『文選』の李康「運命論」に「求めずして自ずから得、徼めずして自ずから遇う」

（30）「旁捜を煩わさず」の「旁捜」は、広く捜し求める。韓愈の「進学解」に「旁く捜して遠く究む」。「煩わさず」は、『文選』の曹丕「鍾大理に与うる書」に「一介の使を煩わさず、連城の価を損なわずして、既に秦昭（秦の昭王）章台の観有り云々」

（31）「雕竜、期すべし」の「雕竜」は、言語文字を飾った立派な文章を書くこと。『文選』の江淹「別れの賦」「弁に彫竜の声有り」の呂向の注に「鄒奭子は鄒衍の術を修めて之を文飾すること、彫鏤して竜を成すが若し」。「期すべし」は、『文選』の陶淵明「帰去来の辞」に「帝卿、期すべからず」

年譜

この年譜は、『定本弘法大師全集』（高野山大学密教文化研究所）所収の史料および年譜を参照しつつ作成した。

七七四年　宝亀五年　一歳
讃岐国多度郡屛風浦（現、香川県善通寺市）に生まれる。父は佐伯直田公、母は阿刀氏。一説に六月十五日誕生、一説に七七三年の生まれ、一説に幼名真魚。
（七八一年四月三日、桓武天皇即位）

七八八年　延暦七年　十五歳
この頃、母方の外舅阿刀大足に論語・孝経・史伝・文章等を学ぶ。一説にこの頃、京（長岡京か）に上る。

七九一年　延暦十年　十八歳
大学の明経科に入学し、岡田牛養・味酒浄成らに毛詩・尚書・春秋左氏伝などの漢籍を学ぶ。この頃、一人の沙門に虚空蔵求聞持法を授けられ、以後、阿波大滝岳や土佐室戸崎などで修行する。

七九七年　延暦十六年　二十四歳
十二月一日、『聾瞽指帰』一巻を著し、儒・道・仏の三教の優劣を論じる。のちに改題して、序や末尾の詩などを書き改め、『三教指帰』三巻とする。

八〇四年　延暦二十三年　三十一歳

四月七日、一説に得度。四月九日、一説に東大寺戒壇院にて具足戒を受ける（得度・受戒に関しては諸説あり）。五月十二日、藤原葛野麻呂を大使とする遣唐使派遣に際し、二十年滞在予定の留学生（留学僧）として、葛野麻呂や橘逸勢らと共に第一船に乗って難波を出帆する。七月六日、肥前国松浦郡田ノ浦を出るが、暴風雨にあって漂流する。八月十日、福州長渓県赤岸鎮に漂着し、十月三日、福州に到る。大使葛野麻呂のために、福州観察使宛に上陸許可を求める書状を代わって撰する。また、大使一行が長安に向かうに際して、空海に長安入京の許可が下りなかったため、許可を求める啓を送る。十一月三日、大使一行と福州を出発。十二月二十一日、万年県長楽駅に到る。十二月二十三日、長安城に到り、宣陽坊の官宅に入る。

八〇五年　延暦二十四年　三十二歳

二月、大使葛野麻呂のために、渤海の皇太子に宛てた書状を代わって撰する。二月十一日、大使一行が長安を辞して明州に向かった後、長安城に残った空海は、永忠の故院西明寺に移る。以後、長安城醴泉寺の罽賓国（カシミール）出身の般若三蔵、北インド出身の牟尼室利三蔵について、その教法ならびに梵語や婆羅門の教えなどを学ぶ。長安城青竜寺の恵果和尚に師事して、六月上旬、青竜寺東塔院灌頂道場において胎蔵の灌頂、七月上旬、金剛界の五部灌頂、八月上旬、伝法阿闍梨位の灌頂を受ける。灌頂名は遍照金剛。灌頂の後、恵果和尚の指示により、空海のために、丹青・李真等に両部曼荼羅等十鋪を図絵させ、鋳博士趙呉に法具十五を造らせ、経生に経等を順次書写させる。空海、恵果和尚に袈裟・香炉を献ずる。十二月十五日、恵果和尚入寂（年六十）。空海、阿闍梨付嘱物を付嘱される。

八〇六年　大同元年　三十三歳

一月十七日、恵果和尚の碑文「大唐青竜寺故三朝国師碑」を撰する。一月、高階遠成を大使とする遣唐使と共に帰国することを請う啓を送る。同様に橘逸勢のために代わって啓を撰する。遣唐使と共に帰国の途につき、越州に到る。四月、越州の節度使に啓を送り、内外の経書を集める。八月頃、明州を出発し、十月、帰国して九州に留住する。十月二十二日、新請来の経・律・論・仏像・曼荼羅・伝法阿闍梨影像・道具・阿闍梨付嘱物等の『新請来経等目録（御請来目録）』を大使高階遠成に託して提出する。

（三月十七日、桓武天皇崩御。五月十八日、平城天皇即位。年内に改元）

八〇七年　大同二年　三十四歳

二月十一日、太宰少弐某（田中氏）が亡母の周忌供養のため、千手観音像を造り、『法華経』などを書写供養するに際して、願文を撰する。一説に、この年入京。

八〇八年　大同三年　三十五歳

六月十九日、勅により、この年夏季の課役を免ぜられる。

八〇九年　大同四年　三十六歳

七月十六日、和泉国より平安京に入る許可が下る。八月二十四日、最澄が、弟子経珍を遣わして、空海に『大日経略摂念誦随行法』等の密教経典十二部の借覧を請う。以後、空海と最澄の交流が続く。十月三日、勅により、『世説』の屛風両帖を書いて献上する。

（四月十三日、嵯峨天皇即位）

八一〇年　弘仁元年　三十七歳

九月、藤原薬子の乱起る。皇太子高岳親王は廃され、東大寺に入って真如と号し、後に空海のもとで修行する。一説に真如親王、後に弘法大師御影を描く。十月二十七日、高雄山寺にて、『仁王経』『守護国界主経』『仏母明王経』等の念誦法門により、国家のために修法せんことを請う。

八一一年　弘仁二年　三十八歳

二月十四日、最澄、空海に真言法門の受学を請う書状を送る。六月二十七日、勅により、『劉希夷集』四巻を書写し、王昌齢の詩格等を添え、実恵を遣わして献上する。八月、唐徳宗皇帝や欧陽詢の真跡等の雑書迹十部を献上する。十月二十七日、山城国乙訓寺別当に任ぜられる。この年、重ねて『劉廷芝集』四巻を書写し、雑擬様の詩を添え、三上部信満を遣わして献上する。

八一二年　弘仁三年　三十九歳

六月七日、真・行・草・写書用の四管の狸毛筆を、坂井名清川を遣わして献上する。七月二十九日、勅により、『急就章』『王昌齢集』『雑詩集』等十巻を献上する。十月二十七日、最澄に灌頂授法を約束する。十月二十九日、乙訓寺を辞して、高雄山寺に移る。十一月十五日、高雄山寺にて、最澄、和気真綱、和気仲世、美濃種人の四人に金剛界灌頂を授ける（この時を含め翌年三月までに三度おこなった灌頂入壇者を『灌頂暦名』に記録する）。十二月十四日、高雄山寺にて、最澄ら僧二十二人をはじめ道俗百九十四人に胎蔵灌頂を授ける。同月、高雄山寺に三綱を撰び、杲隣を上座、実恵を寺主、智泉を都維那とし、義恵を直歳とする。弘仁元年からこの年までに、九月十一日、最澄に書状「風信帖」を送り、最澄、室生の僧とともに今後の仏法興隆に関する会談をもつことを提案する。

八一三年　弘仁四年　四十歳

一月三日、永忠のため「永忠和尚辞少僧都表」を撰する。三月六日、高雄山寺にて、泰範・円澄・光定ら僧五名、沙弥十二名に金剛界灌頂を授ける。五月三十日、一説に、三昧耶戒などの堅持を教誡する「弘仁遺誡」を弟子に示す。十月二十五日、藤原葛野麻呂が遣唐使の任を遂げた奉謝に、『金剛般若経』を書写供養するに際し、願文を撰する。十月、四十歳に際し、『文殊讃法身礼』をもとに「中寿感興詩」、方円の二図、『義註』を撰する。十一月二十五（一説に二十三）日、最澄、空海に方円の二図等の借用を求める。一説に、この時最澄が求めた『理趣釈経』の借覧に対し、空海は断りの返書を送る。十二月十六日、最澄から贈られた和韻の詩に対し礼状を送る。十二月、「金光明最勝王経秘密伽陀」を撰する。

八一四年　弘仁五年　四十一歳

閏七月八（一説二十八）日、『梵字悉曇字母并釈義』『古今文字讃』『古今篆隷文体』など十巻を天皇に献上する。閏七月二十六（一説二十八）日、元興寺僧中璟の罪の赦免を請う。八月三十日、日光山を開創した沙門勝道のために碑文「沙門勝道歴山水瑩玄珠碑并序」を撰す。この年、天皇より綿一百屯、および御製の七言詩一篇を賜わり、奉謝して和韻の詩を奉る。

八一五年　弘仁六年　四十二歳

一月十日、陸奥守として赴く小野忠岑に餞別の詩文を贈る。一月十九日、渤海の大使王孝廉からの書状及び新詩一章に答書を送る。四月一日、真言法の宣揚・流布のため、密教経典の書写勧縁を依頼する勧進文「勧諸有縁衆応奉写秘密蔵法文（勧縁疏）」を撰し、弟子康守、安行らを東国の徳一、広智、甲斐守藤原真川、常陸守藤原福当麻呂らのもとに遣わす。十月十五日、式部丞笠仲守のため、灯明料施入の願文を撰する。この頃『弁顕密二教論』二巻を撰する。

八一六年　弘仁七年　四十三歳

五月、泰範に代わって最澄宛の返書を撰し、顕密二教の優劣を示す。六月十九日、入定（禅定に入る）に適した修禅の道場として高野山を賜わらんことを請い、「於紀伊国伊都郡高野峯被請乞入定処表」を上表する。七月八日、勅許により、高野山を賜わる。七月、高雄山寺にて勤操らに三昧耶戒・両部灌頂を授ける。八月十五日、勅賜の屏風四帖に、古今詩人の秀句を書写し、後に十韻の詩を賦して献上する。十月八日より十四日まで、嵯峨天皇の病気平癒のために祈願し、加持した神水一瓶を、弟子真朗を遣わして献上する。十二月二十七日、藤原真川の依頼で、失脚中の浄村浄豊の登用を求める啓を撰する。

八一七年　弘仁八年　四十四歳

八月二日、東大寺華厳和尚円蔵が訪れて質問した『実相般若経』に関する疑義に答釈する。この年、実恵・泰範らを高野山に派遣する。

八一八年　弘仁九年　四十五歳

三月十九日、来朝した新羅の上人等に、詩ならびに書状を贈る。三月二十四日、藤原常房の亡父藤嗣の周忌法会に、薬師如来像等を造り、『法華経』等を書写し、供養するに際して願文を撰する。十一月中旬、勅賜後はじめて高野山に登る。高野山開創にあたり結界を行なう。「高野建立初結界時啓白文」「高野建立壇場結界啓白文」等を撰する。高野山伽藍建立を始める。十二月十九日、藤原園人の逝去に哀悼の書状を送る。この頃『般若心経秘鍵』一巻を撰する。

八一九年　弘仁十年　四十六歳

一月、東大寺の扁額「金光明四天王護国之寺」を揮毫する。三月十日、下野介紀某から銀鉤等を施与され、謝状を送る。五月十七日、筑前介栄井王の病を祈禱した際の施物につき、謝状を送る。七月、勅により、中務省に住する。この頃、『即身成仏義』、ついで『声字実相義』『吽字義』の三部書を撰する。またこの頃、『秘密曼荼羅教付法伝（広付法伝）』二巻を撰する。

八二〇年　弘仁十一年　四十七歳

五月、これより先に著した漢詩創作の手引書『文鏡秘府論』六巻の抄録として『文筆眼心抄』一巻を撰する。この年、道俗に勧進して『華厳経』一部八十巻を書写し、東大寺にて供養する華厳会があり、その願文を撰する。一説に、十月二十日、伝灯大法師位に叙せられ、内供奉十禅師に任ぜられる。

八二一年　弘仁十二年　四十八歳

四月三日、唐より請来の両部曼荼羅等が破れたり彩落ちしたため、新たに図し始める。五月二十七日、讃岐国万濃池の修築別当に補せられる。七月二十三日、新銭「富寿神宝」二万銭を賜わる。九月六日、『真言付法伝（略付法伝）』一巻を撰する。九月七日、新たに図した両部曼荼羅、七祖影像等二十六鋪を供養し、「真言七祖像讃文」、願文を撰する。九月七日、故藤原葛野麻呂の三回忌に、理趣会十七尊曼荼羅を図し、『理趣経』を書写し、供養するに際し、願文を撰する。十月八日、葛木参軍の亡父供養のために『金光明経』『法華経』を書写供養するに際し、願文を撰する。

八二二年　弘仁十三年　四十九歳

二月十一日、東大寺灌頂道場（真言院）建立が勅許される。国家のために夏中（げちゅう）および正・五・九月の三長斎月（さんちょうさいづき）に修法を行なうこととなる。一説に、この年、平城上皇に灌頂を授け、『平城天皇灌頂文』を撰する。

八二三年　弘仁十四年　五十歳

一月十九日、一説に、東寺を給預される。一月二十日、一説に、酒人内親王のため、代わって遺言状を撰する。四月二十四日、淳和天皇の即位を賀する表を奉る。十月十日、『真言宗所学経律論目録（三学録）』を撰する。太政官符により、東寺に真言宗僧五十口を常住させ他宗の僧の雑住を禁じ、「三学録」により習学させることが許可される。十月十三日、勅により、皇后院にて息災法を修法する。十二（一説に十一）月二日、勅により、東寺の真言宗僧五十口が、真言法の讃揚や転禍修福、鎮護国家のために修法する。二十三日、勅により、清涼殿において大通方広法を修法する。一説に、この年、嵯峨天皇に灌頂を授ける。

（四月二十七日、淳和天皇即位）

八二四年　天長元年　五十一歳

二月、勅により、神泉苑にて請雨経法を修する。三月二日、東大寺にて三宝に供養し、願文を撰する。三月二十六日、少僧都に任ぜられる。四月六日、上表して、少僧都を辞するも、允許なし。六月十六日、造東寺別当に補せられる。九月十二（一説に二十二）日、空海請来の新訳『仁王経』が図書寮年料写経として書写される。九月二十七日、高雄山寺、定額寺となり、得度経業を定めて僧二十一口を置き、神護国祚真言寺（神護寺）と改称する。十月二十二日、笠仲守の亡母供養のために、金剛界御細会曼荼羅を図し、『大日経』等を書写し、供養するに際し、願文を撰する。一説に、この年、室生寺を再興し、弟子堅恵に付嘱する。

八二五年　天長二年　五十二歳

三月五日、真雅に両部阿闍梨位の印信を授ける。四月八日、東寺にて毎年夏安居の講経に『守護国界主陀羅尼経』を講ずることが勅許される。四月二十日、東寺講堂建立が勅許される。五月十四日、弟子智泉、高野山東南院にて入寂（年三十七）。「為亡弟子智泉達嚫文」を撰する。閏七月十九日、東宮講師に任ぜられ、仁王講願文を撰する。九月二十五日、大和の益田池完成に際し、碑文「大和国益田池碑銘幷序」を撰する。

八二六年　天長三年　五十三歳

三月十日、天皇、桓武天皇のために、西寺にて嵯峨上皇御宸筆『法華経』を諸僧に講ぜしめ、空海に「達嚫文」を撰せしむ。十月八日、弟子真体の亡妹（和気氏）の七七日忌法会に『大日経』を講説供養し、願文を撰する。十一月二十四日、東寺五重塔を建立するにあたり、上奏して塔材運搬を勧進する。

八二七年　天長四年　五十四歳

三月一日、十喩を詠ずる詩を、下野の広智禅師に贈る。五月一日、大極殿にて百僧による『大般若経』転読の雨乞いあり、願文を撰する。五月十四日、良岑安世ら、『経国集』二十巻を撰上する（後に『性霊集』編集に際して、『経国集』所収の空海の詩は除かれる）。五月二十二日、笠仲守が亡妻供養のため、金剛界一印会曼荼羅を図し、『大日経』を書写し、神護寺にて供養するに際して、願文を撰する。五月二十六日、勅により、内裏にて祈雨法を修する。五月二十八日、大僧都に任ぜられる。七月二十四日、良岑安世が故藤原冬嗣の周忌斎のために、『金剛般若経』を書写供養するにあたり、願文を撰する。九月、天皇が、故伊予親王の追善のために、橘寺に田および道場支具を施入し、薬師三尊像を造立し、『法華経』を書写して空海等に講ぜしむ。空海、その願文を撰する。

八二八年　天長五年　五十五歳

二月二十七日、陸奥出羽按察使伴国道の陸奥赴任に際して、秘録三軸、詩一篇、加持の神薬を贈る。三月十一日、摂津大輪田造船瀬所別当に補せられる。四月十三日、勤操の周忌法会に『梵網経』を講釈し、影像の讃文を撰する。十二月十五日、藤原三守の京左九条の邸宅（東寺の東）に、道俗や身分の別を問わず三教を学ぶことのできる綜藝種智院を創立し、「綜藝種智院式幷序」を撰する。この頃（一説に弘仁初め、一説に八二七年以降）、わが国最初の字書『篆隷万象名義』三十巻を撰する。

八二九年　天長六年　五十六歳

七月十八日、三島真人助成が亡息女のために『法華経』『般若心経』を書写し、講説供養するに際し、表白文を撰する。九月二十三日、元興寺護命の八十歳を賀する詩を撰する。先だつ九月十一日、弟子中継に代わって同様の詩を撰する。十一月五日、大安寺別当に補せられる。この年、和気真綱・仲世等、神護寺を空海に付嘱する。

八三〇年　天長七年　五十七歳

十一月十五日、真済に「金剛界曼荼羅次第法（高雄口訣）」を授ける。この年、諸宗に宗義の大綱を撰述すべしとの勅により、『秘密曼荼羅十住心論』十巻を撰上する。また『秘蔵宝鑰』三巻を撰する。

八三一年 天長八年　五十八歳

六月七日、東寺にて、真雅に伝法灌頂職位を授ける。六月十四日、疾により、上表して大僧都を辞するも、勅答により許されず。十月二十四日、延暦寺の円澄等、空海に書状を寄せて、真言教法の受学を請う。

八三二年 天長九年　五十九歳

八月二十二日、高野山にて初めて万灯(まんどう)・万華会(まんげえ)を修し、願文を撰する。十一月十二日、穀味を厭いて、専ら坐禅を好み、高野山に帰る(一説に承和元年)。

八三三年 天長十年　六十歳

二月五日、真雅に真言の秘印を授ける。一説に、この年、高野山金剛峯寺を真然に付嘱する。

(三月六日、仁明天皇即位)

八三四年 承和元年　六十一歳

二月十一日、唐招提寺の故如宝のために寿延等を率いて『大般涅槃経』等百二十七巻を書写し、講讃供養するに際して、願文を撰する。二月、東大寺真言院において、『法華経』を釈する。同月、『般若心経秘鍵』を講ずる。五月二十八日、一説に「承和遺誡」を弟子に示す。八月二十三日、高野山金剛峯寺に毗盧遮那法界体性塔二基および両部曼荼羅を建立するために、「勧進奉造仏塔知識書」を撰し、檀越を勧進する。十二月十九日、上奏して内裏で毎年真言法を修すること(後七日御修法)を請い、十二月二十九日、勅許される。十二月二十四日、東寺真言宗僧五十口の中より、東寺三綱を選定する。

八三五年 承和二年　六十二歳

一月六日、空海の奏請により、東寺の功徳料千戸の中、二百戸を僧供料に施入する。平城旧宮址の田畑四十余町を真如に賜う。一月八日、宮中真言院にて後七日御修法を修し、以後、恒例となる。一月二十二日(二十三日)、空海の奏請により、真言宗年分度者三人を許可される（三業度人の制）。二月三十日、高野山金剛峯寺、定額寺となる。三月十五日、一説に「御遺告」（二十五箇条や諸弟子等など数種伝来）を弟子等に示す。三月二十一日、高野山にて入定（年六十二、臈三十一）。三月二十五日、天皇、勅使を遣わして喪料を賜い、淳和上皇、弔書を賜う。十月七日、嵯峨上皇、御製の挽歌を賜う。

八五七年　天安元年
十月二十二日　真済の上奏により、空海に大僧正を追贈する。

八六四年　貞観六年
三月二十七日　清和天皇、空海に法印大和上位を追贈する。

九二一年　延喜二十一年
十月二十七日、観賢の奏請により、勅して空海に弘法大師の諡号を賜う。

（中原慈良編）

読書案内

『三教指帰』関係

渡辺照宏・宮坂宥勝校注『三教指帰・性霊集』(〈日本古典文学大系〉71、岩波書店、一九六五年)
渡辺照宏訳『三教指帰』(〈古典日本文学全集〉15「仏教文学集」、筑摩書房、一九六一年)
森寛紹講述『三教指帰講義』(高野山普賢院、一九八三年第三版)
堀内寛仁訳注『弘法大師の出家宣言書　三教指帰』(高野山大学、一九七六年)
加藤純隆訳著『口語訳三教指帰』(世界聖典刊行協会、一九七七年)
山本智教訳『国宝聾瞽指帰』解説(写真版巻子本。便利堂、一九七三年)
佐和隆研・中田勇次郎編『弘法大師真蹟集成』第一帙(『聾瞽指帰』の写真版、解説と釈文。法蔵館、一九七四年)
上山春平『現代語訳三教指帰』(徳島立江寺、一九九八年)

『文鏡秘府論』『文筆眼心抄』関係

興膳宏校訂訳注『弘法大師空海全集』第五巻(筑摩書房、一九八六年)
林田愼之助校訂補注『定本弘法大師全集』第六巻(高野山大学密教文化研究所、一九九七年)

空海の著作全般

長谷宝秀編『弘法大師全集』全七輯（高野山大学密教文化研究所、増補三版、一九六七年）
弘法大師著作研究会編『定本弘法大師全集』全十巻（高野山大学密教文化研究所、一九九一―九七年）
勝又俊教編『弘法大師著作全集』全三巻（山喜房仏書林、一九六九―七三年）
弘法大師空海全集編纂委員会編『弘法大師空海全集』全八巻、筑摩書房、一九八三―八七年）

空海の生涯

渡辺照宏・宮坂有勝『沙門空海』（筑摩書房、一九六七年。ちくま学術文庫、一九九三年）
上山春平『空海』（朝日新聞社、一九八一年）
櫛田良洪『空海の研究』（山喜房仏書林、一九八一年）
加藤精一『弘法大師空海伝』（春秋社、一九八九年）
五来重『空海の足跡』（角川書店、一九九四年）
高木訷元『空海　生涯とその周辺』（吉川弘文館、一九九七年）
　同右　『空海と最澄の手紙』（法蔵館、一九九九年）
武内孝善『高野山から弥勒の世界へ　弘法大師の生涯と高野山』（高野山大学、二〇〇〇年）

空海の思想

宮坂有勝・梅原猛『生命の海　空海』（角川書店、一九六八年）
宮坂有勝『空海　生涯と思想』（筑摩書房、一九八四年）

吉田宏晢『空海思想の形成』（春秋社、一九九三年）
羽毛田義人著・阿部龍一訳『空海』（春秋社、一九九六年）
真鍋俊照『空海のことばと芸術』上下（日本放送出版協会、一九九六年）
村上保寿『空海と智の構造』（東方出版、一九九六年）
竹内信夫『空海入門　弘仁のモダニスト』（筑摩書房、一九九七年）
松長有慶『空海思想の特質』（『松長有慶著作集』第三巻、法蔵館、一九九八年）
松長有慶『大宇宙に生きる　空海』（中央公論新社、一九九九年）
小野塚幾澄『空海教学における背景思想の研究』（山喜房仏書林、二〇〇〇年）
福田亮成『空海思想の探求』（大蔵出版社、二〇〇〇年）
松長有慶『空海　心の眼をひらく』（大法輪閣、二〇〇二年）
頼富本宏『空海と密教』（ＰＨＰ研究所、二〇〇二年）

中公
クラシックス
J16

三教指帰（さんごうしいき） ほか
空海（くうかい）

2003年5月10日初版
2019年11月5日8版

訳　者　福永光司

発行者　松田陽三

印刷　凸版印刷
製本　凸版印刷

発行所　中央公論新社
〒100-8152
東京都千代田区大手町1-7-1
電話　販売 03-5299-1730
　　　編集 03-5299-1840
振替　00120-5-104508
URL http://www.chuko.co.jp/

訳者紹介

福永光司（ふくなが・みつじ）
1918年（大正7年）大分県生まれ。
1942年、京都帝国大学文学部哲学科卒業。東京大学文学部教授、京都大学人文科学研究所所長などを歴任。主な著書に『道教と日本文化』『道教と古代日本』『道教思想史研究』、訳書に『荘子』『老子』などがある。2001年（平成13年）逝去。

Published by CHUOKORON-SHINSHA, INC.
Printed in Japan ISBN978-4-12-160052-5 C1215

■「終焉」からの始まり
――『中公クラシックス』刊行にあたって

二十一世紀は、いくつかのめざましい「終焉」とともに始まった。工業化が国家の最大の標語であった時代が終わり、イデオロギーの対立が人びとの考えかたを枠づけていた世紀が去った。歴史の「進歩」を謳歌し、「近代」を人類史のなかで特権的な地位に置いてきた思想風潮が、過去のものとなった。

人びとの思考は百年の呪縛から解放されたが、そのあとに得たものは必ずしも自由ではなかった。固定観念の崩壊のあとには価値観の動揺が広がり、ものごとの意味を考えようとする気力に衰えがめだつ。おりから社会は爆発的な情報の氾濫に洗われ、人びとは視野を拡散させ、その日暮らしの狂騒に追われている。株価から醜聞の報道まで、刺戟的だが移ろいやすい「情報」に埋没している。応接に疲れた現代人はそれらを脈絡づけ、体系化をめざす「知識」の作業を怠りがちになろうとしている。

だが皮肉なことに、ものごとの意味づけと新しい価値観の構築が、今ほど強く人類に迫られている時代も稀だといえる。自由と平等の関係、愛と家族の姿、教育や職業の理想、科学技術のひき起こす倫理の問題など、文明の森羅万象が歴史的な考えなおしを要求している。今をどう生きるかを知るために、あらためて問題を脈絡づけ、思考の透視図を手づくりにすることが焦眉の急なのである。

ふり返ればすべての古典は混迷の時代に、それぞれの時代の価値観の考えなおしとして創造された。それは現代人に思索の模範を授けるだけでなく、かつて同様の混迷に苦しみ、それに耐えた強靭な心の先例として勇気を与えるだろう。そして幸い進歩思想の傲慢さを捨てた現代人は、すべての古典に寛く開かれた感受性を用意しているはずなのである。

（二〇〇一年四月）

中公クラシックス既刊より

意志と表象としての世界ＩⅡⅢ

ショーペンハウアー
西尾幹二訳
解説・鎌田康男

ショーペンハウアーの魅力は、ドイツ神秘主義と18世紀啓蒙思想という相反する二要素を一身に合流させていたその矛盾と二重性にある。いまその哲学を再評価する時節を迎えつつある。

エティカ

スピノザ
工藤喜作／斎藤博訳
解説・工藤喜作

ユークリッド幾何学の形式に従い、神と人間精神の本性を定理と公理から〈神即自然〉を演繹的に論証する。フィヒテからヘーゲルに至るドイツ観念論哲学に決定的な影響を与えた。

ツァラトゥストラＩⅡ

ニーチェ
手塚富雄訳
解説・三島憲一

古代ペルシアの予言者ツァラトゥストラの教説の形をとり、詩的表現を駆使して展開されるニーチェの根本思想。近代社会に衝撃を与え、今日もなお予言と謎にみちた、永遠の哲学書。

悲劇の誕生

ニーチェ
西尾幹二訳・解説

ギリシア悲劇の起源を問題にする体裁をとりながら、ニーチェの内部に渦巻いていたあらゆる主題が未分離のまま投げ込まれ、強い衝迫力をもってせまってくる。今日なお「問題の書」。

中公クラシックス既刊より

悲しき熱帯ⅠⅡ

レヴィ＝ストロース
川田順造訳・解説

文化人類学者による「未開社会」の報告はおびただしい数にのぼるが、この本は凡百の類書をはるかに超える、ある普遍的な価値にまで達した一個の作品としての通用力をもっている。

仏教の大意

鈴木大拙
解説・山折哲雄

昭和天皇皇后両陛下のための講演を基に大智と大悲という二つのテーマでわかりやすく構成される本書は、『日本的霊性』と並ぶ大拙自身の言葉で語る仏教の核心に迫る主著。

語録　要録

エピクテトス
鹿野治助訳
解説・國方栄二

古代ローマの哲人エピクテトスは奴隷出身でストア派に学び、ストイックな思索に耽るがその思想行動の核は常に神の存在だった。平易な言葉で人生の深淵を語る説得力を持つ。

わが半生

W・チャーチル
中村祐吉訳
解説・君塚直隆

英国20世紀最大の政治家はいかに誕生したか？劣等生だった生いたちや従軍体験が育んだ政治信条とたゆまぬ闘志の意味を自らが述べる。歴史的英傑の半生の記。

中公クラシックス既刊より

禅仏教入門
鈴木大拙
増原良彦訳
解説・ひろさちや

禅とは何か？　禅は虚無的か？　禅を世界に知らしめた、英文でかかれた画期的作品を学生だったひろさちやが邦訳。半世紀を経て校訂し、新たな解説をつけて甦る。

戦争と文明
トインビー
山本新／山口光朔訳
解説・三枝守隆

なぜ戦争は「制度」として容認されているか？軍拡の自殺性を説き、主著『歴史の研究』をもとに再構成した新しい平和への探求。戦争をめぐる比較文明学。

日本の皇室
津田左右吉
解説・真辺将之

天皇の権威と統治についてその由来と実態を検証し独自の学問的見地から民主国家との親和性を説く。元号の由来と改元の意義を再考する。改元を前に緊急復刊。

新編 国民統合の象徴
和辻哲郎
解説・苅部直

有史以来の天皇制の実態を分析、新憲法下の「象徴」という文言の妥当性を検証。新に憲法学者佐々木惣一による和辻への反論を収録。国体をめぐる「新憲法論争」の全貌が明らかに。